Die Balanced Scorecard im Personalmanagement

Dr. Gunnar Kunz ist Diplom-Psychologe und hat mehrere Jahre als Personal- und Organisationsentwickler gearbeitet. Heute ist er freiberuflich als Unternehmensberater und Managementtrainer mit dem Schwerpunkt Personalmanagement tätig.

Gunnar Kunz

Die Balanced Scorecard im Personalmanagement

Ein Leitfaden für Aufbau und Einführung

Campus Verlag
Frankfurt/New York

Die Deutsche Bibliothek – CIP-Einheitsaufnahme

Ein Titeldatensatz für diese Publikation ist bei
Der Deutschen Bibliothek erhältlich.
ISBN 3-593-36574-X

Copyright © 2001 Campus Verlag GmbH, Frankfurt/Main
Umschlaggestaltung: Init, Bielefeld
Satz: Leingärtner, Nabburg
Druck und Bindung: Druckhaus Beltz, Hemsbach
Gedruckt auf säurefreiem und chlorfrei gebleichtem Papier.
Printed in Germany

Besuchen Sie uns im Internet: www.campus.de

Inhalt

Einführung

Wie kann die langfristige Unternehmensentwicklung durch einen zielgerichteten Strategieprozess gefördert werden? Welchen Beitrag können dazu das strategische Personalmanagement und die unternehmensweite Personal- und Organisationsentwicklung leisten? Mit der Balanced Scorecard (BSC) steht ein innovatives Instrument zur Strategieentwicklung in Unternehmen zur Verfügung, mit dem diese Fragen beantwortet werden können. Die »Entwickler« der BSC, Robert S. Kaplan und David P. Norton, haben ein neues, ganzheitliches Managementsystem vorgestellt, das in besonderem Maße geeignet ist, den Prozess der Strategiefindung und -implementierung zu strukturieren. Nach Kaplan und Norton trägt die BSC auch dazu bei, das Konzept der »lernenden Organisation« mit Inhalt zu füllen und damit traditionell schwer fassbare, »weiche« Zielgrößen auf der Ebene der Kommunikations- und Kulturentwicklung im Unternehmen besser greifbar zu machen.

Nach einer grundlegenden Vorstellung des BSC-Ansatzes wird in diesem Buch das Augenmerk auf die Prozesse des Organisationslernens und der Organisationsentwicklung gerichtet. Dabei steht zugleich die Frage im Mittelpunkt, wie die Humanressourcen einer Organisation gezielt entfaltet und die Menschenorientierung in Veränderungsprozessen gesteigert werden kann. Hierzu gehört die inhaltliche Ausgestaltung einer BSC im Hinblick auf die personalpolitischen Kernziele in der Organisation. Wir konzentrieren uns vorrangig auf die Anforderungskriterien im Bereich des Human-Resources-Development, also die zukunftsgerichtete und anforderungsbezogene Entwicklung der Humanpotenziale im Unternehmen. Denn einerseits muss sich eine am Markt nachhaltig erfolgreiche Organisation darauf konzentrieren, den anspruchsvollen Erwartungen und Bedürfnissen der Kunden langfristig gerecht zu werden, um eine hohe Kundenzufriedenheit und Kundentreue zu erzielen. Andererseits wird ein Unternehmen einen hohen Kundennutzen durch ein bedarfsorientiertes und marktgerechtes Leistungsangebot nur dann stiften können, wenn die einzelnen Leistungsträger, Teams und Organisationsbereiche so geführt und entwickelt werden, dass sie die erwünschte Service- und Kundenorientierung sicherstellen.

Solange ein Unternehmen in seiner Leistungsfähigkeit vor allem durch das Wissen, das Können und die Erfahrungen seiner Fach- und Führungskräfte geprägt wird, muss der vorrangige Auftrag des Managements darin bestehen, die vorhandenen, mehr oder weniger latenten Potenziale der einzelnen Organisationsmitglieder zu identifizieren und zu fördern. Schon aus betriebswirtschaftlichen Gründen ist es unabdingbar, den bestmöglichen Leistungsgrad auf der »menschlichen Seite« der Wertschöpfung zu erzielen. Aber auch aus einem übergeordneten Werte- und Ethikverständnis heraus gilt es, den hohen Stellenwert der Unternehmenskultur, der Mitarbeiterzufriedenheit und der Personalentwicklung für den Organisationserfolg zu erkennen. Insofern ist die fortlaufende Optimierung von finanzwirtschaftlichen Strategien, die Steigerung der Kundenorientierung oder die Verbesserung der Ablaufprozesse zwar für den Markterfolg zwingend notwendig, aber noch nicht hinreichend: Erst durch die Wert-Beiträge der Menschen und die Würdigung ihrer Einstellungen, Erwartungen und Motivationen werden Kunden-, Prozess- und Ertragsorientierungsprogramme tatsächlich wirksam.

Zur Konzipierung einer in sich stimmigen und aussagefähigen Unternehmensstrategie – mit gleichzeitiger Präzisierung von strategischen Schwerpunkten, Erfolgskriterien und Maßnahmen zur zeitnahen Umsetzung – müssen deshalb vorrangig personalpolitische Zielsetzungen verfolgt werden. Eine BSC, die als ein modernes, wegweisendes Strategieentwicklungsinstrument zu verstehen ist, muss darauf in besonderem Maße zugeschnitten werden. Dabei stellt sich eine besondere Herausforderung: Während strategische Erfolgsfaktoren wie Marktanteile, Absatzzahlen, Deckungsbeiträge, Kundenrentabilität oder Prozessschritte in der Wertschöpfungskette weitgehend objektiv und eindeutig gemessen werden können, ist beispielsweise die Bewertung des Humankapitals und des Organisationsklimas ausgesprochen schwierig. Selbst wenn spezifische Human-Resources-Aktionsprogramme eingeleitet werden, ist deren Nutzen und Wertbeitrag oftmals Gegenstand kontroverser Einschätzungen.

Wie gut sind Nachwuchskräfte tatsächlich auf die Übernahme von Führungsaufgaben vorbereitet? Ist der Qualifizierungsgrad der Organisationsmitglieder für zukünftige, stark veränderte Anforderungen angemessen? Stehen für internationale Management- und Projektaufgaben die »richtigen«

Mitarbeiter zur Verfügung? Ist der Grad der Service-, Qualitäts- und Kundenorientierung im Denken und Handeln der Teammitglieder ausreichend? Kann die Führungs-, Kommunikations- und Feedbackkultur im Unternehmen noch ausgebaut werden – und wie erkennen wir tatsächlich Fortschritte in der ganzheitlichen Organisationsentwicklung?

Diese Fragen verdeutlichen beispielhaft, wie schwierig es ist, Veränderungs- und Entwicklungsziele im Bereich der unternehmensspezifischen Personal-, Kultur- und Klimathemen zu operationalisieren. Gerade wenn die Einschätzung menschlicher Leistungs- und Entwicklungspotenziale sowie affektiv geprägter Beziehungsstrukturen im Mittelpunkt steht, können allenfalls indirekte Erfolgsindikatoren herangezogen werden. Menschen lassen sich nicht einfach »vermessen« wie Absatzraten für Produkte oder bilanzielle Ergebnispositionen. Es bedarf allerdings dringend weiterführender Bewertungsansätze auf diesem Gebiet. Durch die steigende Orientierung am Shareholder-Value nimmt für viele Unternehmen der – manchmal sicherlich heilsame – Zwang zu, objektive Veränderungen und Verbesserungen gerade auch auf der »weichen Seite« der Unternehmensentwicklung nachzuweisen.

Wo es früher noch ausreichend war, ein Bildungsprogramm aufzulegen, einige Führungstrainings zu veranstalten oder die Manager in Fragen der Personalbetreuung durch den Personalleiter zu beraten, gerät heute auch der firmeninterne Personalbereich immer mehr unter Legitimations- und Erfolgsdruck: Personalarbeit ist qua seiner originären Eigenschaften selbst eine personal- und damit kostenintensive Aufgabenstellung. Da alle unternehmerischen Aktivitäten im Hinblick auf wertorientierte Kosteneffizienz optimiert werden müssen, gerät auch der Personalbereich selbst in die Diskussion: Brauchen wir überhaupt noch das Personalwesen und den Personal- bzw. Trainingsmanager? Können diese Aufgaben nicht sogar in die »Linie« verlagert, extern vergeben oder ganz eingespart werden? Vor diesem Hintergrund sind die Spezialisten in den HR-Servicebereichen in starkem Maße gefordert, den besonderen, wertschöpfungssteigernden Nutzen ihrer eigenen Tätigkeit nachzuweisen.

Fehlen die Effizienznachweise, könnte die überaus wichtige Schlüsselfunktion des Human-Resources-Managements in der Organisation in seiner Bedeutung (noch) weiter zurücktreten, als dies gegenwärtig schon der Fall ist. Insofern kann die BSC speziell auch für das strategieorientierte Personalmanagement einen Nutzen entfalten: Personalmanager können mithilfe einer BSC für den eigenen Bereich handlungsleitende Ziele, Meilensteine und Erfolgsfaktoren definieren, die wiederum durch geeignete Aktionsprogramme und strategische Initiativen unterlegt werden.

Doch man darf sich von einem Managementsystem wie der BSC nicht zu viel versprechen: Die Entscheidung über den nachhaltigen Markterfolg eines Unternehmens wird vor allem durch die inhaltliche Qualität der Topmanagement-Strategie selbst geprägt. Eine BSC kann letztlich nur helfen, die richtigen Fragen zur Strategiekonkretisierung zu stellen und konsequente, maßnahmenorientierte Ableitungen aus dem Gesamtkonzept zu treffen. Selbst wenn das Implementierungsvorhaben strategiekonform ausgestaltet und durch einen unternehmensweiten BSC-Prozess begleitet wird, bemisst sich die Durchschlagskraft des strategischen Vorhabens vor allem nach der Qualität und Marktbezogenheit der kunden-, prozess- und mitarbeiterorientierten Handlungsprogramme.

Insofern soll an dieser Stelle davor gewarnt werden, die BSC als »Wundermittel« einzuschätzen, mit dem nun alle offenen und bisher schwer lösbaren Fragen sowohl der Strategieumsetzung als auch der Konkretisierung notwendiger personalpolitischer Veränderungsschritte beantwortet werden könnten. Es kommt vielmehr entscheidend darauf an, wie es dem Topmanagement gelingt, die Anforderungen des Marktes, der Kunden, der Öffentlichkeit und der Anteilseigner mit den Leistungsmöglichkeiten der Menschen und der Systeme in der Organisation in Übereinstimmung zu bringen. Dazu zählt vor allem die Mobilisierung der Humanpotenziale in einer möglichst strategiekonformen Art und Weise, wobei die »Kunst« darin besteht, die Ziele zur Steigerung von Produktivität und Kosteneffizienz mit einem hohen Grad an Menschenorientierung, Mitarbeiterbeteiligung und Einbeziehung aller Teams in erfolgsorientierte Veränderungsprozesse zu verknüpfen.

Organisationen werden in Zukunft nur überleben können, wenn es ihnen nicht nur gelingt, die wachsenden Ansprüche der Kunden in einem angemessenen Preis-Leistungs-Verhältnis zu befriedigen. Vielmehr sind auch die am Produktivprozess beteiligten Menschen dafür zu gewinnen, sich selbst immer wieder infrage zu stellen und die eigenen Kompetenzen fortlaufend weiterzuentwickeln. Sie müssen lernen, durch interdisziplinäre, fachübergreifende Kommunikation die bestmöglichen Lösungen für den Kunden zu erstellen. Wir hoffen, dass die Personalverantwortlichen im Unternehmen durch das Konzept der BSC gerade auch im Bereich der strategischen Organisations- und Personalentwicklung sichtbar vorankommen. Dies umfasst auch die weitere Professionalisierung eines ganzheitlichen Personalmanagements und einer flexiblen Mitarbeiterführung. Es kommt insbesondere darauf an, einen Weg von der Ebene der »gehaltvollen«, aber oftmals diffusen Leitvorstellungen über Führungskultur, Mitarbeiterengagement, Mitarbeiterzufriedenheit und Entfaltung der Schlüsselqualifikation hin zu konkret messbaren Entwicklungszielen, Kenngrößen und Aktionsprogrammen zu finden.

Damit verbindet sich die Erwartung, dass durch messbare Erfolgsnachweise im Bereich der Personalpolitik sowohl strategisch erreichbare als auch tatsächlich erreichte Meilensteine besser fassbar und damit zugleich überzeugender kommunizierbar werden. Dies dürfte einerseits den Erwartungen der Mitarbeiter im Hinblick auf neue Spielräume autonomen Handelns, wachsende Eigenverantwortung und zunehmende Selbststeuerung gerecht werden. Andererseits können durch einen solchen Prozess der strukturellen Strategiekonkretisierung und Erfolgsüberprüfung bezogen auf die »weichen Faktoren« – wie er durch eine BSC-Implementierung gefördert wird – auch die Forderungen der Aktionäre nach einer erhöhten Transparenz und Bewertbarkeit des Humankapitals besser erfüllt werden. Dabei wird zu prüfen sein, inwieweit es gelingt, durch eine flächendeckende BSC-Umsetzung die oftmals langfristig angelegten personalpolitischen Ziele, die als notwendig für die nachhaltige Existenzsicherung des Unternehmens angesehen werden, mit den eher kurzfristig ausgerichteten Erfolgserwartungen der Aktionäre und Anteilseigner in Einklang zu bringen.

Die BSC bietet einen umfassenden Gestaltungsrahmen, um kurzfristige und langfristige Einfluss- und Erfolgsgrößen aufeinander zu beziehen und damit auch vernetzte Strukturen auf allen Strategieebenen besser nachvollziehbar zu machen. Insofern dürfte auch das zukunftsgerichtete Denken und der Nachweis von »wegweisenden Einzelschritten« bzw. Meilensteinen auf dem Weg zur Realisierung der Gesamtstrategie gefördert werden. Die zentrale Rolle der Organisations- und Personalentwicklung sowie der Stellenwert der Humanressourcen für den Strategieerfolg können unseres Erachtens über den BSC-Ansatz sogar einem »Außenstehenden«, der keinen unmittelbaren Einblick in die jeweilige Unternehmung hat, besser verständlich gemacht werden.

Die nächsten Jahre werden zeigen, in welchem Ausmaß sich Unternehmen bei der Verwirklichung des BSC-Ansatzes vor allem auch einer wegweisenden Konzeption im Human-Resources-Management bedienen, um damit ihre eigene Überlebensfähigkeit durch eine in sich stimmige, effizienz- und menschenorientierte Strategieimplementierung zu steigern.

Grundlagen der Balanced Scorecard

Aufbau, Zielsetzung und Ausgestaltung

Die Balanced Scorecard (BSC) kann als umfassendes Steuerungs- und Managementsystem zur Findung, Präzisierung, Kommunikation und Implementierung einer Unternehmensstrategie verstanden werden. Ursprünglich wurde die BSC von den Amerikanern Norton und Kaplan Ende der achtziger Jahre als Weiterentwicklung des finanzwirtschaftlichen Controlling konzipiert. Dabei stand der Gedanke im Mittelpunkt, dass die Unternehmensleitung neben den operativen Steuerungs-, Reporting- und Budgetierungssystemen zwingend einen ganzheitlichen Strategieansatz benötigt, um die wesentlichen Eckpfeiler der unternehmerischen Kernabsichten definieren und im Hinblick auf ihre erfolgreiche Umsetzung maßnahmenbezogen überwachen zu können. Das Neue an diesem Ansatz ist die prägnante Darstellung der langfristig ausgerichteten Unternehmensstrategie, der unmittelbare Bezug zu messbaren Prozess- und Erfolgsfaktoren sowie die Verknüpfung mit vernetzten strategischen Aktionsprogrammen.

Insofern kann die BSC als Schlüsselinstrument zur zukunftsgerichteten Unternehmensentwicklung verstanden werden, das in seiner praktischen Bedeutung weit über eine primär controllingorientierte und betriebswirtschaftliche Steuerungs- und Monitoringfunktion hinausgeht (vgl. Kaplan und Norton, 1997). Nachfolgend wird der Grundgedanke der BSC zunächst kurz vorgestellt und an einem Beispiel verdeutlicht. Dadurch soll ein grundsätzliches Verständnis für die Zielrichtung, den Aufbau und die Ausgestaltung dieses Verfahrens vermittelt werden. Da mittlerweile verschiedene Publikationen zur Systematik und Methodik der BSC vorliegen, sei zur vertiefenden Darstellung entweder auf Kaplan und Norton oder die im Literaturverzeichnis aufgeführten Veröffentlichungen verwiesen.

Die BSC wird hier nicht nur als ein spezielles Verfahren zur Konkretisierung von Unternehmenszielen, deren unternehmensweiten Ableitung sowie
deren zeitnahen Verwirklichung interpretiert. Sie dient vielmehr auch als ein
Instrument, um strategiebezogene Handlungsprogramme zu entwickeln sowie individuelle und teambezogene Zielerreichungsgrade zu ermitteln. Damit
können mit einer BSC die Leistungs- und Wertbeiträge von einzelnen Mitarbeitern, Projektgruppen, Teams und kompletten Bereichen in der Organisation resultatorientiert gemessen werden. Dies bedeutet, dass auch die
organisationsspezifische Anreiz- und Vergütungssystematik an den jeweils
gewählten BSC-Rahmen anzugleichen ist.

Der Grundgedanke der BSC besteht darin, unternehmensstrategische Kernaussagen nicht nur verbal zu fassen – etwa in Form einer Vision, einer Mission, eines Unternehmensleitbilds oder von allgemeinen Strategieaussagen –,
sondern vielmehr auch konkrete Priorisierungs- und Gewichtungsentscheidungen zu treffen, die an vorhandene oder geplante finanzwirtschaftliche
Budgets sowie organisationsspezifische Leistungspotenziale gekoppelt sind.
Dabei werden die einzelnen Strategieelemente klassifiziert, im Hinblick auf
ihren unternehmensspezifischen Stellenwert geordnet und mit so genannten
»strategischen Initiativen« sowie einzelnen Meilensteinen und Messgrößen
beziehungsweise Erfolgsindikatoren gekoppelt.

Dem BSC-Ansatz liegt die Annahme zugrunde, dass die unternehmerischen Ressourcen grundsätzlich begrenzt sind. Deshalb muss ständig über die
Allokation der vorhandenen Investitions- und Handlungsmöglichkeiten entschieden werden: bezogen auf den Markt, die Kunden, die Geschäftsbereiche,
die Wertschöpfungsprozesse und die Mitarbeiter. Eine weitergehende These
in der BSC-Philosophie lautet, dass der Erfolg der strategischen Planungen
und Maßnahmenprogramme durch eine begrenzte Zahl von ausgewählten
Messgrößen beurteilt werden kann. Diese sind sowohl für qualitative als auch
quantitative Zieldefinitionen abzuleiten, um eine durchgängige Zielkonkretisierung für das unternehmerische Handeln sicherzustellen.

Im Prozess des Designs einer BSC können zunächst folgende wesentlichen
Schritte unterschieden werden, die allerdings nicht zwingend in dieser Reihenfolge abgearbeitet werden müssen:

- Präzisierung des langfristigen Strategierahmens – fußend auf einer klaren
  unternehmerischen Vision und Mission.
- Definition der strategieübergreifenden Kernabsichten.

- Analyse von Ursache-Wirkungs-Beziehungen zwischen einzelnen strategischen Schlüsselvariablen der Unternehmensentwicklung.
- Ableitung der spezifischen strategischen Ziele und Geschäftspläne.
- Gewichtung und Priorisierung der Kernabsichten beziehungsweise strategischen Zielvorgaben.
- Definition von Messgrößen und Meilensteinen.
- Verabschiedung von strategischen Initiativen und erfolgssichernden Aktionsprogrammen.
- Ausarbeitung nachgeordneter Scorecards, zum Beispiel auf funktionaler Bereichs- oder Standortebene, gekoppelt mit individuellen Zielvereinbarungen.
- Konsequente Strategieimplementierung und fortlaufendes strategisches Monitoring.

Präzisierung des langfristigen Strategierahmens sowie der unternehmerischen Vision und Mission

Voraussetzung für ein tragfähiges Strategiekonzept ist die Definition von Geschäftszweck, übergeordneten Leitzielen (»Megazielen«) und unternehmerischen Kernaktivitäten. Aus dem Blickwinkel des strategischen Managements muss geklärt werden, welche Leistungen, Produkte und Marktfelder im Mittelpunkt des unternehmerischen Handelns stehen. Eine Vision beschreibt den mittel- bis langfristig angestrebten, wünschenswerten Soll-Zustand, der sich vor allem auf die finanziellen sowie markt- und kundenbezogenen Absichten bezieht. Beispiele für solche Visionselemente lauten:

- Verdoppelung der Umsatzrendite innerhalb von drei Jahren und des Umsatzes innerhalb von zwei Jahren.
- Steigerung des Bekanntheitsgrades um 500 Prozent innerhalb von zwei Jahren.
- Sicherung einer sehr hohen Kundenzufriedenheit für alle Dienstleistungen rund um das Kerngeschäft innerhalb von drei Jahren.
- Positionierung im Marktsegment als *keyplayer* innerhalb von zwei Jahren, das heißt Steigerung der Marktanteile, bis das Unternehmen zu den drei wichtigsten Marktteilnehmern zählt.

Abb. 1-1: Chancen der Balanced Scorecard

Präzisieren der unternehmerischen Vision und Mission

- Verdeutlichen von Zukunftsbild, Werteverständnis, Auftrag und kundenorientierten Nutzenbeiträgen der Organisation
- Positionierung des Unternehmens im Markt- und Wettbewerbsumfeld

Klären und Operationalisieren der Kernfelder der künftigen Unternehmensstrategie

- Analyse nach finanzwirtschaftlicher, markt-/kundenbezogener, prozess- und innovationsgerichteter Perspektive
- Konsensbildung im Management über die Priorisierung und Gewichtung der strategischen Handlungsfelder

Vernetzen und Kommunizieren der einzelnen Strategiebereiche

- Bilden von Hypothesen zu Abhängigkeitsverhältnissen zwischen wesentlichen Strategiekomponenten
- Herausstellen der Zusammenhänge zwischen organisationsinternen und -externen Einflussfaktoren auf den Markterfolg

Konkretisierung von aktionalen Geschäftsplänen für den Unternehmenserfolg

- Spezifikation von operationalen Zielen bzw. Vorgaben und Messgrößen
- Definition von Aktionsprogrammen und Meilensteinen mit Ressourcen, Verantwortlichkeiten und Terminhorizonten
- Verknüpfung von Zielkategorien mit Leistungskennzahlen und Anreizen

Fortlaufende Implementierung und Prüfung der Umsetzungserfolge

- Einholen von strategischem Feedback durch Kundenbefragungen sowie bereichs- und teamspezifische Reviews
- Unterjährige Feinjustierungen der BSC
- »Lernende Organisation« kundennah praktizieren

- Steigerung des Shareholder-Value um das Dreifache in zwei Jahren.

- Sehr hohe Mitarbeiterzufriedenheit und ausgeprägte Identifikation mit dem Unternehmen, die sich in einer längerfristigen Verbundenheit mit dem Unternehmen und einer geringen Fluktuationsrate ausdrückt.

- Umsetzung eines ehrgeizigen »Electronic Business-to-Business-Programms«, sodass durch E-Commerce, virtuelle Internetmarktplätze und workflowbasiertes Dokumentenmanagement die Prozesssicherheit und -effizienz in einem Jahr um 250 Prozent gesteigert werden kann.

Die Visionsaussagen sind zwar noch relativ unscharf formuliert, weisen aber im Idealfall bereits Bezüge zu Messkriterien auf. Teilweise sind manche Firmenvisionen noch abstrakter formuliert, zum Beispiel »Wir wollen in wenigen Jahren die erfolgreichste europäische Fluglinie für den Gütertransport werden, die ihre Kunden absolut zufrieden stellt und sogar begeistert!« Visionen haben psychologisch gesehen oftmals die Funktion, emotionale Bindungen zu stiften und das persönliche Engagement der Beteiligten zu steigern. Darüber hinaus sollen sie Kunden, Geschäftspartnern, Lieferanten, Anteilseignern und der Öffentlichkeit eine ehrgeizige, imagebetonte Zukunftsentwicklung andeuten. Visionen helfen, Orientierung zu vermitteln und das wesentliche, langfristige Kernziel der unternehmerischen Aktivität klar zu beschreiben.

Im Gegensatz zu Visionen, die zukunftsgerichtet formuliert werden, verdeutlichen die Missionen stärker den Auftrag beziehungsweise den spezifischen Geschäftszweck des Unternehmens oder einzelner Bereiche. Die Kernfrage lautet: »Wozu ist das Unternehmen überhaupt da?«, und »Was begründet unsere Existenz aus Kundensicht?«. Ein »mission-statement« dient dazu, Aussagen hierzu prägnant zu kommunizieren. Entsprechende Beispiele lauten:

- »Wir sorgen für sämtliche Dienstleistungen rund um's Haus« (Gebäude-Services)

- »Europäische Güterlogistik und Cross-Border-Transportleistungen für den Mittelstand ermöglichen«

- »Facility-Management für Industriebauten professionell umsetzen«

- »Den ganzheitlichen Marktauftritt für mittelständische Unternehmen im Internet sicherstellen«

Missionen und Visionen sind eng vernetzt; sie gehen zum Teil ineinander über und sind häufig eher auf einer anmutungshaften, affektiven Ebene fassbar. Die Kernbotschaft muss prägnant sein und gut erinnert werden können, da sie als »Orientierungsmarke nach innen und außen« wirken soll.

Der einer BSC vorgelagerte Rahmen kann neben der Vision und Mission als Bestandteil eines ganzheitlichen unternehmerischen Leitbildes auch Leitlinien zur internen Kooperation und Führung enthalten. Damit wird zugleich ein firmenspezifisches Wertesystem definiert, das die Anforderungen an den zwischenmenschlichen Umgang definiert. Ein solches Leitbild beinhaltet im günstigen Falle auch einen ethisch-moralischen Kodex für die Beziehungen zwischen Führungskräften und Mitarbeitern, der die Qualität des zielgerichteten Handelns auf einer pragmatischen Ebene regulieren hilft. Insofern können dort Maximen des erwünschten, verantwortungsvollen und wertschätzend-partnerschaftlichen Handelns präzisiert werden, die einen fairen Umgang untereinander beschreiben.

Beispiele für Führungsleitlinien lauten:

• Führungskräfte vereinbaren Ziele und messen den Leistungsbeitrag jedes Einzelnen vor allem an der Zielerreichung.

• Führungskräfte verstehen Kritik als Vertrauensbeweis; sie nehmen sachliche Kritik offen entgegen und setzen sich mit ihr in fairer Weise auseinander.

• Führungskräfte fördern ihre Mitarbeiter, indem sie regelmäßige Mitarbeitergespräche zur Standortbestimmung durchführen, persönliche Enwicklungsperspektiven aufzeigen und konkrete Qualifizierungsmaßnahmen vereinbaren.

• Führungskräfte vermitteln zeitnah Rückmeldungen zu erbrachten Leistungen; dazu sprechen sie Lob und Anerkennung aus und erläutern Verbesserungsmöglichkeiten für jeden Einzelnen.

Sofern eine Organisation noch nicht über einen solchen strategischen Orientierungsrahmen verfügt, sollten in einem Prozess der Leitbild- und Werteentwicklung die Eckpfeiler des unternehmerischen Handelns »sinnbezogen« vorab präzisiert werden. Dazu zählen auch Einschätzungen zu aktuellen Umfeld- und Systembedingungen, die das unternehmerische Handeln im Markt beeinflussen können, sowie prognostische Aussagen zu deren künftigen Entwicklung (»Zukunftsszenario«).

Damit werden wesentliche Voraussetzungen für eine BSC-Entwicklung geschaffen, die das Verständnis der Führungskräfte und Mitarbeiter für die antizipierten Sollzustände und Handlungsprogramme fördern.

Definition der Kernabsichten

Kaplan und Norton unterscheiden im Wesentlichen vier Kernelemente einer Unternehmensstrategie, die sie auch als »Perspektiven« oder Kernabsichten bezeichnen:

- Die finanzwirtschaftliche Perspektive.
- Die Markt- und Kundenperspektive.
- Die Perspektive der internen Geschäftsprozessoptimierung und der marktorientierten Innovation, zum Beispiel die Einführung neuer Prozesse, Technologien und Produkte.
- Die Perspektive des Lernens und der kontinuierlichen Entwicklung – einschließlich Human-Resources-Management, Personal- und Organisationsentwicklung sowie intelligente Management-Informationssysteme.

Diese Perspektiven ermöglichen nach Kaplan und Norton die Integration sämtlicher Unternehmensaktivitäten auf einer übergeordneten Steuerungsebene. Grundsätzlich können auch weitere Perspektiven aufgenommen werden, sofern es das unternehmensspezifische Strategiekonzept erfordert: zum Beispiel Kernabsichten zur gesellschaftlichen Verantwortung, zur ökologischen Orientierung, zu intelligenten Kooperationen mit Partnern und Lieferanten oder zur Ausgestaltung der Informationstechnologie. Im Sinne des Parsimonie-Prinzips, das heißt der Komplexitätsreduktion und prägnanten Darstellung für den Anwender, sind vier Perspektiven meist ausreichend und dienen deshalb im Folgenden als konzeptioneller Rahmen.

Die einzelnen Perspektiven verdeutlichen auch, welche Strategiefelder besonders im Auge behalten werden müssen, wenn sich möglicherweise untergeordnete strategische Ziele ändern. So ist es durchaus denkbar, dass eine Neuausrichtung der künftigen Unternehmensorganisation – zum Beispiel eine geplante Fusion – völlig neue strategische Ziele erfordert. Die Perspektiven selbst werden jedoch auch in diesem Falle weitgehend konstant bleiben. Das heißt: Selbst wenn eine nachhaltige Umstrukturierung eingeleitet wird, gilt es beispielsweise, Synergien für die Zielkunden zu stiften, die eigene Rentabilität im Auge zu behalten, Prozesse zu vereinfachen und die Menschen in der Organisation für die Neuausrichtung zu gewinnen.

Leitfragen zur Präzisierung der Perspektiven lauten:

- Auf welche Felder wollen wir uns in unseren unternehmerischen Aktivitäten – ausgehend von der Vision und Mission – vor allem konzentrieren?

- Was sind die übergeordneten Ordnungsprinzipien, an denen wir unser Handeln für Kunden, Mitarbeiter, Aktionäre, Kooperationspartner und Öffentlichkeit ausrichten?

- Was sind die wesentlichen Erfolgskriterien, die für die langfristige Existenzsicherung unseres Unternehmens maßgebend sind?

- An welchen Handlungsdimensionen sollten sich Führungskräfte und Mitarbeiter vorrangig orientieren, damit sie die Effektivität und den Nutzen ihrer Leistungs- und Wertbeiträge zweckmäßig bemessen können?

Analyse von Ursache-Wirkungs-Beziehungen zwischen Schlüsselvariablen der Unternehmensentwicklung

Nach der Festlegung von Kernabsichten beziehungsweise Perspektiven für das unternehmerische Handeln sind Aussagen erforderlich, wie die wesentlichen Einflussfaktoren im Strategiekonzept miteinander in Beziehung stehen, aufeinander einwirken und die kritischen Erfolgsgrößen beeinflussen. Da es sich bei einem Unternehmen um ein »offenes System« handelt, sind Wechselwirkungen mit wichtigen Umfeldfaktoren – zum Beispiel Markt, Wettbewerber, Kunden, Lieferanten – anzunehmen. Jede Aussage über eine Wirkungsstruktur – zum Beispiel den positiven Einfluss der Kundenzufriedenheit auf die Umsatzrendite – ist also immer unter dem Vorzeichen der Umfeldbedingungen zu bewerten. Weder »Kundenzufriedenheit« noch »Umsatzrendite« sind isolierte Variablen, die nur durch unternehmensinterne Prozessfaktoren beeinflusst werden. Vielmehr ist die Kundenzufriedenheit beispielsweise im Vergleich zu den kundenorientierten Leistungen der Wettbewerber zu bewerten.

Bei »Ursache-Wirkungs-Beziehungen« zwischen einzelnen strategischen Variablen handelt es sich streng genommen um Wahrscheinlichkeitsaussagen über den Zusammenhang von vernetzten Einflussfaktoren, die wiederum von vielfältigen Systemparametern – innerhalb und außerhalb des jeweiligen Unternehmens – beeinflusst werden. Dabei sind auch Feedbackschleifen zu beachten: Die Kundenzufriedenheit wirkt im Allgemeinen nicht nur positiv auf die Umsatzrendite, sondern umgekehrt kann die erfolgreiche finanzielle Entwicklung eines Unternehmens auch auf das Image des Unternehmens einen günstigen Einfluss haben, was wiederum die Zufriedenheit der Kunden steigen lässt. Die Zufriedenheit einzelner Kunden mag beispielsweise wachsen, wenn sie erfahren, dass sich auch andere Kunden für dieses Unternehmen und seine Produktpalette entschieden haben.

Insofern sind eindimensionale Kausalaussagen in einer BSC kaum sinnvoll. Darüber hinaus ist Kausalität in Systemzusammenhängen auch ein relativer Begriff, da Ursache und Wirkung nicht immer klar zu trennen sind: Wechselseitige Feedback- und Regulationsprozesse charakterisieren gerade komplexe Systeme! Dennoch dürfte es für die Strategieanalyse und -präzisierung hilfreich sein, wesentliche Abhängigkeitsmuster für die als vorrangig eingestuften Prozess- und Resultatsvariablen, die vor allem auf der finanzwirtschaftlichen Ebene zu finden sind, zu spezifizieren.

Das Management muss im ersten Schritt die wesentlichen Strategie-Faktoren definieren und ihren relationalen Zusammenhang – entweder auf intuitiver Ebene oder untermauert durch empirische Daten – fixieren. Dazu kann in einer grafischen Darstellung – einem Ursache-Wirkungs-Diagramm beziehungsweise einer grafischen Abhängigkeitsstruktur – das angenommene Zusammenhangsmuster veranschaulicht werden. Abbildung 1-2 verdeutlicht den Aufbau eines solchen Diagramms.

Die eingetragenen Variablen in unserem Beispiel sind jeweils durch Wirkungspfeile verbunden. Damit soll sichtbar gemacht werden, dass die betreffenden Kausalbeziehungen vom Management als besonders ausschlaggebend eingestuft werden. Es handelt sich also in unserem Beispiel nicht um »objektive Wirkungsbeziehungen«, die qua Markt- und Prozessanalysen oder über Controllingdaten belegt werden, sondern vielmehr um subjektive Wirkungseinschätzungen des Management-Teams. Dabei können durchaus objektive Daten aus dem Systemumfeld des Unternehmens (Markt, Kunden, Wettbewerber oder Prozesse) in den Einschätzungsprozess integriert werden. Entscheidend ist aber, dass vor Verabschiedung des Strategiekonzeptes im Führungskreis erste Einschätzungen zu den besonders wichtigen Prozess- und Ergebnisvariablen getroffen und vermutete Zusammenhänge in einem konsensorientierten Verfahren abgebildet werden. Einzelmeinungen und persön-

Abb. 1-2: Beispiel für ein hypothesengeleitetes »Ursache-Wirkungs-Chart«

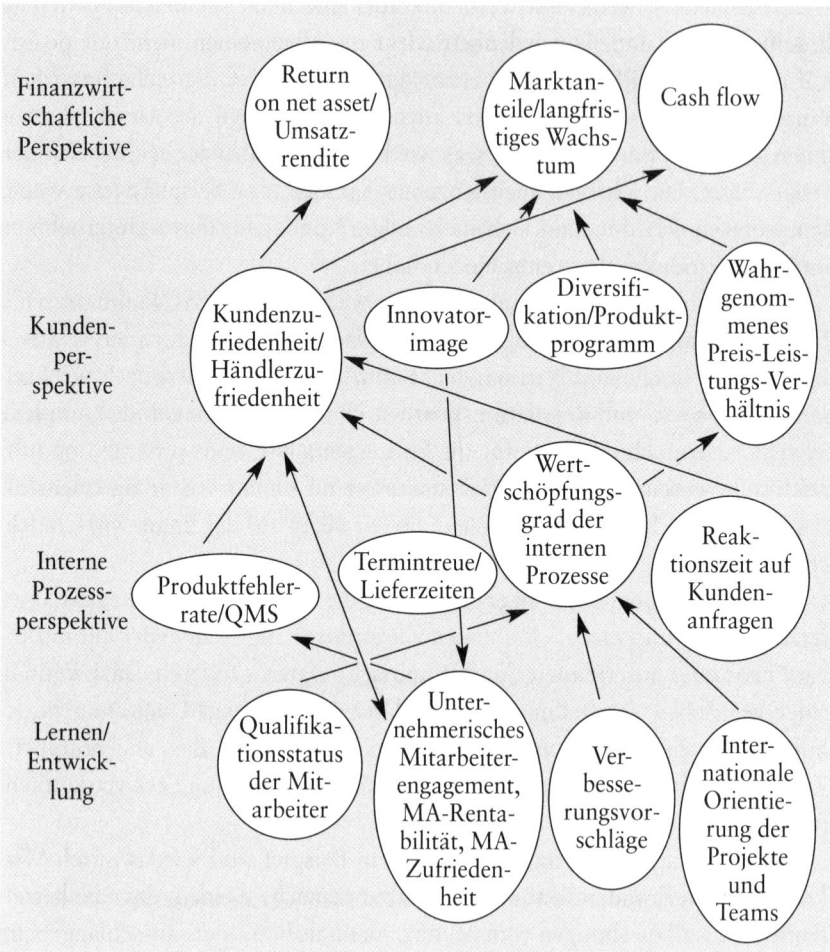

liche Sichtweisen werden also in einem moderierten Prozess aufeinander bezogen und gemeinsam abgeglichen.

Dabei sind als besonders wichtig eingestufte Wechselwirkungen markant hervorzuheben: So wirkt in unserem Beispiel die Mitarbeiterzufriedenheit positiv auf die Kundenzufriedenheit, da engagierte und mit dem Unternehmen identifizierte Mitarbeiter eher ein positives Service- und Qualitätsverständnis gegenüber den Kunden vermitteln. Umgekehrt wird die Zufriedenheit der Mitarbeiter durch positiv gestimmte Kunden weiter gesteigert. Neben positiven Feedbackschleifen sind auch negative Rückwirkungen denkbar: Beispielsweise dürfte eine hohe Ausschussquote die Kundenzufriedenheit reduzieren, was wiederum die Reklamationsquote erhöht und damit die Prozesseffizienz und die Mitarbeiterzufriedenheit negativ beeinflusst.

Ein Ursache-Wirkungs-Diagramm kann fortlaufend verfeinert werden, wenn sich Anhaltspunkte für neue zentrale Wirkungsgefüge ergeben. Norton und Kaplan empfehlen allerdings, die Anzahl und Struktur der dargestellten Faktoren auf das Wesentliche zu konzentrieren und nicht ständig zu ändern, da ansonsten die »mentale Landkarte« der wesentlichen Erfolgsfaktoren in der Organisation verloren geht. Insofern kann bei der Visualisierung des zentralen Wirkgefüges »weniger auch mehr sein«. Zu beachten ist weiterhin, dass die angenommenen Vernetzungsstrukturen auch kommunikabel sein müssen – zum Beispiel gegenüber Anteilseignern, wichtigen Nachunternehmern, Mitarbeitern oder sogar gegenüber Kunden. Je höher die Transparenz und Einfachheit der Darstellung, desto leichter können die wesentlichen Strategieelemente erfasst und in ihrer Beziehung zueinander nachvollzogen werden.

Ableitung der strategischen Ziele

Sind die wesentlichen Strategieelemente und ihre angenomme Vernetzung identifiziert, so gilt es, diese zu systematisieren. Die darauf bezogenen strategischen Ziele können dann sukzessive formuliert werden.

Ein strategisches Ziel beschreibt dabei einen Soll-Zustand, der für eine mittel- bis langfristige Betrachtungsperspektive als handlungsleitend angesehen wird und der für die Sicherung des Unternehmenserfolges maßgebend erscheint. Beispiele für strategische Ziele in der Kundenperspektive lauten:

- Die Kundenzufriedenheit nachhaltig steigern.
- Die Gewinnung von Neukunden intensivieren.
- Die Kundenrentabilität signifikant erhöhen.
- Das Firmenimage deutlich verbessern.

Diese hier aufgeführten strategischen Ziele beschreiben wünschenswerte Veränderungen im Grad der Kundenorientierung. Dabei werden noch keine konkreten Messkriterien, Erfolgsindikatoren und Verantwortlichkeiten definiert. Die strategischen Ziele müssen jedoch verschiedene Anforderungskriterien erfüllen, um das umfassende Strategiekonzept zu unterstützen:

Überprüfbarkeit, Präzision und Plausibilität

Die strategischen Ziele sollen mit dem übergreifenden Leitbild und Unternehmenskonzept in Einklang stehen, dem »common sense« entsprechen und möglichst einer empirischen Prüfung standhalten. Es müssen also Indikatoren und Messgrößen identifiziert werden können, die das Erreichen der strategischen Ziele belegen. Schwer überprüfbare strategische Ziele lauten zum Beispiel »Wir wollen einfach besser sein als andere« oder »Wir wollen immer schneller werden«. Dies sind eher unverbindliche PR-Slogans, die für ein nachvollziehbares Strategiekonzept kaum nutzbringend sind. Selbstverständlich muss ein Unternehmen dem Anspruch gerecht werden, sich kontinuierlich weiterzuentwickeln; es wäre deshalb zumindest zu präzisieren, wo das Unternehmen konkret besser werden will.

Interne Konsistenz

Die einzelnen Ziele dürfen nicht im Widerspruch zueinander stehen. Ein Beispiel für einen Widerspruch wäre die Annahme, dass zwar sowohl die Kundenzufriedenheit wie auch die Händlerzufriedenheit die Umsatzrendite günstig beeinflussen, Händler- und Kundenzufriedenheit jedoch untereinander nicht in Bezug zueinander stehen. Vielmehr ist davon auszugehen, dass auch die Händlerzufriedenheit die Kundenzufriedenheit positiv beeinflusst. Insofern sind strategische Ziele nach ihrer Formulierung auf wechselseitige Stimmigkeit zu prüfen.

Eindeutigkeit

Strategische Ziele sollten nicht mehrdeutig sein, da sie ansonsten die Strategieableitung und -konkretisierung behindern. Ein Beispiel für ein mehrdeutiges strategisches Ziel wäre die Aussage, dass »die Neukundengewinnung vor anderen Zielen absoluten Vorrang hat«. Hier ist nicht festgelegt, was mit »anderen Zielen« gemeint ist und wie der Begriff »absolut« zu verstehen ist. Die Aussage dürfte auch inhaltlich zweifelhaft sein, da eine These zur Neukundengewinnung durch eine Aussage zur nachhaltigen Kundenbindung zu ergänzen wäre.

Realitätsnähe

Strategische Ziele gewinnen an inhaltlicher Aussagefähigkeit, wenn sie den Umfeld- und Marktbedingungen gerecht werden und von den Kunden und Mitarbeitern gut nachvollzogen werden können. Dies schließt nicht aus, ehrgeizige Ziele (»stretch-goals«) zu formulieren, die als »nahezu unerreichbar« eingestuft werden, aber unter Umständen hohen Motivationscharakter besitzen. Wenn jedoch ein neu gegründetes IT-Unternehmen für sich das strategische Ziel formuliert, innerhalb von sechs Monaten die »Nr. 1 im Marktfeld des IT-Consulting werden zu wollen«, so dürfte dies in den meisten Fällen als unrealistisch einzustufen sein. Andererseits wird mit zu konservativ formulierten Zielen eher die Chance verspielt, einschlägige »Durchbruchsziele« herauszuarbeiten. Wenn ein Unternehmen das Ziel formuliert, lediglich ein »Wachstum der Umsatzrendite von 0,3 Prozent innerhalb von zwölf Monaten« anzustreben, muss sich das Management die Frage gefallen lassen, ob solche »Sicherheitsziele« nicht die langfristige Existenz gefährden – und zuvor schon das Vertrauen der Anteilseigner.

Strategische Ziele sollten in einen überschaubaren Zielekatalog zusammengefasst werden. Strategieansätze mit beispielsweise mehr als 50 strategischen Zielen sind dementsprechend zu straffen und auf die wesentlichen Kernaussagen zu reduzieren. Darüber hinaus sollten die Zielaussagen so getroffen werden, dass sie konkrete »Wegentscheidungen« erkennen lassen, zum Beispiel die Ausrichtung auf eine bestimmte Marketing- oder Innovationsstrategie mit der Möglichkeit zur Angabe von persönlichen Verantwortlichkeiten, Ressourcenbegrenzungen, Terminen und Berichtsverpflichtungen. Diese Eckpfeiler sind dann die Grundlage, um später herausragende Meilensteine der Strategieumsetzung ableiten zu können.

Gewichtung und Priorisierung der Kernabsichten und strategischen Zielvornahmen

Liegen die strategischen Ziele vor und sind sie den jeweiligen Perspektiven schlüssig zugeordnet, so ist einzustufen, inwieweit sie die übergreifende Unternehmensabsicht unterstützen. Die einzelnen Zielelemente müssen also in ihrer Bedeutung zueinander abgewogen und bezüglich ihres Stellenwertes zur Erfüllung der Erwartungen von Kunden, Anteilseignern, Mitarbeitern, Partnern oder Öffentlichkeit »balanciert« werden. Dabei sind kurz-, mittel-

und langfristige Auswirkungen auf die jeweiligen Erwartungshaltungen zu beachten.

Ein pragmatisches Verfahren besteht darin, die strategischen Ziele pro Einzelperspektive – also zum Beispiel die kundenbezogenen im Vergleich zu den prozessbezogenen Absichten – im Hinblick auf ihre Funktionalität für die nachhaltige Erfolgssicherung abzuwägen. Darüber hinaus können auch die einzelnen Strategien pro Perspektive untereinander gewichtet werden. Zur Vereinfachung der Darstellung gehen wir jedoch nachfolgend davon aus, dass die einzelnen strategischen Ziele pro Perspektive gleichwertig behandelt werden. Insofern reduziert sich die Priorisierung auf die jeweiligen Kernperspektiven. Ausgehend von einer Gesamtsumme von 100 Prozent werden nun die einzelnen Perspektiven in ihrer Bedeutung zueinander gewichtet.

Dies ist kein zwingender Bestandteil einer BSC-Entwicklung, aber für nachfolgende Schritte, zum Beispiel bei der Priorisierung von strategischen Handlungsprogrammen, hilfreich. Die prozentualen Gewichtungen dienen jeweils zur Verdeutlichung von antizipierten Investitionsentscheidungen, strategischen Schwerpunktsetzungen oder auch als Grundlage pragmatischer Handlungspräferenzen. Konkret kann das Topmanagement durch die Priorisierung der Perspektivfelder klare Entscheidungen herbeiführen, welchen Stellenwert die Einzelperspektiven jeweils für einen bestimmten Zeithorizont für die Organisation besitzen.

Ein Beispiel soll dies verdeutlichen: Ein junges Unternehmen, zum Beispiel im Bereich der Telekommunikation, wird in der Aufbauphase einen Schwerpunkt im Bereich der Neukundengewinnung und der intelligenten Marktpositionierung legen, um sich zukünftige zu erwartende Ertragschancen systematisch zu erschließen. Ein etabliertes Unternehmen wird eventuell eine andere Strategie verfolgen: So kann ein tradiertes, inhabergeführtes Unternehmen – etwa im Maschinenbau – seine besondere Aufmerksamkeit der Optimierung der Geschäftsprozesse, der Kundenbindung durch Cross-Selling oder der Absicherung der finanzwirtschaftlichen Zukunftsperspektive durch diversifiziertes Kapitalanlagemanagement widmen. Dementsprechend stehen branchenorientierte Spezialisierung, verbesserte Kundenbetreuung durch qualifizierte Beratung und Sicherung der Kundenloyalität bei gleichzeitiger Steigerung der Ertragskostenspanne im Mittelpunkt.

Folglich ergeben sich – zum Verständnis etwas vereinfacht – unterschiedliche Gewichtungen in der Unternehmensstrategie, die in einer BSC etwa wie folgt zum Ausdruck kommen könnten:

BSC- Perspektive	Unternehmen A	Unternehmen B
	innovativer Newcomer in der Telekommunikation	traditionsverpflichtetes Maschinenbauunternehmen
1. Finanzwirtschaftliche Perspektive	20 %	40 %
2. Kundenperspektive (Schwerpunkt Neukundengewinnung)	40 %	20 %
3. Interne Prozessperspektive	20 %	15 %
4. Lernen und Entwicklung	20 %	25 %

Solche pointierten Gewichtungsentscheidungen dürfen nicht als statische Festlegungen missverstanden werden. Sie dienen vielmehr als »Richtungsvorgaben« und somit zur Konkretisierung der häufig zunächst nur unverbindlich dargestellten Unternehmensstrategie – mit entsprechenden Konsequenzen für strategische Folgeziele und Ressourcentscheidungen. Dadurch werden zugleich qualitative Soll-Aussagen quantitativ verdeutlicht und für Kunden, Anteilseigner und Mitarbeiter besser nachvollziehbar gemacht. Darüber hinaus erlauben die gewichteten Primäraussagen zu den Kernperspektiven der zukünftigen Geschäftsaktivität weitere Ableitungen, die für nachgelagerte Aktionsprogramme maßgebend sind: Im Unternehmen A werden aufgrund der hohen Gewichtung der Kundenperspektive vertriebs- und marketingbezogene Maßnahmenpläne zur Forcierung der Neukundenakquisition möglicherweise höher bewertet als im Unternehmen B. Dies wird seinen Niederschlag auch in unterschiedlichen Ressourcen- und Budgetbemessungen finden.

Definition von Messgrößen und Meilensteinen

Jede Strategie bedarf der konkreten Überprüfung anhand nachvollziehbarer Kenngrößen. In einer BSC sind hierzu für jede strategische Zielformulierung drei bis fünf Messkriterien zu definieren, die ein Ziel »controllingfähig« machen. Dies bedeutet zugleich, dass praktikable Überprüfungsmaßnah-

Abb. 1-3: Beispiel für strategische Zielobjekte und zugeordnete Messkriterien

Finanzen und Ergebnis		Interne Prozesse	
Zielobjekt	Messgröße	Zielobjekt	Messgröße
• Kapitalrendite	• X % vom Eigen-kapital	• Lieferzeiten (time-to-market)	• X Tage
• Umsatzwachs-tum	• Y % Umsatz-zuwachs	• Reaktionszeiten auf Kundenan-fragen	• Y % pro Zeit-heinheit
• Kostensenkung	• Z DM		
• Budgeteinhal-tung	• XX DM pro Team/Mitar-beiter	• Fehlerraten/Stör-fälle/Stillstands-zeiten	• Z % Fehler/Aus-schuss pro Ferti-gungsstufe
		• Beschwerderaten	• XX Anzahl
		• Prozess- und Ent-wicklungszeiten	• YY Tage
		• Auslastung/ab-geschlossene Projekte	• Auslastungs-grade/Projekt-erfolge
Markt und Kunden		**Lernen und Entwicklung**	
Zielobjekt	Messgröße	Zielobjekt	Messgröße
• Marktanteile	• X % Marktfüh-rerschaft	• Personalfluktua-tion	• X %
• Neukundenge-winnung	• Y Anzahl pro GJ/y % vom Gesamtkunden-bestand	• Personalrendite	• Personalkosten/ Rohertrag
		• Gesundheitssta-tus/Absentismus/ Arbeitsunfälle	• Y Indexwert
• Kundenzufrie-denheit	• Z Index-Skalen-werte (Kunden-befragung)	• Organisations-klima/Mitarbei-terzufriedenheit	• Z Abwesenheits-/ Krankheitstage/ Unfallrate
• Kundenrentabi-lität (Schlüssel-, Stamm-, Zielkun-den)	• Gewinn/DB pro Kunde, Kunden-rohertrag/ -umsatz	• Verbesserungs-vorschläge und strategische Inno-vationsfähigkeit	• XX Vorschläge pro Mitarbeiter/ Innovations-raten
• Dauer der Kun-denbeziehung	• XX Monate/ Aktive Kunden	• Qualifikations-status der Mitar-beiter	• YY Ausprägung in Kompetenz-diagnose/Wei-terbildungsakti-vitäten

Markt und Kunden		Lernen und Entwicklung	
Zielobjekt	Messgröße	Zielobjekt	Messgröße
		• Interkulturelle Kompetenz	• ZZ Erfahrung in internationalen Projekten/Sprach-kompetenz
		• Wahrgenommene Führungs-qualität	• XXX Index-wert/360-Grad-Feedback
		• Mitarbeiterenga-gement und »unternehmeri-sches Commit-ment«	• YYY Indexwert Mitarbeiter-befragung
		• Bereichsübergrei-fendes Informa-tions- und Wis-sensmanagement	• Nutzung Intra-net/Indexwert Mitarbeiter-befragung
		• Personalentwick-lung/Identifi-zierte Potenzial-kandidaten	• Fördergesprächsquote/Nachwuchs-pool/durchge-führte Assess-ments/reali-sierte PE-und Karrierepläne
		• Zielvereinbarun-gen	• Zielvereinba-rungsquote
		• Flexible Arbeits-zeiten	• Mehrarbeits-stunden/Nor-malarbeitsstun-den/Nutzung Vertrauensgleit-zeit

men festgelegt werden, anhand derer das »erreicht« oder »nicht erreicht« bestimmter Zielvorgaben erkannt wird. Konkret müssen Mess- und Operationalisierungsvorschriften erarbeitet werden, die eine direkte Überprüfung des Strategievollzugs erlauben und anerkannte Zwischenschritte beziehungsweise Meilensteine auf dem Weg zur Zielerreichung darstellen.

Solche Meilensteine können kurz-, mittel- und langfristig definiert werden. Sofern eine BSC über einen Zeitraum von eins bis zwei Jahren angelegt ist, können sich die ersten Meilensteine auf sechs bis zwölf Monate beziehen. Dies wird allerdings in jedem Unternehmen individuell festzulegen sein. Die Meilensteine dienen anschließend auch als Bezugsgrößen für regelmäßige Strategie-Review-Sitzungen, die vierteljährlich stattfinden können.

Wird beispielsweise die »kontinuierliche Steigerung der Kundenzufriedenheit« als strategisches Ziel definiert, so ist anzugeben, bis wann welche Änderungen in einzelnen Kenngrößen zur Kundenzufriedenheit erreicht werden sollen. Darüber hinaus muss festgelegt werden, wie die Kundenzufriedenheit genau erfasst wird – etwa durch Benchmarking, Panels, Kundenbefragungen oder Veränderungsmessungen in einzelnen Indices.

Beispiele für Messvorschriften lauten:

- Eine strukturierte Kundenbefragung, in der das Unternehmen drei Mal im Jahr die Kundenzufriedenheit im Vergleich zu fünf Schlüsselwettbewerbern durch eine stratifizierte Stichprobe erfasst.

- Eine gezielte Mitarbeiterbefragung, an der anhand von fünf Kerndimensionen des Organisationsklimas (zum Beispiel Einkommen, Perspektiven, Arbeitsumfeld, Kooperations- und Führungskultur, Grad der Autonomie) die Mitarbeiterzufriedenheit erhoben wird.

- Fortlaufende Erhebung des E-Commerce-Nutzungsgrades durch Internet-Präsenzanalysen und -Nutzungsverläufe bezogen auf die firmenspezifisch eingerichteten, virtuellen Marktplätze.

- Analyse des Führungsstils durch ein 360-Grad-Feedback für jede Führungskraft, das im Rhythmus von 18 Monaten wiederholt wird.

Liegen die Messgrößen fest, so ergeben sich die Meilensteine beziehungsweise »operativen Veränderungsziele in den Strategiegrößen« durch erwünschte zeitverlaufsbezogene Veränderungen. Die Meilensteine fungieren als »Kennmarken« für den Erfolg strategiebezogener Aktions- und Maßnahmenpläne, die zur Erreichung der übergreifenden Unternehmensziele eingeleitet werden. Strategiebezogene Meilensteine beinhalten in diesem Sinne Aussagen zu angestrebten Veränderungen in den Messkriterien. In unserem ersten Beispiel wäre ein solcher Meilenstein:

Steigerung in der Kundenzufriedenheit durch ein »Customer-Satisfaction-Programm« mit Trainingsbausteinen um einen Betrag von 20 Prozent gegenüber der Basiserhebung. Die Messung erfolgt auf einer zuvor eingeführten, geeichten Messskala, die vier verschiedene Einzelwerte integriert.

Die strategiebezogenen Meilensteine dürfen nicht mit den budgetbezogenen, operativen Controllingzielen verwechselt werden, deren Erreichung fortlaufend über Management-Informationssysteme erfasst wird. Es handelt sich bei den BSC-Meilensteinen vielmehr um Erfolgskriterien, die unmittelbar auf das strategische Gesamtkonzept bezogen sein sollten und typischerweise die Integration mehrerer Controlling- und Verlaufsindikatoren erfordern. Die Definition von Meilensteinen ist gerade auch im qualitativen Zielbereich von herausragender Bedeutung: Häufig sind die »weichen« Zielfelder schwerer zu operationalisieren, sodass konkrete Veränderungsziele zum Beispiel für die Kommunikations- und Feedbackkultur, die Service- und Kundenorientierung oder die Führungskompetenz nach einem konsensorientierten Dialogprozess im Unternehmen definiert werden müssen.

Verabschiedung von strategischen Initiativen und Aktionsprogrammen

Die BSC stellt einen handlungserzeugenden Rahmen für die Strategiekonkretisierung und -umsetzung dar. Dazu tragen Kernabsichten, strategische Ziele und auf einzelne Zeithorizonte abgestimmte Meilensteine bei. Damit ist jedoch noch kein Schritt getan, um tatsächlich eine visionsgeleitete Strategierealisation sicherzustellen. Es bedarf vielmehr konkreter Handlungsprogramme und Maßnahmenpläne, die das übergreifende Strategiekonzept »mit Leben erfüllen«. Folglich sind für einzelne Veränderungsziele spezifische Aktionsprogramme beziehungsweise »strategische Initiativen« – um den Wortgebrauch von Kaplan und Norton aufzugreifen – in die Wege zu leiten.

Die strategischen Aktionsprogramme können einerseits auf der Ebene der übergreifenden Unternehmensstrategie definiert werden – zum Beispiel ein neues Rahmenkonzept zur Absatzsteigerung für Schlüsselprodukte via E-

Commerce –; es kann sich aber auch um bereichsspezifische oder funktionale Aktionsprogramme handeln, die auf nachgeordneter Ebene implementiert werden: zum Beispiel in den Unternehmensbereichen Vertrieb, Marketing, Technischer Support oder Personal. Diese funktionalen Handlungsprogramme sind dann wieder im Hinblick auf die angestrebten Erfolge in die bereichsspezifischen Zielkataloge aufzunehmen.

Beispiele für Aktionsprogramme, die auf die Steigerung der Service- und Kundenorientierung zielen, lauten:

- Durch Einführung eines Total-Quality-Konzeptes die internen Qualitäts- und Servicestandards optimieren.

- Durch eine Workflowanalyse wertsteigernde Geschäftsprozesse optimieren und die Schnittstellen zwischen einzelnen Bereichen minimieren.

- Durch Einführung eines KVP-Programms (»kontinuierliche Verbesserung«) neue Ideenpotenziale entwickeln und Mitarbeiter für die Erzeugung und Umsetzung von praktikablen Verbesserungsvorschlägen »vor Ort«, das bedeutet in den einzelnen Teams und Organisationseinheiten, gewinnen.

- Ausgewählte Kunden und Lieferanten in die Neuproduktentwicklung einbeziehen, damit die Produktentwicklung forciert und die marktgerechte Produktpositionierung erleichtert wird.

Strategiegeleitete Aktionsprogramme sind das »Herzstück« einer BSC; mit ihrer übergreifenden Leistungsfähigkeit und kundenbezogenen Nutzenorientierung steht und fällt der BSC-Ansatz. Insofern müssen die Aktionsprogramme auf den Bereichsebenen sinnvoll vernetzt und abgestimmt werden. Sie sollten zugleich die Erwartungen der Kunden, der Mitarbeiter, der Anteilseigner und der Öffentlichkeit berücksichtigen, damit das Unternehmensentwicklungsprogramm qua BSC in der Praxis Bestand hat. Die »Balancierung« bezieht sich also auf die ausgewogene, wohl durchdachte Zusammenstellung der kurz-, mittel- und langfristigen Aktionsprogramme.

Liegen strategische Gewichtungen in der übergreifenden BSC vor, bedeutet dies auch eine Priorisierung der Aktionsprogramme. Das heißt, je nach Stellenwert der einzelnen Leitperspektiven werden die Aktionsprogramme mit besonderen Ressourcen und Zeithorizonten zu versehen sein, damit das strategische Gesamtvorhaben gelingt. Ein Aktionsprogramm muss in der späteren Umsetzung vor allem daraufhin bewertet werden, ob es die Erwartungen im Hinblick auf die Meilensteinerreichung erfüllt – oder ob es gegebenenfalls unterjährig zu modifizieren ist, damit es seinen angenommenen Handlungsnutzen erfüllt. Dies ist wiederum Bestandteil der regelmäßig durchzuführenden Strategie-Reviews und Bereichsperformance-Analysen, die erforderlich sind, damit das »Schiff nicht in die falsche Richtung gesteuert wird«.

Ausarbeitung nachgeordneter Scorecards

Die BSC-Implementierung erfordert einen konsequenten Top-down-Ansatz, das heißt ausgehend von der übergeordneten Unternehmensvision sind Kernstrategien zu präzisieren, die dann in Form einer übergreifenden Business-Scorecard als Orientierung für die einzelnen Geschäfts- und Servicebereiche dienen. Handelt es sich um ein Konzernunternehmen mit mehreren Standorten und Niederlassungen, so empfiehlt sich die Ableitung von regionalen oder geschäftsbereichsspezifischen »Sub-Scorecards«. Diese funktionalen Bereichs-Scorecards sind wiederum auf die übergeordnete Top- oder Business-Scorecard zu beziehen.

Konkret werden also von einer bereits konzipierten Business-Scorecard Strategiefelder, Messkriterien, Aktionsprogramme und Gewichtungen auf die funktionalen Sub-Scorecards übertragen, erhalten dort aber einen spezifischeren Zuschnitt: Ein global agierendes Konzernunternehmen kann zum Beispiel für einzelne Regionen lokal ausgeprägte Strategien in den einzelnen Perspektiven definieren. Analog können für verschiedene Geschäfts- und Vertriebsbereiche Sub-Scorecards ausgearbeitet und integrativ zur Top-Business-Scorecard zusammengeführt werden. Dies heißt nicht, dass die Gewichtungen der Top-Scorecard unverändert übernommen werden müssen. Allerdings sollten die funktionalen Sub-Scorecards inhaltlich kompatibel sein, das heißt auf der Grundlage von Plausibilitätsannahmen das Erreichen der übergeordneten Topstrategien nachhaltig unterstützen.

Darüber hinaus können einzelne Servicebereiche, zum Beispiel Marketing, Personal, technische Services oder Produktion ebenfalls eine eigene Scorecard definieren. (Wir werden eine solche Bereichs-Scorecard für das Human-Resources-Management später vorstellen.) Die Präzisierung von funktionalen Scorecards ist grundsätzlich bis auf die Ebene einzelner operativer Teams – und sogar bis hin zu einzelnen Organisationsmitgliedern – vorstellbar. Allerdings besteht dabei auch die Gefahr, den Blick für das Wesentliche zu verlieren. Das heißt, durch einen zu hohen Differenzierungsgrad kann die ganz-heitliche Orientierung für jeden Einzelnen leiden. Insofern liegt es zunächst nahe, Scorecards lediglich für übergreifende und größere Einheiten zu defi-nieren. Daraus können allerdings wiederum individuelle Zielvereinbarungen abgeleitet werden, die auch die Wünsche und Erwartungen der Mitarbeiter in den Teams berücksichtigen.

Eine enge Verzahnung zwischen Scorecards und Zielvereinbarungen sollte auf jeden Fall angestrebt werden. Dies impliziert, dass zum einen Zielverein-barungen auf die Business- und Bereichs-Scorecards bezogen werden und zum anderen auch das Anreiz- und Vergütungssystem die Ausrichtung an der übergreifenden Strategiematrix fördert. Damit wird zugleich sichergestellt, dass die wertsteigernde Handlungsorientierung der Mitarbeiter – richtungs-weisend in der BSC-Strukturierung dargestellt – durch geeignete monetäre und nicht-monetäre Motivationsfaktoren unterstützt wird. Wird lediglich eine BSC-Implementierung im Unternehmen vorgenommen, ohne dass Ziel-vereinbarungen und Anreizsysteme direkt darauf abgestimmt sind, kann nicht ohne weiteres erwartet werden, dass die funktionalen Bereichs-Score-cards als verbindlicher und psychologisch wirksamer Steuerungsrahmen auch tatsächlich von den Betroffenen angenommen werden.

Strategieimplementierung und fortlaufendes strategisches Monitoring

Damit die Business- und Bereichs-Scorecards Wertbeiträge auf der Seite der Organisationsmitglieder herbeiführen, sind jeweils Zielvereinbarungen mit den Handlungsverantwortlichen zu treffen. Dies bedeutet, dass eine BSC mit den individuellen Zielgesprächen in den einzelnen Bereichen gekoppelt wer-den sollte. Dabei sind Zielvereinbarungen nicht nur mit den Leitungskräften zu treffen, sondern im Idealfall auch mit den einzelnen Teammitgliedern, damit die persönlichen Zielvorgaben und Aufgabenschwerpunkte auf die Scorecards bezogen werden. Insofern ist eine zur BSC parallele Systematik für strukturierte Zielvereinbarungsgespräche hilfreich, damit die breite Einbin-dung der Organisationsmitglieder gelingt.

Die konkrete Umsetzung der BSC-Aktionsprogramme erfordert darüber hinaus koordinierte Vorgehensweisen auf Bereichs- und Teamebene, damit Chancen für Synergieeffekte genutzt werden. Die Vertreter nachgelagerter

Hierarchieebenen müssen die Vorgaben und Entscheidungen der Geschäftsleitung, die sich in der Business-Scorecard manifestieren, horizontal diskutieren und im Hinblick auf die unterschiedlichen Handlungsimplikationen für die einzelnen Geschäfts- und Servicebereiche ausloten. Neben dem Top-down-Ansatz der Strategieumsetzung muss folglich eine laterale Vernetzung vorgesehen werden, damit sich die Strategiepläne wirkungsvoll ergänzen. Dementsprechend sind Vertreter angrenzender Bereiche – zum Beispiel Services, Marketing, Vertrieb, Produktion und F&E – gefordert, miteinander in Dialog zu treten und die funktionalen Strategien gemeinsam zu erörtern und zu verabschieden. Dabei gilt es, bottom-up gerichtete Feedbackschleifen zu integrieren, indem Wahrnehmungen, Einschätzungen und Sichtweisen auf den operativen Ebenen wieder an das Management rückgemeldet werden. So können erforderliche Justierungen – zum Beispiel in den Kenngrößen und Meilensteinen der Business-Scorecard – vorgenommen werden, bevor eine »finale Verabschiedung« durch die Unternehmensleitung erfolgt.

Sind die strategischen Weichenstellungen von der Unternehmensleitung und den nachgelagerten Schlüsselebenen vorgenommen worden, bedarf es fortlaufender, unterjähriger Zwischen-Reviews. Gegenstand der Review-Sitzungen mit einem ausgewählten Kreis von Vertretern unterschiedlicher Bereiche und Hierarchiestufen ist die Beleuchtung folgender Kernfragen:

- Sind die formulierten Strategieziele, Messgrößen und Meilensteine nach wie vor realistisch – oder bedarf es einschneidender Kurskorrekturen?

- Wie verlaufen die strategischen Initiativen und Aktionsprogramme, die das Erreichen der BSC-Meilensteine sicherstellen helfen sollen?

- Wie reagieren Kunden, Partner, Lieferanten oder die Öffentlichkeit – einschließlich der Aktionäre – auf die Umsetzung des BSC-Gesamtprogramms? Sind zum Beispiel Kommunikationsmaßnahmen zu intensivieren oder weitere Beteiligte in den Strategieumsetzungsprozess einzubinden?

- Führen die eingeleiteten Maßnahmen mit hoher Wahrscheinlichkeit zur Strategieerreichung? Oder ergeben sich beispielsweise aufgrund von Daten aus Management-Informationssystemen und aus dem Controlling oder durch Resultate von Markt- und Kundenanalysen Ansatzpunkte für eine Korrektur der Aktionspläne?

- Greifen die nachgelagerten funktionalen Bereichs-BSCs ineinander und stiften damit Synergieeffekte? Gibt es Bereiche, Standorte oder Einheiten, für die eine Strategiemodifikation erforderlich ist?

In der Phase der Strategie-Implementierung sind im Unternehmen relevante Bewertungskriterien und spezifische Leitfragen zu erarbeiten, die eine pragmatische Überwachung des Strategiefortschritts ermöglichen. Dabei sollte weniger »formalisierten und bürokratischen« Bewertungsverfahren der Vorzug gegeben werden, sondern vielmehr auf die zeitnahe, praxisgerechte Überprüfung – zum Beispiel eines strategischen Vorhabens in einem Geschäftsbereich – geachtet werden. Einzelne Strategieprojekte sind zunächst bereichsbezogen zu pilotieren, bevor sie auf das gesamte Unternehmen bezogen werden. Ein Beispiel aus dem Bereich des Human-Resources-Management wäre etwa die Einführung eines neuen Anreizsystems, oder in einem Servicebereich eine interne Kundenbefragung zur Image- und Qualitätsbewertung. Nach Erprobung des Grundansatzes können mögliche Schwächen noch »ausgebessert« werden, sodass die unternehmensweite Implementierung auf eine breitere Akzeptanz stößt und damit einen höheren Kundennutzen schafft.

Neben den regelmäßigen Review-Sitzungen im Managementteam oder in einem speziell eingerichteten BSC-Steuerungsteam sind auch computergestützte Reviewverfahren sinnvoll: zum Beispiel Soll-Ist-Vergleiche für die zentralen BSC-Kenngrößen, die online abgerufen werden. Dies ermöglicht eine firmenweite Orientierung, wie die Umsetzung des strategischen Gesamtvorhabens jeweils gelingt. Darüber hinaus können sofort korrektive Schritte eingeleitet werden, wenn sich signifikante Abweichungen zu den »Toleranzgrenzen« in einzelnen strategischen und operativen Zielen ergeben. Erforderliche Neudefinitionen von Vorgaben, Scorecard-Meilensteinen und operativen Zielen lassen sich damit im Management und in den operativen Einheiten auch besser begründen und nachvollziehen.

Nutzen der Balanced Scorecard für die Konkretisierung der Unternehmensstrategie in Veränderungsprozessen

Bevor auf die konkrete Ausgestaltung einer Beispiel-BSC eingegangen wird, soll der Nutzen der Balanced Scorecard als strategisches Steuerungsinstrument gerade in Veränderungsprozessen verdeutlicht werden. Dabei wird die BSC als ein chancenorientiertes Werkzeug verstanden, das gerade dann zur regulativen Zukunfts- und Handlungsorientierung beiträgt, wenn wesentliche strukturelle Veränderungen in einer Organisation vorbereitet werden. Die BSC kann in diesem Falle als Steuerungsrahmen verstanden werden, der allen Organisationsmitgliedern bei der Bewältigung der Veränderungsanforderungen eine Perspektive vermitteln und zugleich die wesentlichen Leitkorridore der mittelfristigen Unternehmensentwicklung aufzeigen kann.

Im Einzelnen werden nachfolgend fünf konkrete Nutzenfunktionen erläutert, die eine BSC-Entwicklung gerade im Prozess des Change-Management erfolgversprechend erscheinen lassen:

- Verdeutlichen der Veränderungsziele auf unternehmensstrategischer Ebene.

- Priorisierung der Veränderungsziele und Konkretisierung der wesentlichen, markt- und kundenbezogenen Meilensteine im Veränderungsprozess.

- Operationalisierung von Kenngrößen, die den fortlaufenden Erfolg des Change-Management-Programms verdeutlichen helfen.

- Einbeziehung der Betroffenen, die zu unternehmerisch Verantwortlichen und aktiv Beteiligten im Change Management werden sollen.

- Verbesserung des Organisationsklimas und Steigerung der Mitarbeiterzufriedenheit gerade in Umbruchphasen, die oftmals als bedrohlich und verunsichernd erlebt werden.

Verdeutlichen der Veränderungsziele auf unternehmensstrategischer Ebene

Tiefgreifende Umstrukturierungen, zum Beispiel aufgrund von substantiell neuen Geschäftszielen und darauf fußenden internen Reorganisationen, oder auch im Umfeld von Fusionierungen, erfordern eine Neuausrichtung sämtlicher Geschäftsaktivitäten. In solchen Umbruchphasen kann leicht der »rote Faden« verloren gehen und beispielsweise alles infrage gestellt werden, was bisher zur Erzielung einer kundenorientierten Wertschöpfung beigetragen hat. Damit werden jedoch auch mögliche Erfolgsfaktoren aufgegeben, die in einer durchaus bewahrungswürdigen, unternehmensspezifischen Tradition begründet sind. Gerade in nachhaltigen Wandlungsprozessen muss zwischen fortzuführenden Strategien und neu zu definierenden Orientierungen und Handlungsmaßstäben differenziert werden.

Eine BSC bietet in einer solchen Wandlungsphase die Chance, die strategischen Veränderungsziele prägnant zu benennen, bewährte Strukturen und Prozesse aufzuzeigen und die Ausrichtung auf die wesentlichen Meilensteine im Change Management sicherzustellen. Gerade in einschneidenden Veränderungsprozessen benötigen vor allem die Menschen in der Organisation klare übergeordnete Leitlinien und regulatorische Handlungsmaximen, die es ihnen erleichtern, mit dem Bruch in der Unternehmenskontinuität zurechtzukommen. Insofern können in diesem Falle in einer BSC nicht nur geschäftsfeldbezogene Strategien, sondern auch unternehmenskulturelle Werte und ethische Ziele abgebildet werden. So lassen sich zum Beispiel in der BSC-Perspektive »Lernen und Entwicklung« Anforderungen an die Kommunikations- und Feedbackkultur spezifizieren, die auch konsequent überprüft werden: also beispielsweise Fairness im Umgang miteinander, überzeugende Führungskompetenz, ganzheitliche Teamentwicklung oder eine verbindliche Neudefinition der Kriterien für eine umfassende Service- und Qualitätsorientierung.

Die in einer BSC fixierten und kommunizierten Veränderungsziele können es auch Nachunternehmern und Partnern erleichtern, die Neuausrichtung des Unternehmens besser nachzuvollziehen. Dies erhöht zugleich die Chancen, dass strukturelle Veränderungen »mitgetragen« werden – etwa durch gezielte Beiträge zur Neuproduktentwicklung, durch ein verändertes Risikomanagement oder durch eine Neugestaltung des gemeinsamen Marketing. Nicht zuletzt die Kunden selbst können durch einen Einblick in die BSC erkennen, welche neuen Nutzenpotenziale eine veränderte Unternehmensstrategie auch für sie haben wird, sodass die Chance zur nachhaltigen Kundenloyalität erhöht wird.

Die Unternehmensleitung wird allerdings gefordert sein, gerade die strategischen Veränderungsziele deutlich zu artikulieren und mit einer überprüfbaren Mittel- bis Langfristperspektive für die Beteiligten, das heißt insbesondere Mitarbeiter, Partner, Lieferanten und Anteilseigner zu verknüpfen. Insofern »zwingt« die BSC zu verbindlichen Aussagen über die Erfolgsmaßstäbe, die in einem tiefgreifenden Wandlungsprozess nicht immer leicht zu erkennen sind. Damit bietet die BSC vor allem auch dort eine Chance zur Stiftung einer gemeinsamen Zukunftsperspektive, wo wegweisende Werte, Orientierungen und Handlungsmaßstäbe dringend benötigt werden.

Priorisierung der Veränderungsziele und Konkretisierung der wesentlichen, markt- und kundenbezogenen Meilensteine im Veränderungsprozess

Die erfolgreiche Gestaltung von Veränderungsprozessen erfordert neben der Klarheit und Transparenz der neuen Leitstrategie in sich verzahnte Aktionsprogramme, die organisationsweit getragen und gemäß den situativen Anforderungen aufeinander abgestimmt werden. Im Change Management müssen die wesentlichen Handlungskonzepte so mit konkreten Terminhorizonten verknüpft werden, dass sie dazu beitragen, die Umbruchsituation möglichst rasch in eine neue Phase der Kontinuität zu überführen. Obwohl sich grundsätzlich jedes Unternehmen auf permanenten Wandel einstellen muss, sollten tiefgreifende »Brüche« in der Unternehmensführung nicht »zur Regel werden«, da dies sowohl von den Kunden, den Anteilseignern als auch von den Mitarbeitern kritisch bewertet werden dürfte.

Durch die Klärung folgender Kernfragen kann deshalb eine Ausrichtung auf die neue Gesamtstrategie angestrebt werden:

- Welche Veränderungsziele betrachten wir als vorrangig? Worauf konzentrieren wir uns mit besonderer Energie?
  - Spezifikation der fünf bis sieben vorrangigen Marktziele, Kundenziele, Prozessziele und Entwicklungsziele im Bereich Organisationslernen und Human Resources.
  - Zielgewichtung durch Prozent- oder Prioritätsangaben (zum Beispiel A-, B- oder C-Ziele).
- Welche Aktionsprogramme sind geeignet, um die als vorrangig angestrebten Ziele zeitnah zu erreichen?
  - Festlegung von drei bis vier Aktionsprogrammen pro Zielkategorie.
  - Benennung von Verantwortlichkeiten, Terminhorizonten, Erfolgskriterien und Nutzenpotenzialen pro Aktionsprogramm.
- Wie verhalten wir uns, wenn die Aktionsprogramme nicht die gewünschten Erfolge nach sich ziehen?
  - Erarbeiten eines »Frühwarnsystems« beziehungsweise Risikocontrollings, um auch bei (zunächst) nicht erfolgreichen Maßnahmenprogrammen gegensteuern zu können.
  - Begleitende Prozessbewertung zum Beispiel durch strukturierte Befragungen von Kunden, Mitarbeitern und Kooperationspartnern, um frühzeitig bedeutsame Zielabweichungen zu diagnostizieren.

- Welche Meilensteine sind nach sechs Monaten bis spätestens nach einem Jahr zwingend zu erreichen, um eine erste Erfolgsbewertung des BSC-gestützten Veränderungsprozesses vornehmen zu können?
  - Kurzfristige Terminierung von drei bis fünf Meilensteinen, die erkennen lassen, ob das Change-Management-Programm bereits in den ersten Monaten und im ersten Jahr zielführend ausgestaltet ist.
  - Einrichtung eines »Change-Management-Teams«, das hierarchieüber-greifend zusammengesetzt ist und für die Steuerung und das Controlling des Veränderungsprozesses verantwortlich zeichnet.

Gerade bei der Umsetzung eines ehrgeizig angelegten Veränderungspro-grammes sind kurzfristig sichtbare Erfolge entscheidend, um die Akzeptanz und Unterstützung bei den einzelnen Teams und Mitarbeitern zu sichern. Wandlungsprozesse bringen häufig »emotionale Härten« mit sich, es werden schwierige Personalentscheidungen zu treffen sein und gravierende struktu-relle Veränderungen eingeleitet, die bei den Betroffenen zu Verunsicherung und drohendem Orientierungsverlust führen. Insofern sollte das Manage-ment es nicht dabei bewenden lassen, eine BSC zu formulieren, die erst mittel- bis langfristig zu positiven Veränderungen führt. Gefordert sind vor allem auf die BSC abgestimmte kurzfristige Ziele mit hoher Erfolgs-wahrscheinlichkeit und nachvollziehbare, pragmatische Handlungsorientie-rungen, die den Nutzen der neuen Strategiekonzeption zeitnah sichtbar machen.

Operationalisierung von Kenngrößen, die den fortlaufenden Erfolg des Change-Management-Programms verdeutlichen

Bei der Definition von Meilensteinen im Rahmen des Change-Management-Programms müssen geeignete Kenngrößen definiert werden, anhand derer der Verlauf der Strategie-Implementierung »abgelesen« werden kann. Gerade bei qualitativen Zielen stellt sich aber das Problem, dass solche Kenngrößen nur mittelbar abgeleitet werden können. Ein Beispiel soll dies verdeutlichen: Die positive Beeinflussung sowohl der Kunden- als auch der Mitarbeiterzu-friedenheit mag einen Kernbaustein in einem Veränderungsprogramm eines Technologieunternehmens darstellen. Während Umsatzquoten, Kostenent-wicklungen oder Lieferzeiten weitgehend direkt über geeignete Indikatoren des betrieblichen Controlling zu erfassen sind, erschließen sich die »weichen Veränderungsziele« nur über mittelbare Indikatoren. Dementsprechend wird ein Schwerpunkt des Messvorgangs darin bestehen, durch schriftliche oder mündliche Befragungen, Interviews und Verhaltensbeobachtungen indirekte Aufschlüsse darüber zu erhalten, wie sich die Zufriedenheit der Zielgruppe entwickelt. Während die Kundenzufriedenheit aufgrund verfügbarer Standardinstrumente mittlerweile relativ präzise erfasst werden kann – man denke an marktorientierte Panel- und Imageanalysen –, stellen sich bei der Mitarbeiterzufriedenheit besondere Erfassungsprobleme: Gerade in einem Change-Management-Programm muss damit gerechnet werden, dass die Mitarbeiterzufriedenheit – im Idealfall nur kurzfristig – zurückgeht, da die Veränderungen oftmals als belastend und bedrohlich erlebt werden. Darüber hinaus entwickeln sich bei manchen Mitarbeitergruppen Ängste, die mit einem gefürchteten – oder tatsächlich eintretenden – Funktions- oder Positionsverlust verbunden sind. Möglicherweise werden Mitarbeiter nicht dazu bereit sein, Auskünfte und Einschätzungen über Standardbefragungen abzugeben, da sie selbst bei zugesicherter anonymer Auswertung durch die offene Bekundung eigener affektiver Befindlichkeiten und kognitiver Ängste Nachteile befürchten.

So können einerseits erhobene Index-Werte zur Mitarbeiterzufriedenheit stark verfälscht sein oder nur die Meinungsbildung einer Teilstichprobe in der Belegschaft wiedergeben. Andererseits sind die Messergebnisse eher instabil, da sich die gefühlsbetonten Gesamteinschätzungen in einem Wandlungsprozess stark verändern können: Phasen der Frustration wechseln mit engagiertem Optimismus – auch je nachdem, wie sich die Informations- und Kommunikationspolitik des Managements darstellt und in welchem Ausmaß erste Erfolge erkennbar werden, die eine positive Stimmungslage nach sich ziehen.

Trotz dieser methodischen Probleme und der hohen Veränderungsgeschwindigkeit in den zugrunde liegenden Kenngrößen selbst – hier »Mitarbeiterzufriedenheit im Change Prozess« – sollten gerade solche schwer zu erfassenden Variablen, die für das Gelingen des Gesamtprogramms jedoch ausschlaggebend sind, nicht vernachlässigt werden. Es besteht ansonsten die Gefahr, dass »leichter zu messende« Ergebnisvariablen beleuchtet werden, die aber weniger sensibel für die erfolgsbezogene Bewertung des Veränderungsprozesses insgesamt sind. In unserem Beispiel könnte man geneigt sein, sich auf »härtere« und gut fassbare, quantitative Messgrößen zu konzentrieren, die ebenfalls als wesentlich für die Beurteilung der Mitarbeiterzufriedenheit eingestuft werden können, zum Beispiel:

- Fluktuationsquote
- Mehrarbeitsquote
- Unfallquote
- Krankenstandsquote

Es ist durchaus sinnvoll, solche Kenngrößen in eine BSC aufzunehmen; sie sollten allerdings durch »klima- und kulturbezogene Kennzahlen« ergänzt werden. Dementsprechend könnte die Mitarbeiterzufriedenheit beispielsweise durch folgende Methoden erfasst werden:

- Anzahl durchgeführter Teamentwicklungsmaßnahmen.
- Ergebnisse aus Führungskräfte-Feedbacks und -Bewertungen (360-Grad-Beurteilung zur Führungskompetenz).
- Anzahl geführter Mitarbeiter- und Fördergespräche.
- Zielvereinbarungsquote.
- Anzahl von Potenzialanalysen.
- Unternehmensweite und bereichsbezogene Interviews und Befragungen zur Mitarbeiterzufriedenheit (Organisationsklimadiagnosen mit Checklisten und Kurzbefragungen).
- Durchgeführte Infomärkte und Kommunikationsforen im Change-Management-Prozess.

Die Messgrößen sollten folglich auf die »weichen Ziele« zur Kommunikations- und Feedbackkultur sowie zum Human-Resources-Development bezogen werden. Dadurch gelingt es auch besser, die begrenzte Aussagefähigkeit einzelner Messmethoden und Kenngrößen zu überwinden. Obwohl der BSC-Ansatz dazu führen sollte, dass die Anzahl der einzelnen Kenngrößen stark begrenzt wird, lässt es sich in einem Change-Management-Prozess nicht vermeiden, zusätzliche Indikatoren aufzunehmen. Diese müssen die Erfolgsbewertung auf der Ebene der ganzheitlichen Prozessentwicklung und der Mitarbeiteridentifikation zuverlässig gewährleisten.

Einbeziehung der Betroffenen, die zu unternehmerisch verant-wortlichen Beteiligten im Change Management werden sollen

Die Erstellung einer BSC ist zunächst in der Verantwortung des Topmanagements angesiedelt. Dies gilt insbesondere für die als Orientierungsrahmen dienende »Top-Scorecard« mit Konkretisierung der unternehmensstrategischen Zielsetzungen und Meilensteine. Die Standort- und Bereichs-Scorecards sind anschließend von den jeweiligen Führungskräften zu erarbeiten. Grundsätzlich ist ein durchgängiger Top-down-Ansatz bis hin zur Vereinbarung von Zielen auf Team- und Individualebene anzustreben.

Es kommt wesentlich darauf an, die Betroffenen auf den nachgelagerten Handlungsebenen so früh wie möglich einzubinden – selbst wenn sie formal qua Kompetenzrahmen nicht primär für die Zieldefinitionen und Umsetzungsentscheidungen verantwortlich zeichnen. Für die umfassende Mitarbeiterbeteiligung im Change-Prozess sprechen im Einzelnen folgende Gründe:

- Die Entscheidungen der oberen Führungskräfte besitzen den Charakter von Zielvorgaben, die auf der operativen Handlungsebene möglicherweise kritisch bewertet werden. In vielen Fällen können die Mitarbeiter »vor Ort« besser entscheiden, ob ehrgeizige Ziele realistisch und zeitnah umgesetzt werden können.

- Durch die Einbeziehung der nachgelagerten Verantwortungsebene in den BSC-Entwicklungsprozess werden frühzeitig Feedbacks eingeholt, die anschließend die Umsetzungsgeschwindigkeit im Change Management erhöhen können. Insofern wird der Zielerreichungsprozess insgesamt beschleunigt.

- Die Mitarbeiter erfahren durch die Einbindung in den BSC-Prozess, dass ihr Leistungsbeitrag bei der späteren Umsetzung in besonderem Maße gewürdigt wird; insofern ist die Integration von Mitarbeitern auch als Führungsaufgabe zu interpretieren. Das heißt: Die Führungskräfte vermitteln ihren Mitarbeitern bereits im Dialogprozess zur Erstellung und Kommunikation der ersten »Roh-BSC« Werte, Visionen und Leitziele.

- Die Mitarbeiter erleben es als motivierend, wenn sie auf strategische Leitlinien in Umbruchsituationen unmittelbar Einfluss nehmen können. Insofern ist die frühzeitige Einbindung auch Ausdruck einer partizipativen Führungs- und Unternehmenskultur, bei der »Betroffene zu Beteiligten« gemacht und Mitarbeiter tatsächlich als unternehmerische Gestalter integriert werden.

Was bedeutet dies für das Vorgehen der Mitarbeitereinbindung in die BSC-Konzipierung? Gerade in einer Phase der Umstrukturierung empfiehlt es sich, Vertreter aus allen Sparten und Hierarchieebenen in den Entwicklungsprozess einzubeziehen. Die jeweils konsultierten Mitarbeiter können dann wiederum als Botschafter und Multiplikatoren in die einzelnen Bereiche und Teams »hineinwirken«, etwa indem sie Zwischenergebnisse und offene Fragen zeitnah kommunizieren. Umgekehrt besteht die Chance, dass die im BSC-Entwicklungsprozess beteiligten Mitarbeiter die Feedbacks aus den Bereichen gezielt aufnehmen und »rückspiegeln«. Dies fördert zugleich die Qualität und die Praxisorientierung der BSC-Konzipierung. Insbesondere Messkriterien, Meilensteine und operative Ziele können besser ausgearbeitet werden, wenn nicht nur die »Führungsmannschaft« über die entsprechenden BSC-Parameter nachdenkt. Zugleich wird die Akzeptanz bei der nachfolgenden Umsetzung gefördert.

Allerdings ist darauf zu achten, dass der Kreis der im Entwicklungsprozess beteiligten Mitarbeiter überschaubar bleibt. In den Prozess- und Projektteams sollten zirka ein bis zwei Vertreter pro Bereich einbezogen werden – beziehungsweise durch ein »rollierendes Prinzip« nach einer gewissen Zeit andere Mitarbeiter als Vertreter aus den operativen Teams. Dabei ist jedoch darauf zu achten, dass die Kontinuität im Entwicklungsprozess gesichert bleibt. Die Dauer der Mitwirkungsphasen – zum Beispiel in einer Task-Force im Change-Prozess – sollte sich deshalb auf mindestens vier bis sechs Monate erstrecken.

Ergänzend können durch gut strukturierte Infoveranstaltungen und Infomärkte auch größere Mitarbeitergruppen einbezogen werden. Denkbar ist beispielsweise, pro Business-Bereich zunächst eine BSC-Informationsveranstaltung durchzuführen, bei der erste Inhalte und Konzepte zur BSC-Ausgestaltung vorgestellt und mit allen Mitarbeitern diskutiert werden. Für solche Veranstaltungen können halb- bis ganztägige Informationsforen mit mehreren moderierten Dialogständen vorgesehen werden, um einen raschen Informationstransfer in überschaubaren Gruppengrößen sicherzustellen und zugleich intensive Kommunikationsgelegenheiten zu eröffnen.

Sinnvoll ist es, dass ein organisationsübergreifend gebildetes Change-Management-Steuerungsteam zusammen mit BSC-Entwicklungsbeauftragten der Geschäftsbereiche ein stimmiges Gesamtkonzept vorlegt, um die BSC-Konzipierung organisch in den Veränderungsprozess einzugliedern. Eine »isolierte« BSC-Entwicklung in einer Umbruchsituation sollte vermieden werden, da dies allzu leicht bei den Organisationsmitgliedern Widerstände und Reaktanz entstehen lässt. Wenn es heißt: »Schon wieder ein neues Projekt ...« – hier die BSC-Entwicklung –, ist etwas falsch gemacht worden! Dies würde die Erfolgsaussichten des Veränderungsprozesses insgesamt erheblich mindern, da es sich bei der BSC-Implementierung um eine breit getragene Aktivität im Change Management handeln sollte – und nicht um ein peripheres Projekt, das »neben anderen beiläufig« abgearbeitet wird.

Verbesserung von Organisationsklima und Steigerung der Mitarbeiterzufriedenheit gerade in Umbruchphasen

Die BSC-Entwicklung lenkt den Fokus zunächst auf die »harten Fakten« der Unternehmensentwicklung:

- »Wie können vor allem Kapitalrendite, Marktpräsenz, Kundenorientierung und Prozessgeschwindigkeit durch eine intelligente Gesamtstrategie erhöht werden?« und

- »Welche Messkriterien und Meilensteine wollen wir entwickeln, um den neuen Anforderungen im Wettbewerb besser gerecht zu werden?«

Die BSC bietet aber gerade in einer strukturellen Veränderungsphase die Chance, neue Missionen, Ziele, Strategien und priorisierte Geschäftsfelder für alle Mitarbeiter zu verdeutlichen. Dabei kann die BSC vor allem dazu genutzt werden, um den besonderen Stellenwert von Organisationslernen, Feedbackkultur, grenzüberschreitendem Dialog und potenzialorientierter Entwicklung der Humanressourcen zu verdeutlichen.

In vielen Umbruchphasen erleben die Mitarbeiter die Entwicklung der Organisation jedoch zunächst als krisenhaft und manchmal sogar für sich selbst als existenzbedrohend: Sie fürchten den Verlust ihres Arbeitsplatzes, machen sich Sorgen über ihre berufliche Zukunft oder antizipieren die Notwendigkeit, ihre aktuelle Funktion beziehungsweise Position aufgeben zu müssen. Ein Veränderungsprozess beinhaltet zwangsläufig, dass Ziele, Aufgaben und Anforderungen neu geordnet werden und damit auch die Organisationsmitglieder eine hohe Änderungsflexibilität im Hinblick auf ihre Einstellungen, Verhaltensweisen und Tätigkeitsschwerpunkte unter Beweis stellen müssen. Wenn ein Change-Management-Prozess zu einer nachhaltigen Steigerung der Kundenorientierung und vor allem einer erhöhten Leistungsfähigkeit der Wertschöpfungsprozesse führen soll, müssen »alte Zöpfe abgeschnitten« und damit auch tradierte Arbeitsweisen zugunsten erweiterter, flexibler Kooperationsformen infrage gestellt werden.

Nehmen die Organisationsmitglieder diesen Veränderungsprozess aber primär als fremdgesteuert wahr und fühlen sich den Entscheidungen des Topmanagements vielleicht sogar »ausgeliefert«, so werden sie kaum die nötigen Energien bereitstellen, die gerade in einer akuten Umbruchphase zwingend benötigt werden, um das Unternehmen in eine neue Richtung mit verbesserten Erfolgschancen am Markt zu führen. Insofern gilt es gerade im Change Management, die subjektiven Wahrnehmungen, Einschätzungen und auch Gefühlslagen der Mitarbeiter sehr ernst zu nehmen! Die Unternehmensleitung sollte deshalb ihre Aufmerksamkeit darauf konzentrieren, den Informationsfluss und die bereichsübergreifende Kommunikation so zu fördern, dass möglichst allen Mitarbeitern einerseits die neuen Ziele verständlich werden und sie zum anderen erkennen können, wo sich auch persönliche Chancen für jeden Einzelnen im Veränderungsprozess ergeben.

Im Idealfall gelingt es, sowohl die unternehmerische Effizienz- und Wettbewerbsorientierung als auch die Zufriedenheit und Identifikation der Organisationsmitglieder mit dem »neuen Weg« in der Organisation in Einklang zu bringen. Im Hinblick auf die BSC muss also gerade die vierte Perspektive »Lernen und Entwicklung« besonders herausgearbeitet werden, um neue Sinnorientierungen, Werte und Entwicklungspotenziale zu verdeutlichen. Im Einzelnen kann die BSC-Kommunikation genutzt werden, um vor allem folgende kulturellen Ziele in den Mittelpunkt zu rücken:

- Frühzeitige Einbindung der Mitarbeiter in den Prozess der Neuausrichtung und Umgestaltung.
- Erhöhung der Eigenverantwortung und Ausweitung von Selbststeuerungsmöglichkeiten in der eigenen Arbeit durch Verminderung von Bürokratie und Verkürzung langer Abstimmungs- und Entscheidungswege.
- Konsequente Einführung von Team- und Gruppenarbeit mit erweiterter Delegation von Kompetenzen und umfassenden Entscheidungsbefugnissen.
- Punktuelle Mitarbeiterbefragungen mit dem Ziel, Schwachstellen in der Organisationskultur zu identifizieren und zeitnah zu beheben.
- Durchführung von hierarchieübergreifenden Informations- und Kommunikationsveranstaltungen, die es den Mitarbeitern ermöglichen, eigene Meinungen, Befürchtungen und Ängste direkt anzusprechen.

- Persönliches Commitment des Topmanagements, die Erwartungen und Bedürfnisse der Mitarbeiter nach einem chancengeleiteten und einfühlsamen Veränderungsmanagement zu berücksichtigen und so weit wie möglich zu erfüllen.

- Vermeiden von »persönlichen Härten«, »Kulturbrüchen« und »Schockerlebnissen« durch frühzeitige Ankündigung erforderlicher Veränderungsschritte, damit sich Mitarbeiter innerhalb oder – sofern nicht zu vermeiden – auch außerhalb der Organisation neue Entwicklungsperspektiven erschließen können.

- Qualifiziertes Coaching, Prozessbegleitung und individualisierte Verhaltensberatung für alle Führungskräfte, damit sie den besonderen Führungsanforderungen im Change Management gerecht werden können.

Eine BSC bietet ausreichend Raum, um auch solche »kulturstiftende Ziele und Meilensteine« sichtbar darzustellen und deren hohe strategische Relevanz abzubilden. Gerade in tiefgreifenden Wandlungsprozessen dürfen unvermeidliche, »harte strukturelle Maßnahmen« – zum Beispiel in einem Integrations- oder Fusionierungsprozess – nicht dazu führen, dass die Vertrauenswürdigkeit der Unternehmensleitung infrage gestellt wird! Selbst wenn personelle Maßnahmen auch an der Unternehmensspitze unausweichlich sind – etwa das Ausscheiden von einzelnen Geschäftsführern oder der personelle Wechsel in Schlüsselfunktionen auf der Ebene des Bereichsmanagements – sollten den Mitarbeitern die Gründe und Motive für solche Entscheidungen so weit wie möglich plausibel gemacht, und nicht durch vorgeschobene Argumente verschleiert werden.

Oftmals hilft es, Argumente und Einschätzungen zu notwendigen Entscheidungen im direkten Dialog zu vermitteln, um die »Einsicht in die Notwendigkeit« erforderlicher Schritte gerade auch auf der Ebene der Führungskräfte verständlich zu machen. Vor allem benötigen die Mitarbeiter eine direkte, zeitnahe Information über das Szenario der strategischen Maßnahmenpläne mit den Auswirkungen für den eigenen Verantwortungsbereich, um auch schwierige Umbruch- und Übergangsphasen emotional verarbeiten zu können. Zugleich bietet sich die Chance, durch die unmittelbare Einbeziehung der Betroffenen in den Prozess der Entscheidungsvorbereitung und -findung verborgene Ressourcen entfalten, die zur Bewältigung der neuen Zukunftsaufgaben im Change Management dringend benötigt werden. Gerade in einer einschneidenden Wandlungsphase kann also die Integration von Vertretern aus allen Teams besonders zum Gelingen der BSC-Entwicklung und damit des strategischen Gesamtvorhabens beitragen.

Ein Beispiel für eine Balanced Scorecard

Im Folgenden wird eine exemplarische Business-Scorecard (eine Balanced Scorecard auf der obersten Ebene eines Unternehmens) vorgestellt, die zugleich die strategischen Gewichtungen in Bezug auf den Stellenwert der Ziel- und Meilensteinerreichung in den einzelnen Perspektiven verdeutlicht. Ausgegangen wird dazu von einem fiktiven Telekommunikationsunternehmen, das sich in einer Wachstumsphase befindet und durch ehrgeizige Zielvorgaben neue Märkte erschließen will. Abbildung 1-4 verdeutlicht den Grundaufbau der Scorecard mit Zielobjekten und zugeordneten Messkriterien.

Die aufgeführten Ziele und Kenngrößen sind grundsätzlich unternehmensspezifisch zu erarbeiten und zu dokumentieren. Im Einzelfall ist die Abgrenzung zwischen den einzelnen Perspektiven nicht immer eindeutig, das heißt bestimmte Ziele und Maßnahmen können übergreifend wirken – etwa zur Steigerung der Kundenzufriedenheit und zur Verbesserung der Serviceorientierung. Es kommt auch nicht auf eine »akribische Abgrenzung« der Felder und Kriterien an, sondern vielmehr auf das Entwickeln eines gemeinsamen Verständnisses, das sich als handlungsleitend für die Organisationsmitglieder erweist.

Einzelne Eintragungen – etwa zu den strategischen Initiativen und Aktionsprogrammen – sind in gesonderten Aufstellungen und gegebenenfalls in nachgelagerten funktionalen (Bereichs-)Scorecards oder auch Zielvereinbarungen zu präzisieren. Die spezifischen Felder sollten drei bis zehn Eintragungen enthalten, um die Lesbarkeit und Nachvollziehbarkeit zu steigern. Durch die Gewichtungen werden in unserem Beispiel zugleich Bezüge zum Vergütungssystem hergestellt: Der Erreichungsgrad in den einzelnen Zielfeldern führt zur Vergabe von »Bonuspunkten«, die für die einzelnen Führungsverantwortlichen – oder auch für komplette Teams – als Orientierungsmarken dienen und sich später in variablen Bonifikationen, Prämien oder auch nicht-monetären Gratifikationen niederschlagen können.

Abb. 1-4: Beispiel für eine Unternehmens-BSC eines Telekommunikationsunternehmens (Auszug)

Perspektive	Strategische Ziele	Messgrößen	Meilensteine (2 Jahre)	Strategische Initiativen
Finanzwirtschaftliche Kernabsichten (*Strategisches Gewicht:* 50 %)	• Wirtschaftlicher Erfolg • Marktanteile ausbauen • Langfristige Existenzsicherung	• (Umsatz-) Rendite • ROCE (*Return on capital employed*) • Fixkostenentwicklung	• EK-Rendite + 7 % • Umsatz + 30 % • Cash-Flow + 10 %	• Shareholder-Programme • Vermögens- und Beteiligungsmanagement • Intelligente Unternehmenskooperationen • Investor-Relations-programme
Kundenbezogene Kernabsichten (*Strategisches Gewicht:* 25 %)	• Umsatzausweitung mit neuen und vorhandenen Partnern/Nachunternehmern • Herausragende Servicequalität • Image verbessern • Kundengewinnung und -bindung steigern • Firmenkundenanteil steigern • Vertriebsnetz restrukturieren und zentralisieren	• Umsatz/DB III pro Business-Unit, Region und Kundengruppe • Serviceeinschätzungen durch Kundenbefragungen • Imageanalysen • Kundenrentabilität, -treue, -zufriedenheit • Neukundenquote und Cross-Selling • E-Commerce-Präsenz und -Nutzung	• Kundenzufriedenheit laut Befragung + 20 % • Servicegrad + 15 % • Image/Bekanntheit + 30 % • Medienpräsenz + 200 % • Neukundenquote + 30 % • Relation Business/Privatkunden + 20 % • Cross-Selling + 20 %	• Kundenfokussierungsprogramme • Imageprogramme • Produktdifferenzierungsstrategie • Neudesign des kundenorientierten Internetangebotes • Kundenzufriedenheitsmessungen • Benchmarking mit Schlüsselwettbewerbern

Perspektive	Strategische Ziele	Messgrößen	Meilensteine (2 Jahre)	Strategische Initiativen
Kundenbezogene Kernabsichten *(Strategisches Gewicht: 25 %)*	• E-Commerce ausbauen • Intelligenter Produktmix • Erweiterung der Festnetz- und Mobilnetzkapazität im europäischen Segment • Internet-/E-Business-/E-Commerce-Präsenz weiter aufbauen • Steigerung der Geschwindigkeit von Kernprozessen • Qualität der Serviceprozesse erhöhen • Optimierung der Schnittstellen zu strategischen Partnern	• Differenzierungsgrad der Produktpalette • Ergebnisse Workflowanalyse • Reduzierung der Einzelprozesse in der Servicekette • Qualitätsmessungen (TQM) • Dauer für Vertragsabschlüsse mit Partnern • Leistung des Management-Informationssystems	• Produktpalette: Verdreifachung der Angebotspalette • Interne Servicemessung + 15 % • Mittlere Prozessdauer – 20 % • Fehlerquote –20 % • Lieferzeiten – 10 % • Dauer Neuproduktentwicklung – 30 %	• Geschäftsfeldstrategie »Customer Focus 2005« • Topbusinesskunden-Incentive • TQM-/Excellence-Programm • Workflow-Analyse • Geschäftsprozessoptimierung • KVP-Kaizen-Ansatz • Just-in-time-Konzept • Outsourcing nachrangiger Leistungen • Beschwerdemanagement • Einrichten des »F+E-Brain-Trust«
Organisationslernen und Entwicklung *(Strategisches Gewicht: 15 %)*	• Ausbildungs- und Qualifikationsniveau der Mitarbeiter steigern	• Qualifizierungsprogramm (Inhalte)	• Inhalte Weiterbildungsprogramm + 100 %	• Führungskräfteentwicklungsprogramm/Coaching der Mitarbeiter

Organisationslernen und Entwicklung (Strategisches Gewicht: 15 %)			
• Interkulturelle Team- und Personalentwicklung • Servicementalität aller Mitarbeiter steigern • Führungskräftekompetenz erhöhen • Mitarbeiterleistungen erhöhen	• Internationale Erfahrungen pro Mitarbeiter/Internationale Projekte • Führungskräfteentwicklungsprogramm/Coaching • Potenzialanalyse • Mitarbeitergespräche • Customer-Focus-Programm für alle Mitarbeiter umsetzen • Neues Anreiz-/Vergütungssystem	• Anzahl/Qualität der bereichsübergreifenden, internationalen Projekte + 100 % • Teilnahme am Führungskräfteentwicklungsprogramm: alle Führungskräfte • Ergebnisse Führungskräfte-Feedback: erstmalige Erhebung • Umgesetzte Potenzial-Assessments: mindestens 2 pro Geschäftsbereich • Anzahl der Workshops zur Servicementalität in allen Bereichen: mindestens ein Tages-Workshop pro Team	• Innovationswettbewerb • Mitarbeiterzufriedenheitsanalyse • »High-Potential«-Förderprogramme • Implementierung »competency-model« • Interkulturelle Kompetenzentwicklung/Mitarbeiter in internationale Projekte einbinden • Strukturierte Jahresgespräche mit Zielvereinbarungen • Leistungs- und erfolgsorientierte Vergütung auf BSC abstimmen • Nicht-monetäre Anreizsysteme • Mitarbeiterinitiative »Topservice-Standards«

Abb. 1-5: Vereinfachtes Ursache-Wirkungschart der Unternehmens-BSC

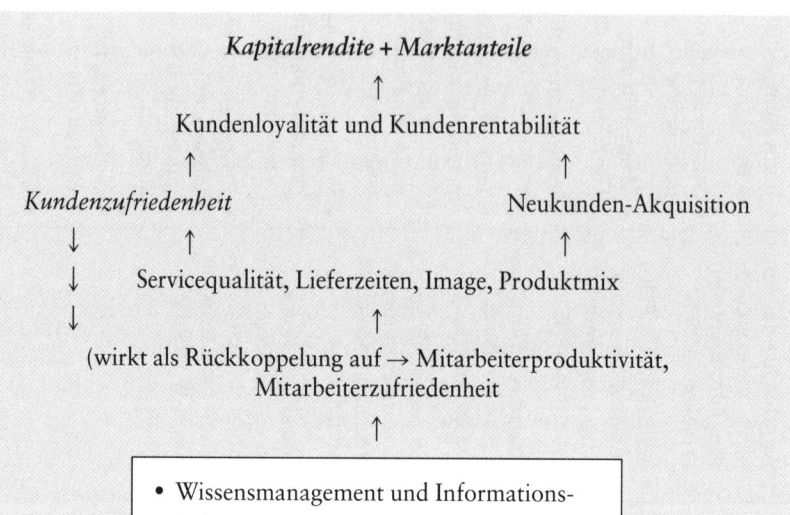

Anmerkung: In der vereinfachten Darstellung sind weitere Wechselwirkungen, zum Beispiel von der Kundenzufriedenheit zur Führungsqualität, sowie die Stärke der Beziehungen untereinander nicht berücksichtigt. Das Management kann mithilfe von grafischen Visualisierungen oder Computermodellen die Realitätsnähe der abgebildeten Vernetzungen weiter steigern.

In unserem Beispiel wird sichtbar, dass viele Eintragungen einer näheren Erläuterung bedürfen. Es müssen also über ein Referenzsystem weiterführende Angaben verfügbar gemacht werden, was zum Beispiel unter »Interkulturelle Team- und Personalentwicklung« oder »Erhöhung der Führungskomptenz« zu verstehen ist. Da die BSC aber für alle Mitarbeiter in der Organisation einsehbar sein sollte und zur prägnanten Strategiekommunikation dient, ist eine weitere Spezifizierung in der Überblicksdarstellung weniger hilfreich. Die Herausforderung besteht gerade darin, diese auf das Wesentliche zu reduzieren und damit das Verständnis für den Gesamtzusammenhang zu erleichtern.

Durch ein Referenzsystem, das bedeutet eine ausführliche Darstellung der einzelnen BSC-Stichworte in einem gesonderten Dokument, können auch vertrauliche Informationen einbezogen werden, die möglicherweise nicht jedem Leser zugänglich gemacht werden dürfen. Damit soll nicht die Bildung von »Geheimwissen« gefördert, sondern dem Sachverhalt Rechnung getragen werden, dass nicht alle Informationen – zum Beispiel über sensible Personaldispositionen – frei verfügbar sind. Insgesamt sollte die BSC mit den ergänzenden Erläuterungen nicht mehr als acht bis zehn Seiten umfassen. Damit ist zugleich der Charakter eines »strategischen Arbeitspapiers« gewahrt, das für den Leser als rasche Orientierung über die Eckpfeiler des unternehmerischen Gesamtkonzeptes genutzt werden kann.

An dieser Stelle wird der interessierte Leser auf die ausführlichen Darstellungen zum Aufbau von Business-Scorecards in Kaplan und Norton (1997) verwiesen. Nachfolgend konzentrieren wir uns inhaltlich auf die für den Strategieentwicklungsprozess wesentlichen Beiträge des Human-Resources-Management und die Möglichkeiten der Personal- und Organisationsentwicklung.

Nutzen der Balance Scorecard für Personalmanagement und Personalentwicklung

Strategische Einbindung des Personalmanagements

Die Rolle des Personalmanagements und der internen Personalentwicklung als betriebliche Servicefunktionen (»Servicebereich Human Resources«) im Rahmen der BSC-Entwicklung ist vielfältig, lässt sich aber im Wesentlichen auf folgende Beiträge konzentrieren:

- *Serviceleistungen zur Ausarbeitung der Top-Scorecard:*
  Mitwirkung bei der Definition der Ziele, Kenngrößen und Meilensteine mit besonderem Augenmerk auf die Perspektive »Lernen und Entwicklung« bzw. »Mitarbeiterorientierung«.

- *Coaching zur BSC-Implementierung:*
  Interne Prozessbegleitung des Topmanagements in der Einführung, Kommunikation und Umsetzung der BSC.

- *Entwicklung einer eigenen funktionalen Scorecard:*
  Verdeutlichung der Strategiebeiträge des Servicebereichs Human Resources in einer eigenen Strategiematrix.

- *Erfolgssicherung der Zielerreichung durch ausgewählte Aktionsprogramme:*
  Fokussierung auf die »weichen HR-Ziele« wie Mitarbeiterentwicklung, Organisationsentwicklung und Kommunikationsförderung.

Serviceleistungen zur Ausarbeitung der Top-Scorecard

Es liegt in der finalen Verantwortung der Unternehmensleitung, eine Business-Scorecard zu entwickeln und zu verabschieden, die unternehmensweit die strategische Gesamtausrichtung für einen überschaubaren Zeithorizont verdeutlicht. Die Ausarbeitung der einzelnen Ziele und Meilensteine für die jeweiligen Perspektiven sollte jedoch nicht ohne Einbeziehung der Funktions- und Prozessverantwortlichen der Fachressorts erfolgen. Insbesondere bei der Definition von Zielen im Bereich der Organisations- und Mitarbeiterentwicklung ist das innerbetriebliche Personalmanagement gefordert, eigene Vorstellungen zu kommunizieren.

Im Einzelnen sind dabei folgende HR-orientierte Themenfelder zu nennen, die einen expliziten Beitrag des Personalmanagements sinnvoll erscheinen lassen:

- Strategien der Mitarbeitergewinnung und -auswahl, das bedeutet Deckung des laufenden Personalbedarfs in den Schlüsselfunktionen des Unternehmens.

- Offensive Präsentation des Unternehmens am Personalmarkt, zum Beispiel durch geeignete Medienarbeit, Messepräsenz, direkte Ansprache relevanter Zielgruppen, Bewerberveranstaltungen etc.

- Konzepte zur Personalplanung, die in unmittelbaren Meilensteinsetzungen resultieren – etwa mit Schwerpunkt mittel- und langfristige Personalbedarfsplanung, qualitative Personalplanung und Qualifikationsbedarfsanalyse.

- Leistungsorientierte Anreiz- und Vergütungspolitik mit der Zielsetzung, Mitarbeiter für das Erreichen herausfordernder Ziele zu gewinnen und zugleich besondere Leistungsbeträge monetär und nicht-monetär zu würdigen.

- Entwicklung der Unternehmenskultur, das heißt Beiträge zur Förderung der Führungs-, Kommunikations- und Feedbackkultur.

Das Personalmanagement als Servicebereich hat darüber hinaus zu prüfen, inwieweit einzelne übergeordnete Zielsetzungen – etwa zur Steigerung der Kundenorientierung oder zur Erhöhung der Prozess-Effizienz – in veränderten Kommunikations- und Qualifizierungsbedarfen resultieren. Darüber hinaus muss der Personalbereich für sich selbst auch Finanz- und Ergebniszielsetzungen ausdifferenzieren – etwa indem Kosten-Nutzen-Relationen fortlaufend geprüft und die eigene Servicequalität im Vergleich zu externen Dienstleistern nachgewiesen wird.

Das Personalmanagement steht bei der Entwicklung einer Business-BSC vor der Herausforderung, auch die spezifischen Anforderungen der Nachbarbereiche – zum Beispiel Produktion, Vertrieb, Marketing, Services – dahinge-

hend zu beleuchten, welche mitarbeiterbezogenen Anforderungen jeweils
entstehen. Die einzelnen Ziel- und Zeitkorridore für die Perspektive »Lernen und Entwicklung« im Rahmen der BSC-Meilensteinplanung sind also
bereichsübergreifend im Dialog zu entwickeln. Dadurch können angestrebte
kulturelle Ziele wie »bereichsübergreifende Zusammenarbeit«, »umfassende
Dienstleistungs- und Serviceorientierung« oder »konsequente Ausrichtung
am externen und internen Kundennutzen« vom Personalmanagement selbst
vorgelebt werden.

Dies erhöht zugleich die unternehmensinterne Akzeptanz des HR-Berei-
ches, der häufig auch damit konfrontiert ist, dass sein Nutzen nicht immer
unmittelbar für die internen Geschäftsbereiche einsichtig ist. Gerade bei der
BSC-Implementierung kann das Personalmanagement deshalb eine Vorreiter-
rolle ausfüllen und damit eine zusätzliche Integrations- und Synergiefunktion
übernehmen. Dies setzt voraus, dass sich die im Personalbereich tätigen Mitarbeiter über die konkreten Geschäftsabläufe und kundenorientierten Service-
prozesse im Kerngeschäft informieren, um mit einem profunden »Business-
Know-how« an der Erstellung der Top-Scorecard mitzuwirken.

Coaching zur BSC-Implementierung

Das interne Personalmanagement kann in der Gesamtsteuerung der BSC-
Ausgestaltung eine Berater- und Moderatorenrolle übernehmen. Dazu muss
sich das interne Personalmanagement auch aktiv gegenüber externen Beratern positionieren und im Idealfall die prozessbezogene Gesamtsteuerung für
die BSC-Konkretisierung übernehmen. Je nach dem Erfahrungswissen der
internen Personalmanager in der strategiebezogenen Prozessbegleitung können unterstützend auch externe Spezialisten herangezogen werden, die zum
Beispiel für ein qualifiziertes Benchmarking und einen neutralen Abgleich der
BSC-Inhalte eingeschaltet werden.

Unter diesem Blickwinkel fungiert das Personalmanagement auch als
Change-Moderator und »interner Consultant«, um die Qualität und Effizienz der BSC-Erstellung selbst zu steigern. Folgende Argumente sprechen
dafür, dass gerade der interne Personalbereich eine solche proaktive Gestal-
terrolle übernimmt:

- Das interne Personalmanagement ist qua Funktion und Erfahrung der
  »Prozess-Spezialist« für die organisationsweite Entwicklung der Human-

ressourcen. Insofern liegt es nahe, dass das Personalmanagement auch die am Prozess der BSC-Erstellung beteiligten Schlüsselpersonen und Fachbereiche gemeinsam zum Ziel führt.

- Aufgrund der besonderen geschäftspolitischen Sensibilität und hohen Vertraulichkeit einzelner BSC-Inhalte sollte die Formulierung und Reflexion der einzelnen Strategieinhalte bevorzugt unternehmensintern durchgeführt werden. Im Gegensatz zu anderen Strategieprozessen – zum Beispiel bei der Geschäftsprozessanalyse oder im übergreifenden IT-Reengineering – ist das »externe Beraterwissen« nur bedingt hilfreich, da die BSC-Entwicklung zunächst eine Herausforderung für die firmeninterne Standortbestimmung und Zielpräzisierung darstellt.

- Das interne Personalmanagement kann die Implikationen der geschäftspolitischen Ziele für die Mitarbeiterentwicklung und -qualifizierung unmittelbar verdeutlichen, sodass zugleich realistische und auf die Mitarbeiterkompetenz ausgerichtete BSC-Meilensteine ausgearbeitet werden. Eine Gefahr in der BSC-Entwicklung besteht gerade darin, dass Zieldefinitionen festgelegt werden, die nicht dem aktuellen und zukünftigen Status der Personal- und Qualifikationsstruktur entsprechen.

- Der Personalbereich steuert im Allgemeinen primär die anreiz- und vergütungspolitischen HR-Instrumente. Gerade wenn es darum geht, übergeordnete BSC-Ziele in Zielvereinbarungen auf Team- und Individualebene zu »übersetzen«, kann das Know-how des Personalbereichs wirkungsvoll genutzt werden, um den Vorgang der unternehmensweiten Verdichtung und Vernetzung der einzelnen Zielelemente zu strukturieren.

Im betrieblichen Personalmanagement finden sich in größeren Unternehmen meist auch Spezialisten, die eine qualifizierte fachliche Aus- und Weiterbildung in den Bereichen Gruppendynamik, Konfliktmanagement, Moderation und Prozesssteuerung absolviert haben. Insofern liegt es nahe, die »Experten für Sozial- und Prozesskompetenz« im eigenen Hause gezielt bei der BSC-Implementierung heranzuziehen. Gegebenenfalls ist ein interdisziplinäres BSC-Steuerungsteam zu bilden, in dem neben dem HR-Bereich auch Organisationsspezialisten, Controller, externe Berater und vor allem Führungspraktiker vertreten sind.

Entwicklung einer eigenen funktionalen HR-Scorecard

In einem größeren Unternehmen liegt es nahe, dass das interne Personalwesen eine eigene Scorecard entwickelt, die an die Top-Business-Scorecard angebunden ist. Dies kann auch der nutzenorientierten Profilierung des Personalbereiches dienen, der sich als »Full-Service-Provider« für alle Belange der Entfaltung von Mitarbeiterpotenzialen und der Steuerung des ganzheitlichen Human-Resources-Managements verstehen sollte.

In der Praxis können die Führungskräfte und Spezialisten im Personalbereich ihre strategische Rolle als ganzheitlicher HR-Dienstleister allerdings oftmals nur begrenzt ausfüllen. Dies hat vielfältige Gründe: Zum einen zwingt das »Tagesgeschäft« zu einer Vielzahl administrativer Tätigkeiten – etwa bei der Bewerberauswahl, bei arbeitsrechtlichen Fragen oder bei der Lösung von spontan auftretenden Konfliktfällen in den einzelnen Bereichen –, zum anderen sind die Praktiker des Personalmanagements nicht immer hinreichend eingebunden, wenn personalpolitische Kernfragen auf Unternehmensführungsebene bearbeitet werden. Dies mag auch damit zusammenhängen, dass die Personalfunktion in den Geschäftsleitungsressorts manchmal nur eine nachgeordnete Rolle spielt: Das Topmanagement konzentriert sich eher auf die »vorrangigen« Fragen des Kerngeschäftes, auf den Vertrieb oder auf das Rechnungs- und Finanzwesen, sodass das Personalmanagement nur im »zweiten Glied« repräsentiert ist.

Möglicherweise wird dadurch sogar der Trend verstärkt, dass der betriebswirtschaftliche Nutzen des organisationsinternen Personalmanagements immer wieder in die Diskussion gerät. Es ist gerade in schwierigen Zeiten der Unternehmensentwicklung – oder bei Neustrukturierungen – oftmals die Rede vom »Outsourcing« des Personalbereiches, von der Verschlankung der Stabsabteilungen oder von der »Verlagerung der Personalfunktionen in die Linie« – sprich der Auflösung des Personalmanagements mit der Konsequenz, dass die Führungskräfte quasi selbst die Personalsteuerungsfunktionen übernehmen und lediglich an die Geschäftsleitung beziehungsweise an das innerbetriebliche Finanzmanagement und Controlling berichten. Firmen, die solche Ansätze tatsächlich konsequent praktizieren, sind allerdings insgesamt gesehen in der Minderheit. Offensichtlich leisten die Praktiker des Personalmanagements mit ihren Teams doch mehr als manche denken – oder »wahrnehmen«. Gerade bei schwierigen Personalfragen – zum Beispiel Versetzungen, Kündigungen, Erkrankungen oder Krisensituationen – wird häufig der »Ruf nach dem Personalleiter« laut, der sich »doch am besten gleich darum kümmern« möge.

Es ist allerdings auch für den Personalbereich nicht immer befriedigend, sozusagen als Ausputzer für die ungeliebten, aus Sicht der Führungskräfte weniger attraktiven »Reparaturtätigkeiten im zwischenmenschlichen Bereich« herangezogen zu werden. Insbesondere besteht die Gefahr, dass die nicht-strategische Rolle des Personalmanagements noch verstärkt wird und der Personalbereich gänzlich ins Abseits gerät: Die Personalspezialisten werden unter solchen Rahmenbedingungen nur noch in Notfällen konsultiert – etwa wenn man nicht weiß, wie ein Zeugnis zu formulieren oder wie eine Versetzung unter Einbeziehung des Betriebsrates auszugestalten ist, oder wie am besten eine Abmahnung geschrieben wird. Ein Personalbereich, der sich in diese Rolle drängen lässt, riskiert natürlich in besonderem Maße, dass von Zeit zu Zeit die Frage aufkommt, ob man ihn »überhaupt noch benötigt«. Häufig ist dann auch von den »hohen Kosten« die Rede, die gerade im Personalwesen verursacht werden – und manche Führungskräfte monieren sogar, dass ihre »Umlage« für den Servicebereich Personal zu hoch sei!

Folgende strategische Aufgaben hat der Personalbereich in vielen Unternehmen verantwortlich zu erfüllen:

- Unterstützung der strategischen Unternehmensführung in Fragen des zielgerichteten Human-Resources-Managements.

- Bedarfsorientierte Servicefunktionen zur Mitarbeitergewinnung, -auswahl, -platzierung und -entwicklung.

- Steuerung des Vergütungsmanagements und der Anreizsysteme.

- Beratung von Fach- und Führungskräften zu Fragen der eigenen beruflichen Entwicklung.

- Strategieorientierte Konzepte zur Personalführung, zur Integration neuer Mitarbeiter, zur Teamentwicklung, zum Konfliktmanagement und zum bedarfsorientierten Coaching.

- Proaktive Impulse zur Entwicklung der bereichsübergreifenden Führungs- und Kommunikationskultur sowie zur Stärkung von Mitarbeiteridentifikation und -motivation.

- Ganzheitliche Qualifizierungsprogramme zur Förderung der Fach-, Methoden-, Sozial- und Persönlichkeitskompetenz aller Organisationsmitglieder

(Skill Development auf der Basis eines organisationsspezifischen Competency-Models).

• Personalcontrolling.

• Innovationsentwicklung durch die zukunftsgerichtete Förderung des Kreativpotenzials aller Mitarbeiter und Bereiche.

Argumente für eine BSC im Personalbereich

Eine moderne Personalmanagement-Serviceeinheit im Unternehmen ist gut beraten, wenn sie eine möglichst hohe Transparenz über die erbrachten Dienstleistungen herstellt und dabei die betriebswirtschaftliche Kosten-Nutzen-Betrachtung auf sämtliche eigene Servicetätigkeiten anwendet. Diese Ausrichtung an einem umfassenden Personalmanagement-Controlling kann unterstützt werden, indem eine BSC als ergänzendes Instrument im Personalbereich genutzt und gezielt eingesetzt wird. Dabei ist auch die Variante denkbar, dass eine erste BSC-Konzipierung im betrieblichen Personalmanagement als Chance zur Pilotierung für das Gesamtunternehmen verstanden wird. Die Personal-BSC wird also zeitlich vor einer umfassenden Top-Business-Scorecard entwickelt. (Ein solches Vorgehen kann allerdings nur die Ausnahme sein, da ansonsten der stringente Top-down-Ansatz bei der BSC-Strategieentwicklung gefährdet würde.)

Insofern kann das Personalwesen sogar eine »Pionierfunktion« übernehmen, wenn erste Erfahrungen zur Praktikabilität einer BSC im Unternehmen gesammelt werden sollen. Dies ist auch unternehmensstrategisch interessant, da der BSC-Ansatz eine umfassende Analyse des Personalmanagements ermöglicht: »als ob« das Personalwesen ein »eigenes Unternehmen« beziehungsweise ein »echtes« Profitcenter wäre. Da die BSC nicht nur ein Controlling-Instrument, sondern auch ein praxisorientierter Ansatz zur Konzipierung und Evaluation von strategischen Initiativen und Aktionsprogrammen ist, fördert eine funktionale BSC zugleich die visionsgeleitete Handlungsorientierung des Personalwesens.

Ein erfahrener Personalmanager wird nun möglicherweise einwenden, dass sein Servicebereich nicht wie ein »eigenständiges Unternehmen« aufzufassen ist: Während sich ein flexibles Unternehmen, zum Beispiel eine Personal- und Managementberatung, am Markt für unterschiedliche Kunden engagiert und im Wettbewerbsumfeld differenzierte Angebote mit einer spezifischen Produkt- und Preispolitik unterbreitet, muss der Personalleiter häufig »sofort reagieren«, weil gerade »ein Vorstand anruft und um Hilfe bittet«. Außerdem wird vielleicht argumentiert, dass ein Personalmanager nicht in einem offenen Wettbewerbsumfeld handelt, sondern vielmehr in einem »geschlossenen Firmensystem«, bei dem der »freie Wettbewerb« stark eingeschränkt, wenn nicht sogar ausgeschlossen ist. Das heißt: Der Personalmanager kann seine Dienstleistungen im Allgemeinen nicht für externe Unternehmen anbieten, sondern lediglich im eigenen Unternehmen und nur für die internen Führungskräfte, Mitarbeiter und Geschäftsbereiche. Insofern liegt keine freie Nachfrage-/Angebotsstruktur mit echtem Wettbewerbscharakter vor. Typisch ist vielmehr das zeitnahe Ausführen von unterschiedlich priorisierten Aufträgen, die letztlich aber nahezu ausschließlich von der eigenen Unternehmensleitung – sozusagen als »Monopol-Auftraggeber« – angefordert werden.

Selbst unter Berücksichtigung dieser berechtigten Argumente spricht dennoch nichts dagegen, dass der interne Personalbereich zumindest sämtliche Leistungen, Aktivitäten und Servicefunktionen offen legt und gemäß einem angemessenen Verrechnungssystem kostenstellenbezogen belastet. Dies bedeutet, dass der Personalbereich bei seinen internen Kunden »akquiriert« und dazu Angebote mit Kostenstrukturen vorab unterbreitet. Bedarfsorientierte Leistungsangebote werden dann gemäß einem strategischen Geschäftsplan ausgearbeitet und umgesetzt. Dadurch wird auch ein realistischer Kosten-/Nutzen-Vergleich möglich – etwa bezogen auf die Alternative einer externen Unternehmens- und Personalberatung mit einer Angebotspalette, die vergleichbare HR-Servicefunktionen offeriert.

Der Personalbereich als eigene Analyseeinheit

Kaplan und Norton haben herausgestellt, dass die BSC nicht primär als ein reines Controllinginstrument, sondern vor allem als ein strategieunterstützendes Gesamtsystem zur Hypothesenbildung und -Prüfung zu verstehen ist, das Annahmen über Geschäftsentwicklungen, Markteinflussfaktoren, Finanzstrategien, Kundenerwartungen, Wertschöpfungsprozesse und Innovationsfelder enthält. Darüber hinaus wird bei der BSC-Ausarbeitung die Vernetzung der maßgeblichen Einfluss-, Prozess- und Resultatsgrößen gefordert, das heißt das Topmanagement muss sich also darüber im Klaren sein, wie die einzelnen »Leistungstreiber« in der Organisation aufeinander einwirken. Einen hohen Stellenwert genießt dabei die Definition von operativen

Zielen und Messgrößen, an denen »abgelesen« werden kann, inwieweit die strategischen Vorgaben tatsächlich zu sichtbaren, nachweisbaren Veränderungen in der Leistung führen. Dabei sind auch Annahmen über Zusammenhänge im Hinblick auf ihre Bewährung zu beurteilen, zum Beispiel dahingehend, ob sich angenommene Wirkgefüge – etwa zwischen zukunftsgerichteten Ressourcenentscheidungen im Human-Resources-Management, eingeleiteten Prozessoptimierungen und Variablen der Kundenzufriedenheit – bestätigen.

Betrachtet man den Personalbereich als eine eigenständige Analyseeinheit aus Sicht des BSC-Ansatzes, so liegt es nahe, sämtliche Personalkernabsichten, -ziele, -messgrößen und Erfolgsparameter übersichtlich darzustellen, zu gewichten und mit spezifischen Aktionsprogrammen zu koppeln. Das »Service-Center Personalmanagement« positioniert sich so als ein unternehmensstrategisches Kernsystem, das sich den gleichen Bewertungskriterien unterwirft wie die mehr operativ ausgerichteten Geschäftsbereichs- und Linienfunktionen. Verständlicherweise ist es allerdings für das Personalmanagement wesentlich schwieriger, akzeptierte und aussagefähige Messgrößen für die »weichen Erfolgsfaktoren« wie Führungskompetenz, Unternehmenskultur, Kommunikation oder Mitarbeiterqualifikation herauszuarbeiten.

Während der Geschäftserfolg zum Beispiel über DB III, Cashflow oder Kapital-Rendite relativ klar definiert werden kann, ist die exakte Einschätzung und Bewertung des »gesamten Humanvermögens«, des »Qualifizierungsstandes der Marktfolgemitarbeiter« oder der »Führungskompetenz der Projektmanager« wesentlich schwieriger – greift man solche Variablen einmal beispielhaft heraus. Dennoch sind gerade diese »weichen Prozessfaktoren« auf der Führungs-, Kommunikations- und Wissensebene von besonderer Bedeutung für die langfristige Existenzsicherung eines Unternehmens. Insofern lohnt es sich, einen gewissen Aufwand dahingehend zu betreiben, wie diese Schlüsselvariablen des Humankapitals und Mitarbeiterpotenzials möglichst konsensorientiert im Managementteam operationalisiert und im Hinblick auf ihren langfristigen Wert für die Organisation eingestuft werden können.

Beispiel einer Bereichs-BSC für das Personalmanagement

Betrachten wir zur Veranschaulichung wieder unser fiktives Unternehmen aus der Telekommunikationsbranche, welches es sich zum Ziel gesetzt hat, durch ganzheitliche Lösungen und professionelle Dienstleistungen für seine

Privat- und Firmenkunden weiterhin dynamisch zu wachsen. Nehmen wir einmal an, dass sich im Rahmen der übergreifenden Unternehmensstrategie der hausinterne Bereich »Human-Resources-Services« dafür entscheidet, eine eigene BSC zu konzipieren.

Der Personalmanager und sein Team erstellen in enger Abstimmung mit der Geschäftsleitung und den Nachbarbereichen eine funktionale BSC und ziehen diese als Orientierungsrahmen für die Bewertung ihrer Leistungs- und Servicefähigkeit heran. Diese funktionale BSC wird nach ausführlicher Diskussion im Führungskreis auch im gesamten Unternehmen kommuniziert, sodass sämtliche Bereiche – und damit vor allem die internen Kunden – über die geplanten Ziel- und Performance-Maßstäbe des hauseigenen Personal-Serviceproviders informiert sind. Abbildung 2-1 verdeutlicht auszugsweise den Aufbau einer solchen »Bereichs-BSC« für den Personalbereich.

Die »Balancierungen« in dieser funktionalen Scorecard verdeutlichen strategische Gewichtungen und Prioritätensetzungen, die der Personalmanager in Abstimmung mit dem Topmanagement gesetzt und vereinbart hat. Diese könnten auch »vergütungsrelevant« sein. Ein Maßstab für die Bemessung der variablen Tantiemen des Personalleiters sind dementsprechend die anteiligen Zielerreichungsgrade in den einzelnen Feldern der BSC. Dabei besteht die Möglichkeit, die operativen Ziele pro Perspektive ebenfalls zu gewichten. Zur Vereinfachung gehen wir davon aus, dass alle operativen Ziele pro Perspektivkategorie einen ähnlichen Stellenwert besitzen. In Anlehnung an die marktbezogene Wortwahl wie »externe Kunden und Lieferanten« werden vergleichbare Termini für die internen Servicepartner gewählt. Dies bedeutet: Wenn von Leistungen für interne Kunden die Rede ist, kann es sich dabei um Serviceleistungen für »Individualkunden« handeln – also zum Beispiel die Beratung von einzelnen Führungskräften und Mitarbeitern –, oder um Leistungen für »Bereichskunden« – also zum Beispiel eine Teamentwicklung oder ein Qualifizierungsprogramm für eine komplette Geschäftseinheit. Die Geschäftsleitung kann demnach ein Individualkunde sein – beispielsweise im Falle der »Beratung oder Konzepterstellung für ein Vorstandsmitglied« – oder auch ein Bereichskunde – zum Beispiel bei der »personalpolitischen Begleitung einer Standortverlagerung und den erfolgsorientierten Verhandlungen mit dem Betriebsrat«.

Betrachtet man die abgebildete, vereinfachte und aus Demonstrationszwecken auszugsweise dargestellte Bereichs-BSC, so wird deutlich, dass sie formal und inhaltlich analog zu einer Unternehmens-Scorecard gemäß

Abb. 2-1: Beispiel für eine Bereichs-BSC »Human Resource Management« für ein Telekommunikationsunternehmen

Perspektive	Balancierung	Strategische Ziele	Messgrößen (Auswahl)	Spezifische Aktionsprogramme	Operatives Ziel/Veränderung in den Messgröße(n) (Auswahl)
Finanzen	35 %	• Hohe Kostentransparenz • Günstige und marktgerechte Kosten-Nutzen-Relationen • Nachhaltige Entwicklung der internen Leistungs- und Servicefähigkeit	• Leistungs- und produktspezifische Kostenstrukturen • Auslastungsgrad der Mitarbeiter • Anzahl und Art der betreuten »internen Kunden« • Nachgewiesener Zuwachs der Servicefähigkeit • Transparentes Management-Informationssystem	• Interne Angebotserstellung und -vergabe • Kunden- bzw. bereichsspezifische Angebots-präsentationen • Budgetplanung und -kontrolle • Computergestütztes Personalcontrolling • Benchmarking	• Kostensenkung > 13 % • Auslastungsgrad > 70 % • Angebote und Verrechnungspreise bis 01.09. • Aufbau des Management-Informationssystems bis 31.10. • Präsentationen in allen Bereichen bis 01.10. • Erfassung und Zuordnung sämtlicher Leistungen bezogen auf einzelne Kostenstellen bis 31.12.

Kunden	30 %	• »Akquisition« eines internen Stammkundenportfolios • Wettbewerbs- und Marktorientierung (im Vergleich zu externen Personal- und Managementberatungen)	• Anzahl/Bewertung der Erstaufträge für das nächste GJ • Interne Kundenzufriedenheitsermittlung • Verhältnis Bereichs-/Individual-»Geschäft« • Relation strategische/Standardprojekte • »Umsatz« bezogen auf »Zielgruppenanteile«, z. B. strategische Geschäftsbereiche • Intelligente bereichsübergreifende Zusammenarbeit • »Cross-Selling inhouse«, d. h. z. B. Personalberatung + Konfliktmanagement	• Angebote und Auftragsvergabe • Kundenzufriedenheitsanalyse • Kundenbezogenes Personalcontrolling • Differenzierte Ermittlung der gewünschten Leistungsbedarfe	• Erhöhung der Nutzenbewertung der HR-Dienstleistungen durch die internen Kunden (+ 60 %) • Bereichsaufträge: Individualaufträge > 2:1 • Akquirierte Folgeaufträge > X DM Volumen • Umsatz pro Geschäftsbereich für die 6 größten Bereiche > Z DM • Cross-Selling-Quote, d. h. Personalberatungsleistungen + Personalentwicklung + OE-Maßnahmen > 20 %

Perspektive	Balancierung	Strategische Ziele	Messgrößen (Auswahl)	Spezifische Aktionsprogramme	Operatives Ziel/Veränderung in den Messgröße(n) (Auswahl)
Prozesse und Innovationen	20 %	• Interne und externe Servicequalität • Innovationsprozesse im Personalmanagement	• Entwickeln von internen Servicekriterien • Anzahl der Schnittstellen pro Wertschöpfungsprozess • Reklamationsquote • Reaktionszeiten • »Innovationsquote« (neue HR-Beratungs- und Serviceprodukte)	• Einführung von Service- und Qualitätsmaßstäben • Analyse der »Wertschöpfungsprozesse« im HR-Management • Geschäftsprozessoptimierung (GPO)	• Reklamationen < 1 % • Verbesserungsvorschläge im eigenen Team (Zuwachs + 100 %) • Bewertete Servicequalität gemäß Standarddefinition > 2,0 (Indexwert) • Geschwindigkeit für Schlüsselprozesse (z. B. Einstellungen, Versetzungen, Einleitung von Qualifizierungsmaßnahmen) + 100 % • »Neuproduktentwick-lung HR«: mindestens 2 marktreife Produkte pro GJ

Lernen und Entwicklung	15 %	• Ergebnisorientierte Führung • Eigenverantwortliche »Personalberatungsteams« als Servicecenter • Strategische Beiträge zur Förderung von Identifikation und Unternehmenskultur	• Mitarbeiterzufriedenheit im HR-Team (MAZ-Basiswert) • 360-Grad-Führungskräfte-Feedback im eigenen Bereich • Potenzialanalysen im eigenen Bereich • Bereitschaft der HR-Mitarbeiter, ehrgeizige Ziele in MAG zu vereinbaren • Neues Leistungsanreizsystem im HR-Team • Wissenstransfer an Newcomer (Mentoring-/Patensystem) • Beschaffungsqualität im HR-Team erhöhen • Fluktuationsursachen-Analysen	• Design MAZ-Studie und im eigenen Bereich erproben • Design Führungskräfte-Feedback (in HR pilotieren) • Einführung Potenzialanalyse (für alle HR-Mitarbeiter umsetzen) • Einführung »Zielvereinbarungs-Controlling« in MAG (in HR pilotieren)	• MAZ < 3,0 (Skala 1-6) • 360-Grad-Feedback < 3,5 • Mindestens 2 High-Potentials für »Key-Positions« aus eigenem Team • Pro MAG im HR-Team ein »Stretch-Goal« und ein Teamziel • Implementierung Bonussystem im eigenen Bereich bis 31.12. • 3 Teamworkshops zur Umsetzung der neuen HR-Struktur • Prüfung des Outsourcing von Teilleistungen (Bewertung der Vor-/Nachteile)

Anmerkungen: MAG = Strukturiertes Mitarbeitergespräch, GJ = Geschäftsjahr, MAZ = Mitarbeiterzufriedenheit

Kaplan und Norton konzipiert ist. Folglich sind sämtliche Strukturfelder weitgehend übernommen und lediglich mit den spezifischen Zielen, Messgrößen und Aktionsprogrammen des jeweiligen Servicebereichs »gefüllt«. Da es sich bei der beschriebenen funktionalen BSC um eine verdichtete Darstellungsform handelt, wird angenommen, dass der Personalbereich im Dialog mit dem Topmanagement vorab auch über den Zusammenhang zwischen einzelnen »Leistungstreibern« nachgedacht hat. Im Einzelnen liegen also zum Beispiel Annahmen zugrunde über die Vernetzung von interner Dienstleistungsqualität, interner Kundenzufriedenheit, Kostentransparenz und Nutzen für den gesamten Wertschöpfungsprozess gemäß der jeweiligen Servicekette bis hin zum externen Kunden. Solche dynamischen Abhängigkeitsstrukturen können zur Veranschaulichung grafisch dargestellt werden, beispielsweise durch Pfeile mit Ausprägung der Zusammenhangs- und Wirkungsstärke. Durch simulative Computermodelle lassen sich darüber hinaus voraussetzungsabhängige Funktionsbetrachtungen durchführen – etwa mithilfe von Cluster- und Faktoranalysen oder hypothesengeleiteten Wahrscheinlichkeitsmodellen.

Zur Umsetzung solcher verfeinerter Techniken der computergestützten BSC-Analyse liegen mittlerweile Softwareprogramme vor, die auch vom Personalmanager genutzt werden können, um »seine BSC« entsprechend zu konfigurieren und sogar unternehmensweit zu präsentieren. Es sollte allerdings nicht der Fehler gemacht werden, durch aufwändige Rechnerimplementierungen eine wissenschaftliche Scheingenauigkeit vorzutäuschen, die im Personalmanagement nicht angebracht ist: Gerade bei den weichen Erfolgsfaktoren der Personalarbeit kann eine überzogene Modellierung und Bildung von Parametern eher dazu führen, dass der eigentliche Betrachtungsgegenstand – nämlich die Entwicklung der Humanressourcen und die Leistungsfähigkeit im Bereich der Personal- und Managementservices – aus dem Blickfeld gerät.

Nutzen der BSC für den Personalbereich

Wo liegt nun der konkrete Nutzen, um den nicht zu unterschätzenden Aufwand für die Erstellung einer solchen Bereichs-Scorecard in der Praxis zu rechtfertigen?

Zunächst verdeutlicht sie die Strategiefunktion des Personalmanagements. Die Balanced Scorecard ist ein Arbeitsrahmen für die Präzisierung der strategischen Ziele im Personalmanagement. Darüber hinaus liefert sie die Eckwerte für die kontinuierliche Strategieüberprüfung im eigenen Servicecenter. Ein Unternehmensbereich »Personalmanagement« profitiert entscheidend davon, dass die Strategieorientierung sämtlicher Leistungs- und Servicefunktionen kontinuierlich sichtbar gemacht wird. Des Weiteren kann sich gerade der Personalbereich als Impulsgeber für die gesamte Organisationsentwicklung verstehen, wenn die Abhängigkeiten und Vernetzungen von Schlüsselvariablen zur »Aktivierung von Humanpotenzialen« deutlich herausgearbeitet werden. Insofern wird sich eine funktionale Scorecard im Personalbereich sehr eng an die unternehmensübergreifenden Topziele des Managements anzulehnen haben. Das Personalmanagement kann auch »Treiber« dafür sein, dass gerade die weichen Ziele in der Unternehmensstrategie ausreichend präzise gefasst werden. Mithilfe einer überzeugenden HR-Scorecard wird zugleich ein Orientierungsrahmen für sämtliche operativen und servicebezogenen Einheiten verfügbar gemacht.

Sodann fördert die BSC im Personalmanagement die eigene unternehmerische Positionierung dieses Unternehmensbereichs. Das Personalmanagement ist das »lebende Herz«, das wesentlich zum zukünftigen Erfolg des organischen Gesamtsystems »Unternehmen« beitragen kann. Da die langfristige Existenzsicherung der Organisation in einem turbulenten Wettbewerbs- und Marktumfeld aber nur gelingt, wenn sämtliche Leistungen kunden- und qualitätsbezogen zu günstigen Konditionen erbracht werden, ist das Personalmanagement gut beraten, genau diese Kriterien beispielhaft auch auf sich selbst anzuwenden. Das interne Personalwesen muss seine Leistungsfähigkeit und seine Rentabilität genauso beweisen wie jeder Full-Service-Provider am freien Markt – ansonsten gerät dieser Servicebereich in Gefahr, im Hinblick auf seine Bedeutung und Glaubwürdigkeit grundsätzlich infrage gestellt zu werden. Ein interner Personalbereich sollte aufgrund der vorhandenen Kundennähe und der reduzierten Transaktionskosten einer externen Personal- und Managementberatung gegenüber zudem deutliche Kosten-/Nutzenvorteile nachweisen können.

Gerade ein sich unternehmerisch darstellender Personalbereich gewinnt durch eine BSC in den operativen Geschäftsbereichen an zusätzlicher Akzeptanz, was die interne Kundenorientierung und -bindung erhöht. Das häufig zitierte Argument, dass der Personalbereich »tatsächlich nicht am freien Markt agieren könne« oder »lediglich Aufträge ohne differenzierte Angebotsmöglichkeiten« auszuführen habe, trifft faktisch nur bedingt zu: Grund-

Abb. 2-2: Strategische BSC-Aktionsfelder für das Human Resource Management

---

Handlungsfokus: Der Personalbereich als »virtuelles Serviceunternehmen«

- Unternehmensweite HR-Kunden- und Serviceorientierung steigern.
- Eigene Leistungs- und Kostenstruktur verbessern.
- Akzeptanz und Nachfragestruktur verbessern.
- Interne Service- und Geschäftsprozesse optimieren.
- »Präventiv-Konzepte« zur qualitativen Personalplanung erarbeiten, z. B. Nachwuchsentwicklung, Nachfolgeplanung, Ansätze zur Steigerung der Einsatzflexibilität der Mitarbeiter.
- Produktinnovationen im eigenen Team entwickeln.
- Organisations- und Mitarbeiterentwicklung »im Personalbereich selbst« zielgerichtet ausrichten.
- Human Resource Management als unternehmerisches »Profit-Service-Center« positionieren.
- Eigene Dienstleistungen für kooperierende externe Unternehmen anbieten.

---

sätzlich kann die Unternehmensleitung sogar entscheiden, dass ein professionell agierender Personalbereich auch für verbundene Unternehmen – zum Beispiel Töchter, Partnerfirmen und Zulieferer – Serviceleistungen erbringt. Wahrscheinlich werden wir in den nächsten Jahren vermehrt neue Organisationsformen erleben, in denen firmeninterne Personalbereiche für mehrere Auftraggeber unter marktwirtschaftlichen Bedingungen agieren: beispielsweise als »Personal Management AG« mit flexiblen Servicefunktionen, die auch unter Einbeziehung von eigenen Subunternehmern, zum Beispiel Trainern, Personalberatern oder IT- und Controlling-Spezialisten, ihre Leistungsoberfläche firmenübergreifend erweitern.

Ferner liegt der Nutzen der BSC im Personalmanagement darin, dass sie eine nachhaltige Performance-Orientierung ermöglicht. Die BSC überzeugt durch ihre einfache Systematik im Grundaufbau; wobei die geforderte Messgrößenorientierung die Aussagefähigkeit des Instrumentes steigert. Prinzipiell kann jedes Unternehmen seine eigene Scorecard-Struktur einführen und BSC-Elemente sogar in vorhandene Systeme, beispielsweise Zielvereinbarungs-, Beurteilungs- oder Controlling-Ansätze, integrieren. Es muss nicht wie bei vielen anderen neuen Managementsystemen alles Vorhandene infrage gestellt werden, sondern punktuelle, organische Systemerweiterungen sind möglich und sinnvoll. Eine BSC kann also sukzessive aufgebaut und in die Planungs- und Steuerungssysteme integriert werden. Speziell im Personalbereich hilft die Orientierung an Finanzen, Kunden, Prozessen und Innovationen gerade diejenigen zentralen Bezugsmarken für den Servicenutzen aufzuzeigen, welche bei der täglichen Personalarbeit leicht in den Hintergrund treten.

Die kontroverse Bewertung des Leistungsgrades des Personalbereichs in manchen Unternehmen ist dadurch bedingt, dass das Personalwesen gelegentlich als »Dienstmädchen für alles« verstanden wird. Folglich gilt es, gegen das Negativimage eines »reaktiven Reparaturbetriebes« vorzugehen. Dies entsteht leicht, wenn der Personalbereich nur in Erscheinung tritt, um beispielsweise zwischenmenschliche Probleme in der Organisation zu bearbeiten oder arbeitsrechtliche Grundsatzfragen – meist mit dem Betriebsrat – zu klären. Der interne Personalbereich muss gerade seinen leistungsbezogenen Zusatznutzen gegenüber flexibel agierenden externen Dienstleistern unter Beweis stellen – und dies kann mit einer funktionalen BSC durchaus überzeugend gelingen.

Schließlich gewährleistet die BSC im Personalmanagement eine erhöhte Transparenz der Leistungserstellung. Die HR-Bereichs-BSC integriert das prozessbezogene Personalcontrolling und ergänzt es darüber hinaus durch einen umfassenden Strategie-, Handlungs- und Ergebnisbezug. Die internen Kunden und Auftraggeber des Personalbereiches erhalten nicht nur »Angebote mit kostenstellenbezogenen Verrechnungspreisen«, die sie an- oder ablehnen können. Sie werden darüber hinaus auch dazu angehalten, den jeweiligen Stellenwert des Strategiefaktors Human-Resources-Management und dessen langfristige Bedeutung stärker zu beachten. Wenn in der Bereichs-BSC des Personalwesens etwa Personalinstrumente wie Potenzialanalyse, Führungskräfteentwicklung, Mitarbeiterzufriedenheits- und Organisationsklimadiagnose mit verfolgbaren Ziel- und Kenngrößen abgebildet sind, müssen die internen Auftraggeber für Personalbereichsleistungen erkennen, dass sie auch selbst gefordert sind, aktiv zu werden. Der Personalbereich ist nicht das »ausführende Organ«, an den die Personalziele zur Umsetzung einfach übertragen beziehungsweise delegiert werden können.

Vielmehr sind die operativen Bereiche des Unternehmens gefordert, ihren eigenen Handlungsbeitrag zum Beispiel in der Personalentwicklung herauszuarbeiten – und entsprechend in ihren Strategie- und Zielplanungen zu verankern. Damit wird sichtbar, wo die eigentliche Arbeit zu leisten ist: nämlich nicht in den »Besprechungsräumen des Personalleiters und seiner Mitarbeiter«, sondern vor allem im kundennahen Handlungsumfeld der Linienführungskräfte und Projektmanager, die in ihrem Verantwortungsbereich dafür Sorge tragen müssen, dass ehrgeizige Ziele durch die gezielte Entwicklung des Humanpotenzials tatsächlich erreicht werden. Das Leistungs-Portfolio des Personalmanagements umfasst deshalb vor allem die bedarfsorientierte Beratungs- und Servicefunktionen zum Human-Resources-Management in den kundennah agierenden Geschäftsbereichen. Die folgende Aufzählung fasst einige aus der BSC abgeleitete Aktionsfelder zusammen:

- Unternehmensweite HR-Kunden- und Serviceorientierung steigern.
- Produktinnovationen im HR-Management selbst entwickeln, zum Beispiel zur Nachwuchsentwicklung oder zur verhaltensorientierten Qualifizierung des Managements.
- Interne Service- und Geschäftsprozesse optimieren.
- Den Wert des Humankapitals sowohl im eigenen Bereich als auch im Unternehmen insgesamt steigern.
- Eigene Leistungs-/Kostenstruktur verbessern.
- Organisations- und Mitarbeiterentwicklung – gerade auch im Personalbereich selbst – zielgerichtet ausrichten.
- Beratungskompetenz zum HR-Development ausbauen.
- Netzwerke zur kollegialen Kompetenzentwicklung (Teamlernen) etablieren.

Umsetzung der BSC im Personalbereich

Der Nutzen einer eigenen HR-BSC wird in der Unternehmenspraxis erst dann sichtbar, wenn verbundene Personalaktionsprogramme strategie- und situationsgerecht geplant und implementiert werden. Ansonsten besteht die Gefahr, dass die BSC nur eine »konzeptionelle Hülse« bleibt.

Analog zur übergreifenden Unternehmens-Scorecard kann der Personalbereich die Leitperspektiven einer BSC zunächst auf sich selbst anwenden. Dies bedeutet, dass sämtliche Leistungs- und Servicefunktionen im eigenen Bereich nach den handlungsleitenden Kernabsichten geordnet werden. Darüber hinaus sind entsprechende Priorisierungen vorzunehmen und operative Messgrößen mit konkret angestrebten Veränderungen herauszuarbeiten.

Für die Perspektive »Finanzen und Kosten« können zum Beispiel folgende Messgrößen konkretisiert werden:

- *Kalkulatorische Gesamtkosten pro Serviceprozess,* zum Beispiel Präsenz auf Pesonalmessen, Bewerbersichtung, Einstellung, Erstellung von Zeugnissen, Durchführung von Versetzungen, Verhandlungen mit dem Betriebsrat, Qualifizierungsmaßnahmen, Personaladministration,

- *überschaubare Transaktionskosten für die Einbeziehung von* »*Nachunternehmern*«, zum Beispiel Berater, Trainer, Rechtsspezialisten, HR-IT-Service-Provider,

- *bereichsspezifische Soll-Kosten in der Linie,* zum Beispiel in einem Geschäftsbereich geplante Maßnahmen für Personalauswahl und Personalentwicklung,

- *transparente Kostenstrukturen für individuelle vs. gruppenbezogene Personalqualifizierungsmaßnahmen,* zum Beispiel Einzelberatungen vs. Gruppenschulungen von Fach- und Führungskräften,

- *marktgerechte Konditionen und individuelle Angebotserstellung für die internen Nutzer,* im Idealfall zu einem günstigeren Preis-Leistungs-Verhältnis als von einem externen Service-Provider.

Für die Perspektive interne Geschäftsprozesse bieten sich folgende Kenngrößen an:

- *Grad der erforderlichen Spezialisierung und Zergliederung,* das heißt Anzahl der Beteiligten in einer Leistungs-Servicekette – zum Beispiel Personalleiter, Personalreferent, Personalentwickler, Personal-Controller, Teamassistentin usw.

- *Möglichkeiten zur ganzheitlichen Prozessgestaltung,* mit der Zielsetzung, viele Servicefunktionen in einer Hand zu belassen und damit den Autonomie- und Verantwortungsgrad für jeden einzelnen Mitarbeiter im Personalbereich zu steigern (Praxis-Beispiel: »Gesamtverantwortung eines Personalreferenten für alle Personalfragen in einem kompletten Geschäftsbereich«).

- *Schnittstellen-Optimierungspotenziale aus prozessanalytischer Sicht,* zum Beispiel Minimierung des erforderlichen Aufwandes durch Abstimmungen in horizontaler und vertikaler Richtung – gegebenenfalls ist eine Workflow-Analyse mit einem neutralen Prozessanalytiker einzuleiten, etwa einem Spezialisten der betrieblichen Ablauforganisation oder einem externen Prozessberater.

- *Professionelles Projektmanagement,* das heißt Anwendung von Projektmanagement-Tools und -Kriterien auf sämtliche zukunftsgerichtete Personalprojekte (wie etwa Erstellung eines Skill-Management-Systems, Einführung eines neuen Mitarbeitergesprächs, Implementierung von Zielvereinbarungen oder Weiterentwicklung der leistungsorientierten Vergütungssysteme).

Die Perspektive »Lernen und Entwicklung« könnte im Personalbereich auf folgende strategische Ziele – mit entsprechenden Messgrößen – ausgerichtet sein:

- *Fördern von Erfahrungsaustausch und Teamlernen* durch regelmäßige Teamworkshops mit bedarfsorientierten Fragestellungen, zum Beispiel zur »Mission des Personalwesens«.

- *Paten- und Mentorenansätze* für jüngere beziehungsweise neue Mitarbeiter im Personalbereich.

- *Supervision, Intervision und Praxisberatung* durch Einbeziehung eines »Personal-Coaches«, zum Beispiel eines erfahrenen Personalmanagers oder Trainers.

- *Regelmäßige Feedback-Sitzungen,* bei denen neben fachlichen Rückmeldungen auch gruppendynamische Prozesse analysiert und persönliche Entwicklungsfragen jedes Teammitgliedes erörtert werden.

- *Zielvereinbarungen für jeden eigenverantwortlich tätigen Mitarbeiter im Personalbereich,* damit die individuellen Leistungsbeiträge strategiebezogen klarer herausgearbeitet und später auch im Erfolgsfalle anerkennend gewürdigt werden.

Die »Markt- und Kundenperspektive« zielt vor allem auf die Steigerung der internen Kunden- und Serviceorientierung des Personalwesens. Sie ist von herausragender Bedeutung, da das Ausmaß der wahrgenommenen Dienstleistungsqualität letztlich entscheidend für die Akzeptanz und den pragmatischen Nutzwert des Personalbereiches ist: Selbst wenn ein externer Service-Provider möglicherweise eine ähnliche Produkt- und Leistungspalette anbietet, ist doch gerade die Flexibilität und Kundennähe ein ausschlaggebendes Argument für den hohen Stellenwert eines internen Personalbereiches.

Im Einzelnen sind in der »kundenorientierten BSC-Perspektive« folgende Zielfelder und daraus abgeleitete Messgrößen denkbar:

- *Aktive »Produkt- und Servicepolitik«*, das heißt vor allem auch strategie-orientierte Leistungsbeiträge zu den Bereichen Personalpolitik, Personal-führung, Personalmarketing oder Konfliktmanagement mit dem Betriebs-rat.
- *Umfassende Erreichbarkeit und schnelle Verfügbarkeit.*
- *Regelmäßige Bedarfserhebungen* zu den geforderten Dienstleistungen bei den internen Kunden.
- *Aussagefähige interne Image- und Kundenzufriedenheitsanalysen*, das heißt Abgleich Selbst-/Fremdbild zum Beispiel mit der Leitfrage: »Wie kompetent und serviceorientiert wird das Personalmanagement von den internen Kunden erlebt – und wie sieht es sich selbst?«
- *Strategieorientierte Ansätze zum Human-Resources-Development*, etwa zur Nachwuchsentwicklung, zur Potenzialidentifikation und zur Qualifi-zierung der Leistungsträger.

Der zentrale Stellenwert der Kundenperspektive legt es nahe, konkrete inhaltliche Beiträge zu dieser Strategiedimension in Form von »HR-Aktions-programmen« in der BSC besonders herauszustellen. Dies ist zugleich ein sichtbarer Beitrag zur Steigerung der Kundenorientierung seitens des Per-sonalbereichs, da die internen Nutzer anhand der BSC prägnant über die Leistungsschwerpunkte informiert werden und den Grad der bedarfsorien-tierten Umsetzung des Serviceangebotes damit fortlaufend einschätzen können.

Erfolgssicherung der Zielerreichung durch ausgewählte Aktionsprogramme

Welche Aktionsprogramme können im Personalbereich vorrangig zum Ein-satz kommen? Obwohl sich diese Frage nicht mit einer unternehmensüber-greifenden Standardaussage beantworten lässt, werden nachfolgend bei-spielhaft einige Programmmodule skizziert, die zeigen, wie eine HR-BSC kundenbezogen »zum Leben erweckt« werden kann. Dabei muss sich der Personalbereich zunächst zwei Fragen stellen:

1. Wie entwickeln wir die eigenen Kompetenzen in unserem Bereich, um die geforderten HR-Serviceleistungen effizient und effektiv zu erbringen?

2. Was ist zu tun, um bei unseren internen Kunden und Servicenutzern im Rahmen der unternehmensstrategischen Top-Ziele einen sinnvollen Wertbeitrag zum organisationsweiten HR-Management zu erbringen?

Die folgenden beispielhaften Aktionsprogramme beziehen sich auf die »Kundenperspektive« des Personalbereichs:

- Personalgewinnung und -auswahl/Integration neuer Mitarbeiter
  - Anforderungsprofile
  - Zeitgemäße Beschaffungskonzepte/Personalmarketing
  - Professionelle Auswahlmethodik
  - Effiziente Integration neuer Mitarbeiter
- Leadership Development
  - Nachwuchsentwicklung
  - Führungskräftequalifizierung
  - Entwicklung der Führungs-, Feedback- und Kommunikationskultur
- Potenzialanalyse und Potenzialentwicklung
  - Ableitung von Potenzialanalysekriterien
  - Sichtungsrunden im Führungskreis/Erstellung eines Personalportfolios
  - Förderkreise zur Qualifizierung der Verantwortungsträger der Zukunft
- Entwicklung von Organisationsklima und Mitarbeiterzufriedenheit
  - Regelmäßige Erhebungen und Betriebsklima-Surveys
  - Analyse von Schwachstellen, Erkennen von Ansatzpunkten zur Optimierung von Kunden-, Service- und Qualitätsorientierung
  - Beratung zur bereichsspezifischen Klimaentwicklung und zur Steigerung von Mitarbeitermotivation und Mitarbeiterzufriedenheit

HR-BSC-Aktionsprogramm: Personalgewinnung und -auswahl/ Integration neuer Mitarbeiter

Das interne Personalmanagement als Dienstleister ist in hohem Maße mitverantwortlich für die effiziente Findung, Gewinnung und Integration geeigneter Mitarbeiter. In die BSC des Personalbereichs müssen deshalb Zielgrößen, Messwerte und Meilensteine für die Optimierung zum Beispiel der Personalbeschaffung aufgenommen werden.

Dabei spielen innovative Recruitingmaßnahmen eine wesentliche Rolle: Es gilt in geeigneten »Kandidatenmärkten« das Unternehmen professionell zu präsentieren, damit attraktive Bewerber auf das Unternehmen aufmerksam werden und sich die Kontaktchancen erhöhen. Im Einzelnen sind eine Fülle von Maßnahmen denkbar, um die strategischen Personalmanagementziele im Beschaffungsumfeld zu unterstützen:

- Präzisierung der Ziele seitens des Unternehmens: Welche Anforderungsprofile sind in welchen Funktionen nötig?

- Herausarbeiten der Erwartungen attraktiver Bewerber: Was wünschen sich kompetente Bewerber von ihrem künftigen Arbeitgeber?

- Aufgreifen der Kandidatenerwartungen und Abstimmung auf die eigene Unternehmenskultur

- Entwickeln zeitgemäßer Beschaffungskonzepte
  - Präsentation des eigenen Unternehmens als »Marke« am Bewerbermarkt
  - Nutzung von Internet- und Online-Medien zur Unterstützung des Personalmarketing
  - Eigene Präsenz auf Fachmessen, Bewerbermessen und geeigneten Kontaktforen
  - Eventmarketing durch Veranstaltungen mit aktionalen Elementen, das bedeutet neben Fachvorträgen spielerische und erlebnisorientierte Events.
  - Einsatz von Call-Centern zur telefonischen Vorselektion der Kandidaten.
  - Online-Selektion durch geeignete Software, dialogorientierte Befragungen und »Internet-Assessments«
  - Professionelle Interviewmethoden, die gegebenenfalls durch Assessment-Center-Konzepte ergänzt werden

Ein zeitgemäßes Personalmarketing erfordert eine genaue Sichtung des jeweiligen Personal-Zielmarktes, strategische Konzepte zum erfolgsorientierten Personalmarketing und zur Mediennutzung sowie das intelligente Screening der Kandidatenpools. Ein kreativer »Beschaffungswegemix« wird nicht nur durch verschiedene Methoden der Ansprache – zum Beispiel über Messen, Fachmedien, Zeitungsanzeigen oder Internetpräsentationen – erreicht, sondern auch bei »engen« Personalmärkten (beispielsweise bei der Besetzung verantwortungsvoller Führungsfunktionen) durch den Einsatz von externen Personalberatungen ergänzt.

Neben einer flexiblen Personalgewinnungsstrategie und der Anwendung geeigneter Selektionsverfahren unter Einsatz von verhaltensorientierten Verfahren, die auf eine präzise Kompetenzdiagnose gemäß den jeweiligen Anforderungsprofilen abzielen, kommt der Integration der künftigen Mitarbeiter ein hoher Stellenwert zu. Dabei gilt es, die neuen Mitarbeiter mit der Unternehmenskultur vertraut zu machen, ihnen Orientierung zu vermitteln und das Arbeitsumfeld möglichst praxisnah zu veranschaulichen.

Durch ein systematisches Einführungsprogramm, einen übersichtlichen Einarbeitungsplan sowie die Festlegung von Mentoren und Paten zur Betreuung »on-the-job« kann viel dazu beigetragen werden, dass die Einstiegsphase sukzessive an die erfolgreiche und verantwortungsvolle Funktionsübernahme heranführt.

Geeignete Messwerte für die Aufnahme in eine Bereichs-BSC lauten beispielsweise:

- »Markencharakter« des Unternehmens gemäß einer Stichprobenbefragung in ausgewählten Kandidaten-Zielmärkten.
- Anzahl der Spontanbewerbungen pro Zeiteinheit.
- Erweiterung des Beschaffungswegemix durch neue Medien.
- Nutzung der Internet-Kontaktmöglichkeiten durch Bewerber (zum Beispiel Bewerberanfragen über die eigene Homepage).
- Bandbreite und Komplementarität der eingesetzten Personalauswahlverfahren (zum Beispiel Lebenslaufanalysen, biografische Analysen, Testverfahren, Assessments).
- Präsenzrate auf Messen/Umsetzungsgrad von Eventmarketing.
- Anzahl der Bewerberkontakte bis zur verbindlichen Einstellung.
- Qualität des Integrationskonzeptes für neue Mitarbeiter, zum Beispiel Einführungsprogramme, arbeitsplatzspezifische Einarbeitungsmaßnahmen, Mentoren- und Patenkonzepte oder fachliche Qualifizierungsansätze für neue Mitarbeiter.

Die professionelle Gewinnung und Integration von neuen Mitarbeitern ist allerdings nicht nur in der »bereichsspezifischen BSC« der HR-Unit mit entsprechenden Erfolgskennwerten abzubilden. Gerade die Führungskräfte sollten durch ihre Anwesenheit auf den Kontaktforen für neue Mitarbeiter den Dialog anbahnen und unterstützen. Eine isolierte Marketingstrategie des Personalbereichs ist nicht zu empfehlen, da kompetente Bewerber vor allem das Gespräch mit erfahrenen Fach- und Führungskräften suchen. Dementsprechend sollten auch in den funktionalen Business-Scorecards der Fachbereiche – zum Beispiel in der Perspektive »Lernen und Entwicklung« – personalstrategische Zielvorstellungen zur Gewinnung neuer Mitarbeiter aufgenommen werden.

HR-BSC-Aktionsprogramm: Leadership-Development

Flexible, partizipative Führungskompetenz und eine visionsgeleitete Unternehmensführung entscheiden darüber, ob ehrgeizige Unternehmensziele in die Praxis umgesetzt werden können. Trotz wachsender Führungsspannen, erweiterter Handlungsautonomie jedes Einzelnen und übergreifender, ganzheitlicher Teamarbeit hängt der Unternehmenserfolg entscheidend davon ab, inwieweit es den Führungskräften gelingt, engagierte Mitarbeiter zu außergewöhnlichen Leistungen zu motivieren. Durch den zunehmenden Qualifikationsstand vieler Mitarbeiter ist weniger ein anweisend-direktiver Führungsstil mit »klaren Berichtswegen«, sondern ein integrierendes, kooperatives Führungsverhalten gefordert. Überzeugende und akzeptierte Führungskräfte in flachen Organisationen werden versuchen, ihren Mitarbeitern Orientierung zu vermitteln und sie auch trotz erheblicher Widerstände, Barrieren und unvorhergesehener Handlungsblockaden gerade in Veränderungsprozessen für die gemeinsame Sache zu gewinnen. Dies setzt Vertrauenswürdigkeit und persönliche Kongruenz voraus. Gefragt ist insofern weniger der Vorgesetzte als »oberster Fachspezialist«, sondern mehr der Berater, Coach und Moderator mit weitreichendem Ein- und Überblick, dem es gelingt, trotz oftmals »bremsender« Hierarchie- und Machtstrukturen die Voraussetzungen für eine weitgehend autonome Teamarbeit zu schaffen.

In den unternehmensinternen Führungskräfteentwicklungs-Programmen, die vom Personal-Servicebereich mitinitiiert und gesteuert werden, müssen deshalb die Führungskräfte – wie auch die Nachwuchskräfte der Zukunft – durch gemeinsame Zirkel- und Fallarbeit, Coaching und reflektierende Beratung in ihrer Praxisarbeit begleitet werden. Dazu werden weniger klassische Trainingsveranstaltungen benötigt, bei denen ein Trainer mithilfe von aufwändigen Folien und Trainingsmappen »erklärt«, welche Führungstheorien es gibt und »was unter Delegation zu verstehen ist«. Vielmehr benötigen insbesondere die erfahrenen Führungskräfte vertrauliche Beratungen zu schwierigen Konfliktmoderations-, Gesprächs- und Entscheidungssituationen mit möglichst direktem Feedback, damit sie ihre persönliche Führungsqualität kontinuierlich weiterentwickeln können. Bei der Einführung einer BSC für den Personalbereich sollte deshalb die Einführung oder Verbesserung eines kompetenzorientierten Führungsentwicklungsprogramms hohe Priorität genießen.

Der Personalmanager kann in seinem eigenen Team beispielhaft vorangehen und entsprechende Instrumente erproben, die dann auf das gesamte Unternehmen übertragen werden. Dazu muss sich der Personalmanager selbst auf den »Prüfstand« begeben – etwa indem er sich coachen lässt und durch eine Auditierung seiner eigenen Kompetenzen verdeutlicht, was zu einem späteren Zeitpunkt auch für die gesamte Führungsmannschaft umgesetzt wird.

Entsprechende Messwerte für den Umsetzungserfolg, die sowohl für das Unternehmen insgesamt als auch auf das Personalteam selbst angewendet werden können, lauten:

- Durchgeführte 360-Grad-Feedbacks mit Selbst- und Fremdeinschätzungen zu den verschiedenen Führungsfähigkeiten – gemäß einem organisationsspezifischen Competency-Model.

- »Harte«, indirekte Messwerte für Führungsqualität wie Fluktuation, Absentismus, Überstunden oder Gesundheitszustand der Mitarbeiter.

- Anzahl der Teilnehmer im Nachwuchsprogramm.

- Umsetzungsgrad von Teamentwicklungs-Maßnahmen.

- Anzahl geführter Mitarbeiter- und Potenzialgespräche.

- »Challenge-Charakter« getroffener Zielvereinbarungen.

Die letzten beiden Messwerte können durch eine kleine neutrale Gutachtergruppe eingeschätzt werden, bei der gegebenenfalls auch der Betriebsrat einzubinden ist.

HR-BSC-Aktionsprogramm: Potenzialanalyse und Potenzialentwicklung

Die Identifikation und gezielte Förderung der zukünftigen Verantwortungsträger und Schlüsselpersonen ist für die Sicherung der nachhaltigen Leistungsfähigkeit einer Organisation sehr bedeutend. Deshalb bedarf es regelmäßiger Sichtungs- und Einschätzungsrunden, bei denen sich die erfahrenen

Positionsinhaber in Fach- und Führungspositionen mit dem Qualifikations- und Potenzialstand der Nachwuchskräfte befassen. Dazu sollten, sowohl unternehmensweit als auch bereichsbezogen, Kriterien für den fachlichen, methodischen und persönlichen Kompetenzstatus, die Leistungsfähigkeit in der aktuellen Position und das individuelle Managementpotenzial herausgearbeitet werden. In einem strukturierten Personalportfolio können dann alle Mitarbeiter der Organisation dahingehend eingeschätzt werden, wo sie Stärken und Optimierungsbereiche aufweisen und welche künftigen Entwicklungswege denkbar sind.

Die Kandidaten mit besonderer Potenzialstärke – sei es für Linien-, Projekt- oder Service- und Vertriebsfunktionen – sollten durch gezielte Entwicklungsprogramme geführt werden. Diese müssen einerseits die erforderlichen Qualifikationsschritte beinhalten und andererseits langfristig angelegte Perspektiven für den persönlichen Entwicklungsweg in der Organisation aufzeigen. Moderne Förderprogramme für Potenzialträger umfassen nicht nur Seminare, sondern vor allem auch die Möglichkeit zur Übernahme verantwortungsvoller Projektaufgaben, Hospitationen, das Sammeln internationaler Erfahrungen und wiederholte Präsentationen vor dem Topmanagement. Jeder Potenzialträger wird idealerweise durch einen Coach – oder bei jüngeren Nachwuchskräften durch einen anleitenden Mentor – in seiner Entwicklung begleitet. Dabei sollte ein Coach über persönliches Vertrauen, Neutralität und langjährige berufliche Erfahrungen in einer vergleichbaren Position verfügen. Gefragt sind hierzu weniger Trainer oder Fachausbilder, sondern eher interne Praktiker mit einschlägiger Führungs- und Managementerfahrung; es kann sich dabei auch um ehemalige Manager handeln, die aufgrund ihrer gesammelten Berufs- und Lebenserfahrung jüngeren Potenzialträgern mit Rat und Tat zur Seite stehen.

Die Aufgabe des Personalbereichs im BSC-Prozess könnte darin bestehen, eine Potenzialanalyse zunächst im eigenen Bereich durchzuführen, um die entwickelten Instrumente und Methoden anschließend für die gesamte Organisation bereitzustellen. Insofern ist der Personalbereich gefordert, Kriterien zu entwickeln, wie die Nachwuchskräfte im eigenen Serviceteam entwickelt und gefördert werden. Ein hier entwickelter Ansatz könnte später mit den Bedarfen und Erwartungen der anderen Bereiche abgeglichen und zu einer koordinierten Gesamtstrategie zur unternehmensweiten Potenzialentwicklung ausgebaut werden.

Sinnvolle BSC-Ziel- und Messkriterien lauten zum Beispiel:

- Anzahl identifizierter Potenzialträger.
- Art und Umfang der umgesetzten Potenzialentwicklungsprogramme.
- Regelmäßige Erstellung von Potenzial-Portfolios.
- Erfolgreiche (bereichsübergreifende) Positionsbesetzungen durch interne Nachwuchskräfte.
- Qualität der Mentoring-, Coaching- und Qualifizierungsprogramme – einzuschätzen durch ein Bewertungsteam, eventuell unter Einbeziehung eines externen Auditors.
- Aufbau einer Personalentwicklungs-Datenbank, in der Informationen über Potenzialkriterien abgelegt sind.
- Zufriedenheit der Potenzialträger mit den Entwicklungsmaßnahmen.

HR-BSC-Aktionsprogramm: Entwicklung von Organisationsklima und Mitarbeiterzufriedenheit

Der Personalbereich im Unternehmen sollte aufgrund seiner übergreifenden Servicefunktion maßgeblich dazu beitragen, dass die »weichen Klimafaktoren« eine produktive und effiziente Arbeitsorganisation unterstützen. Dies setzt nicht nur eine kulturgerechte Personalpolitik voraus, sondern auch eine fortlaufende Erfassung der wesentlichen Klimaindikatoren in der Organisation, damit die Voraussetzungen für eigenverantwortliches und ergebnisorientiertes Handeln nachhaltig gefördert werden. Insofern sind geeignete Instrumente zu entwickeln, die Rückschlüsse auf die Klimaentwicklung im Unternehmen insgesamt und in den einzelnen Bereichen zulassen. Dabei muss beispielsweise der Analyse des Führungsverhaltens, der Bewertung des Informationsflusses in der bereichsübergreifenden Zusammenarbeit oder der Erfassung der individuellen Gestaltungsmöglichkeiten der Mitarbeiter in den einzelnen Teams ein besonderes Augenmerk gewidmet werden. Im Mittelpunkt steht die Frage, welche »atmosphärischen« Bedingungen erforderlich sind, um ein hohes Maß an Kunden- und Serviceorientierung bei zugleich hoher Kosteneffizienz der Wertschöpfungsprozesse sicherzustellen.

Das Organisationsklima – also die Gesamtheit der affektiven und konativen (motivationalen) Befindlichkeitsindikatoren in einem Unternehmen – wird entscheidend geprägt:

- vom Führungsstil,
- dem zwischenmenschlichen Umgang miteinander,
- dem Herausforderungscharakter der individuellen Aufgaben und Projekte sowie
- den subjektiv wahrgenommenen Entwicklungsperspektiven.

Die wesentlichen Klimafaktoren können über spezifische Messinstrumente wie Befragungen, Interviews, Checklisten oder Verhaltensbeobachtungen erfasst werden, wobei eine organisationsweite Erhebung und sogar ein unternehmensübergreifender Vergleich – im Sinn eines »Benchmarking« – sinnvoll ist. Durch einen Satz von zirka 60 bis 80 Items im Rahmen einer Gesamterhebung per Fragebogen ist eine verhältnismäßig valide, objektive und reliable Einschätzung des Meinungsbildes aller Mitarbeiter möglich. Regelmäßige Erhebungen – etwa im Rhythmus von ein bis zwei Jahren – können helfen, ein realistisches Verlaufsbild der einzelnen Klimaindikatoren zu ermitteln, sodass kritischen Veränderungen zeitnah gegengesteuert werden kann.

Gerade in Phasen der Umstrukturierung, der strategischen Neuorientierung oder bei Fusionen wird das Organisationsklima häufig negativ beeinflusst, da bei vielen Mitarbeitern existenzielle Zukunftsängste entstehen oder Unsicherheiten über die zukünftige Unternehmensentwicklung um sich greifen. Werden darüber hinaus Personalanpassungen vorgenommen, erleben viele Mitarbeiter die angenommene Kontinuität und Beständigkeit des eigenen Verantwortungsbereichs als gefährdet und befürchten den Verlust ihres Arbeitsplatzes oder ihrer aktuellen Funktion. Solche in vielen Fällen als bedrohlich eingeschätzte Einschnitte erfordern eine Intensivierung der begleitenden Human-Resources-Development-Programme. Damit kann gezielt einer resignativen Grundhaltung, die in solchen tiefgreifenden Wandlungsprozessen in manchen Organisationen (und sogar im Personalbereich) auftritt, zumindest ansatzweise entgegengewirkt werden.

Für das interne Personalmanagement bietet es sich an, zunächst im eigenen Bereich wesentliche Klima- und Zufriedenheitsfaktoren zu ermitteln, um diese dann auf die gesamte Organisation zu generalisieren. Dabei sollten nicht nur schriftliche Befragungen durchgeführt, sondern auch durch Workshops die Ursachen für ein verändertes Stimmungsbild näher hinterfragt werden. Spezielle »Stimmungsbarometer« und situative Einschätzungsverfahren – etwa zur Analyse des Ist-Zustandes oder zu den erwarteten Entwicklungen in der Organisation – können helfen, die Wahrnehmungen der einzelnen Teammitglieder herauszuarbeiten und anschließend näher zu hinterfragen.

Gerade der Personalbereich kann durch Einsatz eines geeigneten Methodenrepertoires – etwa Metaplantechniken, Moderationsmethoden, Spontanvisualisierungen, Kommunikationsforen, Info-Veranstaltungen oder Dialog-Meetings – mit gutem Beispiel vorangehen und eine möglichst hohe Transparenz im Hinblick auf den Ist-Zustand und die wesentlichen Bestimmungsfaktoren des eigenen »Teamklimas« herstellen. Dies erleichtert es den HR-Spezialisten später, eine Promotorenrolle zu übernehmen und andere Bereiche dafür zu gewinnen, sich mit den Klimafaktoren auseinander zu setzen, um sie im Idealfall gemeinsam günstig zu beeinflussen. Der Personalbereich sollte auch bei der Klimaanalyse und -veränderung den eigenen Bereich als »gestalterischen Mikrokosmos« interpretieren und damit als wichtiges Feld des strategischen Vorbildhandelns für die gesamte Organisation.

Mögliche BSC-Messwerte für das Organisations- und Teamklima lauten zum Beispiel:

- Die unternehmensweite, aber auch jeweils bereichsbezogen eingestufte Mitarbeiterzufriedenheit.

- Die Glaubwürdigkeit und Integrität des Topmanagements aus Sicht der Mitarbeiter.

- Das Ausmaß der wahrgenommenen Risiko- und Lernkultur – also die Bereitschaft, Innovationen anzustoßen und Veränderungen aktiv anzugehen.

- Die Umsetzung von integrativen Konfliktmanagement- und Teamentwicklungsmaßnahmen.

- Die gelebte bereichsübergreifende Zusammenarbeit in Teams, Arbeitsgruppen und Projekten.

- Der wahrgenommene Führungsstil in der Bandbreite zwischen autoritärdirektivem Anweisen bis hin zu einem eher partizipativ-kooperativen Führungsverhalten, das Freiräume für grenzüberschreitendes unternehmerisches Handeln eröffnet.

Negative Kulturindikatoren, die auch auf der Verhaltensebene ermittelt werden können, sind Abmahnungen, arbeitsrechtliche Streitigkeiten, Anzahl der Betriebsratsinterventionen, exzessive Überstunden, erhöhte Spontanerkrankungen, Eigenkündigungen sowie die innere Distanzierung von einzelnen Mitarbeitern oder sogar ein offen geäußerter Vertrauensverlust gegenüber dem Management. In Zeiten des Umbruchs wird der Personalbereich in besonderem Maße gefordert sein, gemeinsam mit der Geschäftsleitung und Arbeitnehmervertretung ein ausgewogenes Maßnahmenpaket zu verabschieden, damit die partnerschaftliche Dialog- und Feedbackkultur nicht aufgrund eines verstärkten Wettbewerbs- und Kostendruckes »ins Hintertreffen« gerät.

Integrative Funktion der Balanced Scorecard in Personalmanagement und Personalentwicklung

Die Konzeption einer funktionalen BSC im Personalmanagement kann im günstigen Falle dazu führen, dass vor allem die weichen Faktoren der strategieorientierten Organisations- und Personalentwicklung in den Mittelpunkt des Interesses rücken. Im HR-Management sind eindeutige Mess- und Erfolgskriterien, die intersubjektiver Überprüfung zweifelsfrei standhalten und hohe Indikatorvalidität besitzen, nicht leicht zu finden. Dennoch lohnt sich der Aufwand vor allem deshalb, da dies die kundenorientierte Ausrichtung des Personalbereichs erhöht. Die Implementierung einer funktionalen HR-BSC bietet auch die Gelegenheit, eine vorausschauende Pionier-Rolle im Servicemanagement einzunehmen und damit gegenüber anderen Dienstleistungsbereichen und sogar der Unternehmensleitung selbst beispielhaft voranzugehen.

Der BSC-Prozess kann auch für alle Mitarbeiter als sichtbares Signal verstanden werden, dass es mit einer zukunftsweisenden, auf die Belange der Belegschaft abgestimmten Unternehmensstrategie ernst gemeint ist.

Leitkriterien für eine HR-BSC sind dementsprechend nicht nur eine gesteigerte Produktivität und Kosteneffizienz, sondern zugleich auch ein erhöhtes Maß an dispositivem Gestaltungsspielraum, Teamorientierung und persönliche Zufriedenheit.

Eine funktionale HR-BSC eröffnet neue Chancen, für alle Mitarbeiter erweiterte Handlungsperspektiven aufzuzeigen und überprüfbare Veränderungsschritte anhand von klar definierten Aktionsprogrammen einzuleiten. Dies gilt in besonderem Maße speziell für den Scorecard-Prozess im Personalbereich, da dort der Nutzen dieses Servicebereichs für alle Mitarbeiter aufgezeigt werden kann – dargestellt vor allem in der »Kundenperspektive« der HR-BSC.

Der BSC-Ansatz würde falsch verstanden, wollte man ihn auf ein reines Mess- und Controllingsystem reduzieren. Es handelt sich vielmehr um einen ernst zu nehmenden Versuch, das Paradigma der »Lernenden Organisation« mit Substanz und Leben zu füllen. Der Personalmanager, der glaubt, dass sich weiche und qualitative Erfolgsfaktoren im Personalwesen der Messbarkeit entziehen und nur »anmutungshaft« erfasst werden können, riskiert, dass er an Bedeutung innerhalb der eigenen Organisation verliert. Das interne Personalmanagement wird künftig genauso ergebnisorientiert bewertet werden müssen wie eine kundennah agierende Vertriebseinheit, da es sich langfristig erfolgreich agierende Unternehmen in hart umkämpften Märkten nicht leisten können, »unnötigen Overhead« mit sich zu führen.

Vielleicht wird aber auch die Umsetzung einer BSC im Personalbereich in manchen Unternehmen zur Folge haben, dass man sich nach reiflicher Kosten-Nutzen-Betrachtung eher für das Outsourcing einzelner HR-Servicefunktionen entscheidet. Dies sollte vom Personalmanager zunächst nicht als bedrohliches »Damoklesschwert« interpretiert, sondern vielmehr als eine betriebswirtschaftlich denkbare Handlungsalternative ernsthaft geprüft und im Einzelfall kritisch bewertet werden. Möglicherweise muss ein Personalmanager auch für sich selbst klären, inwieweit er oder sie bestimmte Dienstleistungen eher in einer externen »Service-GmbH« als in einem internen Cost-Center offerieren sollte. Dies kann für spezifische HR-Leistungen, die ergänzend am Markt gefragt sind, sowohl für das jeweilige Unternehmen als auch für den internen Personalbereich selbst eine durchaus attraktive Alternative sein.

Die Konzipierung einer Balanced Scorecard

Zielsetzung und Beteiligte

Zunächst mag der Eindruck entstehen, dass die Erstellung einer BSC keinen größeren Zeitaufwand erfordert, da sie inhaltlich knapp, tabellarisch und aktionsorientiert gehalten ist. Aber gerade darin liegt die wesentliche Herausforderung: Sämtliche Aussagen müssen auf das Wesentliche reduziert und controllingfähig ausgestaltet werden. Dazu sollten ein Zeitplan der Umsetzung und geeignete Maßnahmen zur Zwischenüberprüfung soweit wie möglich festgehalten werden. Wesentliche Meilensteine sind – zum Beispiel im Halbjahres- oder Jahresrhythmus – zu definieren und dabei die wichtigsten Verantwortlichkeiten und Zielerreichungskriterien stichpunktartig herauszustellen.

Der überblicksartige Charakter der BSC darf nicht dazu führen, dass die Substanz und Bedeutsamkeit der Meilensteine und Aktionsprogramme verloren geht. Zugleich bedeutet dies aber auch eine besondere Schwierigkeit, da eine konzise Darstellung leicht trivial oder nichtssagend wird. In der Praxis wird eine BSC daher durch ergänzende Erläuterungen und Arbeitspapiere konkretisiert werden müssen. Die BSC-Erstellung sollte jedoch nicht einfach am »grünen Tisch« erfolgen, sondern vielmehr als interaktiver Prozess gestaltet werden, der letztlich nach vielfältig vernetzten Reflexions-, Kommunikations- und Überprüfungsprozessen zum konkreten Ergebnis führt. Die möglichen Schritte werden nachfolgend im Überblick dargestellt.

1. Entscheidung für die BSC-Erstellung im Topmanagement

Auf Geschäftsführungsebene wird zunächst unter Einbeziehung der oberen Führungskräfte mit Bereichsverantwortung geklärt, ob man sich für eine BSC als längerfristig ausgerichtete System- und Ordnungsstruktur entscheiden will. Dies setzt eine aktive »Promotion« durch einen oder idealerweise mehrere »BSC-Eigner« – typischerweise den Vorsitzenden der Geschäftsleitung – voraus. Der BSC-Eigner muss einen Konsens im gesamten Führungskreis herbeiführen, dass dieser Ansatz inhaltlich tatsächlich gewollt und mitgetragen wird. Dabei gilt es auch zu verdeutlichen, welche Anforderungen an die einzelnen Führungskräfte herangetragen werden und mit welchem Erarbeitungsaufwand die BSC-Einführung verbunden ist. Bei Bedarf kann ein erfahrenes Beraterteam hinzugezogen werden, das den Prozess einfühlsam begleitet und moderiert.

Die Zustimmung der Führungskräfte zum BSC-Prozess erfordert ein persönliches Commitment, das heißt die Bereitschaft zur Objektivierung von Zielen, Aktionsplänen und geschäftsbereichsspezifischen Fakten. Darüber hinaus gilt es, die Mitarbeiter in den Findungs-, Umsetzungs- und Überprüfungsprozess so weit wie möglich einzubeziehen. Hierzu kann beispielsweise in einer späteren Phase ein unternehmensweiter Informationsmarkt durchgeführt werden, in dem Vertreter der einzelnen Bereiche integriert werden, um Absichten, Nutzen und Verlauf der BSC-Implementierung auf allen Ebenen zu erörtern.

Zunächst ist jedoch die Unternehmensleitung selbst gefordert, die grundsätzliche Bereitschaft zur BSC-Ausgestaltung zu bekunden und den Stellenwert des Gesamtvorhabens zu erläutern. Eine BSC-Entwicklung sollte nicht »einfach begonnen«, sondern nach sorgfältiger Abwägung der Chancen und Risiken wohl durchdacht eingeleitet werden.

2. Klausurtagungen auf Geschäftsleitungsebene zur Erstellung der ersten »Roh-BSC«

Die Geschäftsleitung übernimmt im Rahmen der BSC-Erstellung die Aufgabe, Visionen herauszuarbeiten, übergreifende Strategien zu formulieren und konkrete Aussagen über Kurz-, Mittel- und Langfristziele auf der Ebene der ganzheitlichen Unternehmensentwicklung zu treffen. Dies ist an sich »nichts Neues«, sondern vielmehr eine kardinale Hauptverantwortung der Geschäftsleitung. Die BSC-Erarbeitung zwingt jedoch dazu, es nicht mit allgemeinen, unverbindlich formulierten Absichtserklärungen bewenden zu lassen, sondern vielmehr controllingfähige, an Zeithorizonte und Messgrößen gebundene Eckpfeiler der Gesamtstrategie abzustecken. Dabei sind die in der BSC wesentlichen Perspektiven Finanzen, Märkte und Kunden, interne Prozesse und Lern- und Entwicklungschancen im Blickfeld zu behalten.

In der Phase der Erstellung einer Roh-BSC erörtern die Mitglieder der Geschäftsleitung ihre Sicht zu Marktentwicklungen, Wettbewerbspositionen, Kundenerwartungen, Innovationsanforderungen und Erfolgsfaktoren der Vergangenheit und Zukunft. In einem intern zu steuernden Reflexionsprozess werden unterschiedliche Einschätzungen zu möglichen Zukunftsszenarien und Prioritäten der mittelfristigen Unternehmensentwicklung ausgetauscht. Anschließend gilt es, anhand einer vertiefenden Situationsanalyse erste Perspektivfestlegungen und Prioritätsgewichtungen für die BSC zu erarbeiten. Kontroverse Sichtweisen, Meinungsunterschiede zur Strategie und abweichende Situationsbewertungen sind im kollegialen Kreis – am besten unter neutraler Moderation – möglichst offen zu kommunizieren. Die unmittelbare Konkretisierung eigener Standpunkte durch »facts and figures« – zum Beispiel aus dem betrieblichen Controlling oder aus vorhandenen Markt- und Wettbewerbsanalysen – erleichtert die Verbindlichkeit in der Diskussionsführung bei der rückblickenden Bewertung der Unternehmensentwicklung. Demgegenüber ist die vorausschauende Festlegung von Gewichtungen und Priorisierungen in den BSC-Facetten ein eher subjektiv geprägter Prozess, der die unternehmerische Entscheidungsfreiheit mit einzukalkulierenden Chancen und Risiken verdeutlicht.

Mögliche Leitfragen zur Förderung des Diskussionsprozesses bei der Ableitung von Prioritäten in den einzelnen Perspektiven könnten lauten:

- »Wollen wir uns in naher Zukunft vorrangig auf ein intelligentes Kooperations- und Beteiligungsmanagement konzentrieren – etwa durch gezielte Zusammenarbeit mit starken (Vertriebs-)Partnern? Oder verlassen wir uns primär auf gezielte eigene Programme zur Neukunden-Akquisition und Steigerung der Bestandskunden-Loyalität?«
  Stellenwert der Perspektive »Finanzen/Beteiligungen« gegenüber der Perspektive »Kunden«: Fokussierung auf kooperative Netzwerke mit Geschäftspartnern vs. Steigerung von angestrebtem Kundennutzen durch Ausrichtung auf eigene Stärken.

- »Gilt unser besonderes Augenmerk in naher Zukunft bevorzugt der effizienz- und kostenorientierten Optimierung der internen Geschäftsprozesse – zum Beispiel durch Forcierung des E-Business? Oder wollen wir verstärkt in die Kompetenzentwicklung der Mitarbeiter und die Ausweitung des Kreativ- und Servicepotenzials der Menschen in der Organisaton investieren?«

Stellenwert der Perspektive »Prozesse« gegenüber der Perspektive »Lernen und Entwicklung«: Fokussierung auf Effizienzsteigerung vs. Entwicklung der Humanpotenziale.

- »Wie sehen wir die relative Bedeutung der einzelnen Erfolgsfaktoren der künftigen Unternehmensentwicklung und wie wollen wir einzelne Maßnahmenprogramme in naher Zukunft gewichten und mit Investiv-Ressourcen koppeln?«
Frage der Priorisierung unternehmerischer Handlungsfelder und Konzentration auf als wesentlich eingestufte unternehmerische Kernaktivitäten: »Welche Perspektiven sind für uns faktisch vorrangig?«

Haben sich die Beteiligten auf die wesentlichen Kernperspektiven und ihren Stellenwert für die bevorzugten Geschäftsaktivitäten der nahen Zukunft verständigt, gilt es, möglichst konkrete Zielformulierungen auf strategischer Ebene vorzunehmen. Jede vorgetragene Perspektivaussage sollte dazu mit fassbaren Erfolgskriterien verbunden werden.

Für die finanzwirtschaftliche Perspektive gilt es beispielsweise, zunächst die wesentlichen Messgrößen herauszuarbeiten – zum Beispiel ROI, Kapital-Rendite, DB-III, Umsatzwachstum –, um dann Meilensteine und Erfolgsmaßstäbe zu definieren. Es müssen also zum Beispiel konkrete Einschätzungen und Prognosen zu Ertragschancen, Renditeerwartungen und erwarteten Input-Output-Relationen bei der Ausrichtung auf spezifische Geschäftsaktivitäten abgeschätzt werden. In dieser Schlüsselphase der strategie-getriebenen BSC-Entwicklung sollte das betriebliche Controlling unmittelbar einbezogen werden, damit möglichst präzise und zugleich realistische Erwartungen getroffen werden können: zum Beispiel »DBIII + 13 Prozent p.a.«, »Steigerung des Shareholder-Value um zehn Prozent«, »Erhöhung des Marktanteils um fünf Prozent«.

Für die Perspektiven Kunden, Prozesse und Lernen/Entwicklung wird es zusätzlicher Anstrengungen bedürfen, um nützliche und möglichst klar kommunizierbare Mess- und Erfolgsgrößen zu identifizieren. Da es sich um primär qualitative Zielsetzungen handelt – zum Beispiel Steigerung der Kundenzufriedenheit, Verbesserung der ganzheitlichen Prozessgestaltung mit gesteigerter Wertschöpfungseffizienz oder Erhöhung der Mitarbeiterproduktivität –, sind die Messgrößen als vorläufig zu betrachten. Es handelt sich um »tentative«, das heißt noch zu verfeinernde Erfolgsindikatoren, die noch weiter zu präzisieren sind.

Die Geschäftsleitung wird sich dementsprechend in der ersten Phase ihres BSC-Dialoges insbesondere auf die inhaltliche Konkretisierung der einzelnen »Perspektiven« und der »strategischen Globalziele« konzentrieren. Demgegenüber sind die weiteren BSC-Facetten »Messkriterien« und »operative Ziele« sowie »spezifische Aktionsprogramme« unter Einbeziehung von nachgelagerten Bereichen, Task-Forces und Spezialistenteams auszuarbeiten. Damit eröffnet sich zugleich eine Chance für die direkte Einbindung sämtlicher Verantwortungsträger und Schlüsselpersonen der Organisation, die bei der Ausgestaltung aktiv mitwirken.

3. Kommunikation der »Roh-BSC« auf Managementebene

Die im Geschäftsleitungskreis erstellte Roh-BSC sollte in der nächsten Phase mit allen Führungskräften und Ergebnisverantwortlichen der einzelnen Geschäftsbereiche erörtert werden. Dazu ist ein gesteuerter Top-down-Prozess unter Einbeziehung der nachgelagerten Hierarchieebenen einzuleiten. Durch »Bottom-up-Feedbacks« aus den operativen Teams beziehungsweise den Service- und Vertriebseinheiten wird die Roh-BSC sukzessive überarbeitet und »inhaltlich gefüllt«. Dabei sind auch Inputs zu verfeinerten Messgrößen und Bausteinen der Aktionsprogramme einzuholen. Die einzelnen Geschäftsbereiche sollten sich darauf konzentrieren, zeitnah aussagefähige Informationen zu liefern, damit praktikable und realistische Überprüfungskriterien und operative Meilensteine festgelegt werden können. Sofern zentrale strategische Aussagen revisionsbedürftig erscheinen, hat die Geschäftsleitung diese nochmals sorgfältig zu prüfen und zu überarbeiten. Im Mittelpunkt steht das Ziel der Erstellung eines verbindlichen »BSC working model«, das anschließend in Bezug auf die übergreifenden Richtungsaussagen nur in begründeten Ausnahmefällen verändert werden sollte.

Neben der Top-down-Steuerung und den Bottom-up-Feedbacks sind horizontale Vernetzungen erforderlich, damit operative Ziele und Messkriterien von allen Units mitgetragen werden. In einem Finanzdienstleistungsunternehmen müssen beispielsweise Controlling, Kredit-/Bonitätsabteilung und Vertrieb zu übereinstimmenden Einschätzungen kommen, wie spezifische operative Ziele – zum Beispiel »präventive Senkung eines möglichen Insolvenzausfalls« – zu erreichen und zu messen sind. Dieser Vernetzungsprozess beinhaltet latente Konfliktpotenziale, da die verschiedenen Bereiche unter Umständen gegensätzliche Zielvornahmen verfolgen: etwa der Außendienst die »Steigerung der Akquisitions- beziehungsweise Abschlussquote« und die Bonitätsspezialisten die »Risikominimierung durch Einfordern zusätzlicher Sicherheiten«. Im Zweifelsfall ist das Moderationsgeschick der Geschäftsleitung gefordert, um nachhaltige Synergieeffekte zu erzielen. Die Herausforderung der BSC-Entwicklung besteht gerade darin, auch unterschiedliche partikulare Interessen und begründete Bereichspositionen zu einem integrativen Ganzen zusammenzuführen.

Der weitere Konstruktions- und Vereinbarungsprozess

Ist im Führungskreis ein Konsens über die wesentliche Ausgestaltung der Top-Scorecard hergestellt, sind für die einzelnen Bereiche und Standorte Strategieformulierungen, Zieldefinitionen und Erfolgskriterien abzuleiten. In einem größeren Unternehmen können ergänzende Bereichs- und Standort-Scorecards entwickelt werden, die das strategische Gesamtvorhaben unterstützen. Dabei ist die Frage zu klären, wie weit die Erstellung gesonderter Bereichs-BSCs heruntergebrochen werden soll. Jedes Unternehmen muss hierzu seine eigene Position entwickeln. Aufgrund der längerfristigen und strategischen Ausrichtung einer BSC sollte insbesondere für größere Bereiche und umfassende Einheiten eine eigene BSC formuliert werden. Damit sind in einem klassisch gegliederten Unternehmen vor allem die Bereiche Forschung und Entwicklung, Produktion, Marketing, Vertrieb und zentrale Services angesprochen.

Liegt die übergreifende Business-Scorecard vor, können diese größeren Bereiche eine eigene funktionale BSC ausarbeiten und gegenüber der Geschäftsleitung und den in der Wertschöpfungskette benachbarten Bereichen präsentieren und abgleichen. In einer Projektorganisation werden auch für die Schlüsselprojekte eigene Projekt-BSCs abzuleiten sein. Gerade in einer stark an Wertschöpfungsprozessen und weniger an Abteilungen orientierten funktionalen Organisationsstruktur liegt es nahe, für sämtliche Prozesseigner eine gemeinsame, integrative Prozess-BSC zu formulieren. Dies bedeutet, dass beispielsweise von der Auftragsannahme bis zur vollständigen Auftragsabwicklung sämtliche Prozessstufen im Hinblick auf die Perspektiven Wertschöpfungsbeitrag, Kundennutzen, Prozesseffizienz und Lern- beziehungsweise Entwicklungsanforderungen zu bewerten sind. Dabei können auch Lieferanten und Nachunternehmer in den Prozess der BSC-Erstellung einbezogen werden. Dieser erweiterte Ansatz ermöglicht es zugleich, den wertorientierten Status von Schlüsselprozessen und Kernprojekten vergleichend und unternehmensübergreifend zu betrachten.

Sowohl für Bereichs-, Standort- als auch Projekt-/Prozess-Scorecards kann sogar eine Rangreihe in Bezug auf die Effizienz- und Ergebnisorientierung – bezogen auf den ganzheitlichen Wertbeitrag zur Top-Scorecard – erstellt werden. Dies ermöglicht ein internes Benchmarking, das heißt einen Abgleich dahingehend, welche Units oder Prozess- und Projektteams besondere Nutzenbeiträge zur Verwirklichung des strategischen Gesamtvorhabens leisten. Allerdings sollte darauf geachtet werden, dass die Scorecard-Vergleiche auch tatsächlich auf vergleichbare Businessbereiche bezogen werden, da ansonsten allzu leicht »Äpfel mit Birnen« verglichen werden.

Prinzipiell muss jede funktionale BSC – kurz als »Bereichs-BSC« bezeichnet – den gleichen Überprüfungs- und Spezifizierungsschritten wie die Top-Scorecard unterworfen werden. Im Einzelnen bedeutet dies für die Ausgestaltung einer Bereichs-BSC:

- Überschaubarkeit, präzise Darstellung und stringente Ausformulierung.
- Klären der internen Konsistenz, Stimmigkeit und Handlungsrelevanz.
- Abgleich der Kompatibilität mit der Top-Business-Scorecard im Hinblick auf strategische Ziele und Priorisierungen der Aktionsfelder.
- Herausstellen von Synergiechancen in Bezug auf benachbarte Bereiche oder vor- beziehungsweise nachgelagerte Wertschöpfungsprozesse.
- Integration der Teams und Mitarbeiter in den Erstellungsprozess.
- Definition klarer Messkriterien und Meilensteine zur Erfolgssicherung.
- Terminierung von Zwischenschritten und Meilensteinen zur Absicherung der Zielerreichung (Prozess-Controlling).

Bei einer Bereichs-Scorecard sind die Perspektiven in die »Sprache« des jeweiligen Geschäftsbereiches zu übersetzen. Dazu gilt es, folgende Randbedingungen zu beachten:

- »*Finanzziele*« sind bei einem internen Servicebereich in Kosten- und Nutzen-Ziele zu übersetzen. Ein Servicebereich, der nur mittelbar einen Beitrag zum Geschäftserfolg leistet, sollte Rentabilitäts- und Effizienzüberlegun-

Abb. 3-1: Beispiel für eine Bereichs-BSC im Finanz- und Rechnungswesen eines Telekommunikationsunternehmens (Auszug)

Perspektive	Strategische Ziele	Messgrößen	Meilensteine (2 Jahre)	Strategische Initiativen
Finanzwirtschaftliche Kernabsichten *(Strategisches Gewicht: 50 %)*	• Erhöhte Kostentransparenz • Steigerung der Kosteneffizienz insgesamt und pro Geschäftsbereich	• Kostenstruktur pro Einheit • Kosten pro Serviceprozess • Fixkostenentwicklung • Outsourcing von Sekundärprozessen	• Gesamtkosten – 30 % • Kosten pro Serviceprozess – 20 %	• Beteiligung am unternehmensweiten Kostensenkungsprogramm (Overhead-Reduktion) • Kosten in eigener Abteilung durch Benchmarking und neue Servicestandards minimieren • Nutzen von Kooperationen mit externen Service-Providern (z. B. Factoringinstitut)
Kundenbezogene Kernabsichten *(Strategisches Gewicht: 25 %)*	• Verbessertes, zeitnahes Berichtswesen • Computergestützte Aufbereitung und Simulation der Reports • Herausragende Servicequalität gemäß internen TQM-Standards	• Kosten pro Abteilung und Bereich • Serviceeinschätzungen durch Befragung der betroffenen Abteilungen/Bereiche • Interne Imageanalysen	• Interne Kundenzufriedenheit laut Befragung + 30 % • Eigener Servicegrad + 45 % • Image RW/FI + 40 %	• Bedarfserhebung zu Erwartungen der Abteilungen/Bereiche, die Berichte erhalten • Veröffentlichung des Leistungsangebotes mit Verrechnungspreisen

Kundenbezogene Kernabsichten *(Strategisches Gewicht:* 25 %)	• Internes Bereichsimage in der Organisation verbessern • Referentenzuständigkeit ändern, dadurch: »one-face-to-the-(internal) customer« (d. h. z.B: pro Geschäftsbereich nur ein verantwortlicher Sachbearbeiter Debitoren/Kreditoren/Nachgeschäfts-Prozesse) • MIS ausbauen	• Intranet-Präsenz und -Nutzung • Differenzierungsgrad der internen Serviceleistungen (im Vergleich zu externen Anbietern)	• Zeitnahe Reports für Abteilungen/Bereiche + 150 % • Simulationen für Geschäftsentwicklung neu einführen (Prozessvisualisierung im Intranet/Forecasts) • Aussagefähigkeit des strategischen Reporting deutlich verbessern (Maßstab: Einschätzung der Führungskräfte)	• Künftig Online-Reporting über Intranet • Neues Quartalsreporting/Bilanzierungsstandards pro Geschäftsbereich zeitnah einführen • GuV-Erstellung international standardisieren • Taggleiche E-Mail-Infos der Debitorenbuchhaltung an den Vertrieb über säumige Zahler
Interne Prozessperspektive *(Strategisches Gewicht:* 10 %)	• Buchhaltungssysteme durch SAP-Ausbau optimieren (Kreditoren, Debitoren) • Abruf von Serviceleistungen und Kenngrößen per Intranet ermöglichen • Qualität der Serviceprozesse erhöhen	• Ergebnisse Workflow-Analyse • Reduzierung der Einzelprozesse in der Servicekette • Dauer für Erstellung von Berichten/Buchungen • Qualitätsmessungen (TQM)	• Interne Servicemessung + 55 % • Mittlere Prozessdauer – 50 % • Interne Lieferzeiten – 30 % • Fehlerquote – 40 % • Dauer Entwicklung neuer RW/FI-Serviceleistungen – 100 %	• Reduzierung des Buchungsaufwands in der Debitorenbuchhaltung durch Electronic Banking • Workflow-Analyse/Geschäftsprozess-Optimierung • Kreditorenbuchhaltung

Perspektive	Strategische Ziele	Messgrößen	Meilensteine (2 Jahre)	Strategische Initiativen
Interne Prozessperspektive *(Strategisches Gewicht: 10 %)*	• Steigerung der Geschwindigkeit von internen Prozessen (Durchlaufzeiten reduzieren) • Schnittstellen-Optimierung zu den Markt- und Marktfolgebereichen	• Leistungsfähigkeit des Moduls RW/Finanzen im MIS		z.B.: Rechnungsdatender Lieferanten elektronisch beschaffen • Kontinuierliche Verbesserungsprozesse, z.B. neue Finanzierungsstrategie zur Tagesgeld-Disposition bei Großprojekten • Kundenorientierte Neuorganisation des Finanzwesens, z. B. spartenbezogenes Controlling
Fördern von (Organisations-)Lernen und Entwicklung *(Strategisches Gewicht: 15 %)*	• Ausbildungs- und Qualifikationsniveau der eigenen Mitarbeiter steigern • Interkulturelle Team- und Personalentwicklung (Mitwirkung in internationalen Projekten)	• Qualifizierungsprogramm (Inhalte) • Internationale Erfahrungen pro Mitarbeiter/Internationale Projekte	• Teilnahme der Mitarbeiter an Weiterbildungsprogrammen + 100 % • Anzahl/Qualität der Beteiligung bei bereichsübergreifenden, inter-nationalen Projekten + 100 %	• Neben DV-Fortbildungskursen Einführung eines Rotationssystems (in bestimmten Zeitabständen z. B. sowohl Debitoren- als auch Kreditorenbuchhaltung ausüben)

Interne Prozess-perspektive (*Strategisches Gewicht:* 10%)			
• Servicementalität aller Mitarbeiter im eigenen Bereich steigern	• »Kunden«-Fokus-Programm für alle Mitarbeiter im eigenen Bereich umsetzen	• Anzahl der Workshops zur Servicementalität im eigenen Bereich: mindestens ein Tagesworkshop pro Team und Monat	• Z. B. monatliche Arbeitssitzungen zwischen Debitorenbuchhaltern und Vertriebsmitarbeitern (Abstimmung bei »schwierigen« Kunden)/halbjährliche Treffen mit RW-Mitarbeitern ausländischer Beteiligungen
• Führungskompetenz und Fähigkeitspotenziale aller Mitarbeiter (Einsatzflexibilität) im eigenen Bereich erhöhen	• Führungskräfteentwicklungsprogramm/Coaching sowie Potenzialanalyse/Neues Anreiz-/Vergütungssystem für RW/FI umsetzen	• Ergebnisse Führungskräfte-Feedback: erstmalige Erhebung in RW/FI sowie umgesetzte Potenzial-Assessments: mindestens 2 in RW/FI	• Einführen von Leitlinien zum Telefonverkehr in Rechnungswesen und Controlling
			• Strukturierte Jahresgespräche mit Zielvereinbarungen und Potenzialeinschätzungen (auch Sachbearbeiter)
			• Konsequent leistungs- und erfolgsorientierte Vergütung in RW/FI einführen

gen bezüglich des eigenen Leistungsbeitrags für die übergreifende Erreichung des Geschäftszwecks anstellen. Ein interner Marketing-Servicebereich muss zum Beispiel klären, wie wirksam eingeleitete Kommunikationsmaßnahmen für die Unterstützung der übergreifenden Vertriebsaktivitäten sind, und ob der eingeräumte Kostenrahmen in einer vernünftigen Relation zum gestifteten Gesamtnutzen steht.

- *»Kundenziele«* beziehen sich in der internen Service-Lieferantenkette auf die Erfolgsbeiträge für nachgelagerte Wertschöpfungspartner im Unternehmen. Der Einkauf als Servicefunktion versteht dementsprechend die einzelnen Geschäftsbereiche als Nutzer und interne Kunden – und setzt sich damit das Ziel, deren Zufriedenheit und Handlungsfähigkeit durch die Beschaffung geeigneter Ressourcen zu steigern.

- *»Interne Geschäftsprozesse«* beschreiben in einem Geschäftsbereich die ganzheitliche Ablauforganisation und den Grad der Wertschöpfungsorientierung. Jeder Bereich muss sich effizient organisieren, um produktiv tätig werden und dabei Schnittstellen- und Reibungsverlust so weit wie möglich minimieren zu können.

- *»Lernen und Entwicklung«* bezieht sich auf Innovations- und Wachstumspotenziale in den jeweiligen Geschäftsbereichen. Diese werden im Wesentlichen durch die kreative Leistungserstellung ermöglicht, die vor allem auf die Wertbeiträge der Mitarbeiter in den betreffenden Organisationseinheiten zurückzuführen sind. Dabei sind Prozesse der Teamentwicklung, des kollegialen Lernens und des Erfahrungsaustauschs im Sinne eines intelligenten Wissensmanagements vorrangig zu beleuchten.

Die Ausarbeitung der Bereichs-Scorecards wird insofern mit der Klärung der Frage beginnen müssen, welche Mission beziehungsweise welchen Auftrag der jeweilige Geschäftsbereich verfolgt. Die Konkretisierung eines »missionstatement« – also der Präzisierung des Nutzenbeitrages eines einzelnen Unternehmensbereichs – ist am besten als partizipativer Prozess zu organisieren. Es sind also durch eine integrative Organisationsentwicklung »Betroffene als eigenverantwortlich Agierende, unternehmerisch Beteiligte« direkt einzubeziehen. Daraus folgt auch, dass vor der finalen Verabschiedung einer Scorecard die konkreten Inhalte und ihre Handlungsbedeutung mit allen Mitarbeitern in den Teams besprochen werden.

Kommunikation der Balanced Scorecard und Einbindung der Mitarbeiter

Nochmals: Eine BSC sollte nicht einfach »von oben« vorgegeben, sondern im Dialog mit den Mitarbeitern gemeinschaftlich entwickelt werden. Aufgrund der strategischen Relevanz ist die Geschäftsleitung – beziehungsweise bei einer Bereichs-BSC die jeweilige Bereichsleitung – gefordert, vorzudenken und ein erstes Rahmenkonzept zu präsentieren, das dann mit den Organisations- und Teammitgliedern vertiefend besprochen wird.

Bei der Einbeziehung der Mitarbeiter in den Prozess der BSC-Implementierung ist auf folgende Punkte zu achten:

- Strategische Vorgaben und Meilensteine werden nicht »diktiert«, sondern gemeinsam mit den Mitarbeitern erarbeitet und umgesetzt.

- Ein hierarchieübergreifend zusammengesetztes BSC-Steuerungsteam (»erweiterte Geschäftsleitung«) sorgt für die organisationsweite Umsetzung der BSC.

- Ein umfassender Dialog zwischen dem Management und den Mitarbeitern wird durch Informationsveranstaltungen und Workshops sichergestellt.

- Die Führungskräfte sind verantwortlich dafür, den BSC-Prozess durch professionelles Coaching der Mitarbeiter und gemeinsame Teamentwicklung zu unterstützen.

- Kreative Anregungen und Verbesserungsvorschläge der Mitarbeiter werden aufgegriffen und beim Monitoring der BSC-Implementierung berücksichtigt.

- Eine systematische Prozessbegleitung wird durch kompetente Moderatoren und »BSC-Multiplikatoren« sichergestellt.

- Die BSC-Implementierung wird als Chance begriffen, um Gestaltungsspielräume, unternehmerisches Denken und Innovationsfreude zu fördern.

Ein mögliches Vorgehen besteht darin, auf einer einführenden Informationsveranstaltung die jeweilige BSC zunächst im Überblick zu skizzieren, um anschließend in einen kritischen Dialog einzutreten. Die Implikationen der zur Diskussion stehenden BSC sollten aufgezeigt und vor allem die Plausibilität und »Machbarkeit« mit den Mitarbeitern konkret erörtert werden. Dabei sind Einwände, Bedenken und vermutete Barrieren zu erfragen und kritisch zu beleuchten. Für diesen Prozessschritt in der BSC-Implementierung empfiehlt sich ein moderiertes Workshopdesign – zum Beispiel unter Verwendung von Metaplan-Methoden –, bei dem die Sichtweisen und Einschätzungen der einzelnen Teammitglieder in interdisziplinär zusammengesetzten Kleingruppen besprochen werden.

Die gewonnenen Erkenntnisse können visualisiert, stichwortartig zusammengefasst und in einer anschließenden Plenumspräsentation allen anderen Workshopteilnehmern vorgestellt werden. Um die Praktibilität dieses Verfahrens für größere Geschäftsbereiche oder auch für das gesamte Unternehmen sicherzustellen, empfiehlt sich die Durchführung eines moderierten Informations- und Kommunikationsmarktes, der von professionell geschulten Moderatoren gesteuert wird. Dazu sind in einzelnen Standrunden beziehungsweise Kleingruppen-Foren offene Dialogprozesse und kritische Auseinandersetzungsformen zu fördern. Überschaubare Gruppengrößen – mit jeweils maximal zwölf bis 14 Teilnehmern – sind hierfür eine wesentliche Voraussetzung. Durch eine solche Großgruppen-Intervention ergibt sich die Möglichkeit, bis zu mehrere hundert Mitarbeiter in den Prozess der BSC-Erstellung und -Reflexion einzubinden. Durch ein straffes Veranstaltungsmanagement kann ein solches Workshopdesign mit Elementen der Präsentation, Kleingruppenarbeit, Ergebnisbewertung und Ableitung von Aktionsplänen in ein bis zwei Tagen umgesetzt werden.

Die Unternehmensleitung sollte einen solchen wertschätzenden, partizipativen und direkten Dialogansatz auch als Chance begreifen, um den Strategieentwicklungsprozess mit hoher Geschwindigkeit voranzutreiben und dabei ein sehr zeitnahes Feedback von den Organisationsmitgliedern zu erhalten. Dadurch werden zugleich fehlerhafte strategische Richtungsentscheidungen aufgrund von mangelnder Einbindung weitestmöglich vermieden. Darüber hinaus erhöht sich die Wahrscheinlichkeit einer breiten Akzeptanz des BSC-Ansatzes in der Gesamtorganisation. Damit ist der Prozess der Verabschiedung der BSC allerdings keineswegs abgeschlossen. Vielmehr ist aufgrund von Anregungen der Teilnehmer noch eine differenzierte Überarbeitung der »Roh-BSC« im Nachhinein gefordert. Über eventuell notwendig gewordene Revisionen der jeweiligen BSC muss dann zeitnah informiert werden. In einem zweiten Veranstaltungs- oder Workshoptermin können die überarbeiteten Fassungen abschließend präsentiert werden.

Obwohl die Durchführung von Workshopveranstaltungen in dieser Phase der BSC-Entwicklung mit einem gewissen Aufwand verbunden ist, sollte dieser methodische Schritt nicht ausgelassen werden. Eine BSC, die lediglich schriftlich »zur Kenntnis« gegeben wird, dürfte erhebliche Widerstände – und vielleicht sogar Unverständnis – bei den Betroffenen auslösen. Insofern ist diese Phase der Mitarbeiterintegration entscheidend für den Erfolg der weiteren Planungen und der Umsetzung. Ein solcher interaktiver Kommunikations- und Reflexionsprozess ist nicht nur für die Top-Business-Scorecard, sondern auch für die nachgelagerten Bereichs-Scorecards vorzusehen.

Die funktionalen Bereichs-Scorecards sollten dabei jedoch aus Praktikabilitätsgründen nicht mit allen Mitgliedern der Organisation, sondern nur mit den jeweiligen Teammitgliedern im betroffenen Bereich erörtert werden. Im Anschluss an die bereichsbezogene BSC-Ausarbeitung können die jeweiligen Einheiten in einer Vernetzungsklausur angrenzenden Bereichen und internen beziehungsweise externen Wertschöpfungspartnern »ihre BSC« präsentieren. Dieses Vorgehen dient sowohl der unmittelbaren Information der weiteren Handlungsbeteiligten im Unternehmen als auch der Überprüfung, ob die übergreifende Zielkompatibilität der funktionalen Einzel-BSCs gewahrt wurde.

Der Prozess der unternehmensweiten BSC-Erstellung ist somit als ein hierarchieübergreifender Dialogprozess zu gestalten, bei dem alle Bereiche und Mitarbeiter einbezogen sind. Dies beinhaltet horizontale und vertikale Feedbackprozesse und eine unternehmensweite Vernetzung der Implementierung. Damit wird zugleich eine Chance eröffnet, wesentliche mitarbeiterorientierte Ziele in der Organisationsentwicklung zu verwirklichen. Diese lassen sich zusammenfassend folgendermaßen darstellen:

- Steigerung des bereichsübergreifenden Dialogs, um entlang von Wertschöpfungsketten Synergiechancen auszuloten und Reibungsverluste zu minimieren.

- Erhöhen des Commitments beziehungsweise der Identifikation mit einer kundenorientierten Leistungserstellung in Prozessen, Projekten und Teams.

- Einbeziehen von Mitarbeitern als »verantwortlich Beteiligte« in strategienahe Entscheidungsprozesse – damit zugleich Stiften von sinn- und wertegeleiteten Orientierungspotenzialen.

- Fördern des ganzheitlich unternehmerischen Denkens in wertschöpfungsorientierten Prozessteams und Abkehr vom Einzelkämpfertum in »geschlossenen Abteilungen«.

- Vertieftes Verständnis für das Zusammenwirken von Finanz-, Kunden-, Prozess- und Innovationszielen bei allen Mitarbeitern.

- Erkennen von übergeordneten Handlungszielen zur Ableitung von Messgrößen – auch der persönlichen Leistungserbringung.

- Orientierung an klar definierten Meilensteinen für jedes Team zur Absicherung des strategischen Gesamtvorhabens.

Verabschiedung und finale Kommunikation durch die Geschäftsleitung

Nach der Generierung der Top-BSC und den ergänzenden Bereichs-BSCs durch Einbeziehung der relevanten Führungskräfte, Spezialisten und Impulsgeber muss die Geschäftsleitung eine verbindliche Entscheidung zur »Arbeits-BSC« und ihrer Vernetzungsstruktur mit untergeordneten Teil-BSCs fällen. Die zu treffenden Einschätzungen über wesentliche strategische Zielobjekte und deren Gewichtungen in den jeweiligen BSC-Matrizen besitzen dabei einen »tentativen Charakter«, das heißt sie beziehen sich auf Zukunftsprognosen und aktuelle Situationsbewertungen unter Annahme spezifischer Randbedingungen und antizipierter Markttrends. Dementsprechend kann jede Perspektivgewichtung und Handlungspriorisierung im ungünstigen Falle durch unerwartete Geschäftsentwicklungen hinfällig werden. Dies erfordert gegebenenfalls strategische Korrekturen in der BSC-Systematik. Typische Beispiele hierfür sind dramatische Marktveränderungen, Meta-Entscheidungen der Anteilseigner, zum Beispiel über zweckgerichtete Fusionen, Kapitalumschichtungen oder veränderte Rahmenbedingungen – wie beispielsweise neue gesetzliche Auflagen zur Steuerung ökologischer Risiken oder unerwartete tarifpolitische Konstellationen.

Dennoch sollte sich die Geschäftsleitung klar zur handlungsleitenden »Arbeits-BSC« bekennen und das Commitment zu ihrer verbindlichen Umsetzung vom gesamten Managementteam einfordern. Dies beinhaltet auch, dass unterjährige Korrekturen in zentralen BSC-Parametern nicht beziehungsweise nur in wichtigen Ausnahmefällen zugelassen werden. Eine fortlaufende Diskussion über »eventuell nötige Zielkorrekturen« oder »BSC-Justierungen« kann leicht unproduktiv werden, da sie letztlich hohe Transaktionskosten erzeugt und die Identifikation mit dem Gesamtvorhaben gefährdet. Die BSC muss als richtungsweisendes Instrument im strategischen Managementsystem interpretiert werden, das Visionen und Langfriststrategien anschaulich zu verdeutlichen hilft. Damit ergibt sich eine deutliche Abgrenzung von den kontinuierlich zu optimierenden Controllinginstrumenten und operativen Berichtssystemen, die zeitnah überarbeitet und bedarfsorientiert auch unterjährig modifiziert werden sollten.

Sind die BSC-Bestandteile hinreichend erörtert und bereichsübergreifend abgeglichen worden, kann sich die finale Verabschiedung wie folgt gestalten:

- Erstellen einer konzentrierten und durch einige ergänzende Anleitungen verständlich gemachte Top-BSC auf ein bis zwei Seiten.

- Überblicksartige Darstellung der wesentlichen funktionalen Bereichs-Scorecards (sofern diese ergänzend ausgearbeitet worden sind).

- Spezifikation der wichtigsten Messgrößen, Meilensteine und der zugehörigen, nachgelagerten Aktionsprogramme der einzelnen Bereiche für ein bis maximal vier Jahre.

- Hinweise der Geschäftsleitung, wo vertiefende Informationen zu einzelnen »BSC-Zellen« abgerufen werden können – zum Beispiel über Datenbanken, Intranet oder Dokumentationsmedien der einzelnen Business-Units.

In einem nächsten Schritt sollten die Bereichsverantwortlichen die Schlüsselaufgaben und Kernprojekte mit den jeweils betroffenen Mitarbeitern und Teams über Zielvereinbarungen konkretisieren.

Treffen von Zielvereinbarungen

Die entscheidende Schnittstelle zur operativen Realisierung einer BSC sind bereichs- und teambezogene Zielvereinbarungen. In diesem sich nun anschließenden konsequenten Top-down-Prozess verpflichtet sich jeder Bereich und jedes Team zu individuellen Handlungs- und Leistungsbeiträgen. Dabei stehen Aussagen zu Verantwortlichkeiten, Ressourcen und Terminen im Mittelpunkt. Leitfragen für die Ableitung von Zielvereinbarungen könnten zum Beispiel lauten:

> »Was bedeutet unsere BSC für die jeweiligen Teams – zum Beispiel für Einkauf, Rechnungswesen, Personal, Service-Geschäftsbereiche –, und welche kundenbezogenen Leistungsziele folgen daraus sowohl für die einzelnen Teams als auch für jeden einzelnen Mitarbeiter?«

Dabei sind alle Teams gefordert, ihre wesentlichen Team-Missionen (das heißt Teamaufträge) zu klären und ihre kundenbezogenen Service- und Resultatsziele schriftlich zu fixieren. Dies kann auch nach außen gebündelt in einem Thesenpapier mit fünf bis zehn Leitaussagen – als »Mission-Statement mit Wertschöpfungsbezug« – dargestellt werden. Ein solches Mission-Statement auf Teamebene enthält im Einzelnen folgende Aussagen:

- An welchen Visionen, Leitzielen und Erfolgsmaßstäben orientieren wir uns in unserem Team?
- Welchen Auftrag haben wir für unsere internen oder externen Kunden?
- Wohin soll unser gemeinsamer Weg uns führen?
- Wie stellt sich unser Leitbild für die Kommunikation und Kooperation mit Wertschöpfungspartnern dar?
- Worauf legen wir im Umgang untereinander und mit unseren Kunden besonders wert? An welchen ethischen Maßstäben und Wertschöpfungsprinzipien orientieren wir uns?
- Was erwarten wir von unseren Geschäftspartnern, um ein professionelles, partnerschaftliches Beziehungsmanagement zu ermöglichen? Wozu verpflichten wir uns unsererseits?
- Was haben wir schon erreicht (»Erfolgspositionen«) und wie können wir unsere Stärken künftig weiter ausbauen?

Dieser Prozess der Missionsklärung läuft auf Teamebene ab – gekoppelt mit der nachfolgenden Verabschiedung von Teamzielen, die für alle Teammitglieder verbindlich sind. Ein Beispiel für eine Serviceeinheit lautet:

»Sicherstellen der durchgängigen Erreichbarkeit des Teams bezogen auf eine kundenorientierte Zeitzone zur Steigerung des ganzheitlichen Servicegrades.«

Im nächsten Schritt empfehlen sich individuelle Zielvereinbarungen mit einzelnen Mitarbeitern, sofern diese über ausreichende dispositive Gestaltungsspielräume verfügen. Hierzu können die jeweiligen Teamziele mit ihren Auswirkungen für jeden Einzelnen erörtert werden. Das heißt: Es wird darüber gesprochen, welche Implikationen ein Teamziel für den jeweiligen Mitarbeiter an seinem Arbeitsplatz hat. Daraus kann ergänzend ein individueller Leistungsbeitrag abgeleitet werden, der sich in Form eines Individualziels festhalten lässt, zum Beispiel:

»Entwicklung eines neuen Konzepts zu internen Qualitäts- und Servicestandards bis zum 1. 10., das im Team präsentiert, diskutiert und anschließend verabschiedet wird.«

Dies bedeutet, dass mit denjenigen Mitarbeitern, die über weitergehende Gestaltungs- und Autonomiespielräume verfügen, individuelle Ziele zu vereinbaren sind, die sich auf kundenbezogene, fachliche oder persönliche Verhaltens- oder Leistungskriterien beziehen. Hierzu sollten vertrauliche Mitarbeitergespräche geführt werden, die einen Rückblick, eine individuelle Standortbestimmung sowie eine zukunftsgerichtete Aufgaben-, Ziel- und Personalentwicklungsplanung beinhalten. Gesondert ist auch über Vergütungsfragen, Einkommenserwartungen beziehungsweise -möglichkeiten und leistungsbezogene Zusatzbonifikationen zu sprechen. In einem elaborierten BSC-Ansatz können sogar Tantiemen und variable Bezüge an Punktwerte gekoppelt werden, die aus den Gewichtungen einer BSC abgeleitet werden. Die folgende Tabelle gibt hierfür ein Beispiel.

Vereinfachte Gratifikationsmatrix mit BSC-Bezug	
Vergütung	Leistungspunkte gemäß der Zielerreichungen hinsichtlich der BSC-Perspektiven
Grundgehalt	100 Punkte
Grundgehalt + 1 Gratifikation	105-114 Punkte
Grundgehalt + 2 Gratifikationen	115-124 Punkte
Grundgehalt + 3 Gratifikationen	125-134 Punkte
Grundgehalt + 4 Gratifikationen	135-144 Punkte
Grundgehalt + 5 Gratifikationen	mehr als 145 Punkte

Anmerkung: Die Gratifikation kann ein freier Bonus, ein variabler Gehaltsanteil oder ein nicht monetärer Anreiz sein.

Abb. 3-2: Beispiel für eine Zielvereinbarung für einen qualifizierten Sachbearbeiter (Referenten) im Rechnungswesen

Perspektive	Zieltypus	Inhalt	Terminhorizont	Erfolgskriterien	Gewichtung
Finanzen	Teamziel	Reduzierung der Quote überfälliger Forderungen von 20 % auf 10 % sowie der Forderungsausfallquote auf 2 % (bei gleichbleibendem Finanzierungsaufwand)	1. 10.	Umsatzerlöse/ Summe Zahlungszielüberschreitungen sowie lineare Entwicklung der Kreditversicherungs-/ Factoringkosten	35 %
Kunden	Teamziel	Strengere Bonitätsprüfung, persönliche Kundengespräche nach Abwicklung von Großaufträgen (rasche Einleitung der Reklamationsbearbeitung), enge Rücksprachen mit Vertrieb	1. 10.	Creditreform-Auskünfte, Zeitaufwand für Großkunden, Verkürzung der Zahlungsintervalle bei Großkunden	30 %
Prozesse	Teamziel	Erhöhung der Durchlaufzeiten im Mahnwesen um 15 %, Erweiterung der Sicherheitenstellung bei Auslandsgeschäften (Eigentumsvorbehalt, Akkreditiv) um 15 %	1. 10.	Workflowanalyse	20 %

Perspektive	Zieltypus	Inhalt	Terminhorizont	Erfolgskriterien	Gewichtung
Lernen/ Entwicklung	Individualziel	Verbesserung der eigenen Arbeitsorganisation, Verbesserung der Teamarbeit und der übergreifenden Kommunikation	ab sofort, bis 1.10.	Seminarteilnahme, Vertriebs-/Finanzen- und Kollegenfeedback, interne Reklamationsquote, interne Kundenzufriedenheit (hier: Vertrieb und Finanzen), Image des Teams	15 %

Berechnungsbeispiel für das Zieleinkommen:

- Sachbearbeiter Funktionsgruppe 3 (– 4),
- Referenzgehalt 70 000 DM (mittlere Lage im jeweiligen Gehaltsband),
- Durchschnittliche variable Komponente: 20 % des Referenzgehaltes (= 14 000 DM),
- Bonus bei maximaler Zielerreichung (zusätzlich zum Referenzgehalt), d. h. 150 % Zielerreichung (»Ziele deutlich übererfüllt in allen vier Perspektiven«) und positiver Geschäftsverlauf für das Unternehmen im Bezugszeitraum: 21 000 DM (14 000 + 7 000).

Dabei bietet sich auch die Möglichkeit, Erreichungsgrade in der jeweiligen »Bezugs-BSC« – zum Beispiel die funktionale Bereichs-BSC einer Serviceeinheit – und individuelle Zielerreichungen zu kombinieren. Die Leistungen jedes Mitarbeiters werden also sowohl im Hinblick auf seine individuellen Ziele als auch auf die übergreifenden BSC-Ziele bewertet. Allerdings muss eine solche Anbindung von Zielen an monetäre Gratifikationen nicht zwingend erfolgen. Je nach Anreiz- und Vergütungsphilosophie im jeweiligen Unternehmen wird eine mehr oder weniger enge Koppelung der Entgeltfindung an die BSC anzustreben sein. Dabei sind auch motivationspsychologische Faktoren und unternehmenskulturelle Randbedingungen zur Förderung der intrinsischen Motivation aller Mitarbeiter zu beachten, die eine vergleichsweise stärkere Gewichtung nicht-monetärer Anreize nahe legen.

Ausgewählte Ansätze des Personalmanagements und der Personalentwicklung – Ausgestaltung und Verankerung in der Balanced Scorecard

Unternehmensweite Zielvereinbarungen und Balanced Scorecard

Eine enge Verzahnung zwischen der unternehmerischen Gesamtstrategie, der BSC und den teambezogenen beziehungsweise individuellen Leistungsbeiträgen ist eine wesentliche Voraussetzung für den nachhaltigen Umsetzungserfolg des Managementsystems. Insofern interessiert in besonderem Maße, wie die BSC-Leitaussagen mit konkreten Vereinbarungen zu Zieldefinitionen in den einzelnen Units zu verknüpfen sind. Im Folgenden wird deshalb zunächst näher auf die Anforderungen an partnerschaftliche Zielvereinbarungen eingegangen, um dann im zweiten Schritt die Anbindung an die BSC zu erörtern.

Zielvereinbarungen als Voraussetzung für die intentionale Unternehmensgestaltung

Grundsätzlich sind Zielvereinbarungen zur Konkretisierung von Zielabsprachen auf allen Ebenen ein sinnvolles Instrument, um die markt- und kundenorientierte Entwicklung der Organisation zu fördern. Dabei stellt sich jedoch die Frage, wie die übergreifenden Ziele im Unternehmen mit den individuellen Wünschen, Erwartungen und Interessen der einzelnen Mitarbeiter in Einklang gebracht werden können. Die Herausforderung besteht darin, auf diese Frage eine unternehmensspezifisch sinnvolle Antwort zu liefern und damit eine erfolgreiche Gestaltung des unternehmensweiten Zielvereinbarungsprozesses zu gewährleisten.

Zunächst kann festgestellt werden, dass die unternehmerische Tätigkeit selbst immer als ein zielorientiertes Geschehen einzustufen ist: Im Mittelpunkt steht die Erwirtschaftung von Erträgen durch ein markt- und kundenorientiertes Angebot von Produkten, Verfahrensweisen und Dienstleistungen. Neben dieser primär betriebswirtschaftlichen Ausrichtung ergibt sich eine spezifische Zielorientierung durch das wertegeleitete Selbstverständnis der Organisation, die Ausrichtung auf die eigenen Kernkompetenzen und die Notwendigkeit zur existenziellen Absicherung in der langfristigen Unternehmensentwicklung. Visionen und übergreifende Schwerpunktsetzungen in der Marktbearbeitung führen zu strategischen und operativen Absichten, die im Idealfall dazu beitragen, übergeordnete Produktivitäts- und Effizienzziele zu erreichen. Hier kommt das Bindeglied der BSC zum Tragen, um den Strategiefokus klarer fassbar zu machen, Messkriterien zu verdeutlichen und durch geeignete Aktionsprogramme den nachhaltigen Erfolg in den Perspektivfeldern Finanzen, Markt, Prozesse und Innovationen abzusichern.

Ziele haben im unternehmerischen Geschehen vielfältige Steuerungsfunktionen zur Verwirklichung einer produktiven Wertschöpfung und zur Aktivierung verborgener Nutzenpotenziale für die Kunden und Leistungsabnehmer. Darüber hinaus besitzen Ziele für die Menschen in der Organisation eine wichtige Sinnstiftungsfunktion, etwa indem sie dazu beitragen, folgende Leitfragen zu beantworten:

- *Visions- und Wertebezug:* Warum arbeite ich in diesem Unternehmen, wie stelle ich mir die erwünschte Zukunft vor, und was ist mir dabei persönlich wichtig?

- *Existenzsicherung:* Welchen Beitrag kann ich durch meine Tätigkeit sowohl zur eigenen Zukunftssicherung als auch zu derjenigen des Unternehmens leisten?

- *Tätigkeitsfokus:* Wo setze ich Prioritäten in der Handlungsausrichtung und wo engagiere ich mich in der nahen Zukunft in besonderem Maße?

- *Kooperations- und Kommunikationsanforderungen:* Mit wem arbeite ich zusammen, um für das Unternehmen, den Kunden und mein eigenes Team einen optimalen Nutzen zu stiften?

- *Potenzialbezug:* Wie kann ich mein Wissen gezielt einbringen, meine Fähigkeiten und Fertigkeiten wachstumsorientiert entfalten und meine Kompetenzen langfristig ausbauen?

- *Persönliche Effizienz:* Woran erkenne ich, dass mein Wertbeitrag für meine Kunden, meine Kollegen und die Organisation insgesamt nützlich ist – und ich selbst mit Freude bei der Arbeit gestalterisch tätig sein kann?

Gerade die beiden letzten Fragen unterstreichen den besonderen Stellenwert von Zielen als sinnstiftende Handlungsmaßstäbe: Ziele können Hinweise dazu vermitteln, worauf sich das individuelle Handeln konzentrieren sollte und in welchem Ausmaß es zum Unternehmenserfolg beiträgt. Damit übernehmen Ziele zugleich eine sozialdynamische Orientierungsfunktion, indem sie Einzelnen, Teams und sogar gesamten Bereichen als normative Bezugsgröße für eigenes unternehmerisches Handeln dienen. Zugleich können sie helfen, die Produktivität insgesamt zu fördern, da deutlicher erkennbar wird, welche Prioritäten im gemeinsamen Handeln zu setzen sind. Ziele ermöglichen damit auch eine unmittelbare Förderung des eigenverantwortlichen Leistungshandelns, da sich Individuen und Teams bei der Zielerreichung grundsätzlich verstärkt selbst steuern müssen.

Deshalb erlebt die Einführung von Zielvereinbarungssystemen derzeit eine Renaissance – gerade auch unter dem Blickwinkel, dass sich qualifizierte und engagierte Mitarbeiter klare Bezugsmaßstäbe zur Bewertung ihrer Tätigkeit wünschen. Solche Erfolgsmaßstäbe sollten an »Erreichbarem und Erreichtem« ausgerichtet sein – und nicht an der reinen Aufgabenerledigung oder an allgemeinen Verhaltenskriterien wie »Menge«, »Anwesenheit« oder funktionsbezogenes Routinehandeln. Klassische Systeme zur Mitarbeiterbeurteilung stoßen dabei an Grenzen, da sie sich meist auf die Bewertung von generalisierten Tätigkeitsmerkmalen und unspezifischen Verhaltenskriterien beziehen. In Zeiten raschen Wandels werden unternehmerische Wertbeiträge aber nicht durch »genaues Einhalten der Funktions- und Stellenbeschreibung« erzielt, sondern vielmehr durch eigeninitiatives, kooperatives, risikoorientiertes und immer auf den Kundennutzen bezogenes, teamorientiertes Handeln.

Die unternehmensweite Umsetzung von Zielvereinbarungen für alle Mitarbeiter unterstützt deshalb mittelbar die ganzheitliche Organisationsentwicklung: Zielabsprachen stellen eine wichtige Grundlage für die gerechte Leistungsbeurteilung, die Förderung des Dialoges zwischen Führungskräften und Mitarbeitern sowie den Nachweis von messbaren Verhaltensveränderungen dar. Somit ergibt sich eine unmittelbare Parallele zur Philosophie der BSC. Darüber hinaus haben Zielabsprachen den Vorteil, dass sie durch die Organisationsmitglieder und Gesprächspartner selbst getroffen werden können; es bedarf also keiner externen Einflussnahme, die von den Beteiligten möglicherweise kritisch und ablehnend bewertet wird.

Abb. 4-1: Die BSC als Orientierungsrahmen für die Ableitung von Zielvereinbarungen

Die BSC als strategisch-konzeptioneller Rahmen

- erlaubt es, für alle wesentlichen Businessziele und Strategien nachgeordnete Ziele zu formulieren,
- ermöglicht es für alle Bereiche und Teams, sich auf die entscheidenden strategischen Primärziele (»Durchbruchsziele«) zu konzentrieren,
- vermittelt Hinweise, um die Ziele bereichsübergreifend miteinander zu vernetzen und konkrete Synergien zu erzeugen,
- gestattet es den Führungskräften und Teammitgliedern, eigene Zielvorstellungen effektiver auf übergeordnete Leitvorstellungen in der Organisation abzustimmen,
- bietet eine Chance zum fortlaufenden, unterjährigen Monitoring der Team- und Individualziele, wobei BSC-Meilensteine und übergreifende Businessziele als Bezugspunkte dienen.

Was ist eine »Zielvereinbarung«?

Betrachten wir den Charakter einer Zielvereinbarung etwas näher, so kann festgestellt werden:

Eine Zielvereinbarung ist eine im partnerschaftlichen Dialog erarbeitete Übereinkunft zwischen mindestens zwei Personen, worin ein unternehmensspezifisch als wünschenswert aufgefasster, zukünftiger Zustand beschrieben wird. Darüber hinaus werden Verantwortlichkeiten zur Umsetzung, bereitgestellte Ressourcen und Mess- beziehungsweise Erfolgskriterien zur Überprüfung des Erreichens festgelegt.

Durch diese Kurzdefinition wird deutlich, dass im Vorfeld vielfältige heuristische Findeprozesse erforderlich sind, um zu einer konkreten Zielvereinbarung zu gelangen.

Was heißt »unternehmensspezifisch erwünscht«?

Bevor eine Zielvereinbarung getroffen werden kann, müssen die unternehmerischen Randbedingungen geklärt sein. Meist sind dies eher »hard facts«
im Sinne von Absatz-, Umsatz- und Deckungsbeitragszielen: Es gilt, ein
neues Produkt zu positionieren, eine neue Zielgruppe anzusprechen, eine
höhere Marge zu erzielen oder ein produktübergreifendes »Cross-Selling«
zu implementieren. Hierzu muss das Topmanagement ein wegweisendes
Strategiekonzept erarbeiten, welches als Bezugsrahmen dient und entsprechend kommuniziert werden sollte. Die BSC kann dabei als pragmatische
Konkretisierung dieses Rahmenkonzeptes genutzt werden. Das sich anschließende Vorgehen zur Umsetzung von Zielvereinbarungen in einer
mehrstufigen Organisation gestaltet sich so, dass zunächst Zielvereinbarungen auf oberster Ebene getroffen werden – zum Beispiel zwischen Geschäftsleitung und erster Verantwortungsebene. Kaskadierend werden dann
nachgelagerte Bereiche und Funktionsträger einbezogen, also top-down
in Richtung »Bereiche«, »Abteilungen«, »Arbeitsgruppen«, »Projektteams«
etc.

Während dieses meist relativ zeitaufwändigen Prozesses ist aber keineswegs gesichert, dass die an der Basis vereinbarten Ziele noch vollständig
kompatibel mit den Zielsetzungen des Topmanagements sind. Zudem ergeben sich leicht Konfliktpotenziale zwischen den unterschiedlichen Organisationsbereichen: Während die mit dem Marketingteam vereinbarten Ziele in
sich schlüssig erscheinen mögen – analog zu den mit dem Vertrieb abgestimmten Zielen oder den Zielsetzungen der zentralen Servicebereiche – ergeben sich möglicherweise Diskrepanzen zwischen den bereichsspezifischen
Zielstrukturen. Verdeutlicht am Beispiel bedeutet dies: Während die Vision
des Marketingbereiches von einer vernetzten, technologie- und database-
gestützten Absatzsteuerung eine Zentralisierung von vertrieblichen Prozessen
nahe legt, argumentieren die Vertriebsbereiche eventuell zugunsten hoher
dezentraler Gestaltungsspielräume bei regionalen unternehmerischen Programmen zur direkten Neukundenakquisition und -bindung.

Der geforderte vertikale und horizontale Synchronisationsbedarf wird
damit sofort sichtbar: Die Umsetzung einer gesamtunternehmerischen Strategie erfordert folglich Zielvernetzungen, flexible »bottom-up« und horizontal
ausgerichtete Feedbackschleifen sowie den ständigen Abgleich mit den handlungsleitenden Kernzielen der Unternehmensleitung. Zu berücksichtigen sind

weiterhin Veränderungen in den Kundenerwartungen, die wiederum mit aktuellen Leistungs-, Service- und Controllingparametern aus dem Wertschöpfungsprozess abgeglichen werden müssen. Das Bindeglied der BSC verspricht dabei eine Erleichterung des Abstimmungsprozesses, da die Zielvereinbarungen auf die bereits entwickelten funktionalen Scorecards bezogen werden können.

Wer konkretisiert Verantwortlichkeiten, Ressourcen und Messkriterien für den Erfolg einer Zielvereinbarung?

Legt man eine tradierte, mehrstufig geprägte Führungshierarchie zugrunde, so lautet die naheliegende Antwort: Die Führungskräfte! Sie müssen konkret entscheiden, welche Ziele im Mittelpunkt stehen. Eine Kernaufgabe des Führungskreises besteht folglich darin, dass Richtungsentscheidungen vorgegeben werden und die Umsetzung begleitet, in Zweifels- oder Konfliktfällen konstruktiv interveniert und dabei der Umsetzungserfolg zeitnah kontrolliert wird. In einer schlanken Netzwerk- und Teamorganisation fällt die Antwort aber sehr viel schwerer: Die Präzisierung von Zielen ist dort Resultat vielfältiger diskursiver Prozesse auf unterschiedlichen Ebenen: Es gilt, in teamorientierten Leistungsprozessen – auch ohne die direkte Einbindung von Führungskräften – Kundenwünsche zu eruieren, Leistungsvereinbarungen zu treffen und in Abhängigkeit von übergreifenden Teammissionen unmittelbar eigenverantwortlich zu handeln, ohne langwierige Top-down-/Bottom-up-Abstimmungen durchzuführen.

Ein hoher Grad an Eigensteuerung kann einerseits die Effizienz erhöhen, da Transaktionskosten reduziert werden. Zum anderen wird durch die deutlich eigeninitiativ gesteuerte Kommunikation mit den direkten Partnern im Wertschöpfungsprozess das häufig eingeforderte »unternehmerische Denken« gefördert. Zugleich bietet diese stärker an den Wertschöpfungsprozessen ausgerichtete Form der Ziel- und Leistungsvereinbarung größere Chancen für Identifikation und Commitment, da nicht einfach Ziele »von oben vorgegeben«, sondern in Abhängigkeit von Nutzenerwägungen für den Endkunden von den beteiligten Akteuren horizontal ausgehandelt werden. Allerdings ist diese Form der prozessorientierten Zielvereinbarung zwischen den verantwortlichen Teams und Individuen in der Wertschöpfungskette für viele Unternehmen neu und ungewohnt, sodass sowohl die Führungskräfte als

auch die Mitarbeiter diese veränderte Verantwortlichkeitsstruktur erst erproben und aufbauen müssen.

Gerade in der Anfangsphase der Einführung partnerschaftlicher Zielvereinbarungen sind in einer konventionellen Aufbauorganisation vielfältige
Widerstände zu erwarten, da die erforderliche Delegation von Kompetenzen
und Verantwortlichkeiten erst »erlernt« werden muss. Dabei hilft die permanente Prozessreflexion und die synergiestiftende Einbeziehung von Vertretern
angrenzender Wertschöpfungsstufen, die bedarfsorientiert in den Zielver-
einbarungsprozess einbezogen werden sollten. Verantwortlichkeiten und
Ressourcentscheidungen werden in einer flachen Organisation nicht primär durch eine einzelne Person – sprich: den klassischen Vorgesetzten – vorgegeben, sondern interaktiv erarbeitet und fortlaufend in Austausch- und
Kommunikationsprozessen ausgehandelt. Dadurch ergeben sich auch flexible Vereinbarungszeiträume, sodass der in manchen Unternehmen einge-
führte Rhythmus von »jährlichen Zielvereinbarungen« nicht ausreichend
erscheint.

Um die erforderliche Prozessgeschwindigkeit bei der Zielimplementierung
zu erreichen, empfehlen sich dialogorientierte Großgruppeninterventionen,
also Veranstaltungskonzepte, bei denen in kurzer Zeit eine breite Einbeziehung und eine hierarchieübergreifende Abstimmung gelingt. Vielleicht ist in
den teilweise etwas anmutungshaften Schilderungen der Protagonisten solcher Ansätze (zum Beispiel Owen oder Weisboard) der Eindruck entstanden,
es handele sich dabei um zwar primär »aktions- und erlebnisorientierte«,
aber weniger um ergebnisorientierte Foren, in denen alles »dem Belieben der
Teilnehmer anheim gestellt« ist. Das Gegenteil ist der Fall: Trotz variabler
Festlegung von Themen, Arbeitsformen und Interaktionsmodalitäten – etwa
in einem Open-Space-Setting oder einer Zukunftskonferenz – besteht ein
hoher immanenter Druck im Hinblick auf rasche Verantwortungsübernahme
und praxisbezogene Erfolgsorientierung. Denn Menschen in Veränderungsprozessen erleben es häufig als frustrierend, wenn nur über Visionen, Missionen und »empowerment« diskutiert, nicht aber zeitnah eine konkrete Hand-
lungsvereinbarung mit überprüfbaren Erfolgskriterien getroffen wird. Ein
professionell moderiertes Dialogforum erleichtert folglich das Ableiten von
konkreten Ziel- und Leistungsvereinbarungen zwischen den Beteiligten –
wobei allerdings die Geschäftsleitung durch Rahmenvorgaben und strategische Wegweisungen unterstützend zur Seite stehen muss, ohne jedoch in die
»klassische Kultur der Zielvorgabe von oben« zurückzuverfallen. Auch hier-

bei kann eine BSC dazu beitragen, einen nützlichen Steuerungsrahmen bereitzustellen.

Während im »Zweiergespräch« oder im »klassischen Meeting« vieles dramaturgisch inszeniert werden kann – etwa im Sinne intelligenter Selbstpositionierung und -profilierung –, erfordert das Gelingen einer partizipativen Dialogveranstaltung im größeren, offenen Kreis einen hierarchiefreien Diskurs, verbindliche Übereinkünfte sowie überprüfbare Aussagen zu antizipierten Umsetzungshorizonten vereinbarter Maßnahmen. Dies gilt insbesondere für abgeleitete Aktionspläne auf Bereichs- und Teamebene. Im Einzelnen bedeutet dies: In dem offenen Workshop-Setting eines strukturierten Kommunikationsforums besteht die Chance, unter qualifizierter Moderation durch erfahrene Prozessbegleiter gemeinschaftlich geteilte Ziel-Weg-Vorstellungen zu erarbeiten. Diese können bei Bedarf durch erste unmittelbare Übereinkünfte mit den Anwesenden ergänzt werden, »was bis wann durch wen« zu erreichen ist. Nachvollziehbare Erfolgskriterien ergeben sich dabei aus der Projektion von Zukunftslinien der Unternehmensentwicklung hin zum avisierten Best-Case-Szenario, also der Orientierung an der »wünschenswerten Zukunft« der Unternehmensentwicklung in den einzelnen Bereichen, Teams und Projektgruppen.

Hauptintention eines solchen dialogorientierten Vorgehens bei der Ableitung von Zielvereinbarungen ist es, ein Stück tradierter Hierarchie, Bürokratie und blockierender Weisungskultur aufzubrechen. Die Organisationsmitglieder erleben es häufig als inspirierend und persönlich bereichernd, wenn unternehmerisch überzeugende Zukunftsdefinitionen und Zielklärungen unabhängig von herkömmlichen Berichtswegen in engagierten Dialogen, Workshopsitzungen und Erfahrungsaustauschgruppen erarbeit und controllingfähig gemacht werden. Dazu gehört auch das Vereinbaren von Folgetreffen und späteren Überprüfungsrunden im gleichen Teilnehmerkreis. Damit werden keinesfalls finale Verantwortlichkeiten des Topmanagements außer Kraft gesetzt! Aber zweifelsohne fördert ein solches Vorgehen das Mitdenken und Mitgestalten von allen Mitarbeitern bei der strategischen Entscheidungsvorbereitung und Zielvereinbarung. Dies ist zugleich ein Unterschied zum traditionellen Ansatz des »management-by-objectives« der fünfziger und sechziger Jahre, wo zwar ebenfalls von »Zielvereinbarungen« gesprochen wurde, es sich jedoch meist um die streng hierarchisch geprägte Vorgabe von Zielen handelte.

Will man die Eigenverantwortung und unternehmerische Selbststeuerung aller Mitarbeiter tatsächlich fördern, ist ein solches reines Top-down-Verfahren nicht mehr als zeitgemäß einzustufen. Viele Mitarbeiter beklagen sich ansonsten darüber, dass sie letztlich keine andere Wahl haben, als die Ziel- »Vereinbarung« (ihres Chefs) anzunehmen. Damit entwickeln sich Zielvereinbarungen leicht zur Farce, da es eigentlich nichts mehr zu vereinbaren oder zu verhandeln gibt. Allenfalls kann »Zustimmung« oder »Ablehnung« ausgesprochen werden, wobei die Konsequenzen einer ablehnenden Haltung für viele Mitarbeiter wenig anstrebenswert erscheinen: Ist doch häufig eine Zurückweisung einer Vorgesetztenposition mit Sanktionen oder zumindest mit einer atmosphärischen Belastung auf der Beziehungsebene verbunden.

Insofern sollten sinngeleitete Vereinbarungen zu künftigen Soll-Zuständen, Verantwortlichkeiten, Ressourcen und Zeithorizonten mit realen Gestaltungsspielräumen bereichert werden. Die Einbahnstraßen-Kommunikation der »Zielbestätigung in der Linie« muss also um stärker horizontale, wertschöpfungs- und kundenorientierte Dialogprozesse erweitert werden.

Was ist ein »Erfolgskriterium« für eine Zielvereinbarung?

Betrachtet man quantitative Ziele, so scheint die Frage leicht zu beantworten: Es sind nachweisbare Steigerungen der Deckungsbeiträge und der Absatzmengen sowie Zuwächse in spezifizierten Indikatoren der Produkt- und Dienstleistungsnachfrage beim Kunden. Diese meist aus existenziellen Erfordernissen abgeleiteten Zielkriterien auf betriebswirtschaftlicher Ebene gilt es aber letztendlich weniger zu vereinbaren als vielmehr nachzuvollziehen und – sofern sie plausibel und für das Unternehmen notwendig sind – mitzutragen. Es besteht – außer auf Topmanagement-Ebene – häufig nur eine begrenzte Diskussionsrelevanz für solche strategisch zwingenden, finanziellen Rahmenziele, da auf operativer Ebene allenfalls noch darüber nachgedacht werden kann, wie diese Ziele erreicht werden. Unternehmenstragende, absatzsichernde Randbedingungen und Zielvorgaben als solche infrage zu stellen wäre kaum zu verantworten, ergeben sich diese doch primär aus den Erwartungen der Anteilseigner, die ansonsten anderweitig investieren und damit dem Unternehmen die Grundlage für jedwede Aktionsplanung und Zielerreichung entziehen.

Eine weiterführende Überlegung bezieht sich auf den Charakter von so genannten Stretch-Goals, also herausfordernden Zielen, die das »fast Unmögliche« erreichbar machen sollen. Beispiele hierfür sind:

- Steigerung der Eigenkapitalrendite von 15 auf 28 Prozent.
- Verdreifachung der Marktanteile in zwei Jahren.
- Senkung der internen Overhead-Kosten um 125 Prozent.
- Ausweitung der Cross-Selling-Quote in angrenzenden Produktbereichen um 150 Prozent.
- Aufbauen einer strategischen Allianz mit zwei Partnern zum Erzielen von marktorientierten Skaleneffekten um mehr als 40 Prozent.

Organisationsmitglieder ohne direkten strategischen Einblick, die unverhofft mit solchen Vorgaben konfrontiert werden, reagieren darauf meist reserviert und zurückhaltend. Allerdings gilt: Wer sich in Zeiten turbulenter Veränderungen auf zunehmend globaleren Märkten behaupten will, muss sich zu ehrgeizigen Visionen bekennen und damit auch verborgene Leistungspotenziale aktivieren. Statt minimalistischem »more-of-the-same«-Denken und eher resignativer Bekenntnis zum »same-procedure-as-last-year« sind Pioniergeist, unternehmerische Initiative und Risikoorientierung bei allen Mitarbeitern gefragt.

Anspruchsvolle unternehmerische Ziele und ehrgeizige Erfolgskriterien dienen zugleich als Stimulanz zur Erbringung von Höchstleistungen, drohen doch ansonsten Stagnation und Verharren in eingefahrenen Gleisen. Um solche herausfordernden Ziele verständlich zu machen und nachhaltiges Commitment zu erzeugen, sind jedoch besondere Kommunikationsanstrengungen und intensive Überzeugungsarbeit gefordert: Es geht nicht um »Druck von oben«, sondern vielmehr um eine auf Kreativität und Innovation ausgerichtete, inspirierende Zukunftsstrategie. Das Ziel besteht letztlich darin, neue gestalterische Perspektiven mit Herausforderungscharakter für jeden einzelnen Mitarbeiter in der Organisation aufzuzeigen.

Doch wie ist die Erfolgsdefinition und -bemessung bei qualitativen Zielen vorzunehmen? Angesprochen sind hierbei solche Zielabsprachen, die nicht unmittelbar quantitativ formulierte Soll-Zustände zum Gegenstand haben. Qualitative Ziele heben vielmehr auf strukturelle oder ganzheitliche Veränderungen in der Beziehungsstruktur zu (internen oder externen) Kunden und Wertschöpfungspartnern ab. Beispiele hierfür lauten:

- Signifikante Steigerung der Kundenzufriedenheit und -bindung.
- Nachhaltige Verbesserung der innerbetrieblichen Kommunikation.
- Kontinuierliche Ausweitung der internen und externen Dienstleistungsqualität.

- Langfristige Entwicklung von Integrität, Vertrauen und Führungsqualität im Management.

- Sichtbare Verbesserungen in den organisationsspezifischen Entwicklungsperspektiven für die einzelnen Mitarbeiter.

Solche »weichen« Zielformulierungen sind schwerer zu fassen und zu objektivieren als zum Beispiel an Controllingdaten orientierte Kenngrößensteigerungen. Dennoch gibt es Ansatzpunkte, um auch in solchen Fällen zu einer nachvollziehbaren Operationalisierung zu gelangen. Dies soll exemplarisch anhand der Kundenzufriedenheit verdeutlicht werden; der Operationalisierungsansatz ist aber auch auf andere Konstrukte wie Mitarbeiterzufriedenheit oder Organisationsklima übertragbar. Was kann konkret getan werden, um eine Verbesserung der (Kunden-)Zufriedenheit zu erheben und nachzuweisen?

- *Repräsentative Verhaltensanalysen*
  Durch Beobachtung des Kundenverhaltens lassen sich mittelbar Indikatoren für die Kundenzufriedenheit erheben, etwa durch das Erfassen von spontanen Kundenrückmeldungen (zum Beispiel Anrufe, Anschreiben oder genutzte Kontaktwege). Speziell bei kritischen Feedbacks besteht die Möglichkeit, Beschwerderaten zu erheben, die Zeitdauer für die Beschwerdebearbeitung zu messen oder zu prüfen, ob durch »intelligente Nachbesserung« die Umwandlung der Beschwerde in eine kundenorientierte Problemlösung gelingt. Verhaltensanalysen sollten stichprobenartig durch neutrale Dritte vorgenommen werden, um Verzerrungstendenzen bei der Datenerhebung zu vermeiden. Eine Variante dieses Ansatzes ist die teilnehmende Verhaltensanalyse, etwa in Beratungsgesprächen von Kundenbetreuern mit ausgewählten Kunden. Dies bedeutet, dass die Mitarbeiter des Unternehmens Zufriedenheitsindikatoren »vor Ort« erheben und zum Beispiel per Intranet dokumentieren.

- *Direkte Befragungsmethoden*
  Response-gestützte, mehrdimensionale Interviews, Fragebögen, Checklisten und Skalen erlauben es, auch schwer messbare Leistungsparameter zumindest annäherungsweise zu erfassen. Lautet die Zielsetzung, »freundlicher gegenüber dem Kunden aufzutreten«, so kann beispielsweise ein Semantisches Differenzial nach Osgood eingesetzt werden: Durch Erhebungen bei einer ausgewählten Kundengruppe zu mindestens zwei Messzeitpunkten

bei ausreichender Stichprobengröße (longitudinale Veränderungsmessungen, ab zirka acht bis 15 Kunden) werden Veränderungen in den Kundenwahrnehmungen sichtbar. Beim Semantischen Differenzial lautet die Fragestellung: »Welche Assoziationen haben Sie, wenn Sie an die letzten Gesprächskontakte mit unserem Kundenservice denken?« Dabei werden Eigenschaftspaare zur Einschätzung vorgegeben, zum Beispiel »angenehm – unangenehm; zuvorkommend – abweisend; einfühlsam – aufdringlich«. Die längsschnittliche Profilanalyse ermöglicht dann Tendenzaussagen zur Ist-Situation und zu Veränderungen der Kundeneinschätzungen.

- *Vergleichende Befragungsmethoden*
  Bei diesem Ansatz werden »Bezugsanker« vorgegeben, anhand derer die Kunden Bewertungen im Vergleich zu anderen Wettbewerbern abgeben können – etwa indem sich die Kunden zu folgenden Fragen äußern: »Wie erleben Sie unseren Kundenbetreuer im Vergleich zu (a) dem idealen Kundenbetreuer, (b) dem typischen Kundenbetreuer eines vergleichbaren Unternehmens und (c) dem Kundenbetreuer des Marktführers?« Darüber hinaus können Selbst- und Fremdeinschätzungen durchgeführt werden, bei denen auch die Dienstleister (hier: die Kundenbetreuer) ihre eigenen Wahrnehmungen (Selbsteinschätzung) schildern, die dann mit denjenigen der Kunden (Fremdeinschätzung) verglichen werden. In einem weiterführenden, allerdings aufwändigeren Verfahren lassen sich diese Einschätzungen mit den Kunden erörtern und abgleichen, sodass handlungsrelevante Gründe für Diskrepanzen in den jeweiligen Wahrnehmungen und mögliche Verbesserungsansätze herausgefunden werden.

Betrachtet man solche indirekten Verfahren zur Objektivierung von teilweise vagen qualitativen Zielen, so wird deutlich, dass die Ergebnisse mit unterschiedlichen Methodenfehlern behaftet sein können und deshalb nicht immer vorbehaltlos interpretiert werden dürfen. Weiterhin ist die Durchführung der Erhebung mit einem nicht zu unterschätzenden Zeit- und Kostenaufwand verbunden, sodass der Nutzen des jeweiligen Vorgehens im Voraus abgeschätzt werden muss. Es sollte einerseits nicht ein überzogener »Methodenkult« betrieben werden, der letzlich sogar das Tagesgeschäft beeinträchtigt. Andererseits können solche methodischen Ansätze sehr hilfreich sein, wenn es sich um strategisch relevante Ziele und Erhebungsbereiche handelt. Ist die Datenaufnahme nicht zu aufwändig, wird sie vom Kunden oft positiv eingeschätzt – ist sie doch ein Signal dafür, dass seine Erwartungen und Einschätzungen ernst genommen werden.

Objektivierende Messverfahren sind speziell bei der Bewertung von internen Dienstleistungen wertvoll – etwa wenn die Zielsetzung lautet, die Servicequalität von einzelnen Stabsbereichen zu steigern. Beispielsweise können sich das Personalwesen, die betriebliche Organisationsabteilung, der Einkauf oder das IT-Serviceteam von »ihren« internen Kunden im Hinblick auf ihre Leistungsfähigkeit und -qualität einstufen lassen. Dadurch werden sowohl Schwachstellen identifiziert als auch konkrete Verbesserungspotenziale nachgewiesen. Die genannten Verfahren bieten sich folglich insbesondere bei der Messung von Erreichungsgraden zu qualitativen Bereichs- und Teamzielen an. Dort stehen typischerweise umfassende Service-, Qualitäts- und Zufriedenheitsindikatoren im Mittelpunkt, die für die Wertschöpfung von besonderer Bedeutung sind und deshalb auch präzise erfasst werden sollten.

Unabhängig von den jeweils gewählten Methoden darf nicht außer Acht gelassen werden, dass die Erfolgsmessung zu einer Zielvereinbarung immer einen a-priori-Konsens über die Bewertungskriterien bei den Gesprächspartnern voraussetzt. Typische Fragestellungen hierzu lauten:

- Woran erkennen wir Kundenzufriedenheit?

- Wonach bemessen wir Qualität in der Leistungserstellung – und welche Standards wollen wir zugrunde legen?

- Was stellt für uns eine Effizienzsteigerung auf der Wertschöpfungs- und Prozessebene dar?

- Welchen Stellenwert spielen Mitarbeiterzufriedenheit und -engagement bei der Leistungserbringung?

Die Klärung dieser Grundsatzfragen muss vorausgesetzt werden, damit spezifische Messverfahren überhaupt zum Einsatz kommen können. Dies erfordert wiederum vertiefende Einzelgespräche, Teamsitzungen und Workshops, damit die Beteiligten auch tatsächlich »am gleichen Strang ziehen«. Zweifelsohne ist die konsensgeleitete Klärung der wichtigsten Ziel- und Erfolgskriterien in den funktionalen Wertschöpfungsprozessen als eine wesentliche Führungsaufgabe zu verstehen: Führungskräfte sind qua ihrer Funktion dazu beauftragt, Werte, Orientierungen und Erfolgsmaßstäbe herauszustellen. Dazu reichen lediglich verbale, unverbindliche Aussagen nicht aus. Vielmehr sind klare Handlungsanweisungen erforderlich, wie sich die Entwicklung zum Beispiel der Kundenzufriedenheit, der Prozessqualität, der Unternehmenskultur, des Teamdenkens oder der Mitarbeiterzufriedenheit künftig darstellen soll. Dies beinhaltet auch das gemeinsame Herausarbeiten von Mess- und Erfolgskriterien für qualitative Ziele in den einzelnen Business-Units, Teams und Projektgruppen.

Möglicherweise wird der Stellenwert der Kundenzufriedenheit – um bei unserem Beispiel zu bleiben – bereichsspezifisch unterschiedlich eingeschätzt: etwa im Vertrieb anders als im Marketing oder im Rechnungswesen. Unternehmerische Schlüsselvariablen wie die externe oder interne Kundenzufriedenheit sind also keineswegs nur in Zielvereinbarungen zwischen Führungskräften und Mitarbeitern zu präzisieren, sondern müssen vielmehr Gegenstand von übergreifenden Dialogprozessen in unternehmensweiten Klausuren, Vernetzungsveranstaltungen und Kommunikationsforen sein. Hierzu bieten sich wiederum Strategieworkshops, Infomärkte, Zukunftskonferenzen und Open-Space-Veranstaltungen an, bei denen jeweils Gruppen von hierarchieübergreifend zusammengesetzten Organisationsmitgliedern in einen interdisziplinären Gedankenaustausch treten, um über unternehmerisch gehaltvolle Zielzustände und Messkriterien für die Erfolgssicherung nachzudenken.

Wie gestaltet sich der partnerschaftliche Dialogprozess?

Wenn Ziele formuliert werden, sind neben inhaltlichen Kriterien – zum Beispiel der Festlegung von Zeithorizonten, Verantwortlichkeiten oder Zielinhalten – bestimmte Anforderungen an die Gesprächsführung zu beachten, damit tatsächlich von »Vereinbarungen« gesprochen werden kann. Zielvereinbarungen sind insofern abzugrenzen von Zielvorgaben, die keine oder nur begrenzte Diskussionsspielräume erlauben. Im engeren Sinne beziehen sich Zielvorgaben auf strategischer Ebene auf zwingende Soll-Aussagen zur langfristigen Existenzsicherung, zu einem ausgewogenen Kosten-Ertrags-Verhältnis oder zu erforderlichen Deckungsbeitragssteigerungen. Ebenfalls nur begrenzt vereinbarungsfähig sind grundlegende Anforderungen an den effizienten Prozess der Leistungserstellung, Kriterien einer ergonomischen Arbeitsplatzgestaltung oder die Beachtung von Vorschriften zur Arbeitssicherheit.

Bei einer konsensorientierten Zielvereinbarung sind die Gesprächspartner – typischerweise Führungskräfte oder Projektleiter mit ihren Mitarbeitern –

frei in der inhaltlichen Konkretisierung, sofern sie strategische Zielableitungen berücksichtigen und einen Beitrag zu übergeordneten unternehmerischen Zielen nachweisen. Damit ein positives Gesprächsresultat erzielt wird, sind zumindest folgende fünf Grundvoraussetzungen zu erfüllen:

1. Zeitnahe Vorbereitung

Die Beteiligten nehmen sich im Vorfeld ausreichend Zeit, um sich auf den Dialog einzustellen. Dies setzt in einem Zweiergespräch voraus, dass Unternehmensziele, Bereichs- und Teamziele sowie Randbedingungen der persönlichen Leistungserbringung – zum Beispiel Aussagen zu Kernaufgaben und Funktionsprofilen – beiden Gesprächspartnern bekannt sind. Idealerweise fließen auch die strategischen Rahmenaussagen aus den funktionalen Business-Scorecards ein, damit die übergeordnete Ausrichtung und Passung der Zielvereinbarungen überprüft werden kann. Den individuellen Gesprächen zur Zielvereinbarung sollten eine oder mehrere Teamsitzungen vorangestellt werden, in denen Bereichsaufträge und Teammissionen von der Führungskraft kommuniziert beziehungsweise gemeinsam mit den jeweiligen Mitarbeitern erarbeitet werden. Eine Vorbereitungszeit von zehn bis 14 Tagen vor den Einzelgesprächen ist sinnvoll. Diese Minimalzeitspanne sollte vorgesehen werden, damit sich die Gesprächspartner anhand eines kleinen Leitfadens frühzeitig strukturierte Aufzeichnungen zu persönlichen Einschätzungen und Erwartungen machen und diese anschließend in den gemeinsamen Dialog einbringen können.

2. Angemessener Gesprächsrahmen

Ein Zielvereinbarungsgespräch erfordert es, dass unterschiedliche Sichtweisen ausgetauscht und ein tragfähiger Konsens erarbeitet wird. Die Gesprächspartner sollten Gelegenheit haben, bezüglich dem bisher Erreichten eine Standortbestimmung vorzunehmen und gemeinsam die Zukunft zu planen. Dabei sind neben konkreten Zielabsprachen auch besondere Anforderungen, anfallende Aufgabenschwerpunkte und handlungsleitende Prioritäten im Unternehmensumfeld zu berücksichtigen. Damit ehrgeizige Ziele erreicht werden, bedarf es oftmals auch helfender Unterstützungsbeiträge seitens der Führungskraft, den Teamkollegen und verschiedenen Servicebereichen, zum Beispiel der internen Personalentwicklung. Insofern sollten Zielvereinbarungen und deren Erreichen in ein längerfristiges Förderkonzept integriert werden, bei dem der Mitarbeiter erkennen kann, dass sein Leistungsbeitrag mit seiner eigenen, längerfristigen Kompetenzentwicklung einhergeht.

Darüber hinaus ist die Qualität der bisherigen Zusammenarbeit zu besprechen und Raum für wechselseitiges Feedback zu gewähren:

- »Welche Erfahrungen wurden bisher bei der Zielverfolgung gesammelt?«

- »Was lief gut? Was lief weniger gut – und kann deshalb künftig verbessert werden?«

- »Wie erleben wir uns gegenseitig, das heißt wie produktiv und persönlich zufrieden stellend ist unsere Zusammenarbeit?«

Dies sind einfache, öffnende Fragestellungen, die von einem Rückblick ausgehen und den partnerschaftlichen Gedankenaustausch unterstützen. Es sollte auch die Gelegenheit bestehen, abweichende Sichtweisen und Kritik- oder Konfliktfelder vertiefend zu erörtern. Ein solches Zielvereinbarungsgespräch erfordert ein ausreichendes Zeitbudget der Beteiligten. Deshalb wird ein Zeitrahmen von 90 Minuten das Minimum darstellen. Grundsätzlich sollte auch ein zweiter Gesprächstermin in Betracht gezogen werden, damit Zeit zum Nachdenken bleibt und gegebenenfalls unterschiedliche Auffassungen und Zielvorstellungen abgeglichen werden können.

3. Professionelle Gesprächsführung

Die Gesprächspartner sollten sich zu Beginn eines Zielvereinbarungsgesprächs über den Ablauf verständigen; insbesondere dahingehend, wer stichwortartig das Protokoll führt. Dort sind Maßnahmen, Vereinbarungen und Ergebnisse sowie ergänzende Einschätzungen der Gesprächsteilnehmer festzuhalten. Im Allgemeinen ist ein Kurzprotokoll von einer Seite ausreichend, das entweder formlos oder anhand eines Aufzeichnungsbogens strukturiert wird. Auf unnötigen Formalismus, der die Gesprächsmotivation der Beteiligten senken könnte, ist zu verzichten. Dementsprechend sind umfangreiche Anleitungen, überschematisierte Protokollbögen und restriktive Aufzeichnungsmodalitäten (zum Beispiel Raster mit vielen Skalen) zu vermeiden. Andererseits empfiehlt sich für weniger erfahrene Gesprächspartner ein gut lesbarer, praxisgerechter Leitfaden mit einem Anwendungsbeispiel. Ergänzend können Seminare, Workshops und Beratungen zur Gesprächsführung angeboten werden, in denen Grundfähigkeiten wie aktives Zuhören, Gesprächsstrukturierung, Ergebnissicherung und Konsensorientierung vermittelt werden.

4. Pragmatische Konfliktregelung bei Dissens

Zielvereinbarungsgespräche sind mit der ernst gemeinten Absicht zu führen, eine gemeinsame Willensbildung über zukünftige Tätigkeitsschwerpunkte und Arbeitsresultate herbeizuführen. Insofern dienen sie zur Präzisierung von Meilensteinen und persönlichen Leistungsbeiträgen im Wertschöpfungsprozess. Vereinbarte Ziele können darüber hinaus auch eine Grundlage sein, um persönliche Leistungen zu prämieren – etwa indem variable Vergütungsanteile, Tantiemen oder Zulagen an das Erreichen von Organisations-, Team- und Individualzielen geknüpft werden. Insofern dürften Zielvereinbarungsgespräche bei grundlegend unterschiedlichen Motiven, Erwartungen und Auffassungen in Einzelfällen auch konfliktträchtig verlaufen. Dies ist aber nicht negativ zu bewerten, denn Konflikte sind zunächst Indikatoren engagierten Handelns der Beteiligten.

Von den Gesprächspartnern kann erwartet werden, dass sie durch Perspektivwechsel, Feedback und Kompromissbereitschaft im Interesse einer erfolgreichen Zusammenarbeit einen gemeinsamen Lösungsweg erarbeiten. Gelingt dies jedoch wider Erwarten nicht, ist im Rahmen eines effizienten Konfliktmanagements ein vernünftiges Klärungsprocedere vorzusehen. Die möglichen »Eskalationsschritte« können lauten:

- Vereinbaren von Folgegesprächen.
- Moderation der Gesprächsführung durch Dritte, zum Beispiel interne Trainer oder Personalreferenten.
- Einbeziehen von nächsthöheren Vorgesetzten und Arbeitnehmer-Vertretern.

Für schwierige Konfliktkonstellationen empfiehlt sich das Bilden einer Schiedsstelle, damit eine möglichst neutrale Expertengruppe den Konflikt bewerten kann. Das Einrichten einer Schiedsstelle sollte aber in jeder Hinsicht die ultimative Ausnahme bleiben, da ansonsten die Gefahr der Bürokratisierung und Verzögerung der Entscheidungsfindung zu befürchten ist. Zu einer partnerschaftlichen Konfliktkultur gehört das Prinzip, um konsensorientierte Lösungen zu kämpfen, ohne den Dialog auszusetzen. Deshalb ist es zu vermeiden, aufwändige Eskalationsschritte zu planen und zu formalisieren, die das Erreichen der unternehmerischen Ziele und die Weiterentwicklung einer partnerschaftlichen Dialogkultur in der Praxis eher behindern als fördern.

5. Offene Zielkommunikation

Das Vereinbaren von Zielen ist ein Prozess, der zunächst eine vertrauliche Gesprächsführung zwischen den Beteiligten erfordert. Sind jedoch konkrete Zielvereinbarungen erstellt, so liegt es zumindest für abgestimmte Ziele von Teams und Bereichen nahe, diese organisationsintern zu kommunizieren. So wird eine unternehmensweite Vernetzung sichergestellt und benachbarte Bereiche erhalten Einblick in die jeweiligen Zielstrukturen. Empfehlenswert ist ein Vorgehen, bei dem in Form eines halb- bis eintägigen Infomarktes die einzelnen Bereiche in kleinen Workshops ihre Ziele präsentieren. Dazu gehört auch, den jeweiligen Zusammenhang zu den strategischen Unternehmenszielen – einschließlich der relevanten Top-Business-BSC – zu verdeutlichen. Dabei ist im Einzelnen zu prüfen, wo zusätzliche Synergiepotenziale bestehen und wie interne oder externe Kunden sowie Geschäftspartner und Lieferanten zur Zielerreichung beitragen können. Die zeitnahe Zielkommunikation ist zugleich Bestandteil einer offensiven internen Informationsweitergabe an die Mitarbeiter, um allen Organisationsmitgliedern eine ganzheitliche Orientierung und Standortbestimmung im Unternehmen zu ermöglichen.

Wie ist mit Widerständen und Hemmnissen bei der Einführung von Zielvereinbarungssystemen umzugehen?

Die Implementierung von Zielvereinbarungssystemen stellt hohe Anforderungen an die Unternehmenskultur, die Dialogkompetenz der Führungskräfte und die Konsensbereitschaft der Beteiligten. Vielfältige Barrieren und unvorhergesehene Hürden können bei der unternehmensweiten Umsetzung auftreten, obwohl das Gesamtsystem als stimmig akzeptiert wurde. Deshalb werden nachfolgend sieben typische Problembereiche bei Zielvereinbarungen skizziert und mögliche Vorgehensweisen zur Problemlösung aufgezeigt.

1. Fehlende Kommunikation der Unternehmensvision und unklare Unternehmensziele

Häufig scheitern Zielvereinbarungen in Mitarbeitergesprächen, weil die über-geordneten Rahmenziele nicht hinreichend verständlich oder nicht bei allen Organisationsmitgliedern bekannt sind. Die Gesprächsteilnehmer mutmaßen dann über intendierte Unternehmensstrategien und treffen hypothetische Ableitungen, um möglicherweise zu einem späteren Zeitpunkt festzustellen, dass die vereinbarten Ziele nur bedingt mit der »Marschrichtung« des Top-managements übereinstimmen. Ein Beispiel hierfür ist die starke Fokussierung von Außendienstmitarbeitern auf die Neukundenakquisition, während die Unternehmensstrategie eher intelligentes Cross-Selling und verstärkte Bemü-hungen bei der nachhaltigen Kundenbindung via E-Business erfordert.

Der Lösungsansatz besteht folglich darin, vorab in Workshops im Kreise des Topmanagements eine klare Strategie mit Kommunikationskonzept zu erarbeiten, die in der Diskussion mit Führungskräften und Schlüsselpersonen – am besten unter Einbeziehung von Vertretern aller Einheiten und Teams – konkretisiert, reflektiert und verdichtet wird. Erst dann sollten Zielvereinba-rungen mit allen Mitarbeitern getroffen werden.

An dieser Stelle wird der Zusatznutzen der BSC sichtbar: Verfügt eine Organisation bereits über eine handlungsleitende Scorecard und ergänzende funktionale BSCs, wird das Abgleichen und Vernetzen der Ziele wesentlich erleichtert. Die BSC kann sogar den Stellenwert des »missing link« in der Zielvereinbarungssystematik erlangen: Dies bedeutet, dass Ziele wesentlich leichter entwickelt, abgeleitet und bereichsübergreifend aufeinander bezogen werden können, wenn vorher eine prägnante BSC erarbeitet wurde.

Die Geschäftsleitung und die oberen Führungskräfte sollten bei den Ziel-vereinbarungen beispielhaft vorangehen und »als Erste« Zielvereinbarungs-gespräche führen. Ansonsten könnte im Mittelmanagement und bei den Teammitgliedern der Eindruck entstehen, Zielvereinbarungen seien nur auf nachgelagerten Ebenen zu treffen, während sich das Topmanagement die »Freiheiten« vorbehält, Ziele nach Bedarf neu vorzugeben, punktuell zu ver-ändern oder lediglich unverbindlich zu formulieren. Die Mitarbeiter werden in starkem Maße darauf achten, wie sich die »Kultur der Gesprächsführung« an der Unternehmensspitze darstellt. Insofern ist ein stringenter Top-down-Prozess auch bei der Gesprächsführung unabdingbar, da die Vorbildwirkung bei den Zielvereinbarungen auf Management- und Mitarbeiterebene eine hohe Bedeutung besitzt.

2. Unzureichende Zielkonkretisierung

Hierunter ist zu verstehen, dass zwar Zielvereinbarungsgespräche geführt werden, aber keine ausreichende Differenzierung der Erfolgskriterien geleistet wird. Gerade bei qualitativen Zielen sind die Gesprächspartner gefordert, den avisierten Soll-Zustand so zu umreißen, dass zu einem späteren Zeitpunkt auch für einen neutralen, »dritten« Urteiler erkennbar ist, ob das Ziel als erreicht oder nicht erreicht einzustufen ist. Gegebenenfalls müssen unabhängige Messindikatoren erhoben werden, damit eine Objektivierung gelingt. Maßgebend ist im Zweifelsfall nicht die eigene Einschätzung, sondern die Wahrnehmung der externen und internen Kunden.

Bei qualitativen Zielen sind die Gesprächspartner häufig versucht, sich zunächst nur über einen vagen Soll-Zustand zu verständigen – zum Beispiel bei der Einführung eines innovativen IT-Konzeptes die »erfolgreiche Schulung der Anwender«. Erst im Nachhinein wird dann erörtert, was damit genau gemeint war. Dementsprechend besteht die Gefahr, dass die Meinungen über den Erfolg weit auseinander gehen: »Erfolgreiche Schulung« bedeutet nicht nur, dass die Schulungen durchgeführt wurden, sondern dass auch ergänzende Anforderungen erfüllt sind, wie zum Beispiel: praxisgerechte Teilnehmerunterlagen, professionelle Didaktik der Referenten, Transfer in das Tagesgeschäft oder die positive Bewertung des Schulungsablaufs durch die Teilnehmer.

Dementsprechend sind die Gesprächspartner gefordert, sich gedanklich »in die Zukunft zu versetzen« und quasi rückblickend – vom hypothetischen Zielzustand ausgehend – zu reflektieren, welche konsensfähigen Erfolgskriterien benannt werden können. Dabei sollten jedoch keine umfangreichen verbalen Ausführungen vorgenommen, sondern knappe, stichwortartige Aufzählungen schriftlich festgehalten werden. Ergänzend kann auch der interne Servicebereich Personalentwicklung gebeten werden, beratend zur Seite zu stehen – etwa indem getroffene Zielvereinbarungen vor der endgültigen Verabschiedung nochmals auf Verständlichkeit, Prägnanz, interne Konsistenz und Praktikabilität geprüft werden. Damit soll keine aufwändige Kontrollprozedur eingeleitet werden. Anzustreben ist lediglich ein »Kurz-Check« mit zeitnahem Feedback an die Beteiligten – insbesondere dann, wenn in der Organisation noch keine umfangreichen Erfahrungen zu Zielvereinbarungen vorliegen.

3. Fehlende oder unangemessene Anreizsystematik

Wenn herausfordernde Ziele verfolgt werden, die in hohem Maße mit besonderer Anstrengung, Einsatzbereitschaft und außergewöhnlichem Leistungswillen verbunden sind, erwarten die Organisationsmitglieder meist auch eine »sichtbare« Anerkennung. Insofern sollten vorab definierte Leistungsanreize mit der Zielformulierung gekoppelt werden. Das Erreichen von Organisations-, Team- und Individualzielen verdient also eine signifikante monetäre oder nicht-monetäre Anerkennung. Dabei ist die jeweils in Aussicht gestellte Gratifikation im Idealfall an einen integrativen Mix von verschiedenen Ziel- und Erfolgskomponenten zu koppeln, wobei der Gesamtunternehmenserfolg für alle Mitarbeiter spürbar einfließen sollte – zum Beispiel durch Gewinn- und Ertragsbeteiligungsmodelle bis hin zu Aktienoptionen, die eine unternehmerische Initiative und Identifikation aller Mitarbeiter fördern. Die individuelle Anerkennung kann auch so ausgestaltet werden, dass zum Beispiel eine Prämierung von Individualzielen erst dann gewährt wird, wenn spezifische Teamziele erreicht wurden – oder umgekehrt, je nach betrieblichen Erfordernissen.

Während der Einführung von Zielvereinbarungen empfiehlt es sich, zunächst die Systematik des Treffens von Zielvereinbarungen zu erproben und die Gesprächsmethodik zu trainieren. Dementsprechend sollte ein differenziertes Anreizsystem erst in der zweiten Implementierungsphase, etwa nach ein bis zwei Jahren, vorgesehen werden. Vor allem nicht-monetäre Anreize für die Zielerreichung – und damit die Förderung der intrinsischen Motivation – sollten in den Mittelpunkt gerückt werden. Nicht-monetäre Anreize sind zum Beispiel Maßnahmen zur Teamentwicklung, persönliche Weiterbildungsperspektiven, Chancen zum Sammeln zusätzlicher beruflicher Erfahrungen und eine sichtbare Würdigung der Einzel- oder Teamleistung in der Unternehmensöffentlichkeit. Nicht zuletzt ist wertschätzendes und bekräftigendes Verhalten durch die Führungskräfte gefordert, damit die vertrauensvolle Zusammenarbeit weiter gefördert wird. Allerdings werden ehrgeizige Zielvereinbarungen ohne eine monetäre, variable Anerkennungskomponente langfristig in einem Unternehmen kaum etabliert werden können, denn im wirtschaftlichen Umfeld sind Wertbeträge bei den unternehmerisch handelnden Individuen mit spezifischen Kompensationserwartungen gekoppelt.

4. Unzureichende Zielvernetzung

Soll die unternehmensweite Zielsynchronisation gelingen, müssen Vertreter verschiedener Bereiche, Teams und Projektgruppen ihre Ziele untereinander kommunizieren und auf Stimmigkeit prüfen. Synergiechancen ergeben sich, wenn das Treffen von Zielvereinbarungen als Chance für die grenzüberschreitende Information und Kommunikation genutzt wird. Dementsprechend empfehlen sich Workshops, in denen die einzelnen Führungskräfte und Teams ihre Ziele abgleichen und gemäß übergeordneten Leitvorstellungen priorisieren. In diesem Zusammenhang rückt wieder die BSC in das Zentrum der Aufmerksamkeit: Haben die einzelnen Bereiche ausgehend von einer übergreifenden Top-Scorecard funktionale BSCs formuliert, kann in einem ergänzenden Schritt sichtbar gemacht werden, inwieweit die einzelnen, nachgelagerten Zielvereinbarungen auf Team- und Individualebene das Erreichen der strategischen Ziele und Meilensteine in der BSC fördern.

In den funktionalen BSCs sollten noch keine Individualzielvereinbarungen enthalten sein, da ansonsten eine Vermischung von BSC und Zielvereinbarungssystematik zu befürchten ist. Dies kann an einem Beispiel verdeutlicht werden: Wenn im Rechnungswesen in der funktionalen BSC als Meilenstein definiert wird, »die Debitoren- und Kreditorenbuchhaltung im Rahmen der Geschäftsprozessoptimierung (GPO) innerhalb von 18 Monaten zusammenzuführen«, so können daraus spezifische Subziele resultieren, die wiederum in Team- oder Individualzielvereinbarungen festzuhalten sind:

- Erarbeiten eines Zeitplans zur Integration der beiden Einheiten durch einen Fachreferenten Controlling bis zum Stichtag X.

- Durchführen einer Organisations-Ablaufanalyse durch die innerbetriebliche Organisationsabteilung unter Leitung eines Organisationsreferenten bis zum Stichtag Y.

- Schulung der Mitarbeiter in den betroffenen Bereichen zur ganzheitlichen Aufgabenerledigung bis zum Stichtag Z, zum Beispiel kunden- oder prozessbezogene Bündelung von Debitoren- und Kreditorenvorgängen (Job-Enlargement und Job-Enrichment).

- Vorgelagerte Umstellung der IT-Systeme im Rechnungswesen zur integrativen Aufgabenerledigung durch ein konsultativ tätiges, externes IT-Serviceteam.

Obwohl keine zwingende Abgrenzung möglich ist, welche Ziele in der BSC festzuhalten sind – und welche eher als nachgelagert zu betrachten sind –, ergeben sich doch folgende Anhaltspunkte: Ein Ziel sollte auf der »strategischen« BSC-Ebene festgehalten werden, wenn

- der unmittelbare Bezug zur Top-Scorecard erkennbar ist,
- die Zielerreichung an funktionsübergreifende, einheitenbezogene Kernstrategien gekoppelt ist,
- angrenzende Bereiche in besonderem Maße erkennen können, dass die jeweiligen Ziele auch Auswirkungen auf ihre eigenen Zielstrukturen haben werden,
- besondere Synergiechancen mit einem weitreichenden Kunden- und Wertschöpfungsnutzen bestehen.

Insofern sind im Prozess der bereichsübergreifenden Zielvernetzung qua BSC-Abgleich weniger persönliche Ziele von Individuen in den einzelnen Bereichen zu erörtern – zum Beispiel »zu absolvierende Schulungstermine im Rechnungswesen«. Vielmehr steht die Kompatibilität von übergreifenden Zielstrukturen mit hoher strategischer Handlungsrelevanz für finanzielle, kunden- und prozessbezogene Kernabsichten sowie umfassende Innovationsprozesse im Mittelpunkt. In unserem Beispiel konzentriert sich die strategiegeleitete Zielkonkretisierung also auf die Zusammenführung von Debitoren- und Kreditorenbuchhaltung im Sinne einer ganzheitlichen Prozess- und Funktionsorientierung – und nicht auf das »Einzelhandeln« der betroffenen Individuen.

5. Oberflächliche Zielverfolgung

Typisch für dieses Defizit ist das Vereinbaren von Zielen zwischen den Gesprächspartnern, ohne sich in ausreichendem Maße während der Umsetzungsphase über den Stand der Zielerreichung auszutauschen. Dies kann zu Frustrationen bei den Mitarbeitern aufgrund fehlender Dialogchancen, frühzeitigem Misserfolg bei der Verfolgung der Einzelziele und sogar zum Scheitern des strategischen Gesamtvorhabens führen – etwa wenn bei Zielüberprüfungsgesprächen zu spät festgestellt wird, dass das »Kind bereits in den Brunnen gefallen ist«. Dementsprechend sollten die Beteiligten bedarfsorientiert zusammenkommen, um den Stand der Umsetzung zu bewerten – auch dann, wenn scheinbar alles »planmäßig« verläuft. Das Führen solcher Zwischengespräche, initiiert vor allem durch die Führungskräfte, ist einerseits eine Chance zum ernst gemeinten Vertiefen des Mitarbeiterdialoges. Zugleich stellt es ein einfach zu handhabendes »Frühwarnsystem« zur Erfolgssicherung dar. Andererseits dürfen jedoch die Zwischengespräche nicht zu »Kontrollgesprächen von oben« degenerieren. Dies würde das autonome Handeln der Umsetzungsverantwortlichen behindern.

Wie können solche Zwischengespräche erfolgversprechend geführt werden?

- Schon bei der Zielvereinbarung sollte ein erstes Zwischengespräch vereinbart werden – etwa in einem Abstand von spätestens drei bis vier Monaten. Damit kann gewährleistet werden, dass dieses Folgegespräch verbindlich geführt und nicht »vergessen« wird. Die Initiative für das Zwischengespräch sollte von beiden Gesprächspartnern ausgehen, es handelt sich um eine »Bringschuld aller Beteiligten«.

- Ein Zwischengespräch sollte formlos geführt werden, das heißt eine Aufzeichnungsnotiz ist zwar hilfreich, aber eine weitergehende Formalisierung im Ablauf eher störend. Es genügt, wenn die Gesprächspartner die wesentlichen Vereinbarungen kurz erörtern und einen kurzen Soll-Ist-Vergleich vornehmen. Dabei sollte die Führungskraft die Rolle des »aktiven Zuhörers« einnehmen. Von ihr werden weniger »Empfehlungen« und »Ratschläge« erwartet, sondern vielmehr das Signalisieren des Interesses am weiteren Vorankommen und das Angebot von bedarfsorientierten Unterstützungsmaßnahmen, ohne den Mitarbeiter in seiner eigenverantwortlichen Zielverfolgung zu begrenzen. Ansonsten entsteht beim Mitarbeiter leicht der Eindruck, dass sich die Führungskraft einmischt, kontrolliert und »von oben« Anweisungen geben möchte.

- Die Beteiligten sollten am Ende einvernehmlich festlegen, wann sie ein erneutes Folgegespräch vorsehen möchten. Insofern kann je nach Zielstruktur, Situation und Kompetenz der Mitarbeiter ein individuell abweichender Rhythmus von Zwischengesprächen entstehen: Während mit jüngeren, weniger erfahrenen Mitarbeitern vielleicht vier bis fünf Zwischengespräche nötig sind – auch um gezielte Hilfestellungen bei aufgetretenen Problemen zu vermitteln –, sind bei erfahrenen Spezialisten und Praktikern eventuell nur ein bis zwei Zwischengespräche nötig.

Grundsätzlich gilt in Zwischengesprächen, dass die gleichen »Spielregeln« wie bei der Zielvereinbarung selbst einzuhalten sind: vertraulicher Rahmen, ruhige und ungestörte Atmosphäre, Ergebnisorientierung, offene Dialogstruktur, wertschätzende und achtsame Grundhaltung. Zwischengespräche können je nach Erfordernis zeitlich knapp gehalten werden – zum Beispiel 15 bis 30 Minuten – oder auch ausführlicher ausfallen, wenn unvorhergesehene Barrieren in der Zielverfolgung erkannt werden: beispielsweise Ressourcenknappheit, Kommunikationsmängel, Kompetenzdefizite oder unerwartete Einflüsse von außen. Selbst wenn ein Zwischengespräch »anscheinend« nicht erforderlich ist, sollte es trotzdem geführt werden! Manchmal offenbaren sich erforderliche Handlungsbedarfe erst bei einer genauen Bestandsaufnahme und Situationsanalyse im persönlichen Gespräch.

6. Fehlende Gesprächskompetenz bei den Beteiligten

Eine günstige Voraussetzung für ein Zielvereinbarungsgespräch besteht darin, dass beide Gesprächspartner willens sind, in einen ernst gemeinten Dialog einzutreten. Allerdings sollten die Anforderungen an die Gesprächsführung selbst nicht unterschätzt werden; ausreichende Kompetenzen in der Strukturierung und Ergebnissicherung müsen bei beiden Dialogpartnern gegeben sein. Dies gilt auch für den einfühlsamen Umgang mit Meinungsverschiedenheiten und Konflikten, wobei insbesondere von der Führungskraft ein erhebliches Maß an Sensibilität, Wahrnehmungsgenauigkeit und Moderationskompetenz bei gleichzeitiger Orientierung an verbindlichen Vereinbarungen und Maßnahmen gefordert ist.

Darüber hinausgehend sind in der Organisation klare Standards in der Gesprächsführung zu etablieren, damit die Umsetzung der Zieldialoge nicht dem freien Belieben der einzelnen Gesprächspartner obliegt, sondern aufgrund eines unternehmensweiten Konsenses über den sinnvollen Ablauf der Gespräche zugleich gewisse Qualitätskriterien erfüllt werden. Dazu dienen zum Beispiel Checklisten, Leitfäden, Protokollbögen oder IT-Dokumentationen, die möglichst einfach, knapp, anschaulich und praxisgerecht ausgestaltet sein sollten.

Dennoch gilt: Die Fähigkeit zum Führen von Zielvereinbarungsgesprächen muss trainiert und eingeübt werden. Dementsprechend sind bedarfsorientierte Unterstützungsangebote vorzusehen – zum Beispiel Verhaltenstrainings, Erfahrungsaustauschgruppen, Einzelcoachings und kollegiale Runden zur Praxisberatung. Qualifizierungsbedarfe bestehen sowohl für Führungskräfte als auch für diejenigen Mitarbeiter, die mit ihren Vorgesetzten, ihrem Team oder sogar direkt mit Kunden Ziel- und Leistungsvereinbarungen treffen. Häufig wird der Fehler gemacht, dass lediglich die Führungskräfte geschult werden und die Mitarbeiter – meist aus Gründen des befürchteten »zu hohen Aufwandes« – nur schriftliche Unterweisungen erhalten.

Bei begrenzten Ressourcen ist zunächst die Konzentration auf die Schulung der Führungskräfte unabdingbar. Daran anschließend sind jedoch praktikable Trainingsmaßnahmen für die Mitarbeiter zu entwickeln. Dazu bietet sich folgende Vorgehensweise an:

- Die Führungskräfte schulen ihre eigenen Mitarbeiter, nachdem sie selbst Trainings zur persönlichen Qualifizierung besucht haben. Da von Führungskräften allerdings nicht erwartet werden kann, dass sie methodisch-didaktische Trainerschulungen absolviert haben, sollten professionelle Kotrainer und Moderatoren einbezogen werden.

- Die Mitarbeiter erhalten Trainingsvideos und Intranet- beziehungsweise Web-gestützte, interaktive Lernangebote. Dazu gehören auch Demonstrationen, Simulationen und Rollenspiele, die zum Beispiel im jeweiligen Team gemeinsam analysiert, besprochen und ausgewertet werden.

- Die Mitarbeiter besuchen Kurzseminare – etwa von halbtägiger Dauer –, die von professionellen Trainern und Moderatoren geleitet werden und sicherstellen, dass die wesentlichen Informationen über Ziele, Ablauf und Nutzen dargestellt werden.

- Zur effektiven Kompetenzentwicklung empfehlen sich ergänzend verhaltensorientierte Rückmeldungen – eventuell auch unmittelbares videogestütztes Feedback, das sich die beteiligten Gesprächspartner praxisbezogen »selbst« geben. In diesem Fall werden nicht nur Zielvereinbarungsgespräche geführt, sondern diese auch exemplarisch aufgezeichnet. Im Anschluss werden der Gesprächsablauf und die Verhaltensweisen der Gesprächspartner rückwirkend analysiert. Dazu können auch neutrale Verhaltenstrainer einbezogen werden, die verhaltensgestütztes Feedback geben. Im Sinne der »kooperativen Selbstqualifizierung« in einer lernenden Organisation kann durchaus auch der Versuch gewagt werden, dass die Führungskräfte und Mitarbeiter – nach entsprechender Qualifizierung – selbst differenzierte Feedbacks und konstruktive Verbesserungsvorschläge (ohne Trainereinbindung) entwickeln.

7. Zielvereinbarungen als Ausdruck einer Misstrauenskultur

Hiermit ist gemeint, dass Zielabsprachen getroffen werden, um Mitarbeiter besser zu kontrollieren, hierarchische Berichtswege zu verfestigen oder vorhandene Machtstrukturen zu stabilisieren. In diesem Fall würden Zielvereinbarungen »missbraucht«, um in einem nur scheinbar partnerschaftlichen Vorgehen Gestaltungs- und Handlungsspielräume zu begrenzen, statt sie zu erweitern. Typisch für ein solches Vorgehen sind »Zielvereinbarungen«, die von Mitarbeitern verlangen, dass sie ständig Aufzeichnungen über geleistete Arbeiten führen oder aufgewendete Zeiten genau dokumentieren müssen – bis dahin, dass sie angeben sollen, wann sie ihren Arbeitsplatz verlassen haben oder wann eine Tätigkeit unterbrochen wurde.

Dies hat nichts mit Delegation zu tun, sondern ist eher ein kaum zeitgemäßer Versuch, einen »gläsernen Mitarbeiter« zu erzeugen, indem man sich akribisch berichten lässt, was er »von wann bis wann« erledigt hat. Mit vertrauensvoller Zusammenarbeit ist dies nicht in Einklang zu bringen. Solche Vorgaben sind wohl eher als Versuch zu bewerten, Zielvereinbarungen in Tätigkeitskontrollen umzufunktionieren. Gleiches gilt für das Verhalten von manchen Vorgesetzten, die immer wieder nachfragen, »wie denn der Stand sei« oder ob schon »erste Ergebnisse vorliegen«. Die Gefahr solcher – vielleicht gut gemeinter – Interventionen ist die faktische Bevormundung der Mitarbeiter.

Die Betroffenen erleben dies als Beschneidung ihrer Freiheits- oder Gestaltungsspielräume. Sie reagieren darauf häufig mit dem psychologischen Phänomen der »Reaktanz«, das heißt einem gefühlsbetonten Widerstand gegen die Einschränkung ihrer Eigenverantwortung und Selbststeuerungschancen. Unter diesen Umständen werden Zielvereinbarungen als bedrohlich erlebt und führen zu affektivem Widerstand, da sie als Ausdruck von externer, willkürlicher Einflussnahme interpretiert werden. Zielvereinbarungen als partnerschaftliche Übereinkünfte sind aber mit einer »Kontrollkultur von oben«, bei der die Individualität des einzelnen Mitarbeiters nicht respektiert wird, unvereinbar.

Um einer ablehnenden Haltung gegenüber Zielvereinbarungen – vor allem auch bei manchen Vorgesetzten – entgegenzuwirken, und um eine fehlerhafte Anwendung seitens der Organisationsmitglieder zu vermeiden, empfiehlt sich eine Pilotierungsphase in einzelnen Bereichen. Dort sollten engagierte, freiwillig teilnehmende Führungskräfte und Mitarbeiter erste Erfahrungen mit dem Führen der Zielvereinbarungsgespräche sammeln. Darüber hinaus können interne oder externe Personalentwickler Feedback zur Qualität der Zielvereinbarungen geben: nicht um als »externe Kontrolleure« aufzutreten, sondern um praxisgerechte Empfehlungen zur Präzisierung der Zielvereinbarungen zu vermitteln. Zugleich kann auf weniger sinnvolle Formen von (scheinbaren) Zielvereinbarungen hingewiesen werden: zum Beispiel reine Tätigkeitsbeschreibungen, Arbeitszeitdokumentationen, Umformulierungen von Stellenbeschreibungen als »Ziele«, Eingriffe in persönliche Freiräume oder unklare Angaben zu Verantwortlichkeiten, Ressourcen und Zeithorizonten.

Weiterhin empfiehlt sich die Durchführung von unternehmensweiten Kurzworkshops oder Infoveranstaltungen, bei denen Bedenken und Einwände aufgegriffen und kritisch erörtert werden. Das Gesamtsystem zur Zielvereinbarung im Unternehmen ist in der Einführungsphase gegebenenfalls noch so weit zu modifizieren, dass eine hohe Akzeptanz und Verständlichkeit bei den Anwendern gesichert ist. Allerdings nützt ein methodisch perfekt ausgearbeitetes Zielvereinbarungssystem nichts, wenn in der Organisation keine Bereitschaft zur Umsetzung gegeben ist oder schlichtweg die Vertrauensbasis fehlt, um Ziele tatsächlich zu vereinbaren – statt sie einfach »vorzugeben«. In diesem Fall sollte eher die Unternehmenskultur näher beleuchtet und die Geschäftsleitung dafür gewonnen werden, zunächst die grundlegenden Voraussetzungen für das Treffen von Zielvereinbarungen zu schaffen. Ansonsten ist mit einem Fehlschlag bei der Implementierung zu rechnen.

Wie gelingt die Integration von Zielvereinbarungen in die Organisationsentwicklung?

Die effiziente Einführung von Zielvereinbarungen erfordert mehr als nur die einmalige Konkretisierung von Zielen in Gesprächen mit den Teams und Mitarbeitern: Der Verlauf der Zielumsetzung sollte vielmehr durch die bereits erwähnten, begleitenden Zwischengespräche überprüft werden. In diesen Meilensteingesprächen, die in angemessenen Zeitabständen unterjährig zu führen sind, tauschen sich die Vereinbarungspartner darüber aus, wie der Stand der Zielerreichung im Prozess zu bewerten ist. Darüber hinaus müssen die Führungskräfte die Verantwortung für ein Zielerreichungs-Controlling übernehmen. Dazu können auch Checklisten und unterstützende, einfache IT-Programme im Intranet des Unternehmens genutzt werden. Folgende Fragen sind im Zielerreichungs-Controlling zu beantworten:

- *Sind die vereinbarten Eckdaten zu Zielen, Verantwortlichkeiten, Ressourcen und Zeithorizonten noch realistisch?*
  Sofern unvorhergesehene Zielabweichungen, Ressourcenengpässe oder Terminverschiebungen auftreten, ist präventives oder korrektives Handeln unabdingbar. In diesem Fall empfiehlt sich die Einbeziehung der Teammitglieder in die Entwicklung einer geeigneten Strategie zum rechtzeitigen Gegensteuern.

- *Erfordern Zielkorrekturen auf der Ebene der übergeordneten Unternehmensstrategie auch Anpassungen in den Team- und Individualzielen?*
  In Zeiten turbulenter Veränderungen sind Strategierevisionen oftmals unabwendbar. Abgeleitete Sekundärziele müssen also im Verfolgungsprozess zeitnah korrigiert oder angepasst werden. Dies kann auch die einzelnen Scorecards der Bereiche und Standorte betreffen. In diesem Fall müssen die Gesprächspartner ihre individuellen Ziele entsprechend überprüfen und justieren. Im Zweifelsfalle sollten Teilziele frühzeitig verändert werden. Das Festhalten an unrealistischen Zielen kann fatale Folgen haben, wenn dadurch Energien und Ressourcen fehlinvestiert werden. Stattdessen ist Veränderungsflexibilität gefordert – gerade wenn eine natürliche Beharrungstendenz besteht, weil man »fest Vereinbartes« nicht gerne infrage stellt oder den Aufwand von neuen Abstimmungsgesprächen scheut.

- *Werden zusätzliche Hilfsangebote erforderlich, damit die Zielerreichung abgesichert werden kann?*
  Insbesondere Führungskräfte sowie Team- und Projektleiter müssen durch zügige Informationsweitergabe, Beratung, Feedback und Konfliktmanagement einen Beitrag dazu leisten, dass Teams und Mitarbeiter ihren wertschöpfungs- und kundenorientierten Auftrag erfüllen können. Die Führungskräfte sollten dabei allerdings weniger den »Ausputzer spielen« und die Fachaufgaben womöglich selbst zu bearbeiten versuchen als vielmehr die Mitarbeiter beraten und coachen, damit diese eigene Erfolge erzielen. Manchmal sind kleinere Rückschläge auch lehrreich, um die eigenverantwortliche Selbststeuerung zu verbessern. Lernerfahrungen sind dann besonders nachhaltig, wenn ein anspruchsvolles Ziel erreicht wird, obwohl eine Fülle von Barrieren und Widerständen aus dem Weg zu räumen waren.

Neben diesen begleitenden Controlling-Maßnahmen im Umfeld getroffener Zielvereinbarungen empfehlen sich vier weiterführende Schritte zur Organisationsentwicklung, damit der Zielerreichungsprozess wirksam unterstützt wird.

1. Führungskräfte- und Teamentwicklung

Die Zielerreichung in komplexen Wertschöpfungsprozessen stellt besondere Anforderungen an die Fach-, Methoden-, Persönlichkeits- und Sozialkompetenz der Beteiligten. Damit Teams weitgehend autonom und eigenverantwortlich handeln können, benötigen sie Führungskräfte und Projektleiter, die ihre Mitarbeiter dazu befähigen und »ermächtigen«, eigeninitiativ und gestalterisch unternehmerische Visionen und Missionen umzusetzen. Gefordert sind dementsprechend partizipative Führung, Teamgeist und bereichsübergreifende Kommunikation, damit individuelle Leistungspotenziale und Wertbeiträge wirksam aufeinander abgestimmt werden.

2. Change Management

Das Vereinbaren von Zielen in tiefgreifenden Veränderungsprozessen erfordert ein professionelles, begleitendes Change Management. Gemeint ist damit eine vorausschauende Prozesssteuerung bei strukturellen Unternehmensveränderungen, weitreichenden Integrationsprozessen oder der Umsetzung von wertschöpfungssteigernden Maßnahmen, die mit der Neubildung von Bereichen und Teams einhergehen.

Es liegt nahe, hierzu im Topmanagement eine Rahmenstrategie zu entwickeln, die eine breite Einbeziehung von Mitarbeitern aller Ebenen ermöglicht. Beispielsweise kann ein interdisziplinäres Change-Management-Team (CMT) – bestehend aus einer Kerngruppe von vier bis sechs Veränderungspromotoren – installiert werden, um den Gesamtprozess zu steuern, zu begleiten und durch unterstützende Projektarbeiten aktiv weiterzuentwickeln. Das CMT, verankert als erweiterte Geschäftsführung, hat den Auftrag, effizienz- und menschenorientierte Impulse zu liefern, kritische Fragen zu stellen und organisatorische Innovationen mit dem Ziel der Sicherung von Kontinuität vorzubereiten. Hierzu gehört beispielsweise der Aufbau eines internen »Change-Management-Networks«.

Damit wird eine umfassende Beteiligung aller Mitarbeiter im Veränderungsprogramm angestrebt – etwa durch die Einbindung von Delegierten aus allen Teams, die den Veränderungsprozess unmittelbar mitgestalten. Die Mitglieder im CMT haben den Auftrag, eigene Leistungsbeiträge der Teams während der Umstrukturierung zu verdeutlichen, neue Ideen einzubringen und die Akzeptanzbildung durch eine aktive, direkte Informationsweitergabe zu fördern. Darüber hinaus wird mit einer professionellen Steuerung des Change-Prozesses sichergestellt, dass gerade bei grundlegenden organisatorischen Veränderungen erforderliche Zieländerungen in den Bereichen strategieorientiert abgeglichen werden. Dies beinhaltet auch die Aufgabenstellung, die Kompatibilität der Veränderungsstrategie mit den einzelnen Scorecards und den nachgelagerten Team- und Individualzielen zu überprüfen.

3. Aufbau einer offenen Feedbackkultur

Das Erreichen von anspruchsvollen Zielen im Prozess der ganzheitlichen, strategiegeleiteten Unternehmensentwicklung setzt voraus, dass Rückmeldungen und Wahrnehmungen der Teammitglieder im Wertschöpfungsprozess aufgegriffen werden. Zusätzlich sind qualitative Hinweise von Kunden zu beachten, die auf Zielabweichungen hinweisen: zum Beipiel Reklamationen, Beschwerden oder Anfragen, die auf einen zusätzlichen Informationsbedarf schließen lassen. Darüber hinaus sind auch verhaltens- und kulturbezogene Prozessindikatoren auszuwerten, die für die Zielverfolgung relevant sind: zum Beispiel das interdisziplinäre Projektmanagement, der Verlauf von Teamentwicklungsprozessen oder die Mitarbeiterzufriedenheit in den einzelnen Bereichen. Defizite in der übergreifenden Kommunikation und Kooperation können zu einer verzögerten Wahrnehmung von leistungsrelevantem Feedback führen und bewirken, dass korrektive Handlungen zur Absicherung der Zielerreichung unterlassen werden. Deshalb sind formelle und informelle Dialogprozesse durch die Geschäftsleitung zu fördern – und nicht als »aufgabenirrelevante Störungen« zu interpretieren.

Organisationen, in denen das zwanglose Miteinanderreden als unproduktiv eingestuft wird, sind gefährdet, ein lernhemmendes Klima hervorzubringen. Insbesondere im Umfeld von weisungsorientierter Führung und »eingespielter« zwischenmenschlicher Kommunikation sind vielfältige Beharrungstendenzen gerade in Veränderungsprozessen zu erwarten. Diese gefährden die Umsetzung der Zielvereinbarungen. Es muss deshalb durch gezielte Mitarbeiterbefragungen, Führungskräftefeedbacks (»360-Grad-Beurteilungen«) und Führungsstilanalysen der Wahrnehmungshorizont und die Kommunikationsbereitschaft insbesondere bei den Schlüsselpersonen und Multiplikatoren in der Organisation erweitert werden.

Durch regelmäßige Organisationsklimadiagnosen (»Stimmungsbarometer«) kann ein produktiver Rahmen dafür geschaffen werden, dass das Führungsverhalten sowie die ergebnisorientierte Kommunikation und Kooperation kontinuierlich weiterentwickelt werden. So sollte das Topmanagement vertrauliche Gespräche mit einzelnen Führungskräften anberaumen, wenn wiederholt kritische Feedbacks zu deren Führungsstil eingehen. Es besteht die Gefahr, dass die betreffenden Führungskräfte nicht die erforderliche Akzeptanz im Mitarbeiter- und Kollegenkreis besitzen. Eine Führungsaufgabe ist in einer flexiblen Netzwerkorganisation kein »verliehener Besitzstand«, sondern eine temporäre, zwischenmenschliche Stützfunktion zur Absicherung einer erfolgreichen Leistungserbringung in eigenverantwortlichen Teams. Führungskräfte, die den Anforderungen eines Moderators, Coaches, Konfliktmanagers und Lernhelfers bei der Zielerreichung nicht genügen (wollen), müssen sich deshalb auf andere, ihren Stärken besser gerecht werdende Aufgaben konzentrieren.

4. Innovationslernen

Zielvereinbarungen können nur dann langfristig erfolgsichernd wirken, wenn ausgehend von der übergreifenden Vision neue Wege beschritten werden, die eine Optimierung der Kosten-Ertrags-Spanne bei gleichzeitiger Steigerung des Kundennutzens ermöglichen. Dazu müssen häufiger Perspektiven gewechselt, tradierte Abläufe infrage gestellt und wegweisende Ansätze in der Organisationsentwicklung zugelassen werden. »Innovationslernen« meint, durch Erproben neuer Dialogverfahren und partnerschaftlicher Kooperationsformen Effizienzsteigerungen zu ermöglichen und damit die Adaptivität des »Systems Unternehmen« zu erhöhen – mit dem Ziel der nachhaltigen Existenzsicherung unter schwierigen Markt- und Rahmenbedingungen. Damit ist nicht nur das betriebliche Vorschlagswesen angesprochen, sondern vor allem auch das engagierte Zusammenarbeiten in übergreifenden Innovationszirkeln, Kreativ-Workshops, Informationsaustauschgruppen und Lernpartnerschaften, bei denen Kunden, Partner und Lieferanten zur Entwicklung von »best practices« einbezogen werden.

Werden diese Hinweise im Kontext einer partnerschaftlichen Unternehmenskultur beachtet, so können sich Zielvereinbarungen in der Organisation zu einem langfristigen Nutzen- und Synergiefaktor entwickeln. Auch wenn sich manche Ziele in einem bewegten Umfeld ändern können – und manchmal sogar müssen –, darf dies nicht darüber hinwegtäuschen, dass der unternehmerische Prozess der Leistungserstellung an sich als zielgerichtetes Geschehen zu betrachten ist: nämlich zur Stiftung von Kundennutzen und zur

Absicherung von nachhaltiger Wertschöpfung. Auf Zielvereinbarungen mit den Mitarbeitern zu verzichten – etwa weil »Probleme in der Umsetzung« oder »ständige Zieländerungen« festgestellt werden – ist deshalb kein hinreichendes Argument, wenn unternehmerisches Denken und Handeln bei allen Organisationsmitgliedern gefördert werden soll. Es gilt eher nachzufragen, was an der Art der Vereinbarung und Umsetzung der Ziele noch verbessert werden kann, damit die organisationsweite Zielvernetzung bei gleichzeitiger Respektierung der individuellen Handlungsmotivation von autonom agierenden Individuen gelingt.

Verknüpfung der Zielvereinbarungen mit der Balanced Scorecard

Übergreifende Unternehmensstrategie, Balanced Scorecard und Zielvereinbarungen können ein in sich verknüpftes Gesamtsystem ergeben. Im Einzelnen bedeutet dies:

- Die Unternehmensstrategie mündet in einer oder mehreren übergreifenden Scorecards, die Messgrößen, Meilensteine und strategiegeleitete Aktionsprogramme für einen überschaubaren Zeithorizont in der Zukunft beschreiben.
- Die Business-Scorecard sowie die ergänzend ausformulierten Bereichs-Scorecards sind eine Grundlage für partnerschaftliche Zielvereinbarungen.
- Ausgehend von den funktionalen Scorecards können zunächst konkrete Teamziele und anschließend spezifische Individualziele mit den Mitarbeitern definiert werden.

Der Unterschied zwischen einer »funktionalen Scorecard« und einem »Teamziel« besteht darin, dass in einer Scorecard personenunabhängig festgehalten wird, was erreicht werden soll – mit der Spezifikation entsprechender Mess- und Erfolgsgrößen. Es handelt sich im weitesten Sinne um eine übergeordnete Zieldefinition mit Strategiebezug, verdeutlicht an einem Beispiel: »Einführung einer neuen Projektorganisation im Rechnungswesen bis zum Stichtag X – zur Unterstützung des ganzheitlichen, prozessorientierten Redesigns der Unternehmung«.

In einem Teamziel wird ergänzend eine konkrete Vereinbarung mit allen Mitarbeitern im Team getroffen. Insofern erfordert das Teamziel ergänzend zur Scorecard-Definition:

- persönliche Zustimmung,
- die Einwilligung, einen persönlichen Beitrag im jeweiligen Team zu leisten,
- die Klärung, wer im Team für was verantwortlich ist, damit gemeinsam das Teamziel erreicht werden kann, und
- eine »Anreizvereinbarung«, das heißt eine Aussage dazu, mit welcher Anerkennung der einzelne Mitarbeiter im Team rechnen kann, wenn er einen positiven Beitrag zum Erreichen des Teamziels leistet. Dieser Anreiz kann eine monetäre oder nicht-monetäre Komponente (zum Beispiel flexibler Freizeitausgleich, Weiterbildungschancen, erweiterte Gestaltungsspielräume, Teamentwicklung) beinhalten.

Ein Teamziel ist insofern stärker auf der zwischenmenschlichen und motivationspsychologischen Ebene verankert. Wird diese durch die Beschränkung auf unspezifische Vorgaben vernachlässigt, ist nicht damit zu rechnen, dass die BSC-Ziele erreicht werden. In diesem Fall ist die persönliche Identifikation mit der Zielerreichung voraussichtlich zu gering.

Auch der Unterschied zwischen Team- und Individualzielen ist näher zu betrachten:

Während ein Teamziel für alle Mitarbeiter in einem Team maßgebend ist, konzentriert sich ein Individualziel auf den besonderen Leistungsbeitrag eines einzelnen Mitarbeiters. Teamziele stiften insofern Maßstäbe, an denen alle Mitarbeiter in einem Team zu messen sind. Insofern müssen auch alle gemeinsam »an einem Strang ziehen«. Bereits durch das zielinkongruente Handeln eines einzelnen Mitarbeiters kann das Erreichen eines Teamziels gefährdet sein – verdeutlicht an einem Beispiel: Wenn das neue Teamziel in einer Service-Unit lautet, »ab sofort sämtliche Kundenreklamationen innerhalb von fünf Tagen abschließend so weit zu behandeln, dass der Kunde einen schriftlichen Lösungsvorschlag erhält«, gilt dies für alle Servicemitarbeiter im Team gleichermaßen. Nach einer definierten Zeitspanne – zum Beispiel nach drei Monaten – wird zu prüfen sein, inwieweit die Zielerreichung gelungen ist. Verhält sich nun ein Mitarbeiter im Rahmen seines Zuständigkeitsbereichs – etwa in einem Call-Center – nicht zielkonform, ist damit zwangsläufig auch für alle anderen Mitarbeiter die Zielerreichung gefährdet!

Teamziele führen bei einem positiven Teamklima im Idealfall zu gegenseitiger Unterstützung und Hilfestellung – etwa durch kollegiale Entlastung eines sehr stark geforderten Teammitgliedes. Im ungünstigen Fall wird allerdings Gruppendruck aufgebaut, durch den als »weniger produktiv« einge-schätzte Mitarbeiter mit Gruppensanktionen rechnen müssen – zum Beispiel Angriffen, Vorwürfen oder Ausgrenzung. In diesem Fall trägt die Führungs-kraft eine wesentliche Verantwortung, damit Teamziele nicht destruktiv wir-ken und das leistungsförderliche Klima gefährden, sondern vielmehr als kon-struktiver Ansporn für alle Beteiligten erlebt werden. Die Führungskraft muss sichtbar machen, dass jeder Leistungsbeitrag gewürdigt und zugleich gerecht und fair bewertet wird.

Individualziele können ebenfalls aus einer Scorecard abgeleitet werden, sind jedoch – im Gegensatz zu Teamzielen – spezifisch für einen einzelnen Mitarbeiter. Der jeweilige Mitarbeiter trägt die persönliche Verantwortung für die Zielerreichung. So hat zum Beispiel ein Teammitglied in der betriebli-chen Organisation den Auftrag übernommen, »einen neuen Kostenstellen-plan zu entwickeln und bis zu einem Stichtag im eigenen Bereich als Konzept zu präsentieren«. Allerdings ist der Unterschied zwischen Team- und Indivi-dualzielen in der Praxis nicht so deutlich, wie es zunächst vermutet werden könnte. Denn: Jedes Individualziel ist immer auch ein Teamziel – ein schein-bares Paradoxon! Aber in modernen Organisationen kann es kaum noch Ein-zelkämpfer und Individualisten geben, die völlig eigenständig, »für sich« und damit unabhängig von anderen Mitarbeitern ihre Ziele verfolgen. Vielmehr muss auch ein Spezialist, zum Beispiel im Controlling, in der Organisation oder im Vertrieb, mit Kollegen in der Wertschöpfungskette kommunizieren, damit die eigenen Ziele erreicht werden. »Reine Individualziele« sind deshalb eine Illusion. Ein persönliches Ziel beschreibt jedoch in jedem Falle eine he-rausgehobene Resultatsverantwortung eines fachlich versierten Mitarbeiters, der qua Zielvereinbarung auch einen erweiterten Handlungs- und Gestal-tungsspielraum besitzen muss – oder diesen eingeräumt erhält, damit eine Zielverfolgung überhaupt möglich ist.

Insofern sind Individual-Zielvereinbarungen für solche Mitarbeiter in der Organisation geeignet, die in hohem Maße eigenverantwortlich handeln und auch die fachlichen und persönlichen Voraussetzungen mitbringen, um die Zielerreichung weitgehend autonom – mit entsprechenden Kompetenzen und spezifischer Ressourcenverantwortung – verfolgen zu können. Im Prozess der BSC-Implementierung ist deshalb durch die verantwortlichen Führungskräfte zu prüfen, welche BSC-Meilensteine durch ergänzende Individual-Zielverein-barungen erreicht werden können – und wo primär Team-Zielvereinbarun-gen zu treffen sind. Dies erfordert letztlich auch die Analyse der Mitarbeiterkompetenzen und -potenziale im jeweiligen Team sowie die Klärung der Prioritäten auf der Team- und Individualebene.

Die Koppelung einer BSC mit Zielvereinbarungen ist unabhängig von der Frage, welche Ziele vorliegen, ein sinnvoller Weg zur durchgängigen, hierarchieübergreifenden Strategieverwirklichung. Dabei sind neben den Team- und Individualzielen häufig auch Projektziele zu vereinbaren. In diesem Fall gilt es, Zielkorridore mit temporären Teams, die sich nach Erledigung des Projektauftrages wieder auflösen, abzustecken. Da einzelne Mitarbeiter in mehreren Projekten und Teams mitarbeiten können, ergeben sich damit überlappende Zielvereinbarungen, die untereinander abgeglichen werden sollten. Auch dafür trägt die Linien-Führungskraft wieder eine zusätzliche Verantwortung. Sie muss letztlich sicherstellen, dass im Konflikt stehende Zieldefinitionen verhindert werden. Das heißt, die Führungskraft sollte darauf achten, wo Zielformulierungen für den Einzelnen eine unzumutbare Belastung darstellen oder auf einer übergeordneten Ebene unproduktiv sind.

Zusammenfassend kann festgehalten werden: Zielvereinbarungen erleichtern die Selbststeuerung der einzelnen Mitarbeiter, wo entsprechende Gestaltungsspielräume tatsächlich vorhanden sind. Durch sie wird aber Mitarbeiterführung keineswegs überflüssig. Im Gegenteil: In einer komplexen Aufbauorganisation besteht der Auftrag der Führungskräfte gerade darin, steuernde und koordinierende Funktionen auszuüben, um zugleich bereichs- und projektübergreifende Synergiechancen auszuloten. Die Führungskräfte müssen prüfen,

- ob die jeweilige BSC mit spezifischen, nachgelagerten Zielvereinbarungen zu verbinden ist – was in den meisten Fällen zutreffen dürfte, da ansonsten die persönliche Identifikation und Handlungskonsequenz fehlt – und
- inwieweit Zielvereinbarungen mit bereichsübergreifenden Anforderungen – zum Beispiel resultierend aus komplementären Aufträgen der Nachbarbereiche – übereinstimmen.

Die BSC führt aufgrund ihres langfristigen Horizontes dazu, dass für einzelne strategische BSC-Vorgaben – über die Zeitstrecke hinweg betrachtet – jeweils mehrere Zielvereinbarungen zu treffen sind. Denn Zielvereinbarungen auf Team- und Individualebene sind im Allgemeinen auf einen Bezugszeitraum von Wochen oder Monaten bezogen, während sich die BSC über mehrere Jahre erstreckt. Allerdings können die Übergänge fließend sein, sodass dies nicht als ein zwingendes Abgrenzungskriterium anzusehen ist. Maßgebend ist letztlich, dass die Mitarbeiter in den kunden- und serviceorientierten Teams die BSC als maßgebend, gehaltvoll und wegweisend für ihr eigenes engagiertes Handeln betrachten.

Leistungsorientierte Mitarbeiterbeurteilung und strukturierte Mitarbeitergespräche

Die BSC stellt einen strategischen Rahmen dar, um sowohl die Kernabsichten des Unternehmens insgesamt als auch die Schlüsselziele der einzelnen Geschäftsbereiche durch Mess- und Erfolgsgrößen zu konkretisieren. Durch Zielvereinbarungen kann dabei die horizontale und vertikale Vernetzung bis hin zu den operativen Teams und den kundennah agierenden Organisationsmitgliedern hergestellt werden. Insofern sind die am Ende einer Betrachtungsperiode ermittelten Zielerreichungsgrade zugleich ein Indiz für die Leistungsbeiträge der beteiligten Individuen. Damit kann eine BSC – und die daraus mittelbar generierten Zielvereinbarungen – auch als ein Maßstab für die Leistungsbeurteilung der Mitarbeiter dienen.

Allerdings stellt sich die Frage, ob die jeweiligen Zielerreichungsgrade die einzige Grundlage für die Einschätzung und Bewertung der Mitarbeiterleistungen sein sollte. Hiermit wird die Problematik aufgeworfen, wie ein zeitgemäßes Mitarbeiterbeurteilungssystem in einem Unternehmen überhaupt ausgestaltet sein kann. Dazu muss ein praktikabler und fairer Ansatz gefunden werden, der zur vergleichenden Betrachtung der einzelnen Leistungen auf individueller Ebene herangezogen werden kann und zugleich als Ausgangspunkt für Förder- und Entwicklungsmaßnahmen auf fachlicher und persönlicher Ebene dient.

In einem zeitgemäßen System zur leistungsorientierten Mitarbeiterbeurteilung steht einerseits der individuelle Leistungsbeitrag zum unternehmerischen Gesamterfolg im Mittelpunkt – welcher häufig für den Einzelnen nur mittelbar über koordinierte Teambeiträge zu erschließen ist –, zum anderen aber auch die Effizienz und Effektivität der bereichs- und funktionsübergreifenden Kooperation. Jede »Mitarbeiterbeurteilung« erfordert letztlich auch eine Bewertung, wie gut einzelne Menschen oder Gruppen von Individuen aktiv kooperieren und spontan kommunizieren, um die übergreifenden Ziele zu erreichen.

Anhand der Praxis der Mitarbeiterbeurteilung in komplexeren Unternehmen wird erkennbar, dass nahezu jede größere Organisation über ein formales Beurteilungssystem verfügt.

Methoden der Mitarbeiterbeurteilung

Merkmalsorientierte Ansätze

Hier werden allgemeine Verhaltens- und Leistungskriterien definiert, die sich auf die Qualität und Quantität der Aufgabenerledigung sowie die erzielten Arbeitsergebnisse beziehen. Die Kriterien werden meist arbeitsplatzübergreifend einheitlich formuliert – also nicht bezogen auf die jeweils individuelle Aufgabenstellung oder Funktionsbeschreibung. Beispiele für solche Merkmale sind Zuverlässigkeit, Flexibilität, Kreativität, Engagement oder Teamfähigkeit. Die Ausprägungen werden typischerweise anhand einer mehrstufigen Skala vom Vorgesetzten eingeschätzt.

Der Vorteil dieses Ansatzes besteht darin, dass die Leistungen in unterschiedlichen Positionen anhand plausibler Kriterien miteinander verglichen werden können. Selbst wenn ein Mitarbeiter eine neue Funktion übernimmt, müssen solche allgemeinen Bewertungskriterien nicht verändert werden. Der wesentliche Nachteil ist allerdings der fehlende Bezug auf das individuelle Anforderungs- und Aufgabenprofil. Die jeweils gewählten Kriterien sind zudem meist nicht systematisch abgeleitet, sondern folgen eher dem »gesunden Menschenverstand«. Probleme tauchen auf, wenn verschiedene Urteiler eine Eigenschaft wie zum Beispiel »Flexibilität« einstufen sollen. Die resultierenden Begründungen für spezifische Einstufungen sind ausgesprochen subjektiv. In der Praxis bedeutet dies, dass unterschiedliche Vorgesetzte häufig zu abweichenden Einschätzungen bei gleichartigen Mitarbeiterleistungen kommen. Zudem stellt sich die Frage, ob die allgemeine Vergleichbarkeit von Mitarbeiterleistungen anhand von abstrakten Bewertungsdimensionen in Zeiten rascher Veränderung, wo kurzfristig immer neue Aufgaben oder Projekte angegangen werden müssen, tatsächlich anzustreben ist.

Arbeitsplatzspezifische Beurteilungssysteme

Bei diesem Ansatz wird auf den unmittelbaren Vergleich von Leistungen in unterschiedlichen Positionen verzichtet, stattdessen steht die Einschätzung der stellen- und funktionsspezifischen Leistungserbringung im Vordergrund. Voraussetzung hierfür ist ein Stellen- oder Funktionsprofil beziehungsweise eine individuelle Tätigkeitsbeschreibung. Ein »Referent Controlling« wird beispielsweise danach beurteilt, in welcher Güte er festgelegte Kernaufgaben erledigt, den jeweiligen Anforderungen gerecht wird, und wie gut er seinen Verantwortungsbereich ausfüllt. Bei diesem Ansatz müssen die jeweiligen Anforderungen und Tätigkeitsbeschreibungen so formuliert werden, dass sie mess- und überprüfbar ausgestaltet sind. Dies bedeutet etwa für einen Controlling-Referenten, dass einerseits eine möglichst präzise Anforderungsbeschreibung für seine Aufgabe zu erstellen ist – zum Beispiel geforderte »Kenntnisse und Erfahrungen im Umgang mit spezifischen Datenbanken«. Andererseits sind intersubjektiv nachvollziehbare Tätigkeitsdefinitionen abzuleiten: zum Beispiel das »quartalsweise Erstellen von geschäftsbereichsbezogenen Deckungsbeitragsanalysen«.

Dem Vorteil der höheren Funktions- und Aufgabenbezogenheit stehen aber auch eine Reihe von Nachteilen gegenüber: Der Aufwand der Erstellung und Aktualisierung der Tätigkeitsbeschreibungen ist sehr hoch und es fehlt die Flexibilität, wenn sich Aufgaben rasch verändern. Darüber hinaus wird ein solches System der bereichsübergreifenden Teamarbeit nur bedingt gerecht – etwa wenn eine flexible Zusammenarbeit entlang von wertschöpfenden Geschäftsprozessen gefordert ist. In diesem Fall ist der »Blick über die Grenzen der eigenen Funktion hinaus« gefordert, sodass es gerade einen kompetenten und engagierten Mitarbeiter auszeichnet, dass er sich nicht (nur) an seinem Funktionsprofil orientiert, sondern im Interesse der übergreifenden Anforderungen auch angrenzende und erweiterte, »unternehmerische« Aufgaben übernimmt.

Zielvereinbarungssysteme

Dies führt unmittelbar zum Ansatz der Leistungsbeurteilung auf der Basis von vereinbarten Zielen, die sich an übergeordneten Visionen, Unternehmensstrategien, der BSC und den jeweiligen Teamzielen orientieren. Ein typisches Verfahren basiert darauf, die Ziele »top-down« zu vereinbaren und dabei Rückmeldungen von nachgelagerten Bereichen und Teams über die Praktikabilität der Umsetzung »bottom-up« zu berücksichtigen.

Für den einzelnen Mitarbeiter bedeutet dies, dass in einem Zielvereinbarungsgespräch etwa drei bis fünf Ziele, die realistische und zukünftige Arbeitsergebnisse beschreiben, einmal jährlich vereinbart werden. Dazu sollten vorgesehene Termine, erforderliche Ressourcen, Unterstützungsbeiträge von Vorgesetzten und Teammitgliedern sowie darauf abgestimmte Personalentwicklungsmaßnahmen festgehalten werden. Bereits im Voraus müssen Erfolgskriterien für die Zielerreichung formuliert werden, damit Zielabweichungen frühzeitig erkennbar sind, die dann in »Meilensteingesprächen« besprochen werden. Um Zielvereinbarungen organisationsweit zu treffen, müssen die Einzelziele aufeinander bezogen werden, damit eine stimmige Zielvernetzung erreicht wird. Gefordert ist also eine bereichsübergreifende Kommunikation über die verfolgten Ziele und die zeitnahe Abstimmung zwischen angrenzenden Bereichen. Vor allem die Erwartungen von internen oder externen Kunden sind dabei einzubeziehen.

Der Vorteil von Zielvereinbarungen liegt in der Eignung für unterschiedliche Funktions- und Tätigkeitsgruppen, der hohen Anpassungsflexibilität bei Zielveränderungen und der direkten Überprüfbarkeit. Gerade die Messbarkeit stellt allerdings bei qualitativen Zielen – zum Beispiel der »Steigerung der Kundenzufriedenheit im Einkauf« – hohe Anforderungen an die Gesprächspartner, da die Erfüllungskriterien präzise beschrieben werden müssen. Darüber hinaus ist zu beachten, dass die ganzheitliche Bewertung der »unternehmerischen Mitarbeiterleistungen« zu eng gefasst wird, wenn nur die getroffenen Zielvereinbarungen als Beurteilungsgrundlage herangezogen werden.

Kompetenzanalysen

Grundlage dieses Modells ist der Vergleich zwischen den Fähigkeiten, Fertigkeiten und Erfahrungen des Mitarbeiters und dem jeweiligen Anforderungsprofil gemäß einem firmenspezifischen Kompetenzmodell. Gemeint ist damit der Vergleich zwischen individueller Kompetenz (Welche Fähigkeiten liegen vor?) und der geforderten Anforderung (Welche Fähigkeiten werden in einer spezifischen Funktion erwartet?). Eine Erweiterung dieses Ansatzes ist die Potenzialanalyse, das heißt die Beschreibung, welche Fähigkeitsentwicklung dem Mitarbeiter kurz-, mittel- und langfristig zugetraut wird.

Ein firmenspezifisches Kompetenzmodell kann zum Beispiel zwischen folgenden Dimensionen unterscheiden:

- Fachliche Kompetenzen (Wissen und Können bezogen auf die fachlichen Aufgabenstellungen).

- Methodische Kompetenzen (Verfahrens-Know-how, zum Beispiel im Projektmanagement oder in der systematischen Selbst- und Arbeitsorganisation sowie in der professionellen Präsentation von Arbeitsergebnissen).
- Soziale Kompetenzen (Fähigkeiten zu interdisziplinärer Kommunikation und Kooperation, Teamfähigkeit).
- Persönliche Kompetenzen (Integrität, Durchsetzungs- und Entscheidungsfähigkeit, Reifegrad, Akzeptanz im Unternehmen, Führungspotenzial und strategische Fähigkeiten).

Anhand einer Skala (von »0-10« oder »geringe« bis »sehr hohe« Ausprägung) stufen verschiedene Urteiler – zum Beispiel Linienvorgesetzte, Projektmanager oder auch Kollegen, Kunden und Kooperationspartner – den Mitarbeiter in Bezug auf die wahrgenommenen Fähigkeiten ein. Dabei kann ein Gesamtbild seiner Fähigkeiten gezeichnet werden, indem die verschiedenen Urteile gemittelt oder grafisch gegenübergestellt werden (»360-Grad-Bewertung«). Diese Kompetenzeinschätzungen können dann mit einem oder mehreren Anforderungsprofilen abgeglichen werden:

Dimension	Aktuelle Kompetenzein- schätzung (Mittelwert)	Anforderungs- profil »Referent Controlling«	Anforderungs- profil »Führungskraft«
Fachliche Kompetenzen	7	7	6
Methodische Kompetenzen	5,5	6	6
Soziale Kompetenzen	4	6	7
Persönliche Kompetenzen	4	6	8

Je nach Abweichungsgrad (»Delta-Analyse«) besteht individueller Förder- und Entwicklungsbedarf, der dann in einem Personalentwicklungsgespräch näher zu konkretisieren ist. In unserem Beispiel besteht Förderbedarf vor allem in den Bereichen der persönlichen und sozialen Kompetenzen. Im Hinblick auf die Anforderungen an eine Führungskraft sind die Abweichungen in unserem Beispiel noch deutlicher, sodass eingeschätzt werden muss, ob die

Urteiler dem Mitarbeiter den möglichen Entwicklungsschritt – hier in Richtung »Übernahme einer Führungsaufgabe« – in einem überschaubaren Zeitraum überhaupt zutrauen. Dies kann wiederum in Form einer subjektiven Einschätzung erfolgen – sozusagen als Wahrscheinlichkeitsaussage – oder auf der Grundlage von verhaltensorientierten Potenzialanalyseverfahren, zum Beispiel mithilfe eines Assessment-Centers oder einem Personalentwicklungsinterview.

Der Vorteil dieses kompetenzorientierten Beurteilungsansatzes liegt in der Orientierung an spezifischen Anforderungen, erwarteten Fähigkeiten und realistischen Entwicklungsmöglichkeiten. Er vernachlässigt jedoch – zumindest tendenziell – die tatsächliche Leistungserbringung bezogen auf einzelne Aufgaben und Ziele. Insofern greift das Kompetenzanalysemodell als isolierter Ansatz zu kurz. Für die faktische Bewertung der Mitarbeiterleistungen sind nämlich nicht nur dispositive Kompetenzen, sondern vor allem auch tatsächlich erzielte Ergebnisse (zum Beispiel Projekterfolge, abgeschlossene Einzelaufgaben, Zielerreichungen) heranzuziehen.

Kann auf Beurteilungssysteme auch gänzlich verzichtet werden?

Betrachtet man die mit den vorgestellten Ansätzen verbundenen Probleme und den Aufwand der systematischen Einführung und Umsetzung eines Beurteilungssystems, entsteht möglicherweise der Eindruck, dass eine strukturierte Beurteilung unter Kosten-Nutzen-Gesichtspunkten nicht immer sinnvoll ist. Viele Organisationen verändern nach einigen Jahren ihre Beurteilungssysteme, um dann festzustellen, dass auch das neue System wieder »überholungsbedürftig« ist. Selbst bei ausgereiften Systemen, die diese verschiedenen Ansätze kombinieren, klafft häufig eine Lücke zwischen Theorie und Praxis der Anwendung. Dies hängt auch damit zusammen, dass nicht immer die erzielte Beurteilung über erlebte Anerkennung, monetäre Konsequenzen oder Karrierechancen entscheidet. Stattdessen sind oftmals »nicht-explizite Bewertungsprozesse« auf der Ebene von Sympathien, Netzwerken, »Seilschaften« oder organisationsspezifischen Machtkonstellationen maßgebend.

Manche Unternehmen verzichten deshalb vollständig auf solche strukturierten Systeme und setzen darauf, dass sich die Mitarbeiter eigeninitiativ für ihre Karriere und neue Aufgaben engagieren, sich weitgehend selbst steuern und aus Fehlern lernen. Beurteilungsgespräche werden deshalb durch informelle, leistungsbezogene Anerkennungs- oder Kritikgespräche ersetzt, die meist vom Linienvorgesetzten als »Coaching-Gespräche« geführt werden. Dem liegt die Annahme zugrunde, dass eine formale Mitarbeiterbeurteilung eher durch punktuelle Hilfestellung, Beratung und Unterstützung zu ersetzen ist, damit Stärken ausgebaut und Entwicklungsbereiche gezielt angegangen werden können.

Dennoch benötigt eine reife Organisation früher oder später ein geeignetes, transparentes System, um die kundenorientierten Leistungsbeiträge der Organisationsmitglieder möglichst fair einzuschätzen und adäquat anzuerkennen. Dies gilt vor allem auch für die Leistungen der Führungskräfte, die gerade im Bereich der zwischenmenschlichen Kompetenz besonders ausgeprägt sein sollten. Ein hierfür geeigneter Ansatz ist ein »strukturiertes Mitarbeitergespräch«, bei dem über verschiedene Anforderungs- und Leistungskriterien mindestens einmal im Jahr – idealerweise häufiger – partnerschaftlich gesprochen wird. Dabei stehen der Rückblick auf die vergangene Leistungsperiode, die aktuelle Standortbestimmung zur gemeinsamen Zusammenarbeit und der Blick in die nahe Zukunft im Mittelpunkt.

Liegt eine BSC für das Unternehmen und insbesondere für den jeweiligen Geschäftsbereich des Mitarbeiters vor, so können für die Besprechung der Tätigkeitsschwerpunkte und Leistungen die dort formulierten Meilensteine, Messgrößen und Aktionsprogramme berücksichtigt werden. Dabei ist jeweils zu prüfen, welchen persönlichen Beitrag der Mitarbeiter zur Umsetzung der BSC – und der eventuell damit verkoppelten Teamziele – zu leisten hat.

Aufbau eines strukturierten Mitarbeitergesprächs

Anhand eines strukturierten Mitarbeitergesprächs verständigen sich die Gesprächspartner – im typischen Falle Linienvorgesetzter und Mitarbeiter – über die anstehenden Aufgaben, Ziele sowie Arbeitsschwerpunkte und bewerten zugleich die erreichten Arbeitsergebnisse gemeinsam. Dabei kann die vorhandene BSC als wichtiger Orientierungsrahmen herangezogen werden, da diese den übergreifenden Bezug für die Leistungserstellung stiftet.

Der Aufbau eines Mitarbeitergesprächs stellt sich folgendermaßen dar:

- Erörterung der aktuellen Aufgaben- und Tätigkeitsschwerpunkte.
- Rückblick auf die in der letzten Beurteilungsperiode erbrachten Leistungen.

- Standortbestimmung zur Qualität der gemeinsamen Zusammenarbeit.
- Vorausschau auf zukünftige Tätigkeitsschwerpunkte – im Idealfall unter Bezugnahme auf die vorhandene BSC.

Im Folgenden wird auf diese Komponenten des Mitarbeitergesprächs näher eingegangen. Die inhaltliche und formale Ausgestaltung – zum Beispiel anhand eines Gesprächsleitfadens, einer Anleitung mit Checklisten und Beispielen sowie eines Protokollbogens – sollte unternehmensspezifisch erfolgen. Die praktische Umsetzung richtet sich also auch an den Erwartungen und den Voraussetzungen der Zielgruppe aus. Dabei ist ein Verfahren zu wählen, das sowohl von den Führungskräften in Linien- und Projektleitungsfunktionen als auch von Mitarbeitern ohne Führungsaufgaben, zum Beispiel in Fach-, Vertriebs- und Servicefunktionen, genutzt werden kann. Es empfiehlt sich, ein hierarchieübergreifend durchgängig gehaltenes Gesamtsystem einzuführen, damit sich alle Mitarbeiter in der Organisation nach den gleichen Gesprächs- und Bewertungskriterien ausrichten.

Die Dokumentation des Mitarbeitergesprächs sollte in den Händen der verantwortlichen Gesprächsteilnehmer liegen. Dabei ist es hilfreich, dass wesentliche Ergebnisse und Vereinbarungen, die zum Beispiel für weitere Personalentwicklungsaktivitäten wichtig sind, auch in der Personalakte dokumentiert werden. Im Einzelnen gilt dies für Entwicklungsvereinbarungen, abgestimmte Qualifizierungsschritte, Kompetenzeinstufungen oder Ergebnisse von Beurteilungsverfahren. Zu protokollieren sind insbesondere Bewertungen und Einschätzungen, die für die weitere Förderung des Mitarbeiters im Unternehmen oder auch für nachgelagerte Vergütungsfragen von Relevanz sind.

Erörterung der aktuellen Aufgaben- und Tätigkeitsschwerpunkte

Gegenstand des Mitarbeitergesprächs ist im Wesentlichen der Abgleich zwischen den Anforderungen und den tatsächlich erbrachten Leistungen. Dabei sind nicht nur die aktuellen Tätigkeitsschwerpunkte zu betrachten, sondern auch die Entwicklung der persönlichen Leistungen in der Zeitachse sowie die Vorbereitung auf zukünftige Aufgabenstellungen und Anforderungen. Gerade in Unternehmen, deren Strukturen in Change-Prozessen tiefgreifenden Veränderungen unterworfen sind, müssen zeitnah Rückmeldungen zu erbrachten Leistungen vermittelt und realistische Zukunftsperspektiven aufgezeigt werden. Insofern sollte ein Mitarbeitergespräch nicht nur »rückwärts gerichtet« geführt werden, sondern muss vor allem Chancen und Herausforderungen der Zukunft aufzeigen, um einen gemeinsamen Weg zu beschreiben, der die Erwartungen des Unternehmens und die Interessen und Ziele des Mitarbeiters so weit wie möglich in Einklang bringt.

Dabei sind allerdings auch Konfliktpotenziale zu beachten: Nicht immer können die Tätigkeitsfelder, die im Unternehmen von vorrangiger Bedeutung sind, alle Fähigkeiten und Wünsche des Mitarbeiters voll zum Tragen bringen. Insofern müssen vernünftige Kompromisse gefunden werden, wenn abweichende Sichtweisen und Erwartungen einen vollständigen Konsens nicht erlauben. Im ersten Teil des Mitarbeitergesprächs sollte es jedoch vorrangig im Interesse beider Gesprächspartner liegen, zu prüfen, inwieweit die aktuelle Definition der Tätigkeitsschwerpunkte als zufrieden stellend erlebt wird. Im darauf folgenden Gesprächsabschnitt ist dann eine »Feinanalyse« erforderlich, wo konkret welche Erfolge erzielt wurden und was gegebenenfalls künftig noch zu verbessern ist.

Im Einzelnen gilt es, in der ersten Phase des Mitarbeitergesprächs zu klären:

- Welche Funktion übt der Mitarbeiter konkret aus?
- Wie ist sein Tätigkeitsfeld organisatorisch eingebunden?
- Welche übergreifenden Arbeitsschwerpunkte und Funktionsziele werden verfolgt?
- Wie lässt sich das Aufgabengebiet stichwortartig präzisieren?
- Welche Kompetenzen und Vollmachten besitzt der Mitarbeiter?

Dieser Teil des Mitarbeitergesprächs ist von besonderer Bedeutung, wenn das stukturierte Mitarbeitergespräch zum ersten Mal geführt wird, zum Beispiel bei neuen Mitarbeitern oder bei Versetzungen und Beförderungen. Auch beim Wechsel des Vorgesetzten sollte das gemeinsame Verständnis über die Tätigkeitsschwerpunkte abgeklärt werden. Eine neue Führungskraft sollte ein Mitarbeitergespräch gegebenenfalls auch unterjährig führen. Gleiches gilt, wenn entweder die Führungskraft oder der Mitarbeiter wesentliche Veränderungen der Tätigkeitsschwerpunkte erleben oder künftig als notwendig erachten.

Insofern ist ein Mitarbeitergespräch mit allen Mitarbeitern im Team bedarfsorientiert zu führen, wenn zum Beispiel aufgrund der Verabschiedung einer übergreifenden BSC konkrete Veränderungen in den Tätigkeits- und Funktionsprofilen einzelner Mitarbeiter entstehen. Dies gilt nicht nur, wenn aufgrund einer BSC neue Zielvereinbarungen auf Team- oder Individualebene abzuschließen sind, sondern auch gerade dann, wenn sich die Anforderungen an einzelne Mitarbeiter oder Mitarbeitergruppen grundlegend wandeln.

Bei der Beschreibung der Tätigkeitsschwerpunkte sollten folgende Formulierungskriterien beachtet werden:

- Beschränkung auf die fünf bis sieben wesentlichen Tätigkeitsmerkmale.
- Knappe, stichwortartige Darstellung auf maximal einer Seite.
- Kennzeichnung der Gestaltungsspielräume, sofern vorhanden – zum Beispiel beim Controller: »eigenständige Aufbereitung der Soll-Ist-Vergleiche in einem Unternehmensbereich mit Ergebnisdokumentation für die VO-Vorlagen«.
- Beschreibung von wiederkehrenden Tätigkeitsvollzügen, das heißt solchen Funktionsmerkmalen, die sich nicht in Form von einmaligen Projekten oder Zielvereinbarungen abbilden lassen.

Arbeitet ein Mitarbeiter vorwiegend in Projekten oder sogar in verschiedenen Projektgruppen, sind die jeweiligen Tätigkeitsinhalte ebenfalls stichwortartig zu charakterisieren. Sofern spezifische Kompetenzen und Entscheidungsvollmachten bestehen, können diese ergänzend aufgeführt werden.

Die wesentliche Zielsetzung dieser Kurzcharakterisierung des individuellen Aufgabengebietes beziehungsweise des persönlichen Funktionsprofils besteht darin, für beide Seiten einen tragfähigen Konsens zu erarbeiten, welche Tätigkeiten vorrangig zu erledigen sind. Dies bedeutet nicht, »starre Stellenbeschreibungen« zu fixieren, sondern vielmehr ein Grundverständnis über die wesentlichen Kernaufgaben herauszuarbeiten. Dazu gehört auch, dass bei grundlegend veränderten Anforderungen diese Beschreibungen zeitnah zu revidieren sind. Solche Veränderungen können zum Beispiel durch eine Umstrukturierung der jeweiligen Geschäftseinheit bedingt sein, aber auch durch eine konzeptionelle Neuausrichtung der Bereichs- und Teamziele, die veränderte Tätigkeitsinhalte zur Folge haben. Gleiches gilt für eine substanzielle Modifikation einer funktionalen Bereichs-BSC – zum Beispiel nach einem Review –, die neue Aufgabenschwerpunkte nach sich zieht.

Rückblick auf die in der letzten Besprechungsperiode erbrachten Leistungen

Ein Mitarbeitergespräch, das mit der Zielsetzung einer Überprüfung der erzielten Ergebnisse geführt wird, muss einen geeigneten zeitlichen Betrachtungsrahmen beinhalten. Der Zeitraum von einem Jahr kann als obere Grenze angesehen werden. Günstiger sind Mitarbeitergespräche, die zweimal im Jahr geführt werden, um möglichst überschaubare zeitliche Bezugsräume zu beleuchten. Führt ein Vorgesetzter ein Team von acht bis 15 Mitarbeitern, so bedeutet dies eine erhebliche Beanspruchung – sowohl durch die Vor- und Nachbereitung der Gespräche als auch die jeweilige Durchführung selbst.

Gerade dann, wenn Mitarbeitergespräche verschiedene Nutzenkriterien erfüllen sollen, zum Beispiel Zielvereinbarungen und Bewertungen der Zielerreichung, Planungen von Personalentwicklungsmaßnahmen oder die Erörterung von neuen Tätigkeitsmerkmalen, erfordern die Gespräche einen adäquaten zeitlichen Umfang. Dies bedeutet zum einen, dass ein Mitarbeitergespräch mindestens zirka 90 Minuten umfassen sollte. Zum anderen sind häufig mindestens zwei Gesprächstermine nötig, da nicht nur eine Situationsanalyse, sondern auch die konkrete Vereinbarung von Maßnahmen anzustreben ist, über die beide Gesprächspartner vorab in Ruhe nachdenken sollten.

Insofern wird im Mittelpunkt des ersten Teils des Mitarbeitergesprächs zunächst der Rückblick auf die letzte Bezugsperiode stehen. Im Einzelnen empfiehlt es sich, folgende Themen zu erörtern:

- Zufriedenheit mit den Aufgabenschwerpunkten und den Umfeldbedingungen am Arbeitsplatz – insbesondere Teamsituation, Anforderungscharakter der Funktion, persönliche Erfolgserlebnisse; aber auch verwandte Themen wie Wahrnehmung der Unternehmenskultur oder ergonomische Bedingungen am Arbeitsplatz.

- Veränderte Tätigkeitsinhalte aufgrund besonderer situativer Bedingungen, zum Beispiel abweichende Anforderungsstrukturen, Veränderungen im Team (wie Fluktuation oder Krankheiten), spezifische Kundenwünsche und Qualitätsanforderungen, die in der letzten Periode von Bedeutung waren.

- Erreichungsgrad von Zielen – sofern Ziele vereinbart wurden und die Thematik der Zielvereinbarungen in das Mitarbeitergespräch aufgenommen wird; alternativ können auch gesonderte Gespräche zur Erörterung der Zielerreichung und zur Vereinbarung neuer Ziele geführt werden.

- Erörterung des Mitarbeiterverhaltens gemäß den funktionsbezogenen Anforderungen und den unternehmensspezifischen Leitlinien für Zusammenarbeit und Führung – im Einzelnen sind zu nennen:
  - Kunden- und serviceorientiertes Verhalten
  - Wirtschaftliches und kostenbewusstes Handeln
  - Einbringen neuer Ideen und Verbesserungsvorschläge
  - Zusammenarbeit und Teamgeist
  - Leistungs- und Einsatzbereitschaft (»Engagement in der Funktion«)
  - Selbstorganisation und Arbeitsmethodik
  - Bei einer Führungskraft: Führungsverhalten gemäß den organisationsspezifischen Führungsleitlinien
- Stärken und Optimierungsbereiche bezogen auf das jeweilige Anforderungs- und Kompetenzprofil – im Wesentlichen besondere Fähigkeiten und potenzielle Entwicklungsbedarfe in fachlicher, methodischer, sozialer und persönlicher Hinsicht.
- Verlauf eingeleiteter Maßnahmen zur Qualifizierung und Personalentwicklung, zum Beispiel Seminare, Hospitationen, Aufgabenerweiterungen, Projektaufgaben zur eigenen Kompetenzentwicklung oder spezifische Beratungsergebnisse.

Werden die genannten Themen in einem angemessenen zeitlichen Rahmen im Mitarbeitergespräch vertieft, so bietet sich den Gesprächspartnern zugleich die Gelegenheit, eigene Wahrnehmungen wechselseitig abzugleichen. Konkret sollte der Mitarbeiter seine Einschätzungen (»Selbstbild«) mit denjenigen seiner Führungskraft (»Fremdbild«) austauschen. Dabei ist es hilfreich, über Gründe für abweichende Sichtweisen nachzudenken, ohne jedoch dem jeweils anderen »beweisen« zu wollen, dass »man Recht hat«. Im Mittelpunkt sollte der offene Gedankenaustausch stehen, wobei auch die Analyse von Ursachen für möglicherweise nicht erreichte Ziele zu besprechen ist. Sofern aufgrund wahrgenommener Defizite in einzelnen Verhaltensbereichen eine spezifische, korrektive Qualifizierungs- oder Personalentwicklungsplanung zu treffen ist, sollten die Gesprächspartner dazu klare Vereinbarungen mit Zeithorizont und Erfolgskriterien treffen.

Gegebenenfalls sind dazu auch Dokumentationen in der Personalakte vorzunehmen. Dies gilt insbesondere für den Fall, dass konkrete qualitative oder quantitative Leistungsbeurteilungen abgegeben werden – eventuell ergänzt durch Kompetenzeinschätzungen, Verhaltensbewertungen oder Einstufun-

gen zu Zielerreichungsgraden beziehungsweise zur Qualität der funktionsspezifischen Aufgabenerledigung. Eine methodische Frage lautet, ob metri-
sche Beurteilungsskalen, zum Beispiel Messskalen von 1-6 (angelehnt an
»Schulnotensysteme«) oder von 1-10 (»Merkmal überhaupt nicht ausgeprägt« bis »Merkmal sehr stark ausgeprägt«) angewendet werden sollten.
Die Meinungen hierzu sind ausgesprochen kontrovers. Ein zentrales Problem
der Beurteilungsskalen ist die meist fehlende Objektivität und Reliabilität, die
nicht ausreichende Validität und die unklare Abgrenzung der einzelnen Beur-
teilungsstufen (zum Beispiel »teilweise erledigt« gegenüber »weitgehend erledigt«).

Deshalb liegt es nahe, auf solche Einstufungen so weit wie möglich zu verzichten und stattdessen im Mitarbeitergespräch den Abgleich der Sichtweisen
im Dialog in den Mittelpunkt zu rücken. Wird das Mitarbeitergespräch als
Baustein zur Entwicklung der Unternehmens- und Führungs- und Kommunikationskultur verstanden – insbesondere auch um notwendige und sinnvolle
Personalentwicklungspläne abzuleiten –, sind »Punktsysteme« und »Bewertungsskalen« weniger geeignet. Sie können allenfalls zur Vorbereitung des
Dialogs eine nützliche Funktion übernehmen – etwa indem die Gesprächspartner vor dem Gespräch ihre Wahnehmungen bezüglich einzelner Leitdi-
mensionen einstufen. Ein Beispiel hierfür ist die Einschätzung, in welchem
Maße bestimmte Aufgabeninhalte im Sinne der Kunden- und Qualitätser-
wartungen erfüllt wurden. Über diese Einschätzungen und ihre Gründe kann
dann im Mitarbeitergespräch vertiefend gesprochen werden.

Eine andere Situation ergibt sich, wenn über objektive Fakten gesprochen
wird, zum Beispiel die Übererfüllung oder Nichterreichung von Zielen, die
mit konkreten Daten und Zahlen belegt werden kann. Dies betrifft beispielsweise Budgetüber- oder Unterschreitungen, die Einhaltung von Terminhorizonten, den Umsetzungsgrad von Bildungsmaßnahmen oder die
Bewertung der Prozesseffizienz anhand von Wertschöpfungsindikatoren. In
diesem Fall können die nachgewiesenen, weitgehend objektiven Fakten, die
eine Aussage über Leistungen des Mitarbeiters zulassen, festgehalten und
ergänzend zum Gespräch dokumentiert werden. Sofern möglich, sollte zur
Leistungsbeurteilung vor allem auch das Meinungsbild der internen oder
externen Kunden herangezogen werden. Damit wird sichergestellt, dass
nicht die subjektive Perspektive der Gesprächspartner die Sichtweise der
letztlich maßgebenden »externen Feedbackgeber«, das heißt der Kunden,
überlagert.

Standortbestimmung zur Qualität der gemeinsamen Zusammenarbeit

Ein Mitarbeitergespräch kann als Chance begriffen werden, die Zusammenarbeit zwischen Führungskraft und Mitarbeiter sowie die Wahrnehmungen zum Organisations- und Teamklima zu hinterfragen. Je besser das Vertrauensverhältnis zwischen den Gesprächspartnern ausgeprägt ist, desto offener werden die gegenseitigen Rückmeldungen ausfallen. Ein positives zwischenmenschliches Verhältnis vorausgesetzt, können auch kritische Hinweise oder Anregungen zur Verbesserung der Kooperation und Kommunikation positiv aufgenommen werden. Gerade im Vergleich zum täglichen »Small Talk« bietet sich in einem ausführlichen und tiefgehenden Mitarbeitergespräch die Möglichkeit, über das gemeinsam Erreichte nachzudenken und mögliche herausfordernde Zukunftsaufgaben und -projekte zu planen. Dabei ist nicht nur wichtig, dass die Führungskraft mitteilt, wie sie den Mitarbeiter wahrnimmt und einschätzt, sondern dass auch ein möglichst authentisches Feedback an die Führungskraft vermittelt wird.

In vielen Organisationen werden anonyme Vorgesetztenfeedbacks eingesetzt, bei denen Mitarbeiter ihre Führungskraft anhand vorgegebener Bewertungsdimensionen einstufen. Damit soll Mitarbeitern die Chance eröffnet werden, ihrem Vorgesetzten eine möglichst präzise Rückmeldung zu geben, ohne über Konsequenzen nachdenken zu müssen. Solche Methoden sind sehr hilfreich, um zum Beispiel im Rahmen eines breit angelegten Führungskräfteentwicklungsprogramms allen Vorgesetzten ein ganzheitliches Wahrnehmungsbild seitens ihrer Mitarbeiter zu vermitteln. Die Bündelung anonymisierter Einstufungen ermöglicht anhand von Fragebögen und Rating-Skalen auch einen Vergleich zwischen einzelnen Bereichen oder sogar ein organisationsübergreifendes »Benchmarking« zur wahrgenommenen Führungsqualität im jeweiligen Hause.

In einem persönlichen und individuell geführten Mitarbeitergespräch entscheidet aber das wechselseitige Vertrauensverhältnis über die Qualität des Feedbacks. Dazu gehört auch, dass die Feedbackgeber eine wertschätzende, respektierende und achtsame Form des Umgangs miteinander pflegen. Ist dieses Vertrauensverhältnis nicht gegeben, wird auch das gegenseitige Feedback nicht sehr aussagefähig sein. Ein Mitarbeiter, der Sanktionen befürchtet, wenn er seinen Chef kritisiert, wird sich »diplomatisch« äußern oder sich zumindest taktisch verhalten, um das Verhältnis nicht weiter zu belasten. Es liegt dann in der Verantwortung der Führungskraft, wenn sie ein ernsthaftes Interesse an einer offenen Rückmeldung besitzt, zunächst an der Verbesserung des persönlichen Verhältnisses zum jeweiligen Mitarbeiter zu arbeiten. In einem solchen Fall ist ein Mitarbeitergespräch auch vor allem dazu zu nutzen, um die gemeinsame Beziehungsstruktur wieder auf eine positive atmosphärische Ebene zu führen. Dazu sind gegebenenfalls ergänzende Schritte nötig – zum Beispiel die Besprechung des Teamklimas gemeinsam mit allen Mitarbeitern oder die Einbindung eines neutralen Moderators, der dazu beiträgt, die verloren gegangene Offenheit und Wertschätzung durch ein konstruktives Konfliktmanagement wiederherzustellen.

Im Folgenden wird jedoch unterstellt, dass die Gesprächspartner ein tragfähiges persönliches Einvernehmen gefunden haben und damit die Grundlage gegeben ist, sach- und partnerorientiert in einen vertiefenden Dialog einzutreten. Die Gesprächspartner können sich nun darauf verständigen, in einer nächsten Phase des Mitarbeitergesprächs ihre Sichtweisen zu folgenden Aspekten der gemeinsamen Kooperation auszutauschen:

- Wie wird die Qualität der Zusammenarbeit insgesamt eingeschätzt? Was wird positiv wahrgenommen, und wo bestehen Schwachstellen beziehungsweise Verbesserungsmöglichkeiten in der partnerschaftlichen Kommunikation und Kooperation?

- Welche Rolle spielen die anderen Teammitglieder in der Qualität der Zusammenarbeit? Besteht ein Klima der Wertschätzung, der Offenheit, der gegenseitigen Unterstützung und Hilfsbereitschaft? Oder gibt es hemmende Faktoren und »Rangeleien«, die eine erfolgreiche Teamarbeit gefährden?

- Wie wird die Führungskraft vom Mitarbeiter in ihrem Verhalten wahrgenommen? Wie bewertet der Mitarbeiter die Qualität der Führung durch den eigenen Vorgesetzten? Dazu können folgende Aspekte des Führungsverhaltens thematisiert werden:
  - Sind die übergreifenden Visionen, Unternehmensstrategien und Bereichsaufträge von der Führungskraft verständlich vermittelt worden?
  - Ist die Business-BSC beziehungsweise die funktionale BSC gemeinsam im Team reflektiert worden, und konnten die Mitarbeiter Anregungen zur inhaltlichen Ausgestaltung einbringen?
  - Wie wurden bisher Ziele vereinbart? Verlief der Vereinbarungsprozess zur gegenseitigen Zufriedenheit?

- Wurden gemeinsam Messkriterien erarbeitet, und kann sich der Mitarbeiter mit den festgelegten Mess- und Erfolgskriterien identifizieren?
- Wurden unterjährige Zwischengespräche geführt und waren sie zur Begleitung der Zielerreichung aus der Sicht des Mitarbeiters hilfreich?
- Finden regelmäßige Teamsitzungen statt, in denen auch über »Atmosphärisches« und über die gemeinsame Teamentwicklung fortlaufend gesprochen wird?
- Engagiert sich die Führungskraft aus Sicht des Mitarbeiters als »Personalentwickler«, das heißt fördert sie die persönliche Entwicklung und das eigenverantwortliche Handeln aller Teammitglieder?
- Sucht die Führungskraft offen den Dialog? Gibt sie Informationen rechtzeitig und konsequent weiter? Trifft sie zeitnah Entscheidungen und fördert sie kreative Ideen, die das engagierte Handeln aller Teammitglieder unterstützen?

Solche Fragen können nur konstruktiv behandelt werden, wenn beide Partner dazu die ernst gemeinte Dialogbereitschaft einbringen. Einige der genannten Besprechungspunkte werden auch ergänzend in Teamsitzungen gemeinsam mit allen Teammitgliedern zu erörtern sein. Insofern ist eine Führungskraft gut beraten, nicht nur in »vier-Augen-Gesprächen« die Wahrnehmung des eigenen Führungsverhaltens zu reflektieren, sondern zugleich in ergänzenden Workshops mit der gesamten Gruppe – gegebenenfalls auch unter Einbeziehung eines neutralen Teamentwicklers und Moderators – über die Schlüsselfragen einer erfolgreichen Zusammenarbeit nachzudenken.

Führungskräfte unterliegen oftmals der Versuchung, die Erörterung der Fachthemen in der Zusammenarbeit mit den Mitarbeitern zu stark zu gewichten. Dies mag daraus resultieren, dass sie aufgrund des organisationsimmanenten Erfolgs- und Ergebnisdruckes und der damit verbundenen Ausrichtung auf nachweisbare Resultate die zwischenmenschliche, informelle Ebene gelegentlich vernachlässigen. Eine erfolgreiche Führungskraft wird allerdings gerade dort eine besondere Sensibilität zu entwickeln haben, wo Reibungsverluste in der interdisziplinären Zusammenarbeit – sowohl innerhalb des eigenen Teams als auch bereichsübergreifend – entstehen. Führungskräfte sind im Wesentlichen auch als »Konfliktmanager« gefordert, das heißt sie sollten Sach- und Fachaufgaben verantwortungsvoll und konsequent delegieren. Begleitend und moderierend müssen sie dort den Mitarbeitern zur Seite stehen, wo innerhalb des Teams Blockaden und Barrieren aufkommen, die eine erfolgreiche Kommunikation und Kooperation behindern.

Dementsprechend ist gerade die »Standortbestimmung« in Mitarbeitergesprächen und daran angekoppelten Teamentwicklungsprozessen von wesentlicher Bedeutung, um herausragende Leistungen zu fördern und die gemeinsame Zielerreichung abzusichern. Steht einer Führungskraft eine aussagefähige BSC zur Verfügung, so wird es ihr leichter fallen, den Stellenwert der partnerschaftlichen Zusammenarbeit zur Erreichung der Meilensteine im Strategieprozess herauszustellen. Insofern kann eine BSC in den Mitarbeitergesprächen einen Zusatznutzen entfalten, da sie wichtige Orientierungsmarken und Maßstäbe für die Qualität der Teamarbeit in den einzelnen Unternehmensbereichen liefert.

Vorausschau auf zukünftige Tätigkeitsschwerpunkte unter Bezugnahme auf die Balanced Scorecard

Ein wesentlicher Inhalt des Mitarbeitergesprächs ist der gemeinsame »Blick in die Zukunft«. Diese Vorausschau beinhaltet, dass künftige Aufgabeninhalte, veränderte Kernanforderungen und geeignete Maßnahmen zur Qualifizierung und Weiterentwicklung vertiefend erörtert werden. Sofern Zielvereinbarungen zu treffen sind, können diese in das Mitarbeitergespräch in dieser Phase integriert werden. Dabei gewinnt die BSC einen besonderen Stellenwert: Beide Gesprächspartner sollten sich zunächst vergewissern, welche übergreifenden Meilensteine, Erfolgskriterien und Aktionsprogramme sich aus der relevanten BSC – sei es eine übergreifende Business-Scorecard oder eine bereichsspezifische, funktionale BSC – ergeben.

Ausgehend von der Sichtung der in der jeweiligen BSC konkretisierten strategischen Bezugsmarken und Messgrößen können dann veränderte Aufgaben- und Tätigkeitsschwerpunkte erörtert werden. Dementsprechend ergibt sich folgende Ablaufgestaltung dieser zukunftsorientierten Gesprächsphase im Mitarbeitergespräch:

- Vergegenwärtigung der strategischen Ziele in der BSC in den Facetten Finanzen, Markt/Kunden, Prozesse und Lernen/Entwicklung.
- Überprüfen des bisherigen Tätigkeitsprofils des jeweiligen Mitarbeiters.
- Aktualisieren des Tätigkeitsprofils durch Akzentuierung derjenigen Funktionsschwerpunkte, die im Bezug auf die BSC und die spezifischen Ziele des jeweiligen Teams von besonderer Bedeutung sind.

Dies beinhaltet im Einzelnen:

- Klärung der persönlichen Wertbeiträge durch den jeweiligen Mitarbeiter – insbesondere auch aus dem Blickwinkel der internen oder externen Kundenerwartungen.
- Ausloten von möglichen Synergieeffekten in der teamorientierten Leistungserstellung durch interdisziplinäre Ergänzung und Abgleich der persönlichen Stärken und Neigungen.
- Festlegung von zukünftigen Tätigkeitsmerkmalen, die für den jeweiligen Mitarbeiter zugleich eine attraktive Herausforderung und Lern- und Wachstumschance darstellen.

- Treffen von Zielvereinbarungen (optional, das heißt bei entsprechendem dispositivem Gestaltungsrahmen des Mitarbeiters beziehungsweise des jeweiligen Teams) – mit Aussagen zur Zielpriorisierung, zu den Zeithorizonten, den Erfolgskriterien und zum Nutzenbeitrag für die BSC-Erreichung.

- Vereinbaren von erforderlichen Maßnahmen zur Unterstützung der Aufgabenerfüllung und/oder Zielerreichung sowie zur individuellen Weiterbildung und Weiterentwicklung.
  - Fachliche, methodische, persönliche und soziale Qualifizierungsmaßnahmen.
  - Erweiterung von Kompetenzen und Handlungsbefugnissen.
  - Sammeln von neuen Lernerfahrungen.
  - Bedarfsorientierte Personalentwicklungspläne.

- Klären von Vorstellungen und Erwartungen des Mitarbeiters hinsichtlich der mittel- und langfristigen beruflichen Entwicklung.
  - Persönliche Entwicklungsziele und -wünsche.
  - Organisationsspezifische Entwicklungsanforderungen und -notwendigkeiten.
  - Entwicklungsschwerpunkte in der aktuellen Funktion.
  - Geplante Übernahme neuer Funktionen oder Tätigkeiten.

Die einzelnen Besprechungspunkte sind nicht zwingend in der genannten chronologischen Reihenfolge zu erörtern. Es empfiehlt sich jedoch, ausgehend von Anforderungen und Notwendigkeiten aus organisationsspezifischer Sicht in besonderem Maße die individuellen Wünsche, Erwartungen und Interessen des Mitarbeiters zu behandeln. Dies ist eine Vorausset-

Abb. 4-2: Beispiel für eine Zielvereinbarung, die in das Mitarbeitergespräch mit einem Controllingreferenten integriert wird

Priorität	Zielinhalt	Zeit-horizont	Ressour-cen	Erfolgs-kriterien	Nutzen für die BSC-Umset-zung
A	Einfüh-rung Kosten-stellen-plan mit Software-Anbin-dung	1.10.	10 MA-Tage, X TDM	• IT-Integration • Information an alle Be-reiche • Reibungslose Umsetzung im Tagesgeschäft	Absicherung der Meilensteinerrei-chung in der Per-spektive »Pro-zesse« der funk-tionalen BSC
B	Erstellen eines neuen Konzepts zum Berichts-wesen	1.11.	(keine zusätz-lichen Ressour-cen)	• Präsentation im Team • Zusammenfas-sung auf max. 3 Seiten • Maßnahmen-vorschläge	Optimierung der Prozesseffizienz und Kundenak-zeptanz
C	Grafi-sche Si-mulatio-nen in Report-ing integ-rieren	1.9.	Neue Grafik-Software	• Anschauliche Visualisierung • Positive Ein-schätzung durch interne Kunden • Abrufbarkeit im Intranet	Bezug zur Steige-rung der Kunden-orientierung (Perspektive 2 in der BSC)
D	Optimie-rung der eigenen Arbeitsor-ganisa-tion	1.4	Zeitplan-system mit Ser-ver-An-bindung	• Durchgängige Planbarkeit der Projekt-termine • Systemintegra-tion der eige-nen Termine • Vermeiden von Terminstornie-rungen	Fördern von Ler-nen und Ent-wicklung (Per-spektive 4)

Hinweis: Sofern es sich um ein Projekt gemäß den Projektanforderungsdefinitionen in der Organisation handelt, ist dieses entsprechend den Projektcontrolling-Kriterien zu bearbeiten.

zung dafür, dass zu treffende Vereinbarungen über neue Aufgabenschwerpunkte, Qualifizierungsmaßnahmen und Entwicklungsschritte verbindlich im Konsens verabschiedet und damit auch zeitnah umgesetzt werden können.

Dokumentation des Mitarbeitergesprächs

Das Mitarbeitergespräch sollte durch ein kurzes, prägnantes Protokoll dokumentiert werden, in welchem wesentliche Vereinbarungen stichwortartig festgehalten sind. Dies gilt insbesondere für Veränderungen in den Tätigkeitsschwerpunkten und Kompetenzen, abgestimmte Qualifizierungsmaßnahmen und Aussagen zu geplanten Entwicklungsschritten. Sofern eine formale Beurteilung der Mitarbeiterkompetenzen oder -leistungen erfolgt – zum Beispiel anhand einer qualitativen oder quantitativen Einschätzung –, ist diese ebenfalls schriftlich festzuhalten. Gleiches gilt für ermittelte Zielerreichungsgrade oder Projektresultate.

Die Ablage des Protokolls kann in der Personalakte erfolgen, um die Verbindlichkeit zu dokumentieren und einen gezielten, vertraulichen Zugriff zu ermöglichen. Insbesondere Entwicklungsvereinbarungen, die sich über einen längeren Zeitraum erstrecken, gewinnen durch die Dokumentation an zusätzlicher Bedeutung – zum Beispiel für die weitere Qualifizierungs- und Personalentwicklungsplanung. Gleiches gilt für spezifische Kompetenzprofile oder die Analyse von individuellen Stärken und Optimierungsbereichen. Durch eine IT-unterstützte Ablage in einer Datenbank können bei entsprechendem Personalbedarf gezielt diejenigen Mitarbeiter ausfindig gemacht werden, die für neu zu konstituierende Teams oder Projektgruppen die entsprechenden Voraussetzungen mitbringen.

Es sollte aber darauf geachtet werden, dass nur wesentliche, aussagefähige und strukturiert aufbereitete Informationen abgespeichert werden. Ansonsten besteht die Gefahr, dass durch unsystematisch abgelegte Gesprächsnotizen der Nutzen beim späteren Zugriff gering ist. Darüber hinaus sind Datenschutzbelange sowie Anforderungen aus dem Blickwinkel der Arbeitnehmervertretung zu beachten. Die abgelegten Informationen sollten nur einem genau definierten Kreis von Personen zugänglich sein, wofür der Personalbereich entsprechende Sicherungsmaßnahmen ergreifen muss – insbesondere auch bei einer computergestützten Aufbereitung.

Abb. 4-3: Dokumentation eines Mitarbeitergesprächs unter Bezug auf eine funktionale BSC, z. B. im Bereich Personal

Rückblick	Bezug zur funktionalen BSC *(strategische u. operative Ziele/Meilensteine in der BSC/Ziel- und Erfolgskriterien im Jahr X gemäß BSC)*
Individuelles Kompetenz- und Verhaltensprofil (Ausprägungen gemäß Anforderungsprofil)	• Perspektive »interner Markt und Kunden«: Veränderte Kundenerwartungen und -anforderungen, Servicekriterien und Qualitätsstandards
Erfüllungsgrad der vereinbarten Kernaufgaben	• Perspektive »interne/externe Kunden« • Perspektive »Prozesse«
Zielerreichungsgrad	• Perspektive »Finanzen« • Perspektive »Kunden« • Perspektive »Prozesse«
Umsetzungsgrad der vereinbarten PE- und Qualifizierungsmaßnahmen	• Perspektive »Lernen und Entwicklung«

Vorausschau	Bezug zur funktionalen BSC
Neue, veränderte Tätigkeitsschwerpunkte	• Perspektive »Kunden und Prozesse«
Neue Zielvereinbarungen	• Perspektive »Finanzen« • Perspektive »Kunden« • Perspektive »Prozesse«
Vereinbarte Maßnahmen zur Kompetenzentwicklung und Qualifizierung	• Perspektive »Lernen und Entwicklung«

Hinweis: In der Rubrik »*Bezug zur funktionalen BSC*« kann ergänzend aufgenommen werden, um welche konkreten Eintragungen in der BSC-Matrix es sich jeweils handelt: z. B. »Optimierung der Geschäftsprozesse im Bereich X mit den Teilzielen Verkürzung von Bearbeitungszeiten um x Prozent, Senkung der Reklamationsquote um y Prozent und Beschleunigung der Angebotserstellung um z Prozent«.

Im Hinblick auf die jeweilige unternehmens- und bereichsspezifische BSC sollte der Bezug der jeweils getroffenen Vereinbarungen zu den Meilensteinen und Messgrößen gesondert herausgestellt werden. Dadurch lässt sich bei einer zentralen Analyse der unternehmensweiten BSC-Aktivitäten – etwa durch ein übergreifendes BSC-Steuerungsteam – sichtbar machen, welche Bereiche, Teams und Mitarbeiter an welchen BSC-Strategien und -Zielen arbeiten. Die entsprechende Dokumentation eines Mitarbeitergesprächs ist in Abbildung 4-3 dargestellt.

Ergänzend zu dem Protokoll, in dem Gesprächsinhalte und -ergebnisse dargestellt werden, kann ein weiteres Beiblatt erstellt werden, in dem folgende Fragen beantwortet werden:

- *Individueller Beitrag des Mitarbeiters zur BSC-Implementierung* mit der Leitfage: »Welche Aufgabenschwerpunkte, Ziele und Entwicklungsmaßnahmen tragen zum Erreichen einzelner BSC-Meilensteine bei?«
  Die Beantwortung dieser Frage setzt voraus, dass die Meilensteine klar definiert sind und ein Bezug zur Tätigkeit des Mitarbeiters – oder einer Gruppe von Mitarbeitern in einem Team oder einem Projekt – hergestellt werden kann. Dies wird im Einzelfall zu überprüfen sein, wobei davon auszugehen ist, dass vor allem spezialisierte Vertriebs- oder Servicefunktionen einen wesentlichen Beitrag zur BSC-Implementierung leisten. Dabei kann auch der Beitrag des Mitarbeiters im jeweiligen Team (zum Beispiel in einem Call-Center oder einer Marketing-Abteilung) gesondert herausgestellt werden.

- *Bezug getroffener Vereinbarungen zu einzelnen BSC-Perspektiven* mit der Leitfrage: »Wie leistet der Mitarbeiter durch seine spezifischen Tätigkeiten einen besonderen Beitrag zu einer einzelnen Perspektive bei der BSC-Umsetzung?«
  Dies bedeutet, dass die Aufgaben, Tätigkeiten und Ziele jeweils im Hinblick auf die Schlüsselperspektiven einer BSC betrachtet werden. Eine Tätigkeit in einem Aufgabenprofil eines Marketing-Referenten wie »Erstellen eines Konzeptes für den neuen Geschäftsbericht« könnte dementsprechend etwa für avisierte Meilensteine in der Steigerung der Kundeninformation (Perspektive »Markt und Kunden«) und den Investor-Relations (Perspektive »Finanzen«) maßgeblich sein.

- *BSC-gestützte Mitarbeiterbeurteilung* mit der Leitfrage: »Welcher Zusatznutzen entstand rückblickend durch die Leistungsbeiträge des Mitarbeiters bei der Erreichung der BSC-Meilensteine?«

Die Beurteilung der Mitarbeiterleistungen richtet sich dementsprechend weniger nach subjektiven Einschätzungen vom jeweiligen Vorgesetzten oder durch den Mitarbeiter selbst, sondern stärker nach den objektiven Erfolgsnachweisen, die bei der Prüfung der Meilensteinerreichung gefordert sind. Insofern werden nicht subjektiv bewertete, individuelle Einzelleistungen gewürdigt, sondern vor allem team- und bereichsbezogene Nutzenbeiträge, die von »neutralen Dritten«, zum Beispiel vom betrieblichen Controlling oder auf der Grundlage eingeholter Kundenfeedbacks, nachgewiesen werden.

Zusammenfassend kann festgestellt werden, dass die Erweiterung des Mitarbeitergesprächs durch die konkrete Bezugnahme auf übergreifende BSC-Ziele und -Meilensteine einen verbesserten Orientierungsrahmen zur Leistungsbewertung bereitstellt. Dies verspricht zum einen mehr Fairness und Objektivität in der Mitarbeiterbeurteilung. Zum anderen können Vereinbarungen zu neuen Aufgabenschwerpunkten, Zielen und Entwicklungsmaßnahmen direkt aus übergreifenden unternehmerischen Handlungsbedarfen – nämlich denjenigen der Business-Scorecard oder der nachgelagerten funktionalen BSC – abgeleitet werden. Die Gesprächspartner müssen allerdings die Mitarbeitergespräche durch den BSC-Bezug noch gezielter vorbereiten und strukturieren, da ansonsten die Transparenz und Verbindlichkeit in der Gesprächsführung fehlt. Maßgeblich bei einer BSC-gestützten Durchführung eines Mitarbeitergesprächs ist neben den erhöhten Anforderungen an die Dialogkompetenz der Gesprächspartner vor allem auch die Aussagefähigkeit der erstellten Ergebnisdokumentation.

Ein Mitarbeitergespräch muss nicht zwingend vom Vorgesetzten mit dem jeweils unterstellten Mitarbeiter geführt werden. Organisationen mit stärker projekt- und netzwerkförmigen Aufbau- und Ablaufstrukturen können auch von »horizontalen Mitarbeitergesprächen« profitieren. Damit sind Gespräche gemeint, die zum Beispiel zwischen Team- und Projektmitgliedern oder sogar zwischen Mitarbeitern und ihren Kunden direkt geführt werden. In solchen Gesprächen entfällt die hierarchische Komponente weitgehend; sie setzen allerdings eine hohe Selbststeuerungsfähigkeit der Mitarbeiter voraus. Darüber hinaus müssen die Kompetenzen der Mitarbeiter so ausgestaltet sein, dass sie unmittelbare Leistungs- und Zielvereinbarungen mit ihren Kunden verhandeln und ausgestalten »dürfen«.

Dies wiederum setzt flache Hierarchien und eine konsequente Delegationsbereitschaft im Management voraus. Der Stellenwert solcher unternehmerischer Gestaltungsspielräume für die Mitarbeiter dürfte allerdings künftig an Bedeutung gewinnen, da dadurch wesentliche Effizienz- und Geschwindigkeitsvorteile erzielt werden können, die zugleich neue Entscheidungs- und Verantwortungspotenziale bei den Mitarbeitern eröffnen. Die Linienführungskräfte müssen dann noch stärker als bisher die Rolle von Prozessbegleitern, Beratern und Moderatoren übernehmen, da sie tendenziell weniger inhaltliche und fachliche Verantwortung übernehmen und vor allem zur Prozessorganisation und Erfolgssteuerung bei der weitgehend autonomen Verfolgung von übergeordneten strategischen Zielen beitragen werden.

Potenzialanalyse und Nachwuchsentwicklung

Stellenwert für die Balanced-Scorecard-Implementierung

Bei der Implementierung einer BSC gewinnen die Maßnahmen zur gezielten Mitarbeiterförderung in der Perspektive »Lernen und Entwicklung« eine besondere Bedeutung. Dabei stellt sich die Frage, wie vorhandene Ressourcen gezielt eingesetzt werden, um einen möglichst hohen Nutzen für die zukunftsgerichtete Organisations- und Personalentwicklung zu erreichen. Der Identifikation von förderungswürdigen Nachwuchs- und Potenzialkandidaten kommt ein vorrangiger Stellenwert zu, damit einzuleitende Qualifizierungs- und Entwicklungsmaßnahmen möglichst zielgruppengerecht ausgestaltet werden können.

Das Potenzial zur Übernahme von Schlüsselfunktionen muss dabei zunächst vor allem für solche Aufgabenstellungen ermittelt werden, die einen hohen Führungsanteil besitzen. Dies gilt primär für klassische Linien-Management-Funktionen, zunehmend aber auch für Projektmanagement-Aufgaben. Bei der Steuerung von strategischen Projekten soll der Positionsinhaber in einer interdisziplinär geprägten Projektgruppe eine temporäre Führungsrolle übernehmen, um definierte Projektziele möglichst effizient, das heißt zeitnah und ergebnisorientiert, zu erreichen. Im Gegensatz zu Linienfunktionen sind Projektleitungsfunktionen mit weniger »formeller Macht« verbunden; spezifische Weisungsbefugnisse beschränken sich im Allgemeinen auf die fachliche Leitung der Projektgruppe. Eine disziplinarische Vorgesetztenfunktion wird vom Projektleiter meist nicht ausgeübt.

Die Potenzialanalyse darf aber nicht auf klassische Führungs- und Leitungsaufgaben – sei es in Linien- oder Projektfunktionen – beschränkt sein. Durch zunehmend flachere Organisationen mit verstärkten Anforderungen an die horizontale Kommunikation und Kooperation entlang der Wertschöpfungskette gewinnen auch verantwortungsvolle Fach-, Service- und Spezialistenfunktionen in kundenorientiert agierenden Teams an Bedeutung. Künftige Spezialisten für die Ausübung von Schlüsselfunktionen müssen frühzeitig identifiziert und auf ihre Fachaufgaben vorbereitet werden. Insofern bezieht sich »Potenzial« grundsätzlich auf sämtliche exponierte Fach- und Führungsaufgaben mit hohem Verantwortungsgrad für das Unternehmen – und dementsprechend hohem Risikoanteil bei Fehlbesetzungen oder ungenügender Vorbereitung auf die Funktionsausübung.

Im Zusammenhang mit der BSC-Implementierung gewinnt der Potenzialbegriff noch eine zusätzliche Bedeutung: Da sich eine BSC auf einen längerfristigen Zeithorizont von zirka zwei bis vier Jahren erstreckt, müssen auch Mitarbeiter gefunden und gefördert werden, die im Rahmen der strategischen BSC-Aktionsprogramme zusätzliche, verantwortliche Steuerungsfunktionen übernehmen. Diese Steuerungsfunktionen können von den Führungskräften bis zu einem gewissen Grade selbst übernommen werden, in größeren BSC-Projekten werden aber Mitarbeiter benötigt, die zum Beispiel für die Umsetzung der Meilensteine in den einzelnen Perspektiven eine übergreifende Koordinations- und Überwachungsfunktion ausüben. Diese »BSC-Steuerungsmanager« müssen die Zielverfolgung und Ergebnissicherung bei der BSC-Umsetzung vorrangig im Auge behalten. Sie sind insofern mit Projektmanagern in controllingorientierten Kernprojekten des Unternehmens vergleichbar.

Beispielsweise kann in der Organisation ein BSC-Steuerungsteam definiert werden, in dem Vertreter der verschiedenen Bereiche und Hierarchiestufen die Umsetzung der BSC verantwortlich begleiten. Die Mitglieder dieser Steuerungsgruppe müssen hierarchisch unmittelbar an die Geschäftsleitung angebunden sein, damit sie die notwendige »Positionsmacht« ausüben und eine proaktive Gestaltungsrolle übernehmen können. Insofern gilt es bei den Potenzialanalysen auch Einschätzungen zu treffen, welche Mitarbeiter möglicherweise eine Schlüsselrolle in der BSC-Steuerung selbst übernehmen – und entsprechend auf eine solche Sonderaufgabe vorbereitet werden sollten.

Grundlagen der Potenzialanalyse

In Unternehmensleitlinien findet sich häufig die Aussage: »Die Mitarbeiter sind unser wichtigstes Kapital.« Damit wird zu Recht der Sachverhalt angesprochen, dass zur langfristigen Zukunftssicherung des Unternehmens das Wissen, die Fähigkeiten und die Fertigkeiten der Menschen in der Organisation optimal genutzt und entfaltet werden müssen. Eine gezielte Personalentwicklung erfordert deshalb eine systematische Bestandsaufnahme im Hinblick auf vorhandene und latente Leistungs- und Entwicklungsmöglichkeiten der Organisationsmitglieder. »Investitionen in das Humankapital« sollten im Idealfall auf der Grundlage von möglichst abgesicherten Einschätzungen durchgeführt werden, welches voraussichtliche Kompetenz- und Handlungsspektrum künftig von jedem Einzelnen zu erwarten ist.

Das »Wunschbild« einer möglichst exakten Zukunftsprognose zu den potenziellen Wertbeiträgen und der Einsatzflexibilität der jeweiligen Organisationsmitglieder ist aber zu relativieren: Selbst bei Verfügbarkeit reliabler und valider potenzialdiagnostischer Verfahren darf nicht darüber hinweggetäuscht werden, dass menschliches Handeln in komplexen Unternehmenszusammenhängen bis zu einem gewissen Grad unvorhersehbar bleibt. Durch vielfältige Einflussfaktoren, die in der Person, den Umfeldbedingungen oder den besonderen organisatorischen Rahmenbedingungen begründet sind, werden zukunftsgerichtete Verhaltensprognosen immer nur Wahrscheinlichkeitsaussagen bleiben.

Für die Unternehmenspraxis bedeutet dies, dass Annahmen über Entwicklungsmöglichkeiten einzelner Mitarbeiter nur unter Vorbehalt zu treffen sind. Es ist deshalb unter Kosten-Nutzen-Aspekten die Frage zu stellen, inwieweit sich die Verfeinerung eingesetzter personaldiagnostischer und -prognostischer Instrumente tatsächlich lohnt, zumal erfahrene Führungskräfte aufgrund ihrer langjährigen Erfahrung oftmals ohne Einsatz von wissenschaftlich abgesicherten Methoden für sich beanspruchen, zufrieden stellende Einschätzungen über das Entwicklungspotenzial ihrer Mitarbeiter zu treffen.

Allerdings zeigt sich gerade in wissenschaftlichen Studien zur Personalauswahl und -entwicklung, dass solche Spontaneinschätzungen aus Personalgesprächen und Interviews – selbst unter Einbeziehung von weiteren Fach- und Führungskräften – sehr fehlerhaft sein können. In der wissenschaftlichen Psychologie sind eine Reihe von Fehlertendenzen zur Personenwahrnehmung beschrieben worden, vor denen selbst gewiefte Praktiker nicht gefeit sind:

Mitarbeiter, die Ähnlichkeiten mit der eigenen Persönlichkeit aufweisen, werden bei Auswahlprozessen präferiert; zurückhaltende, introvertierte Menschen werden meist unterschätzt – und kritische, kreative Querdenker haben es schwerer, Akzeptanz zu finden – um nur einige Beispiele solcher Einschätzungsstereotype zu nennen. Insofern stellt es eine Herausforderung dar, die Subjektivität von Urteilsbildungen durch ein gewisses Maß an Objektivierung und einen gezielten, pragmatischen Methodeneinsatz zu überwinden.

Die strukturierte Potenzialanalyse hat eine besondere Bedeutung für wachsende Organisationen, da zukünftige Aufgabenstellungen im Unternehmen vorausschauend antizipiert werden müssen und jeweils zu prüfen ist, ob die vorhandenen Mitarbeiter die zu erwartenden Anforderungen tatsächlich bewältigen können. Hierzu bedarf es einer qualitativen Personalplanung, also einer Einschätzung, welche konkreten Personalbedarfe in den nächsten Jahren zu erwarten sind. Gefordert sind dazu möglichst genaue Aussagen, welche Kompetenzen, Qualifikationen und Motivationshaltungen bei den Mitarbeitern in einzelnen Tätigkeitsbereichen vorausgesetzt werden. Hierbei sind beispielsweise technologische Entwicklungen, Veränderungen im Marktumfeld, vorgesehene Restrukturierungen oder die Neukonzipierung von Produkt- und Vertriebsfeldern zu berücksichtigen. Liegt eine entsprechende Planung – zumindest in Grobzügen – für einen überschaubaren Zeithorizont vor, können präventive Entscheidungen etwa zu bedarfsorientierten Stellenbesetzungen, erforderlichen Qualifizierungsmaßnahmen oder notwendigen Personalveränderungen bedarfsgerechter eingeleitet werden.

Typische Fragestellungen zur Potenzialanalyse betreffen nicht nur einzelne Mitarbeiter, sondern können sogar auf komplette Teams und Bereiche angewandt werden:

- Welche Mitarbeiter sind in besonderem Maße geeignet, zukünftige Schlüsselfunktionen in einer sich dynamisch verändernden Organisation zu übernehmen? Welche Mitarbeiter werden mit welchen Voraussetzungen in den nächsten Monaten und Jahren wann und wo benötigt?

- Wo sind die latenten Leistungsträger, die sich gezielt entwickeln lassen, um herausfordernde Positionen mit hoher Verantwortung in einer flexiblen Teamkultur zu übernehmen?

- In welchem Maße werden die vorhandenen Mitarbeiter in einzelnen Bereichen nach strukturellen Veränderungen wie einer Fusion, der Neuorganisation der Vertriebswege oder einer Einführung wegweisender Informationstechnologien künftig für das Unternehmen produktiv tätig sein können?

- Was ist an zukunftsgerichteten Vorbereitungsschritten unabdingbar, um möglichst alle im Unternehmen befindlichen Mitarbeiter anforderungs- und positionsbezogen zu entwickeln?
- Und noch weiterführender: Sollten bestimmte Mitarbeiter(-gruppen) künftig eher innerhalb oder vielmehr außerhalb des Unternehmens tätig sein, um ihre Wertschöpfungspotenziale optimal entfalten zu können – zum Beispiel im Rahmen von Telearbeit, Insourcing/Outsourcing oder als »Pioniere« in verbundenen Töchtern oder Start-up-Unternehmen?

Die Beantwortung solcher und ähnlicher Fragen verweist auf die Komplexität der Potenzialanalyse: Es sind nicht nur individuelle Entwicklungsmöglichkeiten, sondern auch organisationsspezifische Entwicklungsbedarfe und -notwendigkeiten zu berücksichtigen. Gerade in Veränderungsprozessen muss die zentrale Frage beantwortet werden, ob vorhandene Hierarchien und eine zentrale Organisation zugunsten einer netzwerkförmigen Prozessstruktur mit dezentraler Verantwortung umgestellt werden sollen. Potenzialanalyse bedeutet folglich nicht nur die Klärung des Potenzials für »Aufstieg« und »Verantwortungszunahme«, sondern zugleich die Einschätzung der Anpassungsflexibilität von Mitarbeitern und Mitarbeitergruppen für neue, zum Teil unkonventionelle Organisationsstrukturen und -formen.

Die geforderte Grundhaltung im Management

Damit werden die besonderen Anforderungen an das Topmanagement sichtbar, denn vorhersehbare Veränderungen in der Organisation müssen antizipiert und die Personalentwicklung darauf gezielt abgestimmt werden. Heute reicht es nicht mehr aus, lediglich firmeninterne Seminare und Trainings in »Volkshochschulmanier« mithilfe einer Hochglanzbroschüre im Unternehmen anzupreisen und die Anmeldungen zu verwalten. Zielgerichtete Potenzialanalyse impliziert, dass neben einer systematischen Bedarfserhebung für einzelne Förder- und Weiterbildungsaktivitäten auch individualisierte Entwicklungsschritte geplant und konsequent umgesetzt werden. Dabei sind oftmals auch Widerstände zu überwinden: Zwar werden in Unternehmen viele Mitarbeiter gerne für ein »Rhetorikseminar« oder ein »Nachwuchsführungstraining« angemeldet, aber nur wenige Führungskräfte sind dazu bereit – oder dazu in der Lage –, zwei bis drei Nachfolger für ihre eigene Aufgabe zu benennen und diese gezielt auf die Funktionsübernahme in einigen Jahren vorzubereiten. Woran liegt dies?

Zum einen sind dafür vielschichtige Ängste bei einzelnen Linienmanagern maßgebend, man könnte sich überflüssig machen oder sogar Rivalen aufbauen, die »am eigenen Stuhl sägen«. Manche Vorgesetzte arbeiten gerne mit Spezialisten oder Assistenten zusammen, die fachlich überzeugende Leistungen erbringen, gelegentlich vertreten können oder zusätzlich unterstützen, wenn Arbeitsüberlastung droht. Aber einige Positionsinhaber erleben es als bedrohlich, wenn sich eigene Mitarbeiter so gut entwickeln, dass sie sogar über mehr Fach- und Sozialkompetenz verfügen als sie selbst. Womöglich könnte der Zustand auftreten, dass ein Kunde oder Kollege dann nicht mehr mit dem »Chef«, sondern bevorzugt mit dem eigenen Mitarbeiter sprechen möchte – und sich sogar »gut beraten« fühlt!

In Wissensunternehmen der Zukunft sind solche Haltungen zur Absicherung von Besitzständen allerdings unangebracht. Engagierte Führungskräfte müssen ihre Hauptaufgabe darin sehen, durch ständigen Mitarbeiterdialog Fähigkeits- und Wachstumspotenziale aufzuspüren und ihre Potenzialträger systematisch zu fördern. Dazu müssen geeignete methodische Instrumente zur Potenzialdiagnose genutzt werden, um die Subjektivität der eigenen Wahrnehmungen und Einschätzungen zu kontrollieren. Eine Führungskraft, die sich als Coach, Moderator und Personalentwickler versteht – und die damit ihre Mitarbeiter »empowert« –, darf nicht nur auf die eigene subjektive Urteilsbildung setzen.

Die Führungskräfte sollten sich von den gesammelten, konzeptionell-methodischen Erfahrungen im Bereich der Personalentwicklung und Potenzialüberprüfung anregen lassen. Dies kann darin münden, dass diese Manager im eigenen Verantwortungsbereich ein System der Potenzialidentifikation und -entwicklung etablieren.

Ablauf einer Potenzialanalyse

Nachfolgend werden sieben Schritte aufgeführt, die in vielen Unternehmen unmittelbar umgesetzt werden können, um einer strukturierten Potenzialanalyse den Weg zu bereiten.

1. Zielsetzung der Potenzialanalyse klären

Bei der Potenzialanalyse steht die langfristige Entwicklung der Humanressourcen im Mittelpunkt. Potenzialträger sind zu identifizieren und für die Übernahme von verantwortungsvollen Fach-, Führungs- und Projektaufgaben zu qualifizieren. Zugleich müssen im Führungskreis praktikable Ansätze erarbeitet werden, wie die Motivation, Identifikation und Kompetenz der zukünftigen Leistungsträger gefördert werden kann. Eine praxisgerechte Potenzialanalyse muss jedoch jede »unproduktive Elitebildung« vermeiden. Es sollten keine unerfüllbaren und abgehobenen Erwartungshaltungen bei Einzelnen aufgebaut werden. Vielmehr kommt es darauf an, ein tragfähiges Netzwerk entwicklungsstarker Nachwuchskräfte im Unternehmen zu etablieren, um bei spezifischen Personalbedarfen, insbesondere bei der Besetzung künftiger Schlüsselpositionen, flexibel reagieren zu können. Dabei ist zunächst zu klären, worauf sich das Potenzial bezieht:

- Handelt es sich eher um traditionelle Führungsaufgaben oder stehen fach- und projektorientierte Schlüsselfunktionen im Mittelpunkt?

- Gilt es, Mitarbeiter mit dem Potenzial zu Linien-Führungsaufgaben zu entwickeln, und/oder eher Mitarbeiter, die sich in flexiblen Projektstrukturen zurechtfinden und anspruchsvolle Fach-, Vertriebs- und Servicefunktionen übernehmen sollen?

- Sind in ausreichendem Maße Nachwuchskräfte in der eigenen Organisation vorhanden – oder müssen durch verstärktes Personalmarketing Spezialisten und Führungskräfte mit externem Know-how gewonnen werden?

Je nach Beantwortung dieser Fragen sind unterschiedliche Anforderungsprofile für die Identifikation der Nachwuchskandidaten herauszukristallisieren. Das Hauptziel lautet, diejenigen Mitarbeiter zu erkennen, die bevorzugt für die existenziell wesentlichen Aufgabenstellungen in der Organisation geeignet erscheinen. Danach müssen sie methodisch sinnvoll auf die spätere Verantwortungsübernahme vorbereitet werden. In größeren Unternehmen bietet es sich an, speziell für Nachwuchskräfte Förderkreise zu bilden. Die Potenzialträger werden hier in gezielten Ausbildungs- und Qualifizierungsprogrammen zusammengefasst und systematisch an weiterführende Aufgabenstellungen herangeführt. In kleineren Unternehmen oder bei sehr spezifischen künftigen Funktionen sollten eher auf die einzelne Nachwuchskraft ausgerichtete Entwicklungsprogramme installiert und die spätere Verantwortungs-übernahme individuell eingeleitet werden. Ein Förderkreis ist nur dann öko-nomisch sinnvoll, wenn eine größere Gruppe von Potenzialkandidaten auf die Übernahme späterer Schlüsselfunktionen vorbereitet werden kann. Dabei ist auch der Zusatznutzen des gemeinsamen Team- und Erfahrungslernens in einer Fördergruppe zu beachten.

2. Regelmäßige Mitarbeiter- und Fördergespräche durchführen und darauf aufbauend Potenzialeinschätzungen ableiten

Strukturierte Mitarbeiterjahresgespräche können eine wichtige Grundlage für die systematische Potenzialeinschätzung bilden, indem Aufgaben- und Leistungsschwerpunkte erörtert, persönliche Stärken und Entwicklungsbe-reiche herausgearbeitet sowie konkrete Zielvereinbarungen zur weiteren per-sönlichen Entwicklung getroffen werden. Damit verabschiedete Entwick-lungspläne nicht zum Aktionismus degenerieren – etwa verbunden mit einem sprungartigen Anstieg des »Seminarbudgets« –, sind die Maßnahmen in umfassendere, bereichsübergreifende PE-Planungen mit einem Zeithorizont von zirka drei bis fünf Jahren zu integrieren. Dabei gilt es, gesteuert zum Bei-spiel vom internen Servicebereich Personal, Prioritäten zu setzen und die Ziel-richtung der Entwicklungsvereinbarungen zu verdeutlichen, zugleich aber auch die unternehmensspezifisch geforderte Einsatzflexibilität und Mobilität zu betonen. Die Führungskräfte sollten aus den Mitarbeitergesprächen indi-viduelle Potenzialeinschätzungen ableiten. Ausgehend von den Gesprächser-gebnissen, den Bewertungen der Führungskräfte und den Erwartungen der Mitarbeiter werden erste Potenzialaussagen getroffen. Im nächsten Schritt sollten die Potenzialeinschätzungen unternehmensweit zusammengeführt und ausgewertet werden. Dies ist zwingend erforderlich, damit einerseits sämtliche Mitarbeiter in den Potenzialüberprüfungsprozess einbezogen und zum anderen die potenzialanalytischen Instrumente zweckgerichtet und stra-tegieorientiert eingesetzt werden.

Getroffene Potenzialaussagen seitens der Führungskräfte sind anschlie-ßend direkt – aber vertraulich – mit den Mitarbeitern zu besprechen. Dies dient dazu, dass der jeweilige Mitarbeiter eine Stellungnahme zur Einschät-zung seiner Führungskraft abgeben kann und im Falle abweichender Sicht-weisen eine Konsensfindung beziehungsweise ein Klärungsprocedere herbei-geführt wird. Die Führungskraft sollte allerdings darauf hinweisen, dass eine

positive Potenzialeinschätzung ihrerseits noch nicht eine definitive Förder-
aussage beinhaltet. Vielmehr ist dies lediglich die Voraussetzung für die
Einleitung des nachfolgenden Potenzialüberprüfungsverfahrens, bei dem weitere, neutrale Urteiler einzubeziehen sind. Erst nach Abschluss des Überprü-
fungsverfahrens kann eine verbindliche Entwicklungsaussage getroffen werden. Wird diese Reihenfolge nicht beachtet, entstehen leicht Enttäuschungen
bei den Mitarbeitern, da sie Erwartungen entwickeln, die später möglicherweise nicht erfüllt werden. Dies gilt auch für den Fall, dass aus einer Förder-
empfehlung seitens des Mitarbeiters bereits eine »Zusage« für eine spätere
Funktionsübernahme abgeleitet wird. In den meisten Unternehmen dürften
solche verbindliche Aussagen nicht möglich sein, da damit die Führungskräfte bei veränderten Umfeldbedingungen nicht mehr flexibel handeln
könnten.

Wird eine Potenzialeinschätzung getroffen, ist diese mit einem realistischen, kurz-, mittel- oder langfristigen Zeitkorridor zu verknüpfen. Die
Führungskräfte und die beteiligten Urteiler sollten also festlegen, in welcher
Zeitspanne sie sich eine Funktionsübernahme des Kandidaten – bei entsprechender Förderung – grundsätzlich vorstellen können. Innerhalb dieses Rah-
mens kann der Erfolg der eingeleiteten Fördermaßnahmen überwacht werden. Zusätzlich muss die Gültigkeit einer Potenzialaussage zwischenzeitlich
überprüft werden. Allerdings darf dieses Vorgehen nicht dazu führen, dass
der Mitarbeiter verunsichert wird – etwa indem getroffene Entwicklungs-
empfehlungen nach kurzer Zeit wieder infrage gestellt werden. Erzielte Zwischenergebnisse in einem Entwicklungsprogramm – zum Beispiel abgeschlossene Förder- und Qualifizierungsmaßnahmen oder spezifische Projektresultate – sollten gemeinsam mit dem Mitarbeiter bewertet werden. Dabei ist
auch wesentlich, dass der Mitarbeiter für sich selbst einschätzt, ob er sich
»auf dem richtigen Weg« befindet. Neben der grundsätzlichen Eignung spielen gerade persönliche Interessens- und Motivationshaltungen eine wichtige
Rolle bei der Vorbereitung auf eine spätere Funktionsübernahme.

Bei der Ableitung von Potenzialeinschätzungen im Umfeld von Mitarbeitergesprächen sind folgende Fragestellungen für die Führungskräfte von
besonderer Bedeutung:

- Für welche Aufgaben scheinen die einzelnen Mitarbeiter im Team künftig
  besonders geeignet – gerade unter Berücksichtigung persönlicher Stärken,
  Neigungen und Interessen?

- Welche Herausforderungen können die einzelnen Mitarbeiter voraussichtlich in ein bis fünf Jahren bei entsprechender Förderung bewältigen?

- Welche Erfahrungen und »Meilensteine« in der persönlichen beruflichen Entwicklung prädestinieren einzelne Mitarbeiter dafür, weiterführende Aufgabenstellungen zu übernehmen?

- Welche Aussagen erlaubt die Analyse des bisherigen Werdegangs (»biografische Anamnese«) für die Zukunftsprognose – einschließlich des Aussagegehaltes vorliegender Fremdeinschätzungen und -bewertungen?

- Wer bringt in besonderem Maße die fachlichen und persönlichen Voraussetzungen mit, künftige Schlüsselpositionen mit hohem Verantwortungs- und Risikoanteil für die Organisation zu übernehmen?

Dabei sollte der Fokus nicht nur auf klassische Führungsaufgaben, sondern auch auf qualifizierte Fach-, Service- und Vertriebsfunktionen oder Projektaufgaben gerichtet werden. Die genannten Fragen verdeutlichen, dass es sich zunächst um subjektive Einschätzungen und Meinungsbilder handelt, die von den Führungskräften abgeleitet werden müssen. In dieser Phase der Potenzialanalyse ist dies durchaus gewollt, da gerade die ganzheitliche, subjektiv geprägte Wahrnehmung der Führungskraft – aber auch die Selbsteinschätzung des Mitarbeiters – einen wichtigen Ausgangspunkt für die weiteren Schritte darstellt.

3. Durchführung von Personal-Reviews

Unter einem »Personal-Review« wird die systematische, potenzialanalytische Sichtung sämtlicher Mitarbeiter im Unternehmen anhand bereits vorliegender Potenzialeinschätzungen der Vorgesetzten verstanden. Die Führungskräfte einzelner Geschäfts- und Organisationsbereiche müssen die Leistungs- und Entwicklungsmöglichkeiten sämtlicher Mitarbeiter, denen ein besonderes Potenzial zugetraut wird, hinterfragen. Die Führungskräfte sollten also durch eine gemeinsame Betrachtung der Potenzialkandidaten – und eine kritische Beleuchtung der individuellen Stärken und Optimierungsbereiche – zu einem klareren Gesamtbild für die gesamte Organisation kommen. Der Ausgangspunkt dazu ist eine Präsentation der eigenen Potenzialkandidaten durch die jeweilige Führungskraft im Führungskreis. Dazu müssen in der Vorbereitung folgende vier Fragen beantwortet werden:

- Warum verfügt ein bestimmter Mitarbeiter aus Sicht der Führungskraft über weiterführendes Potenzial?
- Welche Kompetenzen, Stärken und Entwicklungswünsche des Mitarbeiters stellen die Grundlage für die subjektive Potenzialeinschätzung dar?
- In welchem Zeitraum ist eine Vorbereitung auf eine spätere Funktionsübernahme realistisch?
- Welche Förder- und Entwicklungsmaßnahmen sind aus Sicht der Führungskraft noch erforderlich, um die spätere Funktionsübernahme zu erleichtern?

Die Präsentation der Potenzialkandidaten kann in einer moderierten HR-Sichtungsrunde der Geschäftsbereiche erfolgen, in der sämtliche Potenzialträger erörtert werden. In einer solchen Runde besteht auch die Möglichkeit, folgende verbundene Themen der Potenzialanalyse und qualitativen Personalplanung zu bearbeiten:

- Erfassung des künftigen Bedarfs für erforderliche Neu- oder Nachbesetzungen (Nachfolgeplanung).
- Festlegung der Selektions- und Potenzialkriterien, die für die weitere Potenzialanalyse zugrunde gelegt werden – zum Beispiel in den Feldern Fach-, Sozial-, Methoden- und Persönlichkeitskompetenz.
- Definition der Anforderungen für neue oder veränderte Schlüsselfunktionen, die vom Führungskreis künftig als wesentlich angesehen werden.
- Ausgestaltung des nachgelagerten Potenzialüberprüfungsverfahrens, das bedeutet: Festlegung der als nutzbringend eingestuften Instrumente wie Fördergespräche, Einzel- oder Gruppen-Assessment-Center, Testverfahren, Verhaltensproben oder Projektaufträge.
- Erstellen einer Kandidatenvorschlagsliste für die bevorzugten Potenzialanalysemethoden und Verständigung über die methodische Ausgestaltung dieser Verfahren (Moderatoren, Beobachter, Einschätzungskriterien, Erfolgskriterien usw.).
- Festlegen von Bausteinen für individualisierte Fördermaßnahmen oder gruppenspezifische Entwicklungsprogramme – einschließlich einer Entscheidung darüber, ob ein Förderpool installiert werden soll.

Die Erstellung eines Personal-Reviews in einer Sichtungsrunde dient zugleich dazu, ein gemeinsames Verständnis für die Nachwuchsentwicklung, die jeweiligen Anforderungskriterien und die »Messlatten« für die Einstufung der Potenzialkandidaten zu definieren. Häufig zeigt sich, dass wesentliche Leistungs- und Potenzialkriterien von den beteiligten Führungskräften unterschiedlich gewichtet werden. Es muss deshalb ein konsensuell abgesichertes Instrumentarium erarbeitet werden, mit dem abgestimmt auf die Unternehmenswerte und die Kernstrategien ein möglichst effizientes Verfahren zur Potenzialidentifikation und -förderung entwickelt wird.

Zur Sichtung selbst empfiehlt es sich, sämtliche Potenzialträger in einem Personalportfolio einzuordnen. Das Personalportfolio ist ein Einschätzungsverfahren, bei dem Kompetenz-, Leistungs- und Potenzialprofile in einem grafischen Koordinatensystem abgetragen werden. Ein einfaches Beispiel dafür zeigt Abbildung 4-4. Der Hauptnutzen besteht in der Möglichkeit zur vergleichenden Betrachtung und der prägnanten, übersichtlichen Darstellung für die einzelnen Kandidaten.

Abb. 4-4: Elemente eines Personalportfolios: Aussagen zu Kompetenzen und Entwicklungsbereichen

Kompetenz-dimension	Ausprägung heute	Vermutetes Entwicklungs-potenzial in zwei Jahren	Vermutetes Entwicklungs-potenzial in fünf Jahren	Resümee: Potenzialstärke für Aufgaben mit Schwerpunkt …
Fachliches Wissen und Können				Führung:
Methodisches Know-how				Projekt-management:
Sozial-kompetenz				Vertrieb/ Service:
Persönlich-keitskom-petenz				Weitere Schlüssel-funktionen:

Hinweis: Die Führungskräfte können zum Beispiel eine Skala von 0 (sehr gering) bis 10 (sehr stark ausgeprägt) zugrunde legen, um ihre Einschätzungen zu quantifizieren. Sofern möglich, geben weitere Bewerter, zum Beispiel auch nebengeordnete Vorgesetzte und Projektleiter, eine Einschätzung über den Potenzialträger ab, wobei sie dessen spezifische Stärken und Optimierungsbereiche nennen sollten.

4. Umsetzung von Personalentwicklungsseminaren

Potenzialeinschätzungen sind selbst dann, wenn mehrere Urteiler ihre Sichtweisen zum Ausdruck bringen und diese anschließend gebündelt werden, subjektiv und teilweise fehlerbehaftet. Auch der »Nasenfaktor« beeinflusst das Bewertungsverhalten der Urteiler. Das heißt: Die gesammelten Erfahrungen mit bestimmten Mitarbeitern und wahrgenommene Ähnlichkeiten der Kandidaten zur eigenen Persönlichkeit haben einen Einfluss auf die Urteilsbildung der Führungskräfte. Darüber hinaus kann sich bei einem Personal-Review die Situation ergeben, dass die Potenzialeinschätzungen einzelner Vorgesetzter nicht immer von den anderen Kollegen mitgetragen werden – einerseits aufgrund fehlender Kenntnis über den Leistungs- und Potenzialstand eines Mitarbeiters, zum anderen weil die individuellen Bewertungskriterien abweichen oder konkrete Verhaltensindikatoren fehlen.

Insofern sind verhaltensorientierte Seminare zur Potenzialüberprüfung hilfreich, um die einzelnen Einschätzungen der Urteiler abzusichern. Dies beinhaltet, dass sich die Potenzialträger beziehungsweise die für einen künftigen Entwicklungsweg vorgeschlagenen Kandidaten einem transparenten Überprüfungsverfahren stellen, um zusätzliche Gewissheit über deren Potenzialstärke zu erlangen. Hier können auch solche Mitarbeiter einbezogen werden, die sich einen spezifischen weiteren Entwicklungsweg zutrauen, ohne dass eine direkte Empfehlung seitens der Führungskraft vorliegt. In der Organisation muss jedoch vorab festgelegt werden, inwieweit solche »Eigenvorschläge« berücksichtigt werden können. Grundsätzlich ist es hilfreich, die Selbsteinschätzung der Mitarbeiter ernst zu nehmen und damit ein offenes Verfahren auch für Kandidaten zu ermöglichen, die nicht in der Vorschlagsliste stehen.

Die Seminare sollten realitätsnahe Übungen enthalten, in denen künftige Anforderungen simuliert und das Verhalten der Potenzialträger in Rollenspielen überprüft werden kann. Neben Personalentwicklungsseminaren, die auch als vertrauliche Einzelassessments ausgestaltet werden können, bietet es sich an, ergänzende Arbeitsproben – zum Beispiel aus Projekten oder Sonderaufträgen – heranzuziehen.

Im Einzelnen kann ein Personalentwicklungsseminar folgendermaßen aufgebaut werden:

- Definition zukünftiger Anforderungen, wobei erfahrene Funktionsinhaber ihre Einschätzung abgeben.

- Konzipierung von Aufgabenstellungen, Übungen und Verhaltensproben, die ein möglichst umfassendes Bild des Verhaltens- und Leistungsspektrums des Potenzialträgers schaffen.

- Kombination von Einzel- und Gruppenübungen, um auch einen vertieften Eindruck vom Sozial- und Teamverhalten des Kandidaten (zwischenmenschliche Sensibilität, interpersonelle Flexibilität oder Empathie) zu erhalten.

- Festlegung einer kleinen Beobachtergruppe mit internen und externen Beobachtern, die aufgrund ihres Erfahrungswissens und ihrer Wahrnehmungskompetenz ein möglichst objektives, valides und reliables Urteilsbild erstellen können.

- Schulung der Beobachter im Voraus, um die Beobachtungskriterien festzulegen und das Urteilsverhalten zu trainieren.

- Moderation des Personalentwicklungsseminars durch einen Personalentwickler oder externen Berater.

- Erstellung eines Kurzgutachtens, das eine Aussage über die Stärken und Optimierungsbereiche des Kandidaten enthält und als Grundlage für einen individuellen Entwicklungsplan dienen kann.

- Persönliches, vertrauliches Feedback an die Teilnehmer am Ende des Seminars.

- Treffen von klaren Vereinbarungen zur weiteren Vorgehensweise, zum Beispiel Follow-up-Gespräche zur Maßnahmenvereinbarung mit der Linienführungskraft.

Die Dauer des PE-Seminars sollte zwischen zwei und maximal vier Tagen liegen. Dabei sind einzelne Aufgabenstellungen und Verhaltensproben so zu integrieren, dass sie künftige Leistungssituationen abbilden und einen realistischen Einblick in das anforderungsbezogene Handlungsrepertoire des Kandidaten eröffnen. Die Palette der herausgegriffenen Übungen sollte den Kandidaten nicht überfordern, ansonsten ist die Aussagefähigkeit aufgrund des »Stresscharakters« eingeschränkt. Darüber hinaus könnte dies beim jeweiligen Mitarbeiter eine negative affektiv-motivationale Wirkung ausüben – mit dem Effekt einer inneren Distanzierung zu dem Gesamtprocedere.

Als Verhaltensproben besonders geeignet sind beispielsweise strukturierte Gespräche mit internen oder externen Kunden in Rollenspielen, komplexe Fallanalysen, Entscheidungsübungen oder Präsentationsaufgaben. Diese Verhaltensproben sollten erkennen lassen, wie der Einzelne in komplexen Handlungssituationen reagiert. Dabei ist es wichtig – je nach Anforderungsprofil –, typische Merkmale wie Zielorientierung, Entscheidungsfähigkeit, Durchsetzungsvermögen, Selbstorganisation oder Teamfähigkeit einzuschätzen.

Ein solches Personalentwicklungsseminar findet idealerweise in einer kleinen Gruppe von vier bis acht Teilnehmern statt, um das sozialdynamische Umfeld von Teams, Arbeits- und Projektgruppen simulieren zu können. Dabei sollten die verschiedenen Beobachter, das heißt erfahrene Fach- und Führungskräfte der Organisation oder auch interne und externe Trainer, das Verhalten der Kandidaten nach vorab definierten Beobachtungskriterien analysieren und bewerten. Weitere Varianten sind das vertraulich gehaltene PE-Einzelassessment oder die gezielte Übertragung von überschaubaren Projektaufgaben, um nicht nur aus dem Eindruck eines kurzen Personalentwicklungsseminars heraus weitreichende Potenzialeinschätzungen zu treffen. Denkbar ist auch eine Kombination von PE-Seminar und anschließenden Projektaufträgen.

»Gewinner-Verlierer-Situationen« sollten weitgehend vermieden werden. Nichts ist kritischer für ein Unternehmen als ein internes Potenzialbewertungsverfahren, in dem einzelne Mitarbeiter – zum Beispiel in einer Rückmeldungsrunde – das Gefühl erhalten, dass sie »keine Chance für eine weitere Karriere in der Organisation besitzen«. Dies führt zu Fluktuation oder innerer Kündigung und ist zugleich Ausdruck eines gescheiterten internen Personalmarketing. Feedbacks und Ergebniskommunikationen sollten deshalb in jedem Fall eine positive, zukunftsweisende Entwicklungsmöglichkeit aufzeigen und mit einer konkreten Entwicklungsvereinbarung einhergehen. Dies gilt auch für den Fall, dass eine bestimmte, vom Mitarbeiter gewünschte Entwicklungsperspektive nicht als realistisch eingestuft wird. Es liegt dann in der Verantwortung des Kandidaten, zu entscheiden, ob er die offerierte Karriereoption umsetzen möchte.

Auch die Kandidaten sollten auf die Personalentwicklungsseminare vorbereitet werden, damit sie sich auf die jeweiligen Aufgabenstellungen und Übungen einstellen können. Einzelne Trainingsmaßnahmen – etwa zur persönlichen Verhaltensentwicklung, zur Selbstorganisation, zum Präsentationsverhalten oder zur Projektarbeit – können als explizite Vorbereitung auf das Personalentwicklungs-Assessment konzipiert werden. Dies stellt auch sicher, dass die Chancengleichheit verbessert wird.

5. Formulieren von Entwicklungsplänen

Unabhängig vom Methodenansatz zur Potenzialeinschätzung ist es unabdingbar, dass einem Potenzialträger nicht nur »leere Versprechungen« gemacht werden. Weder dem Unternehmen noch dem Mitarbeiter ist damit geholfen, ihm oder ihr mitzuteilen, dass die »Übernahme einer Führungsaufgabe in drei Jahren möglich scheint«. Gefordert sind vielmehr konkrete Vorbereitungsschritte, die den Betreffenden sowohl fachlich als auch persönlich voranbringen und darüber hinaus die Wahrscheinlichkeit der späteren Bewährung in der neuen Funktion erhöhen.

Gemeinsam mit dem internen Servicebereich Personalentwicklung trägt der Linienvorgesetzte des Potenzialträgers die Verantwortung dafür, dass ein realistischer Personalentwicklungsplan ausgearbeitet und zeitnah umgesetzt wird. Dies beinhaltet keineswegs nur Trainingsseminare, sondern vor allem auch gezielte Fördermaßnahmen am Arbeitsplatz, insbesondere Coaching- und Beratungsgespräche durch kompetente Fach- und Führungskräfte. Darüber hinaus ist das Sammeln von Erfahrungen in neuen, erweiterten Aufgabenstellungen – zum Beispiel über Hospitationen und Jobrotationen – hilfreich. Eine Organisation ist schlecht beraten, lediglich Mitarbeiterpotenziale zu diagnostizieren und anschließend die zukünftigen Leistungsträger ihrem Schicksal zu überlassen.

Ein Personalentwicklungsplan sollte schriftlich dokumentiert und mit Terminhorizonten versehen werden. Dabei sind Maßnahmen zu empfehlen, die realistisch und praktikabel sind. Die Maßnahmen sollten von den Beteiligten als sinnvoll eingestuft werden, um die gezielte Entwicklung des Potenzialträgers zu fördern. Durch die Dokumentation des PE-Plans in der Personalakte oder einer »Personalentwicklungsdatei« wird die Verbindlichkeit gesteigert und die fortlaufende Konkretisierung erleichtert.

6. Controlling des Entwicklungsverlaufes praktizieren

Sind Potenzialaussagen getroffen und überprüft sowie sinnvolle Fördermaßnahmen eingeleitet worden, so bedarf es eines fortlaufenden »monitoring« der Umsetzung und des Erfolges der Aktivitäten. Dies ist eine ausgesprochen schwierige Aufgabenstellung, da sich der Verlauf eines persönlichen Entwicklungsprogramms oftmals nur schwer bewerten lässt. Gefragt sind schließlich keine »Standardentwicklungswege«, sondern vielmehr das Bewältigen von Herausforderungen und das Sammeln von neuen Erfahrungen auf dem Weg zu einer erweiterten Verantwortung in der Organisation. Dabei sind nicht nur Erfolge, sondern auch Rückschläge zu verarbeiten.

Wichtige Lernerfahrungen können für die Potenzialträger aus der Reflexion folgender Fragestellungen resultieren:

- Wie gelingt es mir, eine anscheinend »unlösbare Aufgabe« durch Teamwork zu meistern?

- Wie verkrafte ich einen unvorhergesehenen Misserfolg?

- Wie gewinne ich andere dafür, in einer fast aussichtslosen Projektphase doch noch erfolgreich zu sein?

- Wie kann ich ein visionäres Ziel (»stretch-goal«) durch außergewöhnliches, vorbildliches Engagement erreichen?

- Wie baue ich meine Stärken und persönlichen Entwicklungsbereiche aus – und wie kann ich auch »Schwächen« gezielt angehen?

Neben dem »persönlichen Controlling«, das jeder Potenzialträger für sich selbst leisten muss, sollte sich ein Servicebereich im Unternehmen – im Allgemeinen die Personalentwicklung – darum kümmern, dass eingeleitete Maßnahmen im Hinblick auf den Praxis- und Transfernutzen systematisch bewertet werden. Dazu können vertrauliche Befragungen von Kollegen und Mitarbeitern sinnvoll sein, die vorab mit dem Potenzialträger abgestimmt werden. Solche Check-ups sollten jedoch nicht den Charakter von »Fremdbeurteilungen« erhalten, sondern vielmehr eine Grundlage für persönliche, verhaltensorientierte und wertschätzende Feedbacks darstellen, um den weiteren Entwicklungsweg des Potenzialträgers konstruktiv zu begleiten. In geeigneten Fällen sind auch Kunden zu befragen, etwa dann, wenn bestimmte Fördermaßnahmen zur Steigerung der persönlichen Service- und Kundenorientierung eingeleitet wurden.

Selbst- und Fremdeinschätzungen zu Entwicklungsverläufen können wiederum punktuell dokumentiert werden – auch um den Gesamtnutzen der Maßnahmenprogramme personenübergreifend zu bewerten. Nicht zuletzt aufgrund beschränkter Ressourcen in der Personalentwicklung und des Bedarfs nach transparenten Kosten-Effizienz-Einstufungen sollten die Potenzialentwicklungsaktivitäten im gesamten Unternehmen in regelmäßigen Abständen – zum Beispiel alle ein bis zwei Jahre – einer vergleichenden Nutzenbewertung unterzogen werden.

7. Die Übernahme verantwortungsvoller, neuer Aufgaben einfühlsam gestalten

Ein professionelles Potenzialentwicklungsprogramm garantiert noch nicht, dass sich die Potenzialträger in einer zukünftigen Schlüsselfunktion tatsächlich bewähren. Gerade jüngere Nachwuchskräfte verfügen meist noch nicht über die Berufs- und Lebenserfahrung, um schwierige Führungs- und Projektaufgaben von Anfang an erfolgreich zu bewältigen. Hier hilft nur ein durchdachtes »Stützprogramm«, zum Beispiel ein Mentoring- oder Coaching-Konzept, bei dem sich erfahrene Führungskräfte und Trainer die Zeit nehmen, um dem »Neuling« in der Schlüsselfunktion fachlich und persönlich zur Seite zu stehen. Ein erfahrener Mentor kann zum Beispiel neutrales Feedback geben, Rückhalt vermitteln und Mut zusprechen, damit trotz mancher Widrigkeiten das Engagement und die Erfolgszuversicht in der neuen verantwortungsvollen Aufgabe nicht verloren gehen.

Bei einem Wechsel in eine Funktion mit erhöhtem Verantwortungsspielraum und erweiterten Risikoanteilen fehlt den Nachwuchskräften darüber hinaus zunächst meist noch die »soziale Akzeptanz«. Sie müssen sich das Vertrauen und die Unterstützung ihrer neuen Mitarbeiter und Kollegen erst noch erarbeiten und werden deshalb genauer beobachtet und häufig kritischer bewertet als in der vorherigen Funktion. Darüber hinaus gewinnen überfachliche Kompetenzen wie die Entscheidungs- und Konfliktmanagementfähigkeit an Bedeutung. Diese Umstellung kann von einer Nachwuchskraft nicht »von heute auf morgen« erwartet werden.

Potenzialanalyse und gezielte Nachwuchsförderung sind eine permanente Herausforderung für jede zukunftsorientierte Organisation. Engagiertes Handeln und kreative Produktivität lassen sich nur fortdauernd entwickeln, wenn die »alten Hasen« bereit und willens sind, auch an die Zeit nach sich zu denken! Dies setzt eine hohe persönliche Reife, Integrität und Souveränität bei den Verantwortungsträgern in den Schlüsselfunktionen voraus. Systematische Potenzialentwicklung bedeutet allerdings auch, die Erfahrung und Kompetenz der langjährigen Mitarbeiter zu würdigen und ihr Wissen und Können – auch »jenseits der vierzig« – weiterzufördern. Nur dann wird die nachwuchsorientierte Potenzialförderung mit einer menschenorientierten Unternehmensentwicklung im Einklang stehen können.

Bedeutung der Potenzialanalyse für die Balanced-Scorecard-Implementierung

Die BSC beschreibt zukünftige Herausforderungen der Organisationsentwicklung und skizziert die Meilensteine auf dem Weg zur erfolgreichen Umsetzung über mehrere Jahre hinweg. Dabei wird zunächst vorausgesetzt, dass die für die Konzipierung einer BSC verantwortlichen Menschen diesen meist sehr ehrgeizigen Weg auch mitgehen können. In der Perspektive »Lernen und Entwicklung« können die wesentlichen strategischen Absichten und Erfolgsfaktoren für kontinuierliche Weiterentwicklung, Innovation, Kreativität und eine erhöhte Anpassungsflexibiliät in der BSC dargestellt werden.

Der Potenzialanalyse kommt dabei insofern eine herausragende Bedeutung zu, als diejenigen Organisationsmitglieder zunächst identifiziert und gezielt vorbereitet werden müssen, die in besonderem Maße Verantwortung für die erfolgreiche Umsetzung der Meilensteine in der BSC tragen. Damit sind einerseits die Fach- und Führungskräfte in den einzelnen Bereichen angesprochen, zum anderen aber auch die »Prozessgestalter« und »Change-Agents«, die für den Kernprozess der BSC-Implementierung maßgebend sind.

Ein erweitertes Potenzialentwicklungsprogramm im Umfeld der BSC-Konzipierung kann deshalb darauf abzielen, Prozessmanager zu identifizieren, die eine temporäre Steuerungsrolle im Umsetzungshorizont der BSC-Implementierung übernehmen. Dabei sollte es sich um Mitarbeiter handeln, die einerseits in den operativen Linien- und Projektfunktionen eingebunden sind, darüber hinaus aber – ähnlich einer Projektleitung – eine exponierte Koordinierungs- und Ergebnisverantwortung bei der Erreichung der BSC-Meilensteine übernehmen.

Ein Potenzialanalyseverfahren zur Identifikation dieser »BSC-Prozessgestalter« unterscheidet sich im formalen Vorgehen nicht von dem bereits aufgeführten Verfahren. Allerdings sind die Anforderungskritieren und Verhaltensmerkmale spezifischer zu formulieren, wobei beispielsweise folgende Aspekte zu berücksichtigen sind:

- Kenntnis in der Steuerung organisationsübergreifender Zusammenhänge und Abläufe.

- Mehrjährige Erfahrung in Kernbereichen der organisationsspezifischen Wertschöpfung, insbesondere in kundennahen Einheiten.

- Vertieftes Methodenwissen in den Bereichen Projektmanagement, Teamarbeit und Controlling.
- Besondere Kommunikations-, Präsentations- und Integrationsfähigkeit.
- Ausbildung in Moderation, Prozessberatung und effektiver Leitung von Arbeitsgruppen.
- Weitreichende Akzeptanz in der Organisation, das bedeutet die Fähigkeit, auch als »Botschafter« verschiedener Bereiche und Teams wirken zu können (Multiplikatorfunktion).

Bei diesen genannten Merkmalen bieten sich vor allem erfahrene Projekt- und Linienmanager an, es können aber auch ergänzend engagierte Nachwuchskräfte mit Managementpotenzial einbezogen werden. Die Zielsetzung sollte darin bestehen, ein kleines interdisziplinäres Team zusammenzustellen, das den organisationsweiten Prozess der BSC-Implementierung fortlaufend begleitet und sich dabei selbst eine effiziente Organisationsstruktur gibt. Da ein solches Steuerungsteam mit erweiterten Kompetenzen ausgestattet sein muss, ist die Anbindung an die Geschäftsleitung hilfreich – gerade auch um die Durchsetzungsfähigkeit gegenüber den einzelnen Bereichen und Einheiten sicherzustellen.

In der jeweiligen Organisation ist grundsätzlich zu prüfen, inwieweit der BSC-Prozess in den Händen einer spezifischen BSC-Steuerungsgruppe liegt – und in welchem Ausmaße die betroffenen Bereiche selbst in die Verantwortung genommen werden sollten. Unabhängig davon empfiehlt es sich, diejenigen Mitarbeiter, die im Rahmen des BSC-Prozesses eine exponierte Rolle übernehmen werden, den gleichen Potenzialüberprüfungs- und -entwicklungskriterien zu unterziehen wie dies auch für verantwortliche Linien- und Projektmanager gilt. Insofern kann nicht erwartet werden, dass nach der Konzipierung einer BSC »auf dem Papier« sofort die Schlüsselpersonen in der Organisation verfügbar sind, die den Realisierungsprozess erfolgreich steuern werden. Dementsprechend sind angemessene »Vorlaufzeiten zur Personalentwicklung« zu beachten, die auch als Meilensteine in die BSC selbst aufgenommen werden können, bevor die »heiße Phase der Umsetzung« tatsächlich beginnen kann.

360-Grad-Feedback für Führungskräfte und strategieorientierte Führungskräfteentwicklung

Ein wesentliches Anliegen bei der Umsetzung eines BSC-Prozesses ist die nachhaltige Steigerung der Produktivität und Effizienz sämtlicher wertschöpfender Prozesse in der Organisation. Dabei stehen fast immer die Schlüsselziele der umfassenden Kunden- und Serviceorientierung sowie der kontinuierlichen Qualitätsverbesserung, Innovationssteigerung und Ausweitung der Kosten-Ertragsspanne im Mittelpunkt. Neben der Nutzung struktureller, prozessorientierter und technologischer Optimierungspotenziale kommt dabei der Führungskräfteentwicklung eine herausragende Bedeutung zu. Die Führungskräfte müssen systematisch qualifiziert werden, damit sie ihre wichtige Steuerungs- und Koordinationsfunktion professionell ausführen können. Dies heißt vor allem, die Mitarbeiter in den einzelnen Teams für das Erreichen der strategischen Kernabsichten zu gewinnen und sie wirkungsvoll bei ihrer Aufgabenerledigung zu unterstützen.

Insbesondere die oberen Führungskräfte sind in einer flexiblen Wissensorganisation gefordert, als »erste Botschafter« die Unternehmensvision, das Strategiekonzept und die langfristigen Produktivitätsziele zu verdeutlichen, gerade auch dann, wenn tiefgreifende Wandlungsprozesse zu bewältigen sind. Die Führungskräfte müssen sich ihrer Vorbild- und Orientierungsrolle bewusst werden und dabei die »Eckdaten« der erwünschten Unternehmensentwicklung in einer verständlichen und nachvollziehbaren Form für alle Mitarbeiter kommunizieren. Bei einer partizipativen Unternehmenskultur werden die Führungskräfte nicht nur die Entscheidungen des Managements kommunizieren, sondern die Mitarbeiter so weit wie möglich auch in die Entscheidungsfindung einbeziehen. Darüber hinaus bieten neue, kooperative Arbeitsformen in Projekten, Teams und Netzwerken die Chance, dass sich Mitarbeiter bei entsprechender Qualifikation und eigenverantwortlichem Engagement in hohem Grade selbst steuern und sogar Entscheidungen auf strategischer Ebene mit vorbereiten und umsetzen helfen. Dazu müssen ausreichende Befugnisse übertragen werden. Letztlich liegt die Ergebnisverantwortung, zum Beispiel für die Prozesssteuerung, die Qualitätssicherung und die Steigerung der Kundenzufriedenheit, direkt bei den Mitarbeitern in den operativen Teams.

Diese Entwicklung hin zu umfassender Selbstverantwortung und autonomer Teamarbeit sowie die damit verbundene weitreichende Delegation von

Handlungskompetenzen impliziert, dass sich Führungskräfte stärker zu Prozessbegleitern, Moderatoren und Beratern entwickeln. In der neuen »Coaching-Rolle« vermitteln sie primär Orientierung und gewähren bedarfsorientierte Hilfestellungen für einzelne Mitarbeiter und Mitarbeitergruppen, damit sich selbst regulierende Formen der team- und projektgestützten Wertschöpfung erfolgreich sein können. Dazu müssen die Führungskräfte einerseits Informationen zeitnah weitergeben und die flexible Kommunikation in Teams und Arbeitsgruppen fördern. Zum anderen sollten sie durch interpersonelle Sensibilität, aktives Konfliktmanagement, fortlaufende Vertrauensbildung und die Förderung der Kompetenzentwicklung aller Teammitglieder dazu beitragen, dass die Selbststeuerungspotenziale der Mitarbeiter ausgeweitet werden.

Die neuen Führungsaufgaben sind folglich durch den Wandel der Führungsfunktionen selbst gekennzeichnet: Führung ist durch die Ausübung der traditionellen »Vorgesetztenfunktion in der Linie« nicht mehr hinreichend zu beschreiben. Vielmehr sind neue, erweiterte soziale Kompetenzen gefordert, die am besten durch Persönlichkeits- und Verhaltenseigenschaften wie Achtsamkeit, Wertschätzung, Glaubwürdigkeit, Einfühlungsvermögen oder Moderationskompetenz beschrieben werden. Damit Führungskräfte diese veränderten Rollenanforderungen ausfüllen können, müssen sie sich selbst in ihrer eigenen Wirkung fortlaufend »auf den Prüfstand« stellen. Dies bedeutet, dass sie ihre eigene Selbstwahrnehmung mit den Fremdeinschätzungen ihrer Kollegen, Mitarbeiter und Kunden kontinuierlich abgleichen – und daraus handlungsrelevante Konsequenzen für ihren eigenen, kooperativen Führungsstil ableiten

Eine authentische Führungskraft wird eine hohe Kongruenz zwischen ihrer Selbstwahrnehmung und den Fremdwahrnehmungen ihrer wesentlichen Bezugspersonen anstreben. Dies setzt einerseits ein realistisches Selbstbild – also eine möglichst valide Wahrnehmung der eigenen Stärken und Schwächen – voraus. Andererseits gehört dazu ein differenziertes Fremdbild – gestützt auf eine präzise Beobachtung und Aufarbeitung der Feedbacks der wesentlichen Kommunikations- und Interaktionspartner im Unternehmen. Eine Führungskraft darf direkte Rückmeldungen über die Auswirkungen ihres eigenen Handelns nicht nur beiläufig aufnehmen, sondern muss sie geradezu von ihren Interaktionspartnern herausfordern. Die Entwicklung der eigenen Sozial- und Persönlichkeitskompetenz als Führungskraft wird im Wesentlichen dadurch angetrieben, dass Feedbacks zeitnah aufgegriffen und als

Grundlage für die Optimierung der eigenen Verhaltenssteuerung genutzt werden. Dabei kann das Leitbild eines flexiblen integrativen Führungsstils mit der wertegeleiteten Zielsetzung einer Koppelung von hoher Effizienz- und Menschenorientierung als Handlungsmaxime dienen.

Führungskräfte, die zum Erreichen außergewöhnlicher Unternehmensziele beitragen möchten, sind darauf angewiesen, ihre Mitarbeiter für neue, ehrgeizige Visionen zu gewinnen und im Idealfall sogar »begeistern« zu können. Gerade in Umbruchsituationen, die durch Verunsicherung, drohenden Orientierungsverlust und existenzielle Sorgen um die Zukunft der eigenen Person gekennzeichnet sind, ist dies eine oftmals sehr komplexe Aufgabenstellung. Dennoch zeigt sich gerade in Phasen der strukturellen Erneuerung, inwieweit die Führungskräfte durch den festen Glauben an die neue Unternehmensvision und die fortlaufende Verdeutlichung des Nutzens einer veränderten strategischen Ausrichtung gerade auch bei den Mitarbeitern verborgene Identifikationspotenziale und Handlungsenergien mobilisieren können. Sie wirken damit Tendenzen der Resignation, der Indifferenz oder sogar der inneren Distanzierung entgegen.

Insofern stellt sich für Führungskräfte in Veränderungsprozessen die besondere Anforderung, die Wirkung ihres eigenen Führungsverhaltens gerade auch im Hinblick auf affektiv-motivationale Konsequenzen bei den Mitarbeitern zu reflektieren. Eingehendes Feedback kann dementsprechend als Chance genutzt werden, um das eigene Denken und Handeln in Richtung des geforderten integrativ-partizipativen und wertegeleiteten Führungsstils kontinuierlich weiterzuentwickeln. Ein ernst gemeinter BSC-Prozess ist ein markantes Beispiel für einen nachhaltigen, strategiegeleiteten Veränderungsprozess, der für alle Beteiligten erhebliche Umstellungen im Denken und Verhalten (»mental change«) erfordert. Die Führungskräfte müssen deshalb bereits in der Frühphase der BSC-Konzipierung und -kommunikation Chancen, Synergien und Nutzenpotenziale des »neuen Ansatzes« deutlich machen. Dabei ist die Bedeutung von Leitwerten wie umfassende Kunden- und Serviceorientierung, konsequente Messung von Produktivitätsfortschritten, fortlaufende Steigerung der Eigenverantwortung und persönlichen Kompetenzentwicklung sowie übergreifendes Teamdenken herauszustellen und selbst vorzuleben.

Die Startphase der BSC-Implementierung ist ein günstiger Zeitpunkt, um zugleich einen unternehmensweiten Prozess zur strategieorientierten Führungskräfteentwicklung einzuleiten, der mit dem Abgleich der Selbst- und

Fremdwahrnehmungen aller Mitarbeiter in Schlüsselfunktionen angestoßen werden kann. Im Folgenden wird dazu beispielhaft der Ablauf einer phasenweisen Führungskräfteentwicklung im Unternehmen dargestellt:

• Definition der wesentlichen BSC-Inhalte und -Meilensteine insbesondere in den Bereichen »Lernen und Entwicklung« mit wegweisenden Aussagen zum angestrebten Führungsleitbild und zum Verhalten aller Führungskräfte.

• Einleiten eines Feedbackprozesses zur Führungswahrnehmung, wobei unterschiedliche Feedbackgeber die Führungskräfte »rundum« in ihrer Verhaltenswirkung einschätzen – das heißt »360-Grad-Feedback« unter Einbeziehung von Kunden, Kollegen, Mitarbeitern und eigenen Vorgesetzten in den Einschätzungsprozess.

• Vertrauliche Auswertung der eingehenden Feedbacks durch persönliche Ergebnisgespräche mit den Führungskräften – geleitet durch neutrale Coaches oder interne Personalentwickler.

• Ausarbeiten eines Maßnahmenplans zur individuellen Entwicklung der Führungskompetenz mit Aktivitäten zur gemeinsamen Teamentwicklung – sowohl im Kreis der Führungskräfte selbst als auch in den einzelnen operativen Teams.

• Professionelle Fortführung des Feedbackprozesses zur Erfolgssicherung und Follow-up-Erhebungen zur Überprüfung der Verhaltensentwicklung der Führungskräfte in Richtung des gewünschten Führungsleitbildes.

• Systematische Führungskräftequalifizierung in der gesamten Organisation mit den Komponenten
  – »Verdeutlichen der Anforderungen aus dem Führungsleitbild«,
  – »verhaltensorientiertes Management-Basistraining (»Skill-Training«) sowie
  – »Coaching, Praxisberatung und Supervision«.

Im Folgenden werden diese Schritte zur Kompetenzentwicklung der Führungskräfte näher verdeutlicht. Ein solches Führungskräfteentwicklungsprogramm sollte mit anderen Qualifizierungsaktivitäten in der Organisation vernetzt werden: zum Beipiel durch die Integration thematischer Verhaltenstrainings oder spezifischer Teamentwicklungs- und Selbstmanagementprogramme.

Entwicklung eines Führungsleitbildes mit wegweisenden Maximen zum künftigen Führungsverhalten

Voraussetzung für eine strategieorientierte Führungskräfteentwicklung ist ein gemeinsames Verständnis, wie in der Organisation überhaupt geführt werden soll. Dazu sind das Topmanagement und alle Führungskräfte gefordert, sich einen gemeinsamen Handlungskanon zu erarbeiten, den sie zugleich als verbindlichen Maßstab für die Qualität des eigenen Führungsverhaltens nutzen. Gemeinsam konzipierte Führungsleitlinien müssen aber ausreichend konkret und überprüfbar formuliert werden, damit sie verhaltenswirksam werden können. In der Vergangenheit wurde häufig der Fehler gemacht, dass zu »philosophische« Aussagen ausgearbeitet und schriftlich fixiert wurden, ohne dass dies nachhaltige Verhaltensänderungen zur Folge hatte. Teilweise waren die Kernaussagen zu abstrakt und nicht auf den jeweiligen aktuellen Zustand der Unternehmens- und Führungskultur bezogen. Ein Beispiel für eine eher unverbindliche Aussage in »Grundsätzen für Führung und Zusammenarbeit« lautet:

»Wir wollen als Führungskräfte … wirksam kommunizieren und informieren, das heißt

- offen den Dialog suchen,
- rechtzeitig und konsequent Informationen weitergeben,
- den internen Informationsfluss aktiv unterstützen. (…)«

Dieser Führungsgrundsatz enthält eine durchaus wichtige Anforderung an alle Führungskräfte: nämlich eine effektive Informations- und Kommunikationssteuerung als wesentliche Führungsaufgabe zu begreifen. Allerdings fehlen folgende wichtige Merkmale, damit der Führungsgrundsatz nicht als »Wunschvorstellung« im Raum stehen bleibt, sondern vielmehr als verhaltenswirksame Sollbeschreibung greift:

- Ausrichtung auf die spezifische Situation in der Unternehmensentwicklung.
- Bezug zum unmittelbaren situations- und kundenbezogenen Verhalten der Führungskräfte.
- Messkriterien zur Verhaltensüberprüfung.
- Hinweise zu Konsequenzen bei Erfolg oder Misserfolg.

Die Verwendung intuitiv plausibler Verhaltensbeschreibungen wie »offen den Dialog suchen« lässt darüber hinaus erhebliche Interpretationsspielräume zu. Es wird nicht näher dokumentiert, was mit »offen« oder »den Dialog suchen« konkret gemeint ist. Dazu wären objektive Bewertungskriterien erforderlich, die es zum Beispiel erlauben, zwischen einem »offenen« und »nicht-offenen« Suchen des Dialoges zu differenzieren. Diese Unschärfe in der Formulierung führt dazu, dass erhebliche Interpretationsspielräume entstehen und folglich nahezu jedes gezeigte Führungsverhalten als grundsatzkonform definiert werden kann. Damit entziehen sich solche Leitlinien jeglicher Verhaltensrelevanz in der Organisation. Sie gewinnen stattdessen den Charakter von unverbindlichen Floskeln, die allzu leicht »in der Schublade« verschwinden, da sie weder verhaltensregulierend wirken noch tatsächlich von Dritten eingefordert werden können.

Dementsprechend stellt sich die Frage, wie ein Führungsleitbild präziser und konkreter im mess- und überprüfbaren Verhaltensrahmen verankert werden kann. Gerade die BSC-Systematik liefert hierzu wichtige Anregungen: Ein definiertes Führungsverhalten muss mit deutlichem Situationsbezug und spezifischen Überprüfungskriterien gekoppelt werden. Dann können Meilensteine definiert werden, bis wann welche Veränderungen im Verhalten der Führungskräfte zu erwarten sind. Dies wird nachfolgend an einem Beispiel verdeutlicht:

Lautet die Führungsmaxime, dass die Führungskräfte während der BSC-Implementierung über den Verlauf der Umsetzung wirksam informieren, so kann dies überprüft werden, indem zum Beispiel im Einzelnen folgende Indikatoren herangezogen werden:

• Anzahl und Dauer der (Team-)Sitzungen, in denen die BSC und deren Umsetzung qualifiziert erörtert werden.

• Direkte Befragungen von Mitarbeitern und internen Kunden, in denen die Führungskräfte im Hinblick auf die Qualität und Quantität ihres Informationsverhaltens bewertet werden.

• Selbstschilderungen von Führungskräften, welche konkreten Aktivitäten sie zur Informationsweitergabe eingeleitet haben – diese können später qualitativ und quantitativ durch ein neutrales Auswerterteam analysiert werden.

• Stichprobenartige Befragungen durch neutrale Dritte – zum Beispiel durch interne oder externe Kommunikationsspezialisten –, mit deren Hilfe geprüft wird, welchen Informations- und Wissensstand bezogen auf die BSC-Implementierung die Mitarbeiter in den einzelnen Teams tatsächlich besitzen.

• Verhaltensanalysen zum sichtbar praktizierten Informations- und Kommunikationsverhalten, zum Beispiel durch teilnehmende Beobachtung von Mitgliedern des BSC-Steuerungsteams in einzelnen Team- und Projektsitzungen.

Für jede Führungsmaxime kann ein Set von zirka drei bis fünf Überprüfungskriterien und -verfahren definiert werden. Ergänzend lässt sich ein erweitertes »HR-Controllingteam« damit beauftragen, die Konzipierung und Umsetzung des Prozesses zur Einführung von Leitlinien systematisch zu begleiten und zu überwachen. Nach einem überschaubaren Zeitraum, zum Beispiel von sechs Monaten, können die Umsetzungserfolge überprüft und bedarfsorientierte Maßnahmen für jede Führungskraft – etwa Qualifizierungsmaßnahmen oder individuelle Beratungen – eingeleitet werden. Die erzielten Gesamtergebnisse für alle Führungskräfte in der Organisation dienen dazu, einzelne Führungsmaximen weiter zu verfeinern, zu spezifizieren oder auch umzuformulieren. Für einen Folgezeitraum können dann wiederum Erhebungen und Messungen vorgenommen werden, wobei das Ziel darin bestehen sollte, eine deutliche Weiterentwicklung der Führungskompetenz und -qualität gemäß dem übergreifenden Leitverständnis von flexibler kooperativer und effizienzorientierter Führung sicherzustellen.

Dieses Vorgehen ist zwar wesentlich anspruchsvoller, als einen Satz von allgemeinen Führungsleitlinien auszuformulieren und in einer Broschüre zu veröffentlichen, aber dafür eher mit konkreten Verhaltenswirkungen in der Organisation verbunden. Damit die Führungsmaximen überschaubar und praktikabel bleiben, sollten pro Aktionszeitraum (zum Beispiel sechs Monate) lediglich drei bis fünf »Fokus-Maximen« herausgegriffen werden. Ansonsten besteht die Gefahr, dass die Führungskräfte überfordert werden oder sich der Messvorgang zu aufwändig gestaltet. Darüber hinaus sind eher »kleine Schritte« anzustreben, damit erste Erfolge auch unmittelbar sichtbar werden. Die Führungskräfte müssen in den Definitionsprozess der Maximen unmittelbar einbezogen werden. Es hilft wenig, neue Führungsziele im Verhaltensbereich einfach »von oben« oder durch eine Expertengruppe vorzugeben. Ansonsten ist mit Reaktanz bei den Führungskräften zu rechnen, das heißt sie erleben die neuen »Richtlinien« als Einschränkung ihrer Gestaltungsspielräume und wehren sich gegen das »von außen aufgestülpte« Kontrollverfahren.

Inhaltlich können sich die Führungsmaximen auf folgende Schlüsselfelder der sozialen Führungskompetenz beziehen:

- Strategiegeleitetes Führen mit Zielen.
- Prozess- und kundenorientiertes Denken und Handeln.
- Fördern und Anerkennen von Mitarbeitern.
- Wirksam kommunizieren und informieren.
- Als Team arbeiten und eigenverantwortliche Teamarbeit fördern.
- Zeitnah entscheiden und konsequent umsetzen.
- Innovationen fördern und »offen sein für Neues«.
- Durch integratives Führungsverhalten den BSC-Prozess begleiten und ihm zum nachhaltigen Erfolg verhelfen.

Je nach Unternehmensumfeld und -situation werden einzelne der genannten Anforderungen an das Führungsverhalten stärker an Bedeutung gewinnen. Zur Priorisierung der im Prozess jeweils vorrangigen Führungsanforderungen sollten nicht nur rationale (Selbst-)Einschätzungen der Führungskräfte, sondern auch interne und externe Kundenbefragungen herangezogen werden. Dies ist deshalb nützlich, damit sich der Prozess zur Verwirklichung des Führungsleitbildes auf die Präzisierung der jeweils vorrangigen Verhaltensziele aus Kundensicht konzentriert.

Einleiten eines Feedbackprozesses zur Führungswahrnehmung

Die Umsetzung des Führungsleitbildes und die Begleitung der Führungskräfte in ihrer persönlichen Verhaltensentwicklung werden gefördert, wenn sich sämtliche Führungskräfte einem direkten Verhaltensfeedback unterziehen. Dabei können gemäß einem umfassenden »360-Grad-Bewertungsprozess« alle diejenigen Personen einbezogen werden, die aufgrund einer hohen Interaktions- und Kommunikationsdichte mit der jeweiligen Führungskraft ein qualifiziertes Feedback vermitteln können.

Als Feedbackgeber kommen grundsätzlich nicht nur Kollegen, Mitarbeiter und eigene Vorgesetzte, sondern gerade auch interne und externe Kunden infrage, die aufgrund einer unmittelbaren Dienstleistungsbeziehung im Wertschöpfungsprozess das Verhalten der Führungskraft und dessen Wirkung bewerten können. Im Sinne eines partizipativen Ansatzes sollte im ersten Schritt gemeinsam mit der jeweiligen Führungskraft analysiert werden, welche Feedbackgeber infrage kommen. Dabei ist es wichtig, dass die Führungskraft dem Feedbackprozess grundsätzlich offen gegenübersteht. Sofern Bedenken über den Nutzen und die Aussagefähigkeit eines systematischen Feedbackprozesses bei der jeweiligen Führungskraft bestehen, sind diese zunächst ernst zu nehmen und im Idealfall auszuräumen. Eine freiwillige Zustimmung zum gemeinsam festgelegten Vorgehen ist wesentlich, damit das Feedback als Entwicklungschance – und nicht als Zwangsmaßnahme – wahrgenommen wird. Insofern obliegt es der einzelnen Führungskraft, ob sie die Chance des Feedbackprozesses erkennt und sich nach der Erarbeitung eines Grundverständnisses zu den wesentlichen Führungsaufgaben – qua Führungsleitbild – freiwillig zur Umsetzung entschließt.

Zunächst steht die Durchführung der Befragung im Mittelpunkt. Der erste Schritt ist somit die Erarbeitung eines knappen Fragebogens von ein bis zwei Seiten, in dem durch den Ausfüllenden zum Ausdruck gebracht werden kann, in welchem Ausmaß die jeweilige Führungsfähigkeit von dem betreffenden Vorgesetzten umgesetzt wird. Beispieldimensionen hierzu (in Anlehnung an das jeweils erarbeitete Führungsleitbild in der Organisation) lauten:

- Wirksam kommunizieren und informieren.
- Teamverantwortung fördern.
- Mit Zielen führen.
- Entscheiden und konsequent delegieren.
- Innovationen anregen und selbst einleiten.
- Teamleistungen anerkennen und Teammitglieder fördern (Personalentwicklung).
- Kunden- und prozessorientiertes Denken und Handeln entlang der Wertschöpfungskette fördern.

Liegt ein abgestimmter Bogen vor, können einzelne Gruppen von Mitarbeitern, Kollegen, Kunden und auch der eigene Vorgesetzte gebeten werden, die Führungskraft einzuschätzen. Dabei ist ein zeitlicher Bewertungshorizont –

zum Beispiel die letzten drei Monate – festzulegen. Typische Aussagen, die es spontan zu bewerten gilt, lauten:
»Die Führungskraft trägt dazu bei, (…)

- über Organisations- und Bereichsgrenzen hinaus zu denken,
- Ziele konsequent zu verwirklichen oder
- Kritik als Chance zur Veränderung zu verstehen (…).«

Die Antwortskala sollte anschaulich zwischen »trifft vollständig zu« bis »trifft überhaupt nicht zu« oder zwischen »fast immer« bis »überhaupt nicht« variieren. Dazu können ergänzend konkrete Häufigkeitsangaben erfragt werden, zum Beispiel: »Wie häufig wird tatsächlich über die gemeinsamen Teamziele gesprochen?«

Je nach den situativen und unternehmenskulturellen Rahmenbedingungen sollte die Einschätzung entweder anonym (zum Beispiel Rücksendung an ein externes Institut über einen verschlossenen Briefumschlag beziehungsweise E-Mail) oder offen – zum Beispiel gruppenorientierte Erarbeitung in einem Workshop mit Metaplan-Methodik – erfolgen. Darüber hinaus sollte sich die Führungskraft vorab auch selbst einschätzen, um einen direkten Abgleich zwischen Selbst- und Fremdbild herbeizuführen.

Vertrauliche Auswertung und Besprechung der Feedbacks

Vorausgesetzt, die eingehenden Einschätzungsbögen werden anonym ausgewertet und in einer verständlichen Überblicksdarstellung zusammengefasst, empfiehlt sich ein persönliches Gespräch zur näheren Erläuterung der Ergebnisse durch einen Sachverständigen. Dazu sind individuelle Einzelsitzungen mit der Führungskraft durch einen Berater beziehungsweise Coach anzuraten.

Zur Einführung bietet sich eine kurze Präsentation durch den Berater an, in der die aggregierten Einschätzungen für alle Feedbackgeber dargestellt werden. Dies kann zum Beispiel in Form einer Punktwolke auf einem Flipchart oder als Grafik mit Mittelwerten und Streuungen in einem Ergebnisbericht erfolgen. Ergänzend erhält die Führungskraft durch den neutralen Coach Hinweise, wie die Ergebnisse aufgrund von Vergleichswerten einzuordnen sind und welche Schlüsse Abweichungen zum Beispiel zwischen dem

Selbstbild und den einzelnen »Fremdbildern« zulassen. Aufschlussreich ist besonders der direkte Abgleich unterschiedlicher Wahrnehmungen von den Feedbackgebern, also etwa differierende Sichtweisen zwischen Mitarbeitern, Kollegen und Vorgesetzten oder Kunden.

Wesentlich für den Erfolg dieser gemeinsamen Auswertungsphase mit der Führungskraft ist, dass ein persönliches Vertrauensverhältnis besteht und die Ergebnisse im Hinblick auf ihre Aussagefähigkeit verständlich erläutert werden. Dabei ist der Einsatz von statistischen Verfahren mit Vorbehalt zu betrachten, da die Anwender die Bedeutung der einzelnen Kenngrößen (zum Beispiel Varianz oder Streuungen) meist nicht sofort durchschauen können. Insofern sollte auf solche Kenngrößen zugunsten von anschaulichen optischen Darstellungen weitgehend verzichtet werden.

In dem jeweiligen Ergebnisgespräch muss der Berater der Führungskraft vor allem erläutern, wie bestimmte Feedbackkonstellationen zu bewerten sind und welche Schlussfolgerungen sich daraus ergeben können. Es ist aber nicht seine Aufgabe, konkrete Verhaltensempfehlungen auszusprechen oder sogar bestimmte Maßnahmen direkt vorzuschlagen. Vielmehr sollte die Führungskraft die Ergebnisse im Anschluss in Ruhe interpretieren und daraus persönliche Erkenntnisse und Einschätzungen ableiten.

Sofern sich die Führungskraft ein persönliches Meinungsbild zu den Ergebnissen erarbeitet hat und sich mit einem gewissen zeitlichen Abstand erste Schlussfolgerungen ergeben, sind weitere Gespräche – mit dem eigenen Vorgesetzten, dem eigenen Team, ausgewählten Kollegen oder dem neutralen Coach – angezeigt. Ein voreiliger Aktionismus sollte vermieden werden – auch in dem Sinne, dass die Führungskraft sofort versucht, »weitere Gründe« für kritische Feedbacks bei Einzelnen zu eruieren, was auch die Anonymität beziehungsweise den Vertraulichkeitsschutz der Feedbackgeber aufbrechen würde. Zunächst sind Geduld und Selbstexploration wesentlich, damit ein Feedback auch innerlich ausreichend verarbeitet und durchdacht werden kann.

Ausarbeiten eines Maßnahmenplans

Ausgehend von der persönlichen Ergebniserläuterung und Interpretation kann die Führungskraft ein persönliches Fazit ziehen. Dies beinhaltet eine Bewertung folgender Fragestellungen:

- Wie werde ich von meinen Mitarbeitern wahrgenommen? Wie sehen mich im Vergleich dazu ausgewählte Kollegen und Kunden? Welche Eindrücke vermittelt mir mein eigener Vorgesetzter?

- Wie schätze ich mich selbst ein? Wo gibt es Übereinstimmungen oder möglicherweise auch deutliche Abweichungen?

- Wo erhalte ich positive Rückmeldungen, und wo werde ich eher kritisch gesehen?

Die Führungskraft sollte mit den Feedbackgebern nach der Auswertung des Feedbacks weitere Gespräche führen. Diese können dazu dienen, offene Fragen zu klären und konkrete Hinweise für weiterführende Maßnahmen zu erhalten. Dabei sollte der Feedbacknehmer allerdings darauf achten, dass die Anonymität nicht aufgehoben wird. Dies gilt insbesondere für weiterführende Gespräche mit Mitgliedern des eigenen Teams. Insofern empfiehlt sich für die Aufarbeitung der erzielten Ergebnisse eine moderierte Nachbesprechung, wobei ein neutraler Moderator die Sitzung leitet und die Führungskraft ihr persönliches Fazit vorstellt und weitere Anregungen entgegennimmt.

Davon können dann konkrete Maßnahmen zur eigenen Entwicklung, aber auch zur gemeinsamen Team- oder Bereichsentwicklung abgeleitet werden. Im Einzelnen beziehen sich mögliche Entwicklungsmaßnahmen auf folgende Bereiche der Sozial- und Persönlichkeitskompetenz:

- Wie kann ich die Übereinstimmung zwischen Selbst- und Fremdbild verbessern?

- Wie nähere ich mich in meinem Führungsverhalten möglichst eng an die firmenspezifischen Leitsätze für effizienz- und mitarbeiterorientierte Führung an?

- Wie steigere ich meine Akzeptanz als Führungskraft im eigenen Team?

- Wie baue ich meine eigene Führungskompetenz aus, zum Beispiel beim Führen mit Zielen, beim Delegieren oder beim einfühlsamen Konfliktmanagement?

- Welche bedarfsorientierten Trainings- oder Coachingaktivitäten können für mich zur weiteren persönlichen Entwicklung sinnvoll sein?

Um diese und ähnliche Fragestellungen qualifiziert beantworten zu können, liegt es nahe, wiederum einen internen oder externen Berater hinzuzuziehen:

Dies kann der eigene Vorgesetzte, ein Personalentwickler oder auch ein neutraler Coach sein, der nicht direkt im Unternehmen tätig ist. Denkbar ist auch, einen erfahrenen Kollegen aus dem Unternehmen als Dialog- und Lernpartner zu gewinnen, um mit ihm über sinnvolle Aktivitäten zur Entwicklung der eigenen Optimierungsbereiche nachzudenken.

Daraufhin kann ein »persönlicher Maßnahmenplan« zur weiteren Eigenentwicklung gemeinsam mit dem direkten Vorgesetzten erörtert werden. Dabei sollte eine überschaubare Anzahl von Aktivitäten mit einem Horizont von zirka sechs Monaten bis zu zwei Jahren definiert werden. Hilfreich ist es, wenn persönliche Erfolgskriterien festgelegt werden, zum Beispiel »Woran erkenne ich, dass ich mich konkret weiterentwickle?« Grundsätzlich kann eine einmalige Erhebung nur ein Einstieg zur Vertiefung des Feedbackprozesses sein. Deshalb ist eine Wiederholung der Erhebung in einem regelmäßigen Rhythmus, zum Beispiel in jährlichem Abstand, sinnvoll. Dadurch können Veränderungen in der Selbst- und Fremdwahrnehmung aufgezeigt und der Nutzen der Entwicklungsmaßnahmen besser bewertet werden.

Professionelle Fortführung des Feedbackprozesses zur Erfolgssicherung

Um einen nachhaltigen Erfolg des Instrumentes der Führungskräfteeinschätzungen sicherzustellen, sind einige Anforderungen zu beachten:

- Kompetente Begleitung durch ein Expertenteam, damit die Konzipierung des Fragebogens, die Auswertung und die anschließende Prozessbegleitung wissenschaftlich-methodischen Anforderungen genügt. Sofern interne Personalentwicklungsspezialisten in der Organisation vorhanden sind, können auch diese einen wesentlichen Anteil der Steuerungsaktivitäten übernehmen. Speziell für den Feedback- und Coachingprozess empfiehlt es sich jedoch, ein unternehmensneutrales Fachteam ergänzend heranzuziehen.

- Vertrauensvoller Rahmen, der zum Beispiel durch Freiwilligkeit und weitgehende Transparenz im Prozess gekennzeichnet ist. Niemand sollte zu einem »Feedback gezwungen« werden, da ansonsten Widerstände bei den Beteiligten entstehen. Die Vor- und Nachteile der anonymen Gestaltung sind abzuwägen. Darüber hinaus sollten keine Sanktionen gegen Einzelne

– zum Beispiel kritische Feedbackgeber – eingeleitet werden, da in diesem Fall die Glaubhaftigkeit des Feedbackprozesses gefährdet wäre. Durch eine so entstandene Misstrauenskultur kann die Rücklaufquote bei Follow-ups dramatisch absinken.

- Konsequenz in der Umsetzung, das heißt ein Führungskräftefeedback sollte zwar zunächst zum Nachdenken anregen, aber im zweiten Schritt konkrete Veränderungsschritte bei den Feedbacknehmern erkennen lassen. Dies bedeutet etwa, dass Schwachstellen gezielt angegangen und Maßnahmen zur Eigen- und Teamentwicklung tatsächlich in einem überschaubaren Zeitrahmen eingeleitet werden.

- Feedback nicht mit »Beurteilung« verwechseln, da ansonsten der Lern- und Wachstumscharakter des Verfahrens beeinträchtigt wird. Die »Beurteilung einer Führungskraft« – wenn man diesen Begriff überhaupt verwenden will – bemisst sich wohl weniger an den subjektiven Wahrnehmungen der Feedbackgeber, sondern vielmehr an der objektiven Zielerreichung – zum Beispiel bezogen auf Kosten- und Effizienzziele –, die aber nicht unmittelbarer Gegenstand des hier besprochenen Führungskräftefeedbacks sind. Es wird im Wesentlichen nicht »beurteilt«, sondern vielmehr über Wahrnehmungen und Einschätzungen gesprochen, die durchaus personenbezogen stark unterschiedlich ausgeprägt sein können, was für sozialdynamische Beziehungsstrukturen und intersubjektive Wahrnehmungsprozesse charakteristisch ist.

Werden diese Spielregeln beachtet, kann durch das Führungskräftefeedback gerade auch jüngeren Führungskräften eine gezielte Hilfestellung in ihrer Eigenentwicklung vermittelt werden. Substanziell abweichende Feedbacks einzelner Feedbackgeber bei einer »Rundumeinschätzung« sind dabei aussagefähige Indikatoren für spezifische Führungs- und Teamkonstellationen, die es näher zu analysieren gilt. Beispielsweise kann eine Führungskraft von den eigenen Mitarbeitern im Hinblick auf den Führungsstil sehr positiv bewertet werden, während sich die Kollegen kritisch äußern. Dies ist vielleicht darauf zurückzuführen, dass in der kollegialen Zusammenarbeit andere, »mehr horizontal geprägte« Kommunikationsanforderungen maßgebend sind als in der direkten Führungsrolle. Zum anderen kann auch der eigene Chef eine durchaus »beliebte« Führungskraft zurückhaltend bewerten – etwa wenn Projektziele nicht in dem Maße erreicht werden, wie es unternehmensstrategisch wünschenswert wäre. Nur in seltenen Fällen werden die unterschiedlichen Feedbacks vollkommen übereinstimmen, da die Anforderungen und Erwartungen der Kommunikationspartner in den jeweiligen Beziehungsnetzen variieren – zumindest ist dies unsere Erfahrung aus einer Reihe solcher Feedbackprozesse.

In einer innovationsgetriebenen Unternehmung sind präzise Wahrnehmungen, zeitnahes Feedback und schnelles Reagieren auf Umfeldveränderungen gerade auch für die »neuen« Führungskräfte von herausragender Bedeutung. Unternehmen, die visionäre Ziele erreichen und sich in turbulenten Märkten behaupten wollen, benötigen engagierte Manager, die Feedback als Selbstverständlichkeit betrachten und nicht davor zurückschrecken, auch gelegentliche »unangenehme Botschaften« zu verarbeiten. Feedback muss auch dann als Chance zur rechtzeitigen Kurskorrektur und als Meilenstein für die eigene Weiterentwicklung begriffen werden. In diesem Sinne ist Feedbackkompetenz auch eine charakterliche Tugend, die allerdings in starkem Maße eigenverantwortlichen Umgang mit den Feedbackergebnissen erfordert. Oder etwas philosophischer ausgedrückt – mit den Worten von Aristoteles: »Freilich muss, wer auf Erkenntnis ausgeht, dies um ihrer selbst willen tun. Denn hier winkt seitens der Menschen kein Lohn für die darauf verwandte angespannte Mühe.«

Ein kleiner »Lohn« könnte allerdings doch in Aussicht stehen: Gesteigerte Akzeptanz als Führungskraft und etwas mehr Lebensfreude und Ausgeglichenheit in einer sehr anspruchsvollen und herausfordernden beruflichen Rolle.

Systematische Führungskräftequalifizierung in der gesamten Organisation

Ausgehend von den Ergebnissen eines Führungskräftefeedbacks – oder auch aufgrund übergreifender strategischer Überlegungen zur Weiterentwicklung der Führungskultur im Unternehmen – spielen Programme zur gezielten Führungskräfteentwicklung eine wichtige Rolle. Gerade bei der Umsetzung einer ehrgeizigen BSC werden Aktionsprogramme zur Förderung von »Lernen und Entwicklung« der ganzheitlichen Qualifizierung der Führungskräfte einen hohen Stellenwert einräumen müssen. Welche Ansätze bieten sich hierzu an? Im Folgenden wird auf einige Möglichkeiten zur Steuerung der Führungskräfteentwicklung näher eingegangen:

Workshops zur Führungskräfteentwicklung im Topmanagement

Im ersten Schritt sollte auf Geschäftsleitungsebene und im oberen Führungskreis ein gemeinsames Verständnis erarbeitet werden, welche Anforderungen
an ein professionelles und effektives Führungsverhalten zu stellen sind. Dazu
sind unternehmensstrategische Überlegungen, Bedarfe aus den BSC-Perspektiven, Leitbildfragen und grundsätzliche Aussagen zu den Fragen der
Führungs- und Feedbackkultur zu reflektieren. Die Geschäftsleitung sollte
mit gutem Beispiel vorangehen, indem sie Trainings- und Seminaraktivitä-
ten persönlich begleitet und sich zu eigenen Entwicklungsmaßnahmen verpflichtet.

Gerade das Engagement des Topmanagements ist ein starkes Signal an alle
Organisationsmitglieder, dass nicht nur »Sonntagsreden« gehalten werden,
sondern tatsächlich auch das eigene Führungsverhalten kritisch beleuchtet
und angemessen hinterfragt wird. In den Workshops zur Führungskräfteentwicklung müssen zunächst das Rahmenprogramm, die Inhalte und die konkrete Ausgestaltung im Führungskreis vertiefend erörtert werden. Dazu werden auch Entscheidungen zu treffen sein, welche interne oder externe Berater
und Trainer das Entwicklungsprogramm verantwortlich begleiten. Darüber
hinaus sind Aussagen dazu hilfreich, wie in der Organisation künftig geführt
werden soll; es bedarf also eines überschaubaren Satzes an Führungsleitlinien, die für den Einzelnen Orientierung vermitteln und die wesentlichen
Anforderungen im Bereich der effektiven Personalführung verdeutlichen und
konkretisieren.

Führungstrainings für alle Mitarbeiter mit Führungsaufgaben

Jede Führungskraft sollte ihre Einstellungen und ihr Verhalten im zwischenmenschlichen Umgang thematisieren, systematisch überprüfen und
gezielt weiterentwickeln. Dazu bieten sich Basis- und Aufbauführungstrai-
nings an, die von erfahrenen Trainern geleitet werden und neben Hinweisen
zu einem vorbildlichen Führungsverhalten auch praktische Übungen, wie
Rollenspiele oder Fall- und Situationsanalysen beinhalten. Die beauftragten
Trainer sollten sich mit dem Unternehmensumfeld im Voraus ausreichend
vertraut gemacht haben und keine Führungstheorien referieren, die für die
Organisationspraktiker nur eine geringe Relevanz besitzen. Im Einzelnen gilt
es, diejenigen verhaltensbezogenen Themen durch anschauliche Beispiele und
Übungen zu vertiefen, die auch im Führungskräftefeedback von den Mitar-

beitern, Kollegen oder dem eigenen Chef als verbesserungswürdig eingeschätzt werden.

Folgende Inhalte können als Gegenstand der Führungstrainings herausgegriffen werden; sie sollten dabei jeweils durch konkrete Zielaussagen in der BSC-Rubrik »Lernen und Entwicklung« unterlegt sein.

1. *Mit Zielen führen*

- Visionen und Strategien entwickeln – gerade auch im BSC-Umfeld.
- Ziele vereinbaren.
- Mess- und Erfolgskriterien herausstellen.
- Ziele konsequent verwirklichen.

2. *Wirksam kommunizieren und informieren*

- Offen den Dialog suchen.
- Rechtzeitig und konsequent Informationen weitergeben.
- Konflikte erkennen und sich für deren zügige Bearbeitung und Lösung einsetzen.
- Bereichsübergreifendes Denken fördern.
- Den internen Informationsfluss aktiv unterstützen.

3. *Prozess- und kundenorientiert denken und handeln*

- Über Organisationsgrenzen hinausdenken.
- Prozesse effizient steuern.
- Verbesserungen anregen.
- Qualität sicherstellen und Abläufe konsequent optimieren.

4. *Mitarbeiter fördern und anerkennen*

- Mitarbeiter systematisch qualifizieren und anforderungsspezifisch einsetzen.
- Eigenverantwortliches Handeln ermöglichen.
- Leistungen zeitnah anerkennen.
- Regelmäßige Mitarbeiter- und Fördergespräche führen.
- Mitarbeiter für das Unternehmen entwickeln – und dabei vor allem auch die übergreifenden Organisationsziele und -interessen beachten.

5. Teamentwicklung fördern

- Teamverantwortung ausbauen.
- Sich selbst als Teil des Teams verstehen.
- Konflikte erkennen und lösen helfen.
- Bereichsübergreifende Teamarbeit und Netzwerkbildung unterstützen.

6. Entscheiden und konsequent umsetzen

- Unternehmerisch denken.
- Probleme systematisch lösen (helfen).
- Entscheidungen zeitnah treffen und rechtzeitig kommunizieren.
- Fehlerhafte Entscheidungen korrigieren und Betroffene frühzeitig in die Entscheidungsfindung einbinden.

7. Innovationen fördern

- Traditionelle Denkweisen infrage stellen.
- Kreative Ideen fördern und ihre pragmatische Umsetzung anregen.
- Kritik als Chance zur Veränderung verstehen.
- Für die eigene Weiterentwicklung sorgen.
- Die eigene Führungsrolle als »Coach« und »Personalentwickler« begreifen.

Der Umfang und die Dauer der Trainingsbausteine sollten organisationsspezifisch festgelegt werden. Für den Erfolg ist maßgebend, dass ergänzende Maßnahmen – zum Beispiel zur Teamentwicklung, zur moderierten Prozessbegleitung oder zum Coaching – eingeleitet werden. Die Beschränkung auf traditionelle Seminarveranstaltungen ist nicht ausreichend; vielmehr sind situations- und fallbezogene Workshop- und Beratungsaktivitäten bedarfsorientiert anzubieten. In die Trainingsmaßnahmen sollten vor allem auch jüngere, weniger erfahrene Führungskräfte einbezogen werden, damit sie von erfolgreichen, langjährigen Führungskräften lernen können und qualifizierte Feedbacks zu ihrer Wirkung und ihrem Verhalten erhalten. Umgekehrt gilt es, die »alten Hasen« auch für die eigene Weiterentwicklung zu gewinnen, da sich im Lauf der Jahre leicht Verhaltensgewohnheiten »einschleifen«, die zumindest überprüft werden sollten.

Für vertiefende, persönlichkeitsorientierte Entwicklungsmaßnahmen sollte mit Führungskräften aus anderen Organisationen eine individuelle Standortbestimmung vorgenommen werden. Neben dem firmenübergreifenden »Benchmarking« ist vor allem auch der vertrauliche Rahmen in einem »Stranger«-Seminar (das heißt mit Vertretern aus anderen Firmen) für die konkrete Entwicklung wesentlich. Gerade Kollegen aus anderen Unternehmen können wertvolle Hinweise liefern, worauf die jeweilige Führungskraft verstärkt achten sollte, und welche Ansatzpunkte zur persönlichen Verhaltensentwicklung sinnvoll und erfolgversprechend sind.

Maßnahmen zur Nachwuchsentwicklung und zur Vorbereitung von künftigen Führungskräften auf ihre Aufgaben

Mitarbeiter, die in absehbarer Zeit Leitungsfunktionen in Teams, Projekten oder Arbeitsgruppen übernehmen, sollten ebenfalls in ein Qualifzierungsprogramm aufgenommen werden. Dabei steht nicht nur die verhaltensorientierte Führungsqualifizierung, sondern auch die Vorbereitung auf die neue Rolle im Mittelpunkt. Gerade Nachwuchskräfte bedürfen einer gezielten Sensibilisierung für die spezifischen Anforderungen in Führungs- und Projektmanagementfunktionen. Dabei können die einzelnen »Positionsanwärter« in kleinen Lerngruppen zusammengefasst werden, um gemeinsames Teamlernen und den rollenbezogenen Erfahrungsaustausch zu fördern. In die Trainingsarbeit sollten auch organisationsinterne Führungspraktiker einbezogen werden, damit ein realistisches Bild der zukünftigen Aufgaben, Anforderungen und auch der potenziellen Konfliktfelder gezeichnet wird.

Im Einzelnen sind folgende Themen für ein vorbereitendes Nachwuchsprogramm zu empfehlen:

- Was bedeuten Mitarbeiterführung und Personalverantwortung in der Praxis?

- Wie nutze ich meine »Positionsmacht« und Personalverantwortung konstruktiv, um auf der Grundlage einer möglichst hohen Mitarbeiterzufriedenheit und -motivation erfolgreich zu führen?

- Wie gehe ich mit schwierigen Konfliktsituationen um, die sich aus unterschiedlichen Anforderungen meiner Interaktionspartner ergeben können – zum Beispiel Geschäftsleitung, Vorgesetzte, Kollegen und Mitarbeiter?

- Was sind typische »Führungsaufgaben« und wie übernehme ich sie effektiv gemäß meinem Auftrag und meiner Persönlichkeit?

- Wie hole ich mir Unterstützung und Hilfe, wenn ich die neuen Führungsaufgaben (noch) nicht in dem Maße erledigen kann, wie es von anderen erwartet oder gefordert wird?
- Wer kann mich als Coach, Mentor und Entwicklungsbegleiter – innerhalb oder außerhalb der Organisation – unterstützen?

In einem Nachwuchsprogramm sollten die Mitarbeiter einfühlsam auf die nächsten Schritte in der Verantwortungszunahme vorbereitet werden. Dazu gehört vor allem, dass der eigene Vorgesetzte als »erster Personalentwickler« die Funktionsübernahme begleitet und in schwierigen Situationen, die sich zum Beispiel bei hierarchischen Konfliktkonstellationen oder bei wachsender beruflicher Belastung ergeben, moderierend und beratend zur Seite steht.

Coaching, Praxisberatung und Supervision

Ähnlich wie Ärzte sich in »Balint-Gruppen« organisieren, um den regelmäßigen Erfahrungsaustausch zu fördern und das gemeinsame Teamlernen zu unterstützen, können auch Führungskräfte zu regelmäßigen Fall- und Situationsbesprechungen zusammenkommen und sich gegenseitig Feedback geben. Eine solche vertrauensvolle, kollegiale Form der Praxisberatung beziehungsweise »Intervision« ist eine ideale Plattform für die Weiterentwicklung der Führungs-, Lern- und Feedbackkultur in der Organisation. Ergänzend können interne oder externe Moderatoren, Coaches oder Führungsberater hinzugezogen werden, um Impulse von außen und unvoreingenommene Feedbacks zu erhalten.

Eine Organisation, die vor allem im BSC-Aktionsfeld »Lernen und Entwicklung« kontinuierlich wachsen will, benötigt neben fachlichen, kunden- und prozessorientierten Innovationsfeldern gerade ein reflexives Lernumfeld, um die konstruktive Ausgestaltung persönlicher Wachstums- und Gestaltungspotenziale zu fördern. Dazu gehört die konsequente, systematische Überprüfung des eigenen Handelns als Führungskraft und ein kontinuierlicher »Check-up« bezogen auf die eigene Managementkompetenz für jeden Positionsinhaber. Dies sollte nicht unter »Druck« durch »Anweisung von oben« erfolgen, sondern aufgrund der persönlichen Erkenntnis, dass der eigene Reifegrad in engem Zusammenhang mit der Führungseffektivität steht. Gerade die Akzeptanz und Verhaltenssicherheit in der eigenen Leitungsrolle ist eine wesentliche Voraussetzung dafür, dass Orientierung vermittelt und schwierige Konfliktsituationen gemeistert werden und die Mitarbeiter im Team ehrgeizige Herausforderungen gemeinsam bewältigen können.

Insofern ist die »angeleitete«, reflexive Auseinandersetzung mit den »weichen Verhaltensanforderungen« in den Bereichen der Mitarbeiterführung und -kommunikation wesentlich für das Gelingen einer BSC-Implementierung insgesamt. Dies darf nicht darüber hinwegtäuschen, dass Fortschritte in diesen zwischenmenschlich sensiblen Erfahrungs- und Handlungsfeldern nicht leicht zu messen sind. Allerdings sollte dies nicht dazu führen, diesen Aktionsbereich zu vernachlässigen. Die Gefahr ist groß, dass gerade das leicht zu Erreichende und zu Überprüfende in den Mittelpunkt einer BSC-gestützten Strategieplanung gerückt wird. Insofern müssen auch zu erwartende Widerstände in der Organisation selbst überwunden werden, wenn gerade die Schlüsselthemen der Führungs- und Unternehmenskultur zum wesentlichen Gegenstand der Strategieimplementierung gemacht werden – sind hier doch wegweisende Ansatzpunkte vor allem in der Persönlichkeit, im Verhalten und Erfahrungslernen jedes Einzelnen zu suchen.

Strategieorientierte Teamentwicklung

Die Einführung und Umsetzung der BSC lenkt die Aufmerksamkeit im Bereich Lernen und Entwicklung vorrangig auf die unternehmenskulturellen Rahmenbedingungen, die für hohe Produktivität, Effizienz und Innovationsorientierung maßgebend sind. Neben der ziel- und strategiebezogenen Maßnahmenplanung und der Steuerung der Aktionsprogramme durch die Führungskräfte kommt der Selbststeuerung der Mitarbeiter ein hoher Stellenwert bei der BSC-Implementierung zu. Dabei sind in einer agilen, vernetzten und konsequent marktorientierten Organisation nicht nur kreative Leistungsbeiträge der einzelnen Mitarbeiter gefragt, sondern vor allem auch abgestimmte, auf die Wertschöpfungsabsichten bezogene Teamleistungen: Die Mitarbeiter stehen in vielfältigen Interaktions-, Kommunikations- und Austauschbeziehungen sowohl innerhalb als auch außerhalb der Organisation – zum Beispiel mit Kunden, Lieferanten, Wertschöpfungspartnern –, die sie weitgehend eigenständig ausgestalten müssen. Dabei sind als Erfolgskriterien des eigenen Handelns verschiedene Anforderungen zu beachten: beispielsweise der Grad des gestifteten Kundennutzens, die Maximierung von Kosten-Ertrags-Spannen, der persönliche Wertschöpfungsbeitrag in der Prozesskette, das Erfüllen von spezifischen Qualitätsstandards oder der faktisch erreichte Innovationsgrad.

Diese Erfolgskriterien sind fast ausschließlich von der Güte des gemeinsamen, aufeinander bezogenen Handelns in Teams, Projektgruppen oder auftragsbezogen zusammengestellten, temporären Task-Forces abhängig. Insofern muss die Frage gestellt werden, wie die Entwicklung des teamorientierten Leistungshandelns optimiert werden kann und wie entsprechende Ziel-, Mess- und Erfolgskriterien in einer BSC abzubilden sind.

Gerade der häufig zitierte »Teamgeist« im Unternehmen, das Erzielen von Synergien in Arbeitsgruppen oder der gesteigerte Zusatznutzen durch hierarchieübergreifende, interdisziplinäre Kooperation sind nur schwer zu fassen – geschweige denn unmittelbar zu messen. Es sind deshalb indirekte Methoden gefragt, mit denen ein möglichst verlässlicher Rückschluss auf die Qualität des Teamhandelns erzielt werden kann. Damit wird zugleich unterstellt, dass eine reife, produktive Teamkultur eine wichtige Grundlage für den Erfolg der übergreifenden BSC-Umsetzung darstellt.

Merkmale eines Teams

Wenn Menschen in einem Unternehmen ein gemeinsames Ziel verfolgen, ist die erste Voraussetzung für ein Team gegeben. Teams entstehen, wenn Mitarbeiter in einer Abteilung kooperieren, sich in Projektgruppen organisieren oder aufeinander abgestimmt neue Ideen und Lösungen zur Verbesserung von Verfahren, Produkten oder Dienstleistungen entwickeln. Von einem Team wird insbesondere dann gesprochen, wenn mehrere Mitarbeiter im Rahmen einer spezifischen Aufgabenstellung über einen längeren Zeitraum zusammenarbeiten. Dies bedeutet, dass sie gemeinsam spezifische Anforderungen bewältigen, Probleme lösen und im Idealfall auch Erfolge erzielen. Dabei sind wechselseitige Abhängigkeiten gegeben, das heißt eine Teamleistung kann grundsätzlich nur erzielt werden, wenn sich die einzelnen Teammitglieder gegenseitig unterstützen und in ihren Kompetenzen und Leistungsbeiträgen ergänzen. Damit sind »natürliche«, »fest« kooperierende Teams in Firmen angesprochen, etwa im Marketing, Vertrieb, Einkauf oder in der Produktion, aber auch übergreifende Teams, die problemzentriert tätig sind – wie zum

Beispiel interdisziplinäre Projektgruppen, die nur vorübergehend gebildet werden.

Teams können grundsätzlich eine beliebige Größe haben; handelt es sich jedoch um Großgruppen mit nur gelegentlichen persönlichen Kontakten, spricht man im Allgemeinen nicht mehr von einem »Team«, sondern von einem »Bereich« oder einer »Business-Unit«. In einem Team ist also ein koordiniertes, zwischenmenschliches Kommunikations- und Beziehungsgeflecht erforderlich, das eine gewisse Intensität des persönlichen Miteinanders und der Kooperation bedingt – zumindest in der Phase der Zielklärung und in der Ergebnis- und Qualitätssicherung. Dies gilt selbst für »virtuelle Teams«, deren Teammitglieder zwar nicht raum-zeitlich an einem gemeinsamen Ort anwesend sind, die aber zumindest ein gemeinsames Verständnis über Teamziele, Teamauftrag und erwünschte Teamleistungen durch eine flexible, IT-beziehungsweise mediengestützte Kommunikation erarbeiten und sich punktuell über die einzelnen Wertbeiträge austauschen.

In Teams entstehen meist informelle Arbeits- und Austauschprozesse, die zugleich eine mehr oder weniger positiv ausgeprägte Teamatmosphäre und Teamkultur zur Folge haben: Teams können sich »gut verstehen«, gemeinsame Stärken entwickeln und durch die Kombination von Fähigkeiten der Einzelnen besondere Leistungen und Ergebnisse erzielen, die »mehr« sind als nur die Summe der Individualbeiträge. Ein Team kann auch dazu beitragen, dass das Wohlbefinden und die Zufriedenheit des Einzelnen steigt, womit auch positive motivationale, das heißt leistungsfördernde Effekte verbunden sind. Man spricht dementsprechend auch von den besonderen Synergiepotenzialen, die in gut funktionierenden Teams durch ein sozialdynamisches Stützsystem entstehen.

Hierin liegt der besondere Stellenwert der Teamleistungen für ein Unternehmen: Ein »gutes Team« arbeitet oftmals effizienter, kreativer und zielgerichteter als eine unverbundene Gruppe von Spezialisten und »Einzelkämpfern«. Der ständige Gedankenaustausch und die gegenseitige Unterstützung fördern ein fruchtbares Arbeitsklima, das zugleich Sicherheit und Orientierung für den Einzelnen vermittelt. Ein besonderer Teameffekt kommt allerdings nur zustande, wenn die Gruppe das gemeinsame Ziel und den jeweils besonderen Auftrag – die »Mission« – nicht aus dem Auge verliert. Darüber hinaus müssen Konflikte zeitnah und sachlich aufgearbeitet werden, damit Meinungsverschiedenheiten die Arbeitseffizienz nicht nachhaltig reduzieren. Somit wird auch die herausragende Bedeutung von Führung sichtbar, da sich

Teams in einer arbeitsteiligen, mehrstufigen Organisation an übergreifenden Visionen, Strategien und Zielsetzungen ausrichten müssen. Selbst in weitgehend selbst gesteuerten Teams haben Führungskräfte eine orientierende, sinnstiftende und konfliktregulierende Funktion.

Teams können mehr oder weniger homogen zusammengesetzt sein. Gemeint ist damit, in welchem Ausmaß fachliche und persönliche Voraussetzungen ergänzend oder divergierend angelegt sind. Ein interdisziplinäres und durch unterschiedliche Kompetenz- und Persönlichkeitsstrukturen geprägtes Team wird eher vielfältige Ideen und kreative Lösungen erarbeiten als ein Team mit Spezialisten gleichartiger Kompetenz- und Qualifikationsstruktur. Dies ist zu beachten, wenn Verbesserungspotenziale in der Organisation ausgelotet oder neue Produkte entwickelt werden sollen. Der Nachteil eines heterogenen Teams besteht allerdings darin, dass das Fehlen eines Teammitgliedes die Leistungsfähigkeit insgesamt beeinträchtigen kann. Insofern sind für die langfristig angelegte Zusammenarbeit an klar definierten Aufgabenstellungen solche Gruppenkonstellationen hilfreich, die auch in gewissem Maße wechselseitige Vertretungen ermöglichen. Ähnliches gilt für »feste Teams« in Abteilungen im Gegensatz zu Projektteams, die nur vorübergehend an einer Problemstellung arbeiten. Gerade in Projektgruppen sollte auf eine bereichsübergreifende, fachlich interdisziplinäre Zusammenstellung der Projektmitglieder mit komplementären Erfahrungs- und Wissenshorizonten Wert gelegt werden.

Im Hinblick auf die jeweils geforderte Persönlichkeitsstruktur der Mitglieder von erfolgreichen Teams gibt es keine Patentrezepte. Vielfach wird die Empfehlung ausgesprochen, dass sich die Charaktere der Gruppenmitglieder ergänzen sollten: Teams benötigen »Analytiker«, die auf problemgerechte Sachlösungen hinarbeiten, »Kreative«, die Tradiertes infrage stellen und neue Wege gehen, »Pragmatiker«, die mit ihrem Erfahrungswissen die Umsetzbarkeit von Ideen sicherstellen, und »Macher«, die aufgrund ihrer kommunikativen Kompetenz neue Problemlösungen nach innen und außen »verkaufen« können. Solche Typisierungen haben aber den Nachteil, dass sie die Komplexität der menschlichen Persönlichkeit drastisch vereinfachen und damit dem Einzelnen in seiner charakterlichen Eigenart nur bedingt gerecht werden. Darüber hinaus werden die besondere Anforderungssituation, der Kontext der Aufgabenbearbeitung und die organisationsspezifischen Rahmenbedingungen eher vernachlässigt. Insofern sind solche generalisierenden Ansätze kritisch zu bewerten – selbst wenn sie ein »Quäntchen Wahrheit« enthalten mögen. Zudem werden sie der Vielfalt menschlichen Verhaltens im Zeitverlauf nur bedingt gerecht: Gerade in erfolgreichen Teams wachsen Menschen oftmals über sich hinaus, entwickeln eine gemeinsame Begeisterungsfähigkeit und überwinden damit auch Begrenzungen ihres eigenen Kompetenz- und Verhaltensrepertoires.

Menschen mit einer flexiblen Persönlichkeitsstruktur verstehen es gerade, sich je nach Situation und Anforderungskontext variabel und menschenorientiert effektiv zu verhalten. Dies gilt auch für erfolgreiche formelle oder informelle Führer, die sowohl auf der Sach- als auch auf der Beziehungsebene Stärken entfalten müssen, um neue Denkansätze zu forcieren oder in einem Team integrativ zu wirken. Insofern ist es eher die »intelligente Verhaltensvariabilität je nach Kontext«, die erfolgreiche Teamplayer kennzeichnet. Wenn auch jedes Teammitglied bestimmte bevorzugte Persönlichkeitseigenschaften aufweisen mag – zum Beispiel einen eher introvertierten, sachorientierten Realitätszugang oder eine extravertierte, kommunikationsorientierte Dialoghaltung –, bedarf es in einem kreativen Team einer hohen interpersonellen Flexibilität im Leistungshandeln. Ansonsten besteht beispielsweise die Gefahr, dass bei Veränderungen in der Teamzusammensetzung – etwa bedingt durch Fluktuation oder neuartige Aufgabenstellungen – die Leistungsfähigkeit eines Teams durch eine fehlende sozialdynamische Abstimmung stark abfällt. Es ist ähnlich wie im Fußball, wo eine gute Mannschaft »Stürmer« benötigt, die im Bedarfsfall auch einmal in der »Ausputzerrolle« aushelfen können.

Abb. 4-5: Erfolgsfaktoren für Teamarbeit

- gemeinsame Vision,
- klar definierte »Team-Mission«,
- Zielvereinbarungen,
- kontinuierliche Teamentwicklung,
- Feedbackorientierung,
- monetäre und nicht-monetäre Anerkennung für überzeugende Teamleistungen.

Abb. 4-6: Voraussetzungen für den Nutzen von Teamarbeit

- komplexe Problemstellungen, die interdisziplinäre Zusammenarbeit erfordern,
- fachliche und persönliche Qualifikation der Teammitglieder (zum Beispiel Konfliktstabilität, Kommunikationskompetenz und Selbststeuerungspotenzial),
- Zielklarheit für jeden Einzelnen,
- aktive Konfliktmoderation – bedarfsorientiert durch einen externen Moderator.

Rolle der Führung in der Teamentwicklung

Eine spannende Frage lautet, inwieweit sich Teams tatsächlich »selbst steuern« können – also personengebundene Führung durch eigenverantwortliches Denken und Handeln in autonomer Gruppenarbeit ersetzt werden kann. Eine erste Antwort lautet, dass hierzu ein gewisser Reifegrad, eine ausreichende Qualifikation und eine förderliche, leistungsbezogene Einstellung aller Teammitglieder gegeben sein müssen. Insbesondere ist eine hohe Werte- und Konsensorientierung bei jedem Einzelnen gefordert, um in einer partnerschaftlichen Streitkultur durch das Ringen für die beste Lösung »etwas zu bewegen«. Dies beinhaltet das Vermögen, die oftmals unter hohem Arbeitsdruck zwangsläufig auftretenden Konflikte eigenständig – und ohne Intervention von außen – selbst regulieren zu können.

Weiterhin spielen für die Fähigkeit zur Eigensteuerung in Teams – neben der Notwendigkeit einer hohen fachlichen Kompetenz und eines gewissen persönlichen Reifegrades – Faktoren des organisationsbezogenen Umfelds eine wesentliche Rolle: Gefordert ist zum Beispiel eine hohe Zielklarheit und Eindeutigkeit der Aufgabenstruktur sowie eine grundsätzliche Offenheit der Teammitglieder für fehlerbehaftetes, risikoorientiertes Handeln im jeweiligen Wertschöpfungskontext. Dies kennzeichnet letztlich die Anforderung einer hohen »unternehmerischen Kompetenz« bei den Teammitgliedern. Denn »etwas unternehmen« bedeutet, Chancenpotenziale mit hohen Risikoanteilen erfolgreich auszuloten und durch eine konsequente Zielverfolgung auch tatsächlich zu nutzen. Dies beherrschen allerdings nur wenige Teams in klassischen hierarchischen Unternehmen. Die BSC kann deshalb von großem Nutzen sein, um den einzelnen Team-, Projekt- und Arbeitsgruppen durch die Bereitstellung von Business- und/oder Bereichs-Scorecards strategische Orientierungen zu vermitteln – die ansonsten durch Führungskräfte vorgegeben werden müssten. Insofern ist zu hoffen, dass die Verfügbarkeit einer BSC – oder vergleichbarer Aussagen zu strategischen Kernzielen und Projekten – die Selbststeuerung in Teams erhöht. Allerdings liegen hierzu noch keine gesicherten praktischen Erfahrungen und empirischen Untersuchungen vor.

Die Selbststeuerung und damit die Autonomie eines Teams kann gesteigert werden, wenn eine gemeinsame Vision beziehungsweise ein unternehmensweites Leitbild – gerade auch für das jeweilige Team selbst – erarbeitet worden ist. Dadurch verfügen die Menschen in den Teams über »richtungsvermittelnde Zielmarken«, die das eigenverantwortliche Verhalten fördern. Bei der Einführung einer BSC bietet es sich deshalb an, in den jeweiligen Teams eine konzeptionelle Rahmenvorstellung zu erarbeiten, worin der spezifische Auftrag beziehungsweise kundenorientierte Wertschöpfungs- und Leistungsbeitrag eines Teams zum Erreichen der übergeordneten Unternehmensziele besteht. Diese Ausarbeitung einer konsensstiftenden Team-Mission kann in einigen Teamworkshops unter moderierter Leitung geleistet werden, wenn zum Beispiel die nachfolgenden Fragen als Ausgangspunkt gewählt werden:

- *Nutzen der Teambildung*
  Warum existieren wir überhaupt als Team? Was würde geschehen, wenn wir unsere Arbeit im Team »einstellen«? Gibt es einen nachweisbaren Wert von koordinierter Teamarbeit gegenüber der »unabhängigen Einzelarbeit«?

- *Serviceorientierte Team-Mission im engeren Sinne*
  Welchen Auftrag verfolgen wir in der Organisation? Was wollen und können wir für das Erreichen der gemeinsamen Zukunftsvision beitragen? Was leisten wir tatsächlich für unsere externen oder internen Kunden?

- *Mess- und Erfolgskriterien für erfolgreiche Teamarbeit – mit engem Bezug zu den BSC-Messkriterien*
  Woran erkennen wir, dass wir unsere Arbeit »gut« erledigen? Wie messen wir die Zufriedenheit unserer internen und (vor allem) externen Kunden? Wodurch nehmen wir wahr, dass unsere Teamarbeit Fortschritte macht und konkrete, weiterführende Ergebnisse erzielt werden?

- *Konfliktkultur und Teamgeist*
  Wie gehen wir mit Konflikten um? Wie fördern wir das Gemeinschaftsgefühl und den Zusammenhalt? Wie wirken wir zentrifugalen und dissoziativen Kräften bei einzelnen Teammitgliedern entgegen, die in Stresssituationen häufig auftreten?

- *Individuelles Entfaltungspotenzial und direkte, affektive Teambindung*
  Wie gelingt es jedem Einzelnen, seine Fähigkeiten einzubringen, seine Stärken weiterzuentwickeln und seine Potenziale zu entfalten? Wie hoch ist die persönliche Identifikation und das »Commitment« zur Arbeit im Team?

Die strukturierte Bearbeitung solcher Leitfragen führt in einen Prozess der Teamentwicklung, der in kompetenter Form moderiert werden sollte. Dazu können die Teammitglieder selbst eine Steuerungsverantwortung übernehmen, zum Beispiel durch eigene, eventuell von Sitzung zu Sitzung wechselnde Diskussionsmoderation. Alternativ kann auch eine Führungskraft diese Aufgabe übernehmen. Sofern dieser zweite Weg gewählt wird, sollte bei sensiblen Fragestellungen entschieden werden, ob nicht besser ein externer Moderator hinzugezogen wird, der »keine Eisen im Feuer hat«. Ein interner oder externer Moderator mit sach- und teamneutraler Position kann gezielt die Rolle des Impulsgebers und »Facilitators« (Unterstützers) übernehmen, damit die wesentlichen Fragen zur Klärung der Team-Vision und -Mission konstruktiv beantwortet werden.

Im Rahmen der BSC-Implementierung wird zugleich ein Meilenstein mit Bezug zur übergreifenden Teamentwicklung zu definieren sein – und zwar mit folgendem Tenor: »Inwieweit sind die Teamaufträge klar herausgearbeitet, weitgehend schriftlich dokumentiert und bereichsübergreifend kommuniziert?«

Die Qualität der Beantwortung dieser Kernfrage stellt zugleich ein wesentliches Messkriterium zum Status der Teamentwicklung in der BSC dar: Denn nur engagierte, konsensfähige Teams werden sich »aus eigenen Kräften« auf eine solche gemeinsame Plattform verständigen können. Insofern dürfen die Team-Missionen keinesfalls »von oben oder von außen« vorgegeben werden. Sie sind vielmehr in einem reflexiven, diskursiven und zukunftsgerichteten Dialogprozess im jeweiligen Team selbst zu erarbeiten.

Zum Einstieg in einen solchen Prozess der Klärung eines Teamauftrags empfehlen sich zum Beispiel folgende kurze Fragestellungen, die nahezu auf jedes beliebige Team übertragen werden können und den Reflexionsprozess in einer offenen Moderation unmittelbar in Gang setzen:

- »Welche Werte und strategischen Ziele sind vorrangig, worauf müssen wir uns hier konzentrieren?

- Was erwarten unsere Kunden von uns? Wonach bewerten sie unsere Leistungsfähigkeit als Team?

- Wie können die jeweils individuellen Stärken der Teammitglieder am besten zum Einsatz kommen?«

Die verantwortliche Führungskraft kann helfen, befriedigende Antworten für möglichst alle Teammitglieder zu finden. Selbst wenn die Führungskraft dem jeweiligen Team nicht als »klassischer Vorgesetzter« zugeordnet ist, sondern – im Sinne eines modernen Führungsverständnisses – eine moderierende, unterstützende, beratende und »coachende« Rolle einnimmt, muss sie maßgeblichen Einfluss auf die Qualität des Teamentwicklungsprozesses nehmen. Dabei sind seitens der Führungskraft ein guter Gesamtüberblick, eine ausreichende Erfahrungsbandbreite, weitgehende Akzeptanz, kommunikative Stärken sowie die Fähigkeit zum vermittelnden Umgang in Machtstrukturen gefordert. Solche persönlichen Leitungskompetenzen sollten durch ausgeprägte soziale und methodische Fähigkeiten ergänzt werden, damit eine Führungskraft als »Lernhelfer« und »Prozessbegleiter« in der Steuerung von Teamprozessen sinn- und strukturvermittelnd wirken kann.

Manche Vorgesetzte befürchten allerdings einen Verlust an Status und Selbstwert, wenn sie Verantwortung tatsächlich delegieren sollen. Häufig trauen sie ihren Mitarbeitern eigenständiges Arbeiten nicht in ausreichendem Maße zu oder fühlen sich persönlich zurückgestuft, wenn sie nicht mehr ständig mit »Abstimmungen« und »Rücksprachen« konfrontiert sind. Gefordert ist folglich die Bereitschaft, »loszulassen« und den Mitarbeitern damit die Chance zu eröffnen, eigene Erfahrungen zu sammeln, Fehler zu machen und daraus zu lernen. Engagierte Führungskräfte sind gut beraten, durch regelmäßige Mitarbeiterdialoge, Zielvereinbarungen, Meilensteingespräche und integratives Konfliktmanagement den Schwerpunkt ihrer Arbeit auf das Management der Teamkultur zu konzentrieren und sich nicht als »oberste Sachbearbeiter« in der fachlichen Detailarbeit zu profilieren.

Allzu häufig glauben manche Führungskräfte noch, »alles selbst machen zu müssen« und sich »letztlich auf niemanden verlassen zu können«. Dies ist aber eher ein Zeichen unzureichender eigener Führungskompetenz und geht gelegentlich – bei missglückten Teamentwicklungsprozessen – mit dem Versuch einer rückwirkenden Schuldzuschreibung an andere – hier die Mitarbeiter – einher. Führungskräfte, die interpersonelle Abhängigkeiten durch »kontinuierliche Einmischung in das Tagesgeschäft ihrer Mitarbeiter« und Zurückhalten von Informationen erzeugen, brauchen sich nicht darüber zu wundern, wenn ihre Mitarbeiter dann tatsächlich unfähig werden, eigenständig zu arbeiten. Es kann nicht das Ziel einer Teamentwicklung sein, dass alles zuvor vom »Chef abgenickt und abgesegnet« wird.

Damit wird sichtbar: Führung ist für effektive Teamarbeit in komplexen Organisationen von herausragender Bedeutung – selbst wenn sich ein Team weitgehend selbst steuert. Und noch weitergehend: Führung ist in einer vernetzten, arbeitsteiligen Organisation geradezu unverzichtbar – auch wenn die persönliche Führung manchmal eher informell geprägt ist oder sogar in wechselnden Rollen – das heißt temporär – von einzelnen Teammitgliedern selbst übernommen wird. (Dieser »rollierende Führungsansatz« ist in der Praxis durchaus möglich, aber nicht leicht zu realisieren, da der Wechsel der Führungsverantwortung Verhaltensunsicherheiten bei den Teammitgliedern mit sich bringen kann.) Aber nicht jeder, der sich Führungskraft nennt oder Führungsaufgaben übernimmt, bringt die erforderlichen Voraussetzungen mit, um ein Hochleistungsteam aufzubauen und zu entwickeln. Gefragt ist folglich eine ausgeprägte soziokulturelle Führungskultur im Unternehmen, die sich durch Dialogkompetenz, Einfühlungsvermögen, Wertschätzung, Authentizität, Entscheidungsbereitschaft und konsequente Verantwortungsdelegation der Schlüsselpersonen auszeichnet.

Leistungsorientierte »Power-Teams« entstehen nur dort, wo sich Führungskräfte dieser Herausforderung stellen und durch gezielte eigene Entwicklung – sei es durch Supervision und Intervision, Erfahrungslernen, Coaching oder Selbstreflexion – an ihrer eigenen Führungsfähigkeit konsequent arbeiten. Eine Organisation, die Teamlernen und Teamproduktivität fördern will, muss deshalb auf eine konsequente Führungskräfteentwicklung bauen, damit die Menschen in den Teams tatsächlich von professionellen, kompetenten Leitungspersönlichkeiten geführt werden. Dies beinhaltet auch, dass Mitarbeiter die erforderlichen Verantwortungs- und Gestaltungsspielräume erhalten, um an ihren gemeinsamen Aufgaben kontinuierlich zu wachsen. Je mehr eine Organisation das individuelle Teamhandeln durch hierarchiegeprägte Arbeits-, Durchführungs- und Kompetenzregelungen reglementiert, desto schwieriger wird es für die Einzelnen, sich selbst zu steuern.

Prozesse in der Teamentwicklung

Funktionsfähige Teams entstehen keineswegs einfach aus dem »Nichts«; sie brauchen eine gewisse Entwicklungszeit und durchlaufen dementsprechend verschiedene Phasen, um ihr volles Leistungspotenzial zu entfalten. In der angloamerikanischen Literatur zur Gruppendynamik werden häufig folgende Abschnitte der Teamentwicklung beschrieben: »forming, storming, norming, performing«.

Ein Team muss sich zunächst bilden – oder gezielt durch das Management gebildet werden –, etwa durch einen anforderungsspezifischen Auswahlprozess im Unternehmen, um eine bestimmte Aufgabenstellung effizient zu bearbeiten. Für eine positive Teamentwicklung ist es hilfreich, wenn die einzelnen Teammitglieder in den Entscheidungsprozess, wer alles im Team mitarbeiten sollte oder könnte, einbezogen werden. Es wird also nicht einfach »von oben« angeordnet, »wer mit wem zu arbeiten hat«, sondern die Prozesse der gemeinsamen Willensbekundung zur Zusammenarbeit werden vom Management gefördert. Dies kann auch beinhalten, dass sich Teams bereits in der Startphase der möglichen Zusammenarbeit neu konstituieren oder spontan verändern, um durch ein gutes Beziehungsklima eine möglichst hohe Ergebnisorientierung zu erzielen. Während dieser Initialphase der Teamkonstituierung sollte eine auf Konsensbasis beruhende Teamentscheidung herbeigeführt werden, dass man bereit ist, sich den anstehenden Aufgaben gezielt – und vor allem gemeinsam – zu widmen.

Dieser Formierungsphase mit einer schlüssig gefassten Willensbekundung zur Kooperation schließt sich oftmals ein Stadium an, in dem die verschiedenen Interessen und Standpunkte der Gruppenmitglieder abgeglichen werden. Im Idealfall bildet sich dabei ein gemeinsamer »spirit« beziehungsweise Teamgeist heraus, der durch erste Erfolge in der Teamarbeit gestützt wird. Diese Phase kann allerdings auch sehr konfliktträchtig verlaufen und sogar zum Auseinanderfallen des Teams führen – ein Zustand, der durch integrative Führung zu verhindern oder zumindest »in geordnete Bahnen« zu steuern ist. Die Phase der Normierung umfasst das Herausarbeiten eines gemeinsamen Werteverständnisses, die Präzisierung des Teamauftrags und die Festlegung von tragfähigen Modalitäten der längerfristigen Zusammenarbeit. Typische zu klärende Fragen lauten: »Wer ist für was zuständig? Bis wann wollen wir welche Ergebnisse erzielen? Wonach bewerten wir die Ergebnisqualität unserer Teamarbeit?« In dieser Phase entwickelt jeder im Team ein Verständnis, welchen Beitrag er zum Teamerfolg leistet oder künftig leisten kann. Daran schließt sich im günstigsten Fall die »eigentliche Arbeit« an, also die konkrete Leistungserbringung, um die übergeordneten Ziele zu erreichen.

Wer Teamprozesse in der Praxis beobachtet, weiß allerdings, dass die Gruppenentwicklung keineswegs so systematisch und geordnet erfolgt, wie es die Modelle zur Gruppendynamik vorsehen. Häufig überlagern sich einzelne Phasen oder laufen wiederholt ab: Selbst in erfolgreichen, gut arbeitenden Teams müssen sich die Teammitglieder immer wieder in zielbezogenen Klärungsprozessen hinterfragen, um einen optimalen Wertbeitrag sicherzustellen. Gefordert ist also prozessbegleitende Selbstreflexion und ein ständiger Soll-Ist-Abgleich, damit die gemeinsam verfolgten Ziele tatsächlich erreicht werden. In reifen Teams finden solche »Check-ups« nahezu automatisch statt, man »spielt sich die Bälle gegenseitig zu« und nimmt sich ausreichend Zeit, um die Beziehungsatmosphäre zu pflegen und die gemeinschaftliche Teamkultur auszubauen. Hierbei ist eine große Portion harte Arbeit, Disziplin und Selbstkontrolle gefordert – zugleich aber auch das Bekenntnis zu Spaß und die Fähigkeit, gelegentlich auftretende Stresssituationen und Frustrationsblockaden durch spontane, informelle Kommunikation zu überwinden. Gerade wenn herausfordernde Problemstellungen gelöst und ehrgeizige Ziele verfolgt werden müssen, benötigen Teams oftmals eine »Auszeit«, um sich auf ihre eigenen Stärken und Entwicklungsbedarfe zu besinnen.

Systematische Teamentwicklung bedeutet deshalb auch, sich ausreichend Zeit für regelmäßige »Teaminspektionen« zu nehmen. Dies dient zur gemeinsamen Überprüfung des Leistungspotenzials und der Synergiefähigkeit in der Gruppe. Selbst dann, wenn keine konkreten Fach- und Sachthemen im Vorfeld anstehen, offenbaren anberaumte Teamsitzungen in Unternehmen immer wieder vielfältigen Klärungs- und Vertiefungsbedarf, wenn folgende Fragen in einer offenen, moderierten Runde angesprochen werden:

- Wie gehen wir miteinander um? Ist unser Teamklima durch Vertrauen, Wertschätzung und aktives Zuhören geprägt?
- Erleben wir in unserer Arbeit Erfüllung und Selbstverwirklichung, zum Beispiel »flow« und »moments-of-excellence«? (Damit sind Phasen außergewöhnlicher Leistungsbereitschaft angesprochen, die mit förderlichen Gefühlslagen, positiven Selbstwerteinschätzungen und gelegentlich sogar mit Begeisterung einhergehen.)
- Wie lösen wir Konflikte und legen Meinungsverschiedenheiten bei? Verhindern wir, dass Probleme »unter den Tisch« gekehrt werden? Kämpfen

wir im teilweise stress- und routinegeprägten Tagesgeschäft engagiert für die beste Lösung?

Zur Förderung der partnerschaftlichen Teamentwicklung empfiehlt es sich, solche Fragen in moderierten Teamsitzungen regelmäßig, zum Beispiel quartalsweise, zu bearbeiten. Dies kann nicht einfach »zwischen Tür und Angel« erfolgen, sondern erfordert Zeit und Muße. Am besten zieht man sich auch mindestens einmal im Jahr für ein bis zwei Tage zurück, um sich voll auf die Klärung der interpersonellen Gruppendynamik im Team zu konzentrieren. Allerdings sollten solche »Auszeiten« im Unternehmen sorgfältig vorbereitet und frühzeitig kommuniziert werden, damit die Erreichbarkeit und die kundenorientierte Leistungserbringung im Wertschöpfungsprozess nicht darunter leiden.

Eine »Kurzform« der partnerschaftlichen Teamentwicklung kann als ein wesentlicher Baustein in Firmenveranstaltungen und Sitzungen integriert werden – etwa wenn in Workshops und Meetings als ergänzender Tagesordnungspunkt in einer Feedbackrunde die Frage gestellt wird: »Wie haben wir heute zusammengearbeitet? Wie hat jeder Einzelne das Meeting erlebt? Haben wir unsere Ziele erreicht? Wo stehen wir jetzt, sachlich als auch bezogen auf das Miteinander im Team?«

Diese abschließende Selbstüberprüfung in Besprechungen ist ein wichtiger Bestandteil einer offenen Kommunikationskultur und sollte eine Selbstverständlichkeit bei gut strukturierten Meetings sein. Leider finden Besprechungen in Unternehmen aber nicht immer unter dem Blickwinkel einer funktionalen Ablaufsteuerung statt: Allzu oft treten periphere Sachfragen und persönliche Selbstdarstellungsinteressen in den Vordergrund – zum Nachteil der Effektivität und Output-Orientierung. Nur eine ehrlich gemeinte Eigenverpflichtung mit dem Bekenntnis zur Selbstdisziplin schafft hier Abhilfe – oder die (wohlwollende) Intervention der Geschäftsleitung, um einen offenen Dialog und eine ernst gemeinte Teamentwicklung gerade auch im oberen Managementteam zu unterstützen.

Förderung der Erfolgsorientierung in Teams

Wenn ein Team nach reiflichen Überlegungen zur Auswahl der jeweils geeigneten Mitarbeiter gebildet wurde und anforderungsbezogene Führungs- und Steuerungsstrukturen festgelegt wurden, folgt daraus noch nicht, dass dieses

Team tatsächlich partnerschaftlich und effizient zusammenarbeitet. Selbst wenn unterstützende Prozesse zur Teamentwicklung angestoßen werden, die vor allem das Stiften eines positiven Teamklimas zum Gegenstand haben, sichert dies noch nicht eine hinreichende Ziel- und Resultatsorientierung. Was ist also zu tun, damit ein Team einen bestimmten Auftrag tatsächlich erfolgreich erledigen kann?

Die nachfolgend genannten vier Kriterien dienen als Richtschnur für die Praxis und können auf unterschiedliche Teamkonstellationen und Organisationsbereiche übertragen werden:

Klare Vereinbarungen zu relevanten Team- und Individualzielen

Zu Beginn der Bearbeitung einer festgelegten Aufgabenstellung, bei Vorliegen eines neuen Auftrages oder beim Start von Projektgruppen müssen klare Übereinkünfte erzielt werden, worauf sich die gemeinsame Arbeit konzentriert. Vorliegende Stellenbeschreibungen, Funktionsprofile oder Charakterisierungen von Kernaufgaben reichen im Allgemeinen nicht aus, um jedem Teammitglied eine zuverlässige Richtschnur für das eigene Handeln zu vermitteln. Es liegt in der Verantwortung der jeweiligen Führungskraft, die erforderlichen Vereinbarungen zu treffen und auch kurz schriftlich, aber möglichst formlos, zu fixieren. Zur Vorbereitung solcher Zieldefinitionen eignen sich kurze Teamsitzungen, in denen jedes Teammitglied seine Wünsche, Erwartungen und Interessen einbringt und zugleich seine persönlichen Stärken und möglichen Tätigkeitsschwerpunkte verdeutlicht. In einem konsensorientierten Prozess sollte es dann gelingen, erforderliche Abstimmungen so weit wie möglich im Team selbst herbeizuführen. Zur methodischen Unterstützung eignen sich Moderations- und Metaplantechniken, die von den Gruppenmitgliedern selbst genutzt oder von einem externen Moderator als neutralem Prozessbegleiter als Strukturierungs- und Visualisierungshilfe eingesetzt werden.

Im Anschluss daran sollten bei komplexen Teamaufgaben und herausfordernden Projekten Einzelgespräche geführt werden, um persönliche Vereinbarungen mit jedem Teammitglied zu treffen. In »reifen Teams« ist es auch möglich, durch kooperative Abstimmung Aufgaben- und Tätigkeitsschwerpunkte direkt wechselseitig zu konkretisieren, das heißt ohne die Einflussnahme einer Führungskraft. Dies kann sogar unumgänglich sein, wenn flache Hierarchien und breite Führungsspannen ein Höchstmaß an autonomer

Gruppensteuerung erforderlich machen. Die getroffenen Vereinbarungen müssen regelmäßig im Hinblick auf den Grad der Umsetzung überprüft werden. Hierzu dienen »Meilensteingespräche«, die wiederum entweder gemeinsam im Team oder durch die Führungskraft vertraulich mit jedem Einzelnen – zum Beispiel je nach Aufgabenstellung im Abstand von drei bis sechs Monaten – geführt werden. Die Anzahl von Einzelgesprächen, die durch die jeweilige Führungskraft initiiert werden, sollte allerdings in Grenzen gehalten werden, damit wesentliche Vereinbarungen so weit wie möglich im Team selbst getroffen werden. Grundsätzlich sind teamorientierte Besprechungen oder Dialogveranstaltungen, durch die möglichst alle Beteiligten gleichzeitig erreicht und einbezogen werden, vielen Individualgesprächen vorzuziehen.

Festlegung nachvollziehbarer Messkriterien für den Teamerfolg

Häufig wird argumentiert, dass die Vereinbarung von Teamzielen verhältnismäßig aufwändig und die Überprüfung der Qualität von ergebnisorientierter Teamarbeit in der Praxis zu schwierig sei. Mit Ausnahme von zum Beispiel vertrieblich orientierten, quantitativen Teamzielen – etwa zur Steigerung von Umsatz, Rendite oder Rohertrag – sind qualitative Zielvereinbarungen in der Tat nicht ohne weiteres mit direkten Operationalisierungs- und Messvorschriften zu verbinden. Wenn etwa angestrebt wird, die »Kunden- und Mitarbeiterzufriedenheit zu steigern« oder »Reibungsverluste mit angrenzenden Schnittstellen-Bereichen zu verringern«, ist damit noch keinesfalls sichergestellt, dass alle Beteiligten tatsächlich das Gleiche meinen. Insofern sollten Zielvorstellungen mit gemeinsam akzeptierten Erfolgskriterien gekoppelt werden, die von den Teammitgliedern selbst erarbeitet werden. Dazu ist es hilfreich, auch bei Teams in Service- und Stabsbereichen Erwartungen von internen oder externen Kunden heranzuziehen – etwa dahingehend, wie ein wertschöpfungsstiftender Dienstleistungsprozess möglichst schnell, reibungslos, fehlerfrei und endkundenorientiert zu gestalten ist. Dazu können Mess- und Erfolgskriterien aus der jeweils relevanten BSC – im Idealfall der BSC des eigenen Bereichs – herangezogen werden.

Durch geeignete Erhebungsmethoden, insbesondere Kundenbefragungen, Selbst- und Fremdeinschätzungen, Geschwindigkeits-, Fehler- und Reklamationsmessungen, lassen sich meist auch weniger greifbare Zielvorstellungen konkretisieren. Für ein Team im Personalbereich lauten solche Kriterien beispielsweise: Zeitdauer zur Bearbeitung einer Bewerbung; Anzahl präsentierter, qualifizierter Kandidaten für eine Schlüsselposition; Grad der DV-Unterstützung; Zeitaufwand zur Erstellung eines Arbeitsvertrages; Einhaltung eines Planstellen- und Kostenbudgets; interne Zufriedenheit der Nutzer der Personaldienstleistungen – gemessen durch skalengestützte Einschätzungen im Hinblick auf Beratungsqualität, Serviceorientierung, Schnelligkeit oder Erreichbarkeit.

Wirkungsvolles Konfliktmanagement

Erfolgreiche Teamarbeit bedeutet, dass Konflikte zeitnah bearbeitet und möglichst lösungsorientiert bewältigt werden. Selbst wenn hochqualifizierte Spezialisten mit ausgewiesener Fach-, Sozial- und Methodenkompetenz gemeinsam an einem ehrgeizigen Projekt arbeiten – für das vielleicht sogar ein gut ausgearbeiteter Projektplan vorliegt –, ist dies noch keine Garantie für eine effektive Projektsteuerung mit einem qualifizierten Resultat. Allzu häufig treten lähmende Meinungsverschiedenheiten auf, wenn Einzelne einen kritischen Standpunkt zum Projektablauf beziehen oder Reklamationen von Kunden aufgegriffen werden. Gleiches gilt, wenn individuelle Wünsche zugunsten von Teamanforderungen zurückgestellt werden müssen – oder besondere Einzelleistungen in der Gruppe nicht die gewünschte Anerkennung finden. Dies ist ein typisches Problem beispielsweise in Vertriebseinheiten, wo Verkäufer oder Berater, die sich an einer Teamzielvereinbarung orientieren, manchmal darüber unzufrieden sind, dass ihre persönliche Einzelleistung im Gesamtzusammenhang – spätestens bei der Prämienzuweisung – nicht ausreichend gewürdigt wird.

Konfliktmanagement ist eine zentrale Führungsaufgabe. Es gibt allerdings auch Konstellationen, in denen besser ein externer Moderator und Konfliktmanager zurate gezogen werden sollte. Solche Situationen sind gegeben, wenn die Führungskraft im Konfliktszenario selbst eine maßgebliche Rolle spielt oder eigene Lösungsbemühungen nicht erfolgreich waren – und damit eine weitere Eskalation droht. Ein externer Moderator hat häufig einen »anderen, neutralen Blick« für die Beziehungsdynamik und kann eher Hinweise zu geeigneten Klärungs- und Bewältigungsmöglichkeiten im »Gesamtsystem Team« vermitteln. Dies sollte aber nicht darüber hinwegtäuschen, dass letztendlich die Betroffenen selbst durch ihre eigene Integrationsfähigkeit und Konsensorientierung über den Erfolg des Konfliktmanagements entscheiden. Wenn persönliche Profilierung, hierarchische Machtstrukturen und

»versteckte Spiele« dominieren, kann ein Konfliktmanager nur selten weiterhelfen. Hier sind vielmehr klare Entscheidungen und »Wegweisungen« aus der Linie gefordert – gegebenenfalls auch durch Entscheidungträger im Topmanagement, die im Interesse der Gesamtzielsetzung einer Organisation eingreifen müssen, wenn wiederholte Versuche zum Konfliktmanagement in einem Team gescheitert sind. Teamentwicklung kann im Extremfall bedeuten, ein Team aufzulösen, Teammitglieder auszuwechseln oder den Auftrag eines Teams von außen – zum Beispiel durch ein Audit – zu überprüfen, damit eine »Lösung höherer Ordnung« erreicht wird. Solche Eskalationsschritte sollten allerdings als Ausnahme betrachtet werden, da ansonsten die Selbststeuerung und die Konfliktstabilität eines eigenverantwortlich agierenden Teams gefährdet werden.

Kontinuierliches Feedback

Ob ein Team tatsächlich erfolgreich arbeitet, erfährt man spätestens dann, wenn Ergebnisse vorliegen und gewünschte Leistungen erbracht – oder nicht erbracht – worden sind. Dann ist es allerdings meist schon zu spät – und »das Kind ist bereits in den Brunnen gefallen«. Allzu häufig arbeiten Teams vor sich hin, ohne sich der Effizienz ihres eigenen Tuns zu vergewissern. Gerade in komplexen Projektarbeiten oder in dynamischen Innovations- und Veränderungsprozessen kann man nicht ohne weiteres im Voraus abschätzen, ob die gemeinsame Arbeit zur Zielerreichung führt. Das Team muss in einem solchen Fall selbst Indikatoren der Wirksamkeit eigenen Tuns erarbeiten. Hierzu zählen nicht nur erzielte Zwischenergebnisse, die von außen wahrgenommen plausibel erscheinen, sondern vor allem auch realistische Selbsteinschätzungen, die auf dem gespeicherten Erfahrungswissen der Teammitglieder basieren:

- Sind wir noch auf dem richtigen Weg?

- Haben wir alle ein »gutes Gefühl« und sind wir zuversichtlich, dass wir das »Mögliche« tatsächlich erreichen werden?

- Haben wir uns im Voraus vergewissert, dass zu erwartende Barrieren und Hindernisse aus dem Weg geräumt werden können?

- Stehen wir alle zu dem aktuellen Stand der Problemlösung? Oder haben sich Einzelne bereits »ab- oder ausgegrenzt« beziehungsweise »Vorbehalte angemeldet«?

Gerade kritische Stimmen oder erste Warnsignale von Außenstehenden zu Fehlentwicklungen, insbesondere solche von unmittelbaren Kunden, sollten sehr ernst genommen werden, weisen sie doch auf mögliche Störungen in der Teamkultur hin – und damit auch auf einen suboptimalen Wertschöpfungsprozess. Eine kritische Phase im Teamprozess darf allerdings nicht zur Folge haben, dass Pessimisten die Oberhand gewinnen und grundsätzlich alles infrage gestellt wird! Eine gesunde Portion Selbstgewissheit und Erfolgszuversicht ist unabdingbar für das Gelingen von vielen ehrgeizigen Gesamtvorhaben. Dennoch sollte ein Hochleistungsteam »sensible Antennen« dafür entwickeln, wie der aktuelle Stand der Leistungserstellung jeweils einzustufen ist. Dabei helfen die bereits angesprochenen Feedbackgespräche, spontane Einschätzungen zum Verlauf der Teamarbeit oder von Zeit zu Zeit ausgefüllte Stimmungsbarometer und Bewertungsskalen, die auf verborgene Hürden oder Widerstände auf dem Weg zum gemeinsamen Erfolg hinweisen.

Stellenwert von Teamprozessen im Veränderungsmanagement

Veränderungsprozesse ziehen vielfältige Herausforderungen für die Qualität des Teamhandelns nach sich – etwa wenn Organisationsstrukturen tiefgreifend umgestellt, modifizierte Ablaufstrukturen zur Steigerung der unternehmerischen Leistungspotenziale eingeführt oder neue Arbeitsformen erprobt werden. In fast allen Fällen entscheidet die Effektivität der Teamarbeit mit über den Erfolg einer einschneidenden Umstrukturierung. Dies gilt vor allem dann, wenn flexibel auf neue Kundenwünsche reagiert werden muss oder in Projektgruppen bereichsübergreifende, interdisziplinäre Problemlösungen entwickelt werden müssen. In einer arbeitsteiligen, mehrstufigen Organisation ist zunächst die Verfügbarkeit einer ausreichenden Zahl von kompetenten Spezialisten und Generalisten von sehr hoher Bedeutung. Dennoch werden außergewöhnliche Erfolge erst erzielt, wenn es gelingt, die Fähigkeiten und Fertigkeiten der einzelnen Mitarbeiter wirkungsvoll aufeinander abzustimmen.

Nachfolgend werden deshalb sieben praktische Handlungsanweisungen – vor allem für Führungskräfte – vermittelt, die eine effiziente Teamarbeit in der Organisation fördern. In einer BSC können diese Maßnahmen auch durch entsprechende Mess- und Überprüfungskriterien unterlegt werden, damit die Prozesse des Teamlernens und der Teamentwicklung ausreichende Berücksichtigung finden.

Unmittelbare Mitarbeiterintegration bei der Steuerung von Veränderungsprozessen

Betroffene sind so weit wie möglich in die Entscheidungsprozesse mit einzubeziehen. Die Entwicklung von Problemlösungen im »stillen Kämmerlein« ist zu vermeiden, da diese zwar fachlich ausgereift sein mögen, aber häufig nicht die erforderliche Akzeptanz finden. Selbst wenn Teamdiskussionen zunächst mehr Aufwand nach sich ziehen als das Versenden eines »Memos« oder einer »E-Mail«: Führungskräfte sollten die Zeit nutzen, um mögliche Bedenken, Widerstände und Barrieren aktiv aus dem Weg zu räumen. Dies zahlt sich später bei der eigenverantwortlichen Umsetzung im Team aus.

In einer BSC kann zum Beispiel gefordert werden, dass Entscheidungsmeetings immer auch die (repräsentative) Mitwirkung der in der Umsetzung Betroffenen erfordern. Dies kann unterjährig konsequent überprüft werden.

Aktives Zuhören

Teamarbeit setzt voraus, die Meinung und Kompetenz des anderen zu respektieren. Das Einbringen eigener Ideen ist zwar wichtig, aber noch entscheidender ist es, gemeinsame Wege bei der Umsetzung zu gehen, indem man die Vorschläge und Anregungen des Kommunikationspartners aufgreift. Wer sich nur selbst darstellt und immer im Mittelpunkt stehen will, blockiert den Teamprozess. Oftmals hilft es, die Meinung oder Einschätzung der anderen in eigenen Worten wiederzugeben – auch um sicher zu gehen, dass man die Botschaft überhaupt verstanden hat.

In der BSC kann vermerkt werden, dass partnerschaftliche Gesprächsführung und aktives Zuhören gezielt trainiert und auch durch die Betroffenen im Anschluss an wichtige Besprechungen jeweils eingeschätzt werden. Die schriftlichen Einschätzungen anhand einer Kurz-Checkliste können stichprobenartig – zum Beispiel vom BSC-Steuerungsteam – gesammelt und ausgewertet werden.

Praktizierte Kundennähe

Teamarbeit erfordert in vertrieblich orientierten Organisationen immer auch, »mit dem Kopf des Kunden zu denken« und dessen Wahrnehmungen, Einschätzungen und Bedürfnisse fortlaufend zu beachten. Teamarbeit im Unternehmen unterscheidet sich damit von dem Handeln »freischaffender Künstler und Wissenschaftler«, die sich an anderen Erfolgskriterien orientieren müssen. Insofern hilft es, den Dialog mit dem Kunden als integralen Bestandteil der Teamarbeit zu kultivieren.

Die BSC sollte eine Zieldefinition beinhalten, dass für jedes Team, jedes Projekt und jede Task-Force eine Zielklärung zu leisten ist, die regelmäßig aktualisiert und auf den gestifteten Kundennutzen ausgerichtet wird. Durch Kurzfeedbacks seitens der Kunden – etwa in Form einer stichprobenartigen Befragung in regelmäßigen Abständen – kann der tatsächlich erzielte Kundennutzen eingeschätzt werden. Teams und Arbeitsgruppen, die kritische Werte unterschreiten, verpflichten sich zu einem »Team-TÜV«, in dem eine gemeinsame Standortbestimmung und Auditierung der Teamarbeit durchgeführt wird.

Wirksame Anreize

Außergewöhnliches Engagement in einzelnen Teams erfordert zugleich eine besondere Anerkennung durch die Organisation. Mit einem »Schulterklopfen« ist es meist nicht getan. Wenn eine Arbeits- oder Projektgruppe ein herausragendes Ergebnis erreicht hat, sollte sie dafür auch eine sichtbare Würdigung erhalten. Ein Ansatz besteht darin, die Ergebnisse in der Unternehmensöffentlichkeit zu kommunizieren, Lob auszusprechen oder Erfolge bei geeigneten Gelegenheiten deutlich herauszustellen. Es kann aber auch bedeuten, dass eine monetäre oder eine äquivalente nicht-monetäre Gratifizierung gewährt wird. Damit ist keine »Gehaltserhöhung« gemeint, aber durchaus zum Beispiel eine angemessene Teamerfolgsprämie, die gerade bei strategisch bedeutsamen Zielerreichungen »spürbar« ausfallen sollte. Tendenziell sind für den Organisationserfolg maßgebliche Teamleistungen stärker zu gewichten als Einzelleistungen; viele Vergütungssysteme berücksichtigen dies jedoch noch nicht in ausreichendem Maße.

Bei der Einführung einer BSC ist das Anreiz- und Vergütungssystem auf den Prüfstand zu stellen: Gibt es monetäre und nicht-monetäre Anerkennungen für Teamleistungen? Werden außergewöhnliche Einzelbeiträge, die zu einem Durchbruch bei der Verfolgung von Teamzielen führen, ebenfalls gewürdigt? Sind die Anreize so gestaltet, dass zusätzliche Leistung honoriert und nicht »bestraft« wird – zum Beispiel durch fehlende persönliche Anerkennung und Wertschätzung? Die Überarbeitung des Anreiz- und Vergütungssystems ist eventuell als Meilenstein in die BSC aufzunehmen – etwa mit der Maßgabe, wirksame und von den Mitarbeitern akzeptierte Anreize für Teamziele zu definieren.

Investition in Teamentwicklung

Manche Führungskräfte erwarten, dass Teams »von sich aus« bereits gute Lösungen erzielen, wenn die entsprechenden Spezialisten zusammengeführt werden. Dies ist aber eher die Ausnahme als die Regel. Insofern hilft es, einem Team geeignete Ressourcen – konkret: ein angemessenes Zeitbudget und finanzielle Mittel – an die Hand zu geben, um den Verlauf und die Qualität des Teamprozesses fortlaufend zu reflektieren. Dazu empfehlen sich regelmäßige Teamworkshops mit offenen Themeninhalten, Auszeiten zur Standortbestimmung (»work-outs«) oder externe Hilfestellungen zur Klärung der verborgenen Beziehungsdynamik im Gruppenprozess.

Für die BSC bedeutet dies, dass die Qualität, der Umfang und die eingesetzten Mittel für Teamentwicklungsprozesse vorab zu definieren sind. Jedes Team sollte belegen, dass es sich zur eigenen Teamentwicklung geeigneter professioneller Methoden bedient. Dazu ist ein internes »Teamentwicklungs-Controlling« aufzubauen – mit der Maßgabe, dass in allen Arbeitsgruppen ein angemessener Zeitaufwand für die Klärung von Teamzielen, Konfliktmanagement und kundenorientierter Ergebnissicherung eingeräumt wird. Teamentwicklung sollte nicht als »Ausnahmezustand bei Störungen«, sondern als Selbstverständlichkeit zur Pflege einer guten Teamkultur aufgefasst werden. Ein wichtiger Meilenstein wäre eine »Teamstandortbestimmung« in jedem Geschäftsbereich mindestens ein- bis zweimal im Jahr.

Teamarbeit ersetzt nicht Einzelarbeit

Manchmal werden die Produktivitätspotenziale der Teamarbeit falsch einge-schätzt: Nicht immer ist Teamarbeit der richtige Weg, um eine hochwertige Problemlösung zu erreichen. Es kann gelegentlich viel sinnvoller sein, einen Auftrag an Einzelne zu vergeben oder eine (Dienst-)Leistung firmenextern erstellen zu lassen. Dies empfiehlt sich etwa dann, wenn der Aufwand für Teambildung, Abstimmung in der Gruppe und zu erwartendes Konfliktma-nagement zu hoch ist. Manchmal kommt »einer alleine schlichtweg schneller an das Ziel« – man denke zum Beispiel an besonders kreative Aufgabenstel-lungen wie das Komponieren im musikalischen Bereich. Ähnliches gilt für qualifizierte Lösungen in Stabsbereichen von Unternehmen – etwa bei Rechtsgutachten, Controllingberichten oder bei schriftlichen Ausarbeitungen zu steuerlichen Spezialfragestellungen. Trotzdem kann der jeweilige Mitar-beiter, der eine »Einzelarbeit« übernimmt, fachlich-disziplinarisch einem übergreifenden Team zugeordnet sein.

In der Anlage zur BSC sollten klare Kriterien definiert werden, wann wel-che Mitarbeiter bevorzugt in Teams-, Projekt- und Arbeitsgruppen zusammenkommen. In vielen Unternehmen werden für alle möglichen Anlässe »Projektgruppen« gebildet – eine »Unkultur«, die damit zusam-menhängt, dass Einzelne die Verantwortung für schwierige Entschei-dungen und die Erreichung hoch gesteckter Ziele nicht übernehmen möchten. Man sucht sich »abzusichern«, indem man ergänzend noch eine Task-Force einberuft oder eine weitere Projektgruppe bildet (– oder sogar eine externe Unternehmensberatung beauftragt). Bei spezifischen Fachfragen mit hohem Stellenwert für die Organisation sollte jeweils erwogen werden, wann die Einrichtung einer Arbeitsgruppe tatsächlich einen Zusatznutzen verspricht. Ein Meilenstein in der BSC könnte sogar lauten, die Anzahl der gebildeten Spezialteams und Projektgruppen innerhalb eines Jahres um ein Drittel zu reduzieren. Hierzu sollte ein Pro-jektlenkungsausschuss installiert werden, der klare Präferenzen und unternehmerisch zwingende Priorisierungen sicherstellt.

Umsetzungsorientierung

Selbst wenn ein Teamprozess erfolgreich verläuft und gute Resultate erzielt werden, bedeutet dies noch lange nicht, dass die erzielten Ergebnisse tatsächlich in der Organisation zum Tragen kommen – und letztlich beim Kunden als »faktisch gestifteter Zusatznutzen« sichtbar werden. Allzu häufig verschwinden Berichte, Vorschläge und Projektideen wieder in der Schublade, weil es Bedenken, Widerstände oder Vorbehalte von Entscheidungsträgern gibt. Gerade in hierarchisch geprägten Organisationen scheitern oftmals Qualitäts- und Verbesserungsteams, weil sie zwar kreative Lösungen entwickeln, aber nicht die Akzeptanz der Machtpromotoren finden. Hier hilft nur, Teams mit weitgehenden Entscheidungskompetenzen auszustatten, damit sie nicht »ausgebremst« werden. Was eine neue Idee wirklich taugt, erkennt man meistens erst, wenn man sie direkt, das heißt möglichst sofort umsetzt. Insofern sollte in Unternehmen mit ausgeprägter Teamkultur auch das risikoorientierte, unternehmerische Handeln aller Organisationsmitglieder gefördert werden – mit der Auflage, dass es nicht reicht, ein Ergebnis »vorzulegen«, sondern es auch bis zum gestifteten Kundennutzen weiterzuverfolgen.

> Für die BSC-Implementierung bedeutet dies, dass ein »Monitoring der Teamleistungen« installiert wird. Konkret kann sich jedes Team dazu verpflichten, erzielte Teamleistungen und -resultate ein- bis zweimal im Jahr in einem Teamworkshop zu dokumentieren und sie anschließend im Hause zu kommunizieren. Dadurch können auch andere Bereiche die erzielten Leistungen erkennen und bewerten, womit zugleich ein übergreifender Dialogprozess in Gang gesetzt wird. Dabei sollte jeweils die Frage im Mittelpunkt stehen, welcher konkrete Wertschöpfungsbeitrag für den Endkunden – gegebenenfalls auch mittelbar – erzielt worden ist.

An dieser Stelle werden noch einige Praxishinweise für die Festlegung von BSC-Meilensteinen ergänzt, die zur erfolgreichen Steuerung von Teamprozessen hilfreich sein können:

- *Jedes Team definiert seinen eigenen Auftrag.*
  Ausgehend von der übergeordneten Unternehmensvision und den aktuellen strategischen Zielen sollte jedes Team eine eigene »Mission« ableiten.

Dieser Prozess wird im Idealfall gemeinsam mit den Teammitgliedern durchgeführt, zum Beispiel in einem moderierten Workshop.

- *Die Führungskräfte schließen eine Selbstverpflichtung zur Teamentwicklung ab.*

In dieser Selbstverpflichtung dokumentiert jede Führungskraft, dass sie die Teamentwicklung als persönliche Herausforderung interpretiert. Die Selbstverpflichtung kann Aussagen dazu enthalten, wie Konfliktthemen vorbildlich angegangen werden – etwa indem die Beteiligten einbezogen und konkrete Lösungen partnerschaftlich erarbeitet werden. Die Führungskraft kann auch zum Ausdruck bringen, dass sie sich geäußerter Kritik stellt und diese als Vertrauensbeweis interpretiert.

- *Es werden Feedbackprozesse eingeführt, bei denen sich die Führungskraft durch ihr Team Rückmeldungen geben lässt, ohne sich gleich zu rechtfertigen.*

Die Akzeptanz als Führungskraft hängt entscheidend davon ab, dass der Betreffende als fairer Partner erlebt wird. Durch regelmäßiges Feedback zur Wahrnehmung des Verhaltens als Führungskraft – aus Sicht der Teammitglieder – entstehen sowohl für die Führungskraft als auch für das Team Wachstums- und Entwicklungschancen. Hierzu kann ein vereinfachtes »360-Grad-Feedback« eingeführt werden – das heißt eine informelle »Rundumeinschätzung« unter Einbeziehung von Mitarbeitern, einzelnen Kollegen sowie ausgewählten Kunden. Denkbar ist auch ein Workshop mit einzelnen Feedbackgebern, die zu gemeinsam vereinbarten Kriterien des Führungsverhaltens Rückmeldungen geben.

- *Der Integrationsgrad neuer Mitarbeiter in die einzelnen Teams wird erfasst.*

Neue Mitarbeiter bedürfen einer gezielten Einarbeitung und persönlichen Betreuung, damit sie sich in der Startphase nicht alleine gelassen fühlen. Dazu sollten Mentoren beziehungsweise Paten ausgewählt werden, die neben der Führungskraft und den erfahrenen Teammitgliedern Verantwortung bei der fachlichen und zwischenmenschlichen Integration eines neuen Mitarbeiters übernehmen. Ein Mentor sollte zum Beispiel sowohl aufgrund seines Organisations-Know-hows als auch aufgrund seiner persönlichen Integrität dazu beitragen, dass die partnerschaftliche Teamkultur ausgebaut wird. Dies kann von den neuen Mitarbeitern eingeschätzt und übergreifend zu einem »Integrationsindikator« zusammengeführt werden.

- *Die Umsetzung individueller Mitarbeiter- und Perspektivgespräche wird überprüft.*
  Grundsätzlich gilt, dass Fragestellungen, die das gesamte Team betreffen, auch in der Gruppe zu behandeln sind. Aber persönlich relevante oder konfliktsensible Themen sollten unbedingt im vertraulichen Einzelgespräch erörtert werden. Dies gilt zum Beispiel für individuelle Kompetenzeinschätzungen, Fragen der persönlichen Weiterentwicklung oder auch für gelegentlich auftauchende Probleme im beruflichen und privaten Umfeld. Die Mitarbeiter können dazu befragt werden, inwieweit solche Gespräche tatsächlich geführt wurden und ob sie zur Zufriedenheit der Beteiligten ausgefallen sind. Dazu kann zweimal im Jahr ein Kurzfragebogen vorgelegt werden.

- *Das »Coaching-Verhalten« der Führungskräfte wird eingeschätzt.*
  Die Rolle als Führungskraft erfordert es keineswegs, sich zum »obersten Sachbearbeiter« zu entwickeln. Eine flexible Führungskraft versteht sich stattdessen als Berater jedes Einzelnen im Team und bemüht sich, geeignete Randbedingungen herzustellen, damit die Teammitglieder mit Engagement und Spaß bei der Sache sind. Dazu sind einfühlsam geführte Beratungs- und Teamgespräche erforderlich, die Vorrang vor Sachaufgaben haben sollten. Individuell getroffene Zielvereinbarungen und die weitgehende Übertragung von Kompetenzen und Verantwortung für die Zielerreichung sind dafür eine Voraussetzung. Die Mitarbeiter können dementsprechend eine Einschätzung abgeben, inwieweit sie ihren Vorgesetzten tatsächlich als »Coach« erleben. Entsprechende Qualifizierungsmaßnahmen für Führungskräfte zur Umsetzung der geforderten Coachingrolle sind begleitend durchzuführen.

Professionelles Ideenmanagement und die Entwicklung der Innovationskultur

In der Phase der BSC-Konzipierung sollte die Unternehmensleitung die Prozesse der künftigen Innovationsentwicklung vorrangig beachten und gezielt thematisieren. Neue Geschäftsfelder, neue Produktideen und intelligente Verbesserungen von vorhandenen Geschäftsprozessen sind ein wesentlicher

Wettbewerbsvorteil. Die Kunden erfolgreicher Unternehmen erwarten oftmals sogar eine permanente Weiterentwicklung des vorhandenen Produkt-, Service- und Leistungsspektrums. Insofern setzen langfristig stabile Kundenbeziehungen nicht nur eine hohe Zufriedenheit der Kunden mit bereits vorhandenen Wertbeiträgen voraus, sondern zugleich auch die kontinuierliche Ausweitung und Differenzierung des aktuellen Leistungspotenzials. Die Anzahl der Innovationen pro Zeiteinheit ist insofern ein wichtiger Maßstab für die Produktivität eines Unternehmens und damit eine wesentliche Voraussetzung für die zukünftige Ertragssicherung.

Im Prozess der BSC-Implementierung ist es aber nicht ausreichend, lediglich kreative Ideen und Vorschläge seitens der Mitarbeiter einzufordern und die erzielte Rate an neuen Anregungen – und deren anschließende Umsetzung – auszuwerten. Vielmehr muss eine »offene Innovationskultur« etabliert werden, in der die Ideenentwicklung als selbstverständlicher Bestandteil des Tagesgeschäfts betrachtet wird. Nachfolgend wird deshalb näher erläutert, welche Einstellungen der Mitarbeiter hierfür entscheidend sind und welche Bedingungen im Unternehmensumfeld gegeben sein müssen. Eine BSC muss vor allem auch dazu genutzt werden, das unternehmensinterne Ideenmanagement fortlaufend zu verbessern und zur Sicherung langfristiger Kundenbeziehungen auszubauen.

Innovationen als strategischer Erfolgsfaktor

Woher kommen die Impulse, um vorhandene Produkte, Prozesse, Technologien und Dienstleistungen ständig zu verbessern? Eine wesentliche Voraussetzung für Innovationen sind einerseits gezielte Investitionen auf dem Gebiet der Forschung und Entwicklung und zum anderen die Auswertung sämtlicher Hinweise von Kunden, Partnern und Mitarbeitern, wie vorhandene Schwachstellen überwunden und latente Leistungspotenziale ausgeschöpft werden können. Ausgangspunkt für jede Innovation ist eine nutzbringende Idee, die konsequent aufgegriffen und anschließend in die Praxis umgesetzt wird.

Man könnte nun vermuten, dass die konstante intelligente Ideenentwicklung in fast jedem Unternehmen eine Selbstverständlichkeit darstellt und letztlich keiner besonderen gedanklichen Anstrengung bedarf. In der Realität ist aber (leider) gerade das Finden und Ausarbeiten von neuen Ideen ein Engpassfaktor und damit eine zentrale strategische Herausforderung. Woran liegt dies? Ein wesentlicher Grund ist, dass eine neue Idee nicht nur »vor dem geistigen Auge« eines Einzelnen entstehen muss, sondern vielmehr zeitnah kommuniziert und trotz möglicher Widerstände und Beharrungstendenzen in der Organisation ausdauernd weiterverfolgt werden muss. Es gilt, die Brauchbarkeit einer ungewöhnlichen Idee im Organisationsumfeld unter Beweis zu stellen und in vielerlei Hinsicht Überzeugungsarbeit zu leisten, damit auch andere die Idee aufgreifen und sich für ihre Verwirklichung engagieren.

Dies setzt wiederum voraus, dass der Ideenentwickler – es kann auch eine Gruppe sein – die angenommenen Nutzenaspekte für den Kunden und das Unternehmen offensiv darstellt. Neue Ideen müssen nicht nur auf ihre Praktikabilität geprüft, sondern zunächst aktiv »vermarktet« werden. Insofern gilt es, Kollegen, Vorgesetzte – und häufig auch interne und externe Kunden – für die neuen Anregungen und Änderungsvorschläge zu gewinnen. Hierzu ist oftmals ein ausgeprägtes verkäuferisches Geschick erforderlich, weisen doch unbeteiligte Dritte eine neue Idee gerne zunächst als »unnütze Spinnerei« zurück und bezweifeln den praktischen Anwendungsnutzen. Typische Argumente gegen eine neue Idee lauten:

- »Das haben wir früher doch schon einmal (erfolglos) probiert!«

- »Das rechnet sich bestimmt nicht!«

- »Machen Sie mal! Sie werden dann schon sehen, dass dies nicht funktioniert.«

- »Das muss doch erst einmal der Vorstand entscheiden!«

- »Zur Beurteilung dieser Idee müssen Sachverständige herangezogen werden!« (Das heißt: »Ich bin eher skeptisch und leiste nichts für die weitere Prüfung und Umsetzung.«)

- »Sie haben doch immer Kritik zu üben!« (Das heißt: Die neue Idee wird als Angriff und Bedrohung interpretiert.)

Es gehört dann schon ein kämpferischer Geist dazu, eine ungewöhnliche Idee gegen alle Bedenken, Einwände und Unkenrufe zu verteidigen und die Hoffnung auf das Gelingen der Umsetzung nicht aufzugeben. Viele Ideen werden folglich erst nach langen »Durststrecken« der inneren Überzeugungsarbeit aufgegriffen und ernsthaft diskutiert. Man kann sich deshalb fragen, was einen Mitarbeiter in der Organisation überhaupt dazu motiviert, eine ungewöhnliche Idee zu verfolgen – werden doch vielfach kreative Menschen in einer Firma eher mit Argwohn beobachtet. Man unterstellt ihnen gelegentlich, dass sie sich nicht genug um das Tagesgeschäft kümmern, zu sehr mit ihren eigenen Gedanken beschäftigt sind und andere sogar von der Arbeit abhalten, indem sie von ihren neuen Ideen schwärmen.

Diese »ideenfeindliche Haltung« findet sich nicht nur bei Kollegen, sondern häufig auch gerade bei Vorgesetzten, die Veränderungs- und Verbesserungsvorschlägen ihrer Mitarbeiter skeptisch und mit großen Vorbehalten gegenüberstehen: Wo etwas verbessert werden kann, bedeutet dies im Umkehrschluss, dass ein Produkt, eine Verfahrensweise oder eine Dienstleistung noch nicht optimal ausgestaltet ist. Welcher Vorgesetzte gibt schon gerne zu, dass in »seiner Abteilung« etwas nicht zum Besten steht ...? Insofern können vielfältige hierarchische und mentale Barrieren dazu führen, dass eine gute Idee blockiert wird, da sie tradierte Denkweisen und (scheinbar) bewährte Abläufe grundsätzlich infrage stellt.

Andererseits ist nicht jeder spontane Einfall eine nutzbringende Idee. Im Unternehmen bedeutet »nutzbringend« mittelfristig immer eine Verbesserung der Kundenzufriedenheit oder eine Perspektive zur Ertragssteigerung – also die Ausweitung von Umsatzchancen, die gezielte Kostensenkung oder das Schaffen eines Mehrwertes, der auch aus Kundensicht als bedeutsam eingestuft wird. Ideen müssen folglich ein erhebliches Verbesserungs- oder Rationalisierungspotenzial besitzen, damit es sich überhaupt lohnt, sie konsequent zu verfolgen. Jede Prüfung und Umsetzung einer neuen Idee ist zunächst ein nicht zu unterschätzender Kostenfaktor. Zumindest gilt dies für Ideen, die nicht an einer Stelle im Unternehmen direkt umgesetzt werden können, sondern eine bereichsübergreifende oder gar organisationsweite Abstimmung erfordern. Man denke etwa an den Vorschlag, die vorhandene Beleuchtung im Unternehmen durch eine neuartige Technologie – etwa auf der Basis von energiesparenden Leuchtstoffröhren – zu ersetzen. Selbst wenn dieser Vorschlag eine Kostensenkung oder eine Verbesserung der ergonomischen Beleuchtungsqualität verspricht, sind vielfältige Prüfungen und Begutachtungen im Vorfeld erforderlich – bis hin zur Einschaltung von externen Gutachtern, Arbeitssicherheitsspezialisten und Berufsgenossenschaften. Der Aufwand der Ideenbewertung kann den Umsetzungsnutzen erheblich übersteigen. Darüber hinaus muss der Zeitaufwand beachtet werden, der für die praktische Durchführung zu veranschlagen ist, in unserem Beispiel etwa die Demontage und Umrüstung vorhandener Systeme. Bereits an diesem einfachen Fall wird sichtbar, welche vielfältigen Aufwand-Nutzen-Kalkulationen im Vorfeld geleistet werden müssen, um einen durchaus plausiblen Einfall für die Organisation tatsächlich fruchtbar zu machen.

Was ist eine »innovative Idee«?

Nicht jeder neue Gedanke oder Verbesserungsvorschlag verdient die Charakterisierung als nutzenstiftende, innovationsförderliche Idee. Von einer innovativen Idee im engeren Sinne sollte nur gesprochen werden, wenn folgende Kriterien erfüllt sind:

Neuartigkeit

Der Einfall weicht von bereits früher eingebrachten Anregungen, Gedanken, Einfällen und Vorschlägen signifikant ab. Dies lässt sich letztlich nur erkennen, wenn Verbesserungsvorschläge im Unternehmen über einen längeren Zeitraum systematisch gesammelt und analysiert werden. Ansonsten besteht die Gefahr, dass ein bestimmter Vorschlag in einer »Anfangseuphorie« enthusiastisch verfolgt wird, obwohl er bereits an anderer Stelle geprüft und vielleicht sogar umgesetzt wurde. Es kann zwar sinnvoll sein, einen bereits geprüften Vorschlag erneut zu untersuchen, dafür sollte es allerdings gute Gründe geben – zum Beispiel ein früher nicht absehbares Verbesserungspotenzial, das nun unter veränderten Bedingungen eher zum Tragen kommt.

Nachweisbarer Organisationsnutzen

Es müssen konkrete Kostensenkungs- oder Ertragssteigerungschancen erkennbar sein. Dies setzt eine differenzierte Kosten-Nutzen-Betrachtung voraus, die auch kalkulatorisch für einen Außenstehenden zwingend sein sollte. Es gilt beispielsweise die Frage zu stellen, wie oft oder an wie vielen Stellen in der Organisation die Idee zur Umsetzung gelangen kann. Der kumulative Zusatznutzen bei Einführung der neuen Idee im gesamten Unternehmen ist abzuschätzen. Am Beispiel verdeutlicht heißt dies: Wenn ein Vorschlag lautet, Briefumschläge ohne Sichtfenster durch Briefumschläge mit Sichtfenster zu ersetzen, lautet die Frage, wie viele Schreibarbeiten dadurch wo und wie oft überflüssig werden – und dies jeweils betrachtet in Relation zu möglichen Zusatzkosten, die zu veranschlagen sind. Besonders schwierig

Abb. 4-7: Förderung neuer Ideen im BSC-Implementierungsprozess

Erfolgsfaktoren für die Ideenentwicklung

Unternehmenskultur
Der Dialog über Ideen und Verbesserungsvorschläge wird als Chance zur Unternehmensentwicklung begriffen – und nicht als »Störung« (scheinbar) bewährter Abläufe und Strukturen.

Führungskultur
Führungskräfte regen Innovationen unmittelbar an – etwa indem sie in Führungs- und Teamgesprächen den Stellenwert kreativer Leistungsbeiträge unterstreichen und helfen, kreative Vorschläge sofort umzusetzen.

Kommunikationskultur
Ideen zur Verbesserung von Prozessen und Strukturen werden »ernst genommen« und offen diskutiert – sowohl bereichsintern als auch bereichsübergreifend.

Innovationskultur
Beständiger, erfahrungsgeleiteter Wandel wird als Notwendigkeit zur existenziellen Zukunftssicherung sowohl im Interesse der Kunden als auch des Unternehmens selbst begriffen.

Feedbackkultur
Auswirkungen der Umsetzung von neuen Ideen werden zeitnah überprüft und nach einem pragmatischen Messverfahren bewertet – ein »Ideen-Controlling« unter Einbeziehung der Kundenwahrnehmungen wird etabliert.

Mögliche BSC-Mess- und Erfolgskriterien zur Bewertung neuer Ideen und Verbesserungsvorschläge

1. Kurz- beziehungsweise mittelfristig erzielbarer wirtschaftlicher Nutzen.

2. Prozessbezogener Innovationsgrad, das heißt Wertschöpfungspotenzial im Geschäftsprozess.

3. Förderung von neuen kundenorientierten Serviceleistungen.

4. Praktische, zeitnahe Umsetzungsrelevanz.

5. Förderung von Lernen und Entwicklung in einzelnen Service- und Geschäftsbereichen.

Bausteine, die in strategische BSC-Aktionsprogramme aufgenommen werden können, um die Ideenentwicklung im Unternehmen fördern:

1. Persönliche Anerkennung und Anreize für das Entwickeln neuer Ideen.

2. Freiräume für die formelle und informelle Diskussion von Ideen sowohl innerhalb als auch außerhalb des Teams.

3. Einrichtung von Erfahrungsaustauschrunden, »Best-Practice-Meetings«, Innovationszirkeln und Kreativforen.

4. Priorisierung von teamgestützten Ideenentwicklungsprozessen gegenüber dem »individuellen Einreichen« von Verbesserungsvorschlägen.

5. Übertragen von Kompetenzen zur direkten Umsetzung neuer Vorschläge und Ideen vor Ort – Vermeiden von aufwändigen Bewertungs- und Begutachtungsprozessen durch unbeteiligte Dritte.

6. Training in Kreativitätstechniken (Brainstorming, Synectics, Metaplan, de Bono-Tools usw.).

7. Messung der Ideenentwicklung und Innovationsrate pro Team und Zeiteinheit (zum Beispiel quartalsbezogen mit direktem Feedback an die einzelnen Teams).

8. Vermeiden von aufwändigen Bewertungs- und Begutachtungsritualen, bei denen eine Bürokratisierung der Ideenentwicklung hervorgerufen wird.

9. Monetäre Erfolgsbeteiligung bei der Ideenumsetzung, zum Beispiel durch »echte« unternehmerische Beteiligungsmodelle am Realisierungserfolg, die sowohl chancen- also auch risikoorientiert ausgelegt sind.

sind solche Kalkulationen, wenn ein vermuteter Zusatznutzen direkt beim Kunden angenommen wird. Häufig verhalten sich Kunden nicht wie erwartet. Es ist also eine Pilotierung bei einer umschriebenen, im Vorfeld definierten Kundengruppe erforderlich, um die antizipierten Kundenwahrnehmungen abschätzen zu können. Dies stellt einen wichtigen Kostenfaktor dar, den es ebenfalls im Voraus zu beachten gilt.

Langfristigkeit der Nutzeneffekte

Viele Verbesserungsvorschläge führen nur zu einem zeitlich befristeten Nutzen, zum Beispiel durch Gewöhnungs- und Anpassungseffekte. Dies kann wiederum am Beispiel verdeutlicht werden: Die Verbesserung der Beleuchtungsqualität im Unternehmen mag subjektiv deutlich wahrgenommen werden, nachdem die alte Installation ausgewechselt wurde. Nach einigen Wochen – vielleicht sogar nach einigen Tagen – haben sich die Organisationsmitglieder jedoch daran gewöhnt und nehmen die Verbesserungen gar nicht mehr bewusst wahr. Das Bezugsniveau hat sich verschoben; es ist ein neuer Vergleichsstandard etabliert worden, der mittlerweile von den Betroffenen als »selbstverständlich« angesehen wird.

Ähnliche Phänomene lassen sich bei innenarchitektonischen Veränderungen beobachten, zum Beispiel nach der Ausstattung von Büros mit großzügigeren Schreibtischen oder Stühlen. Sofern nicht ein spezifischer ergonomischer oder gesundheitlicher Nutzen gegeben ist, sind solche Umgestaltungen kaum produktivitätsfördernd. Es können sogar negative Effekte auftreten – etwa wenn gut atmende Stoffpolsterstühle durch repräsentative Ledersessel ersetzt werden, die schlechtere Luftzirkulations- und Feuchtigkeitsabsorptionskennwerte aufweisen.

Sind die drei genannten Kernkriterien erfüllt, kann ein neuartiger Gedanke oder Veränderungsvorschlag tatsächlich als innovative Idee bezeichnet werden. Solche Ideen verdienen es, in der Organisation beachtet zu werden, denn sie tragen dazu bei, unternehmerisches Chancenpotenzial zu entfalten. Dies bedeutet, dass eine Idee in einem Wertschöpfungsprozess eine spezifische, nachweisbare Perspektive für eine Effizienz- oder Qualitätssteigerung eröffnet, eine Verbesserung im Produkt- oder Dienstleistungsportfolio erhoffen lässt oder zumindest zur Kostensenkung beiträgt.

Warum werden Ideen häufig nicht aufgegriffen?

Eine Idee ernsthaft zu verfolgen bedeutet, etwas Gewohntes umzustellen oder sogar etwas Bewährtes aufzugeben und einen neuen, zunächst unerprobten Weg zu beschreiten. Dies ist für die Organisationsmitglieder zunächst mit vielfältigen Risiken verbunden: Änderungen in Abläufen setzen meist einen mentalen Wandel und gezielte Verhaltensänderungen bei den Betroffenen voraus. Eingeschliffene Denkhaltungen und eingespielte Handlungsmuster müssen überprüft werden. Darüber hinaus erfordert die professionelle Umsetzung einer Idee, dass alle Prozessbeteiligten im

Umfeld eingebunden werden, da Innovationen in einer vernetzten Organisation nicht einfach punktuell eingeführt, sondern breitflächig verankert werden müssen. Insofern sind vielfältige Informations- und Kommunikationsprozesse erforderlich, manchmal sogar ergänzende Schulungen zur Umstellung oder Weiterentwicklung tradierter Verhaltens- und Denkgewohnheiten.

Warum greifen Organisationsmitglieder Ideen nun aber häufig nicht auf, obwohl sie erfolgversprechend scheinen? Nachfolgend werden hierzu einige Gründe näher beleuchtet:

Vermutete Kosten

Die Auseinandersetzung mit einer neuen Idee kostet Zeit, die Ideenausarbeitung und -prüfung ist mit Aufwand verbunden, und das Erproben und Pilotieren einer neuen Idee führt meist zunächst zu Mehrkosten. Insofern sind Vorbehalte gegenüber Verbesserungsvorschlägen jeglicher Art durchaus nachvollziehbar. Häufig kann der Entwickler einer Idee die Folgekosten der Umsetzung gar nicht oder nur bedingt abschätzen – zum Beispiel weil ihm die Erfahrung in der Kalkulation von Nutzenpotenzialen fehlt. Er muss folglich andere dafür gewinnen, sich überhaupt mit seinem Vorschlag inhaltlich und sachlich auseinander zu setzen. Dies verursacht wiederum zusätzlichen »Transaktionsaufwand«, da bereits die Diskussion der Idee an sich einen Kostenfaktor darstellt – etwa wenn dadurch die Erledigung des Tagesgeschäftes behindert wird.

Kommunikative und »verkäuferische« Anforderungen

Ideen entstehen manchmal im »stillen Kämmerlein«, häufig aber gerade erst in der aktiven, dialogorientierten Auseinandersetzung mit Kunden, Lieferanten, Mitarbeitern und Kollegen. Damit eine neue Idee verständlich wird, muss sie näher ausgeführt werden. Der Ideenentwickler benötigt dazu aber nicht nur fachliche und methodische Kompetenzen, sondern die Fähigkeit, andere für sich und seine Ideen zu gewinnen. Dies ist nicht jedermanns Sache. Mitarbeiter im Vertrieb und im Außendienst haben es gelernt, andere von ihren »Botschaften« zu überzeugen. Stabsmitarbeiter oder Sachbearbeiter im Innendienst sind häufig nicht ausreichend trainiert, um sich und ihre Ideen angemessen zu vermarkten. Insofern mag eine brauchbare Idee allein schon deshalb nicht aufgegriffen werden, weil es der Ideenentwickler nicht versteht, für seine Anregungen zu werben und sie in einer kritischen Diskussion zu vertreten.

Widerstände in der Organisation

Menschen in arbeitsteiligen, hierarchisch geprägten Unternehmen neigen dazu, sich auf eingefahrenen Gleisen zu bewegen und sich bei erforderlichen Veränderungen erst in der Hierarchie »abzusichern«. Viele Umstellungen werden als unangenehm, bedrohlich und damit als aversiv erlebt: Die Verantwortung dafür sollten eher »der Chef«, »die Mitarbeiter« oder »ein anderer Bereich« übernehmen! Dahinter steht meist die fehlende Bereitschaft, selbst für das Risiko eines möglichen Scheiterns einzustehen – im Gegensatz zum häufig geforderten »unternehmerischen Denken«. Darüber hinaus werden Ideen, die von anderen stammen, oft kritisch bewertet (»Not-invented-here-Syndrom«). Letzlich müsste man sich fragen, warum man eigentlich nicht selbst darauf gekommen ist!

Viele Mitarbeiter befürchten auch Sanktionen, wenn sie abweichende oder ungewöhnliche Wege verfolgen; haben sie doch aufgrund vielfältiger Erfahrungen in einer Großorganisation »gelernt«, eher zuzustimmen als »nein zu sagen«. Eine neue Idee zu verfolgen heißt aber zunächst, etwas Vorhandenes kritisch zu bewerten und es manchmal sogar abzulehnen. Nicht zu Unrecht rechnen viele Mitarbeiter mit Nachteilen, wenn sie etwas infrage stellen – es könnte schließlich zu Unmut bei Kollegen, bei Vorgesetzten oder bei der Geschäftsleitung führen. Darüber hinaus führen Ressort- und Bereichsegoismen gelegentlich dazu, dass das »eigene Terrain« gegen unvorhergesehene Angriffe »von außen« abgeschirmt wird. Typische Äußerungen mit latent aggressivem Inhalt zur »Abwehr« von Verbesserungsvorschlägen lauten:

- »Wieso mischen sich die Einkäufer schon wieder in die Angelegenheiten unserer Abteilung ein? Wir sagen dem Einkauf ja auch nicht, bei welchem Lieferanten er zu bestellen hat.«

- »Was hat es den Organisationsbereich zu interessieren, wie wir im Vertrieb arbeiten? Diese Besserwisser sollten mal mit zum Kunden fahren, damit sie sehen, wie hart das Geschäft an der Verkaufsfront ist!«

- »Wieso mäkeln unsere Verkäufer schon wieder an unserer Debitorenbuchhaltung herum? Die sollen lieber zusehen, dass sie mehr Geschäfte hereinbringen, statt sich mit Dingen zu beschäftigen, von denen sie sowieso nichts verstehen.«

Gut gemeinte Vorschläge und Verbesserungshinweise werden folglich aufgrund fest gefügter Stereotype, Vorurteile und Abgrenzungstendenzen zurückgewiesen. Fehlende Offenheit und ein unzureichender Blick für das Ganze führen schließlich dazu, dass eine neue Idee nicht ernsthaft auf ihren Nutzen hin bewertet wird. Vielmehr werden die Vorschläge als »Einmischung« interpretiert, was sogar das Klima der bereichsübergreifenden Zusammenarbeit negativ beeinflussen kann. Daraus resultiert ein »Innovationsparadoxon«: Konstruktive Vorschläge und spontan geäußerte Ideen führen dazu, dass vorhandene Denkgewohnheiten stabilisiert werden und ein kreativitätsfeindliches Umfeld in der Organisation entsteht, das nur schwer aufzubrechen ist.

Erfolgversprechende Ansätze, um die Ideenentwicklung und -umsetzung zu fördern

Das Finden, Aufgreifen und Erproben von neuen Ideen und Vorschlägen ist eine Kernanforderung im Prozess des zukunftsgerichteten Organisationslernens. Unternehmen, denen es nicht gelingt, ihre Kommunikationskultur so zu entwickeln, dass Ideen immer wieder artikuliert und zeitnah umgesetzt werden, geraten langfristig in eine Produktivitätskrise. Das permanente »more-of-the-same« führt dazu, dass selbst gut etablierte Kundenbeziehungen gefährdet werden. Sogar (bisher) zufriedene Kunden werden sich abwenden, wenn sie kein Innovationspotenzial des Unternehmens erkennen und im individuellen Leistungsangebot spürbar wahrnehmen – mit dem Effekt, dass innovative Wettbewerber an Terrain gewinnen. Damit ist das vorausschauende Kundenbeziehungsmanagement gescheitert!

Gelingt keine konsequente Entwicklung der Dialog- und Lernkultur im Unternehmen, sind auch sämtliche Anreiz- und Unterstützungssysteme zur Ideengenerierung letztlich nur »schlechte Krücken«, um zusätzliche Impulse für kreatives Verhalten zu schaffen. Nachfolgend werden verschiedene Methoden zur Förderung von Innovationen skizziert, die sich in der Praxis als hilfreich erweisen. Im Kontext der BSC-Implementierung ist eine Überprüfung sinnvoll, welche davon mit entsprechenden Aktionsprogrammen und Meilensteinen gekoppelt werden können.

Vorschlagswesen

Das betriebliche Vorschlags- oder Verbesserungswesen (BVW) ist der klassische Ansatz, um alle Mitarbeiter anzuregen, Ideen zu entwickeln und gezielt in die Organisation einzubringen. Beim BVW werden die Mitarbeiter darum gebeten, eine Idee schriftlich zu präzisieren und einem Gutachter(-ausschuss) vorzulegen. Häufig werden folgende Anforderungen bei der Ideenausarbeitung gestellt:

- Genaue Beschreibung des Vorschlags.
- Skizzierung möglicher Anwendungsbereiche in der Organisation.
- Differenzierte Kosten-Nutzen-Kalkulation.
- Möglichkeiten zur weiteren Erprobung und Umsetzung.

Häufig genügt eine kurze Beschreibung der Idee durch den Einreicher auf ein bis zwei Seiten, die anschließend einem zentralen Begutachtungsgremium vorgelegt wird. Dieser »BVW-Ausschuss« nimmt eine erste Sichtung vor und beauftragt bei plausiblen Ideen geeignete interne oder externe Fachspezialisten mit einer ökonomischen Prüfung und inhaltlichen Bewertung. Sofern die erste Einschätzung positiv ausfällt und ein bedeutsamer Nutzen für die Organisation erkennbar ist, werden weitere Ausarbeitungen und Begutachtungen oder bereits die praktische Umsetzung veranlasst. Je nach Tragweite der Idee zahlt das Unternehmen eine Prämie, die auch für die weitere Spezifizierung durch den Einreicher eine Kompensation darstellen kann. Oftmals wird bereits das Einreichen der Idee – selbst wenn sie bereits bekannt war – mit einer »Anerkennungsprämie« bedacht, um die Bemühungen des jeweiligen Mitarbeiters zu honorieren.

Der Vorteil des BVW besteht darin, dass prinzipiell jeder mitmachen kann und eine monetäre Anerkennung für gute Vorschläge erfolgt. Die finanzielle Prämiierung kann durch Belobigungen in der Firmenöffentlichkeit, zum Beispiel durch einen Beitrag in der Hauszeitschrift oder die persönliche Würdigung durch die Geschäftsleitung, ergänzt werden. Im modernen BVW werden auch Teamvorschläge zugelassen, die gegebenenfalls in Qualitätsteams oder in Innovations- und Kreativzirkeln weiter ausgearbeitet werden. Ein Nachteil des BVW ist allerdings darin zu sehen, dass es nach einer gewissen Zeit seine Anreizwirkung verliert und durch das formale Ablaufsystem sogar zur Bürokratisierung neigt. Der gestufte Begutachtungsvorgang im BVW führt leicht dazu, dass Ideen nicht schnell genug oder gar nicht umgesetzt werden. Es tritt auch das Phänomen auf, dass der Ideengeber die Verantwortung für die Umsetzung an Dritte delegiert – in der Annahme, dass durch die Einreichung sein Beitrag »abgeschlossen« ist. So gibt es für manche Ideen letztlich keine »Umsetzungseignerschaft«, da niemand von sich aus an der Ideenverwirklichung interessiert ist: weder der Einreicher selbst noch der Prüfungsausschuss noch der Zielbereich, in dem die Idee zur Anwendung kommen könnte.

Das BVW selbst verursacht dabei nicht unerhebliche Kosten, müssen doch die Aufwendungen für die Sitzungen oder Ausarbeitungen der BVW-Spezialisten und Gutachter berücksichtigt werden. Darüber hinaus ist bei den Mitarbeitern eine gewisse Versuchung gegeben, alle möglichen Vorschläge erst einmal »einzureichen«, statt sie spontan vor Ort umzusetzen oder die betroffenen Anwender durch einen persönlichen Dialog vom Nutzen zu überzeugen. Insofern kann das BVW dazu führen, dass gute Vorschläge nicht mehr unmittelbar ausgesprochen, sondern lieber »eingereicht« werden. Eine sinnvolle Variante und Ergänzung besteht deshalb darin, die Führungskräfte und Teams vor Ort zu ermächtigen beziehungsweise zu verpflichten, Ideen sofort – gemeinsam mit den potenziellen Nutznießern – zu erproben. Dann müssen ohne Einschaltung eines BVW-Ausschusses dezentral Prämien und persönliche Anerkennungen auf Ermessensbasis gewährt werden: insbesondere, wenn sich eine umgesetzte Idee als nachweislich fruchtbar erwiesen hat.

Kreativitätsförderung

Durch die Erkenntnisse der Kreativitätsforschung wird die Erzeugung neuartiger Ideen systematisch gefördert. Unterschiedlichste Techniken wie Brainstorming (freies Assoziieren), Brainwriting (spontanes Notieren von Gedanken auf Pinnwänden), Synectics (Verfremdung und Kontextwechsel) oder die »Hut-Methode« von de Bono (gezielte Veränderung der Betrachtungsperspektiven) kommen hier zum Einsatz. Darüber hinaus bieten sich ganzheitliche Methoden zur Förderung von Bewusstheit, innerer Achtsamkeit oder persönlichem Flusserleben in Kreativphasen (»flow« nach Mihaly Csikszentmihalyi) an. Dazu können vielfältige Entspannungs- und Konzentrationsmethoden (zum Beispiel Progressive Muskel-Relaxation, Autogenes Training, Fantasiereisen) sogar mit fernöstlichen Meditations- oder körperzentrierten Übungsmethoden (Chi-Gong, Tai-Chi oder Aikido) gekoppelt werden. Zweifelsohne tragen solche Verfahren bei entsprechendem Training zu höherer Ausgeglichenheit, Konzentrationsfähigkeit, Stresstoleranz und

Selbstbewusstheit bei. Bei der systematischen Neuproduktentwicklung oder zur Förderung eines kreativen Ideenflusses können durch das Erlernen einer oder mehrerer solcher Methoden vielfältige Impulse und weiterführende Anregungen vermittelt werden.

Einerseits lohnt es sich, mit Techniken zur Kreativförderung zu experimentieren; man sollte dabei jedoch den erforderlichen Übungsaufwand und die nötige Ausdauer in der Umsetzung in Rechnung stellen. Andererseits können diese Methoden, die eher auf das Individuum und dessen Ressourcenentfaltung zielen, nur begrenzt weiterhelfen, wenn systemisch-strukturelle Barrieren die Potenziale zur Ideengenerierung blockieren. Wo ein hierarchiegeprägtes »Oben-unten-Denken« oder ein risikohemmendes Absicherungs- und Vermeidungsverhalten bei den Mitarbeitern dominiert, wirken auch keine Brainwriting- und Meditationstechniken!

Qualitätsmanagement

In einer umfassenden Qualitäts-, Service- und Kundenorientierungsphilosophie ist die fortlaufende Ideenentwicklung als integraler Bestandteil des Tagesgeschäftes zu begreifen. Ausgehend von einer ständigen Überprüfung und Optimierung der Wertschöpfungsketten werden sämtliche Prozesskomponenten auf ihre kundenbezogene Nutzenorientierung hin beleuchtet. Überflüssige oder fehlerbehaftete Arbeitsschritte sind dementsprechend zu eliminieren oder durch produktivitätsfördernde Handlungsalternativen und vereinfachte Aktionsprogramme zu ersetzen. Maßstab für die Qualitätssteigerungspotenziale in einem »workflow« sind sorgfältige Analysen der Geschäftsprozesse, idealerweise durch die Beteiligten selbst – gegebenenfalls unterstützt durch das verfahrensanalytische Know-how von internen oder externen Organisationsexperten.

Im ganzheitlichen Qualitätsmanagement gilt das Prinzip, dass jeder Ablauf, jedes Produkt, jede Technologie und jede Dienstleistung konsequent zur Steigerung des gestifteten Kundennutzens weiterzuentwickeln ist. Insofern werden die Mitarbeiter dahingehend sensibilisiert und trainiert, sämtliche Wertbeiträge auch unter dem Blickwinkel zu betrachten, »was sie noch besser machen könnten«. Qualität ist dabei kein abstrakter und formaler Leistungsstandard, sondern fortlaufend nach den Wahrnehmungen und den Einschätzungen der Kunden zu bemessen. Insofern helfen bei der Implementierung einer weitreichenden Qualitätsphilosophie meist keine »umfangreichen

Qualitätshandbücher, Arbeits- und Organisationsanweisungen oder Qualitätsleitfäden«, sondern vielmehr eine service- und dienstleistungsorientierte
Grundhaltung aller Mitarbeiter. Jedes Organisationsmitglied muss sich dem
anspruchsvollen Bewertungsmaßstab des gestifteten Kundennutzens unter-
werfen. Die fortlaufende Ideenentwicklung ist damit eine Notwendigkeit, um
sich an den gelegentlich auch wechselnden Erwartungen der Endkunden zu
orientieren. Jeder Leistungsbeitrag, der für Mitarbeiter und Teams (»interne
Kunden«) erbracht wird, muss schließlich auf seinen Produktivitätsbeitrag
für den Endkunden hin bewertet werden.

Dabei steht auch die Organisationsstruktur selbst auf dem Prüfstand,
sind doch hierarchische Berichts- und Gliederungsstrukturen häufig nicht
kompatibel mit den Kommunikationsanforderungen in den funktionalen
Wertschöpfungsketten. Quantensprünge in Innovationsprozessen können
manchmal dadurch erreicht werden, dass Hierarchiestufen aufgehoben beziehungsweise auf ein Minimum reduziert und damit eine stärker eigenverantwortliche, teambezogene Prozesssteuerung eingeführt wird. Führungskräfte müssen verstärkt übergreifende Beratungs-, Unterstützungs- und
Moderationsfunktionen übernehmen. Durch weitgehende Kompetenz- und
Verantwortungsdelegation ermöglichen sie es den Mitarbeitern und Teams
»an der Basis«, selbst nutzenorientierte Veränderungen in Arbeitsabläufen
und -strukturen einzuleiten. Fest gefügte, lineare Ablaufstrukturen werden
damit durch netzwerkartige, fließende Kooperationsmodelle mit hohem Ver-
antwortungs- und Selbststeuerungspotenzial der Beteiligten ersetzt.

Der wesentliche Vorteil eines systematischen Qualitätsmanagements – insbesondere im »Total Quality Management« – besteht darin, dass sich alle
Organisationsmitglieder die Qualitätskriterien ihres Handelns ständig verdeutlichen und jedwedes Tun nach diesen Kriterien bewerten. Ein Nachteil ist
allerdings darin zu sehen, dass Mitarbeiter häufig überfordert sind, die in
Firmenveröffentlichungen, Broschüren und Werbeschriften herausgestellte
Qualitätsphilosophie eigenständig und praxisgerecht umzusetzen. Gerade
dann, wenn die Qualitätsmaßstäbe nur schwer zu fassen sind – zum Beispiel
beim professionellen Umgang mit unzufriedenen Kunden und deren Reklamationen – oder wenn die geäußerten Erwartungen der Kunden stark diver-
gieren, sind einzelne Mitarbeiter oft nur bedingt dazu in der Lage, sich spontan »unternehmerisch« und »qualitätsorientiert« zu verhalten.

Um ein realistisches Gesamtbild der Kundenerwartungen entwickeln und
sich durch neue Ideen und Verbesserungen besser auf die Kundenanforderun-

gen einstellen zu können, bedarf es der Unterstützung durch qualifizierte Moderatoren und Multiplikatoren. Diese können dazu beitragen, dass innovative Ideen quasi »organisch« aus dem Abgleich der Kundenwünsche und der eigenen Leistungspotenziale abgeleitet werden. Mit dem Tagesgeschäft der jeweiligen Mitarbeiter und Bereiche nicht vertraute Prozessbegleiter und Moderatoren müssen aber erst lernen, sich in die Sprache und die Denksysteme der jeweiligen Organisationsmitglieder einzufühlen. Dies fällt externen Beratern und Qualitätsmanagern häufig schwer, da sie nicht über ausreichende praktische Erfahrungen in der Umsetzung der funktionsspezifischen Abläufe verfügen. Oftmals fehlt dann (zu Recht) die Akzeptanz für von außen eingebrachte Vorschläge, Rückmeldungen und Hinweise. Insofern sollten sich die Prozessbegleiter eher als Moderatoren der Ideenentwicklung in den jeweiligen Unternehmensbereichen verstehen.

Excellence-Programme

Hierbei handelt es sich um unternehmensweit angelegte Systeme zur innovationsgerichteten Unternehmensentwicklung, die auf einen umfassenden mentalen Wandel bei allen Mitarbeitern abzielen. Man kann Excellence-Programme als Weiterentwicklung der Qualitätsmanagementansätze betrachten, da sie inhaltlich ähnlich ausgerichtet sind und die ganzheitliche Kunden-, Service- und Innovationsorientierung in den Mittelpunkt rücken. Ein Excellence-Programm hebt darauf ab, sich mit den »Besten im Branchenumfeld« zu vergleichen und sich an den jeweils höchsten Leistungsmaßstäben (»best-in-class«) zu messen. Dies beinhaltet die Ausrichtung an außergewöhnlichen und ehrgeizigen Erfolgsmaßstäben (»stretch-goals«), die als nahezu unerreichbar gelten, aber als strategischer Durchbruch zu werten sind. Insofern stehen ständiges Benchmarking, »sharing-of-best-practices« und kontinuierliche Fortschrittsmessung (»excellence-process-monitoring«) im Mittelpunkt.

Die Grundannahme besteht darin, dass bedeutsame Verbesserungen in den Leistungen und Wertbeiträgen nur gelingen, wenn die »innere Haltung« zum Arbeitsprozess verändert wird – etwa indem sich jeder Einzelne und jedes Team zur ständigen Steigerung des eigenen Wertschöpfungsbeitrages verpflichtet (»self-commitment for excellence«). Dabei geht es nicht um überzogene Leistungsanforderungen, sondern um das Verständnis für die Marktmechanismen, die es lediglich den Besten der Branche gestatten, in einem hart umkämpften Markt langfristig zu überleben. Auf der Grundlage einer »mentalen Wende« – hin zu mehr Offenheit, Kundenorientierung, Eigenverant-wortung und Orientierung an Bestleistungen – kann es gelingen, mehr neue Ideen zu entwickeln und sie schneller in die Praxis umzusetzen.

Excellence-Programme stützen sich auf psychologische Erkenntnisse, wonach eine positive Zukunftssicht, das Sich-Orientieren an ehrgeizigen Zielen und ein organisationsweites Unternehmertum auf der Grundlage einer verantwortungsvollen Risikoorientierung zu signifikanten Leistungsverbesserungen führen können. »Das Glas ist nicht halb leer, sondern halb voll!« verdeutlicht die geforderte Grundeinstellung. Solche Programme zielen deshalb nicht nur auf ablaufanalytische, formale Geschäftsprozessoptimierungen, sondern vor allem auch auf eine Steigerung der Kommunikationsbereitschaft, eine Ausweitung des bereichsübergreifenden Denkens und Handelns sowie Begeisterung, Identifikation und Selbstverpflichtung zu höchsten Leistungsstandards. Im angloamerikanischen Sprachgebrauch ist die Rede von »empowerment«, »mental ownership« und »commitment«.

Ein Vorteil dieses Ansatzes ist darin zu sehen, dass in besonderem Maße auf die integrative Vernetzung von Denken, Verhalten und motivations-regulierenden Emotionen abgezielt wird. Dabei steht die umfassende Orientierung an handlungsleitenden Werten und Visionen (»core values«, »strategic aims«, »best practice«) im Mittelpunkt. Die ganzheitliche Excellence-Orientierung zur Stiftung langfristig stabiler Kundenbeziehungen verspricht zugleich, dass die Ansichten der Menschen im Wertschöpfungsprozess ernst genommen und Veränderungen »von innen heraus« angestrebt werden – ohne aufgepfropfte Verordnungen und Ratschläge von einzelnen Vorgesetzten und Beratern. Ein möglicher Nachteil kann darin gesehen werden, dass die Grenze zur Vereinnahmung und Manipulation leicht überschritten wird. Es besteht die Gefahr der Indoktrination durch eine Firmenideologie, die im Extremfall dazu führen kann, die Selbstbestimmung und Eigenverantwortlichkeit des Einzelnen sogar wieder zu beschneiden. Mündige Mitarbeiter wehren sich gegen abgehobene Denksysteme, wenn sie das Gefühl haben, dass die »Latte ständig höher gehängt wird«, ohne dass das Geleistete hinreichend gewürdigt wird. Insofern stellt der Excellence-Ansatz sehr hohe Anforderungen an die Visionsorientierung, Glaubwürdigkeit und Feedbackkompetenz des Managements. Es dürfen keine »hohlen Motivationsparolen« geschwungen werden, die bei näherer Betrachtung der Komplexität des Alltagshandelns und der Vielschichtigkeit der Wertschöpfung in turbulenten Umfeld- und Marktbedingungen nicht gerecht werden.

Auf dem Weg zur »innovativen Ideenkultur«

Ziel aller Bemühungen zur Steigerung von Ideenentwicklung und Kreativität in Organisationen ist es, praktisches Unternehmertum zu fördern. Die Mitarbeiter sollten nicht dazu bewegt werden, sämtliche Einfälle, Hinweise und Vorschläge zu »sammeln« und an eine zentrale Stelle »weiterzuleiten«. So wird die Verantwortung für konstruktive Veränderungen an andere delegiert. Die folgenden Prinzipien können helfen, ideenfördernde Veränderungen im Organisationsumfeld einzuleiten:

Eigenverantwortung verdeutlichen

Ideenentwicklung im Unternehmen bedeutet zuallererst, das Augenmerk auf den eigenen Gestaltungs- und Verantwortungsbereich zu lenken. Die Leitfragen lauten:

* »Was kann ich selbst besser machen?«

* »Was kann ich unmittelbar ausprobieren, und wie erkenne ich, ob es nützlich ist?«

* »Wer kann mich bei der Umsetzung der Idee gegebenenfalls unterstützen? Wen sollte ich vorab informieren oder einbeziehen?«

Jede Handlung eines Mitarbeiters hat Auswirkungen auf andere Organisationsmitglieder. Es gibt keine Mitarbeiter, die »völlig unabhängig« von anderen tätig sind. Obwohl immer wieder von »Einzelkämpfern im Vertrieb« oder von »eigenständig tätigen Spezialisten und Sachbearbeitern« die Rede ist, kann oder darf es in der Realität in einer vielfältig verzahnten Organisation kein »abgeschottetes Agieren« von Individualisten geben. Vielmehr muss jeder Einzelne die Auswirkungen seines Handelns im Team und im organisatorischen Gesamtzusammenhang reflektieren – selbst dann, wenn die Konsequenzen erst verzögert auftreten. Ein gutes Beispiel ist das Verhalten eines scheinbar autonom tätigen Verkäufers, der Kunden Versprechungen und Zusagen macht, die später nicht eingehalten werden können. Dies schädigt nachhaltig das Image des Unternehmens beim Kunden!
  Die Mitarbeiter sollten im Prozess der Innovationsentwicklung dafür gewonnen werden, alle Ideen, die sie für umsetzungs- und erprobungswürdig halten, offen zu kommunizieren. Dabei hilft in einer von Absicherung und

Verfahrensorientierung dominierten Kultur das Prinzip: »Tue es einfach, bevor du lange mit anderen darüber diskutierst!« Darüber hinaus können die Mitarbeiter gebeten werden, die eigenen Ideen direkt mitzuteilen – zum Beispiel im firmeneigenen Intranet auf einer kreativen Brainstormingseite, die von allen einsehbar ist. Auch scheinbar »verrückte Ideen« sind dort gut aufgehoben – können doch andere die Gedanken aufgreifen, weiter »ausspinnen« oder verwerfen.

Im Gegensatz zu dem in den siebziger Jahren gelegentlich verkündeten Verfahrensprinzip »Make it quick and dirty« sollte es gemäß der Excellence-Philosophie eher heißen »Make it quick and worthy«. Damit ist gemeint, dass das eigene Tun als verdienstvoll für andere eingestuft wird. Selbst wenn von fünf Versuchen, eine Idee umzusetzen, vier scheitern, kann der fünfte Anlauf ein voller Erfolg sein – nämlich dadurch, dass ein sichtbarer Nutzen für andere, insbesondere den Kunden, erkennbar wird! Praktisches Unternehmertum bedeutet nicht, immer einen Volltreffer zu landen, sondern sich trotz vielfältiger Rückschläge weiter durchzukämpfen, bis sich erste kleine Erfolge einstellen. Dabei sind Frustrationstoleranz, Ausdauer und oftmals eiserne Disziplin gefordert, da vielfältige Widerstände und Barrieren zu überwinden sind, bevor eine neue Idee wirklich Anerkennung findet. Thomas A. Edison, der Erfinder der Glühbirne, soll einmal gesagt haben, dass »fünf Prozent meines Tuns Inspiration, aber 95 Prozent Transpiration sind«. Nach seinen Worten hat »auch nur Erfolg, wer etwas tut, während er auf den Erfolg wartet«. Dies steht aber im Gegensatz zur traditionellen BVW-Philosophie, wo der Einreicher erst einmal abwartet, nachdem er seine Idee »formgerecht weitergeleitet« hat.

Übergreifende Kommunikation fördern

Neue Ideen sollten gerade nicht im eigenen »stillen Kämmerlein«, sondern im spontanen Dialog mit anderen entwickelt werden. Viele Unternehmen kranken daran, dass sie zwar über hochkarätige Spezialisten verfügen, diese aber nur unzureichend mit anderen kommunizieren, um ihr Know-how weiterzugeben. Dies gilt in besonderem Maße für den häufig vernachlässigten, direkten Gedankenaustausch mit Kunden. Viele Forscher und Entwickler arbeiten zwar gerne im »braintrust« und verstehen sich als »think-tank«, haben aber Hemmungen, ihre Ideen beim Kunden auf den Prüfstand zu stellen. So mancher scheinbar »durchschlagende Einfall« wäre wahrscheinlich frühzeitig verworfen worden, hätte man rechtzeitig mit einer kleinen Gruppe von Kunden darüber gesprochen!

Umgekehrt könnte manche tatsächlich kreative Idee entwickelt werden, würde man sich frühzeitig über Kritikpunkte und Verbesserungsmöglichkeiten an bereits vorhandenen Leistungen und Produkten mit dem Kunden verständigen. Nach wie vor sind aber die meisten Mitarbeiter noch hermetisch vom Kunden abgeriegelt! Sie arbeiten viele Jahre vereinzelt in ihren Büros – und es gilt schon als bemerkenswert, wenn überhaupt der Gedankenaustausch mit Nachbarbereichen in der Organisation gepflegt wird. Was kann nun konkret getan werden? Zunächst gibt es keine Patentrezepte, aber die nachfolgenden Anregungen verdeutlichen die grundsätzliche Richtung:

Kundendialoge stimulieren. Tom Peters, der namhafte amerikanische Unternehmensberater, berichtet in seiner Veröffentlichung »Thriving on Chaos« (1987) von einem Unternehmen, in dem die Mitarbeiter ausgezeichnet wurden, wenn sie eine besonders hohe Telefonrechnung hatten! Er interpretiert dies als Zeichen für eine außergewöhnliche Dialogbereitschaft, insbesondere dann, wenn viele Telefonate mit Kunden geführt wurden. Uns ist kein deutsches Unternehmen bekannt, das eine solche Regelung eingeführt hätte – im Gegenteil: Mitarbeiter mit hohen Telefonrechnungen sind eher gefährdet, zurechtgewiesen zu werden, da sie vorhandene Budgets »überstrapazieren« und »unnötige Kosten« verursachen. Im »Zeitalter des Sparens« wird eher derjenige Mitarbeiter gewürdigt, der hilft, Telefonkosten durch Anrufbeantworter, Rufumleitungen oder knappe elektronische Botschaften per E-Mail oder Handy zu senken. Dies führt aber zur kommunikativen Verarmung durch Reduktion auf einen unpersönlichen, emotionsarmen und kognitiv einseitigen Dialog. Sofern es sich nicht um eine Internetfirma der New Economy handelt, ist ein solches Vorgehen für die Pflege von langfristig stabilen Kundenbeziehungen schädlich. Der persönliche Dialog von Mensch zu Mensch ist durch nichts zu ersetzen, fordert aber Eigenaktivität und Kommunikationskompetenz.

Manche Führungskräfte trauen sich auch nicht, ihren Mitarbeitern direkte Gespräche mit den Kunden zu gestatten – könnten doch die Mitarbeiter einen schlechten Eindruck hinterlassen, da sie es nicht gewohnt sind, mit Kunden »professionell« zu sprechen. Stattdessen beauftragt man lieber externe Verkaufsförderungs- und Telefonmarketingagenturen, die im »gezielten Kundendialog« auf die Leistungsvorteile des Unternehmens hinweisen. Sicherlich spricht vieles für eine kompetente Ansprache des Kunden oder Interessenten durch qualifiziertes, verkäuferisch geschultes Beratungspersonal – aber wie sollen langjährige Mitarbeiter in der Organisation lernen, »unternehmerisch und kundenorientiert« zu denken, wenn man ihnen den Kontakt mit Kunden untersagt? Unter solchen Bedingungen sind auch »Kundenorientierungsseminare« in den Firmen reine Alibi-Veranstaltungen! Eine einfache Empfehlung für Personalverantwortliche lautet deshalb: Fördern Sie die Dialogbereitschaft der Mitarbeiter mit den Kunden vor Ort! Honorieren Sie Gespräche, die Mitarbeiter mit Kunden führen – und qualifizieren Sie alle in direkter und persönlicher kundenorientierter Kommunikation.

Beschwerdemanagement professionell betreiben. Mittlerweile haben viele Unternehmen erkannt, wie wichtig es ist, Reklamationen von Kunden ernst zu nehmen und sachgerecht aufzugreifen. Ein vernünftiges Unternehmensziel besteht darin, jede Beschwerde als Hinweis zu einer Verbesserungsmöglichkeit zu interpretieren. Beschwerden sollten deshalb möglichst kurzfristig – das heißt innerhalb weniger Tage – bearbeitet und in eine kundengerechte Lösung umgewandelt werden. Dies setzt voraus, dass Beschwerden in systematischer Form aufgegriffen und ausgewertet werden. Selbst dann, wenn der Kunde aufgebracht ist, gilt es, Ruhe zu bewahren, sich bei ihm für seine Hinweise zu bedanken, eigene Fehler einzugestehen und sich dafür zu entschuldigen. Kunden erwarten auch, dass sich ihr Gesprächspartner im Unternehmen um eine baldige Lösung bemüht und die Verantwortung nicht anderen zuschiebt. Dies wird allerdings von vielen Organisationsmitgliedern nach wie vor als undankbare Aufgabe angesehen, bei der es keine Meriten zu ernten gibt – und die man gerne an Kollegen oder sogar die Geschäftsleitung »zurückdelegiert«!

Allzu gern leiten Mitarbeiter Reklamationen an die »Beschwerdeabteilung« – modern »Kundenservice« – weiter, um sich nicht selbst darum kümmern zu müssen. Eine professionelle Beschwerdebearbeitung wird aber nicht dadurch erreicht, dass man Kundenkritik »sammelt«, »an das Beschwerdemanagement weiterleitet« und sich damit »wieder dem eigentlichen Tagesgeschäft« zuwenden kann. Vielmehr sollten sich alle Mitarbeiter als selbst verantwortlich für die Beschwerdebearbeitung erleben. Das Prinzip könnte lauten: »Wer eine Beschwerde annimmt, ist auch für deren zügige Bearbeitung verantwortlich.«, »Reklamationen haben Vorrang.« oder »Verstehe dich immer selbst als der oberste Beschwerdemanager!« Dementsprechend ist das

Bemühen von Mitarbeitern, die sich für die Lösung eines Kundenproblems engagieren, sichtbar anzuerkennen. Es ist oftmals leichter, eine tolle Idee in der Forschungsabteilung zu entwickeln, als eine Kundenbeschwerde professionell aufzugreifen, die vielleicht zufällig in der Bildungsabteilung eingeht. Selbst manche Führungskräfte und Trainer verstehen es vorzüglich, Vorträge über Kundenorientierung zu halten, wirken aber ausgesprochen unbeholfen, wenn ein Kunde unvermittelt bei ihnen anruft und sich über den »miserablen Service der Firma« beklagt. Daraus folgt: Kundenorientierung lernt man nicht in Seminaren, sondern in der unmittelbaren Begegnung mit dem engagierten Kunden.

Metakognitives Teamdenken anregen

Der etwas akademisch klingende Begriff der Metakognition kennzeichnet das »Denken über das eigene Denken«. Die Organisationsmitglieder setzen sich danach gezielt damit auseinander, ob eigene Denk- und Verhaltensgewohnheiten überhaupt noch nützlich sind. Hierzu sind regelmäßige Standortbestimmung, Überprüfung eingespielter Routinen und kritisches Feedback von Bezugspersonen und Interaktionspartnern gefordert. In der Praxis kann dies bedeuten, dass die Mitarbeiter eines Teams, einer Projektgruppe oder einer Task-Force regelmäßig in einer »Reflexionsstunde« zusammenkommen, um nur darüber nachzudenken, ob »das, was getan wird, nicht noch besser gemacht werden könnte«. Viele Führungskräfte und Projektleiter haben Schwierigkeiten, sich auf solche »unstrukturierten Sitzungen« einzulassen. Ihnen wird es mulmig, wenn keine »konkreten Fachthemen« anstehen. Unter diesen Umständen neigen sie gerne dazu, anberaumte Sitzungen wieder abzusagen, da es »dann doch besser wäre, wenn sich jeder lieber dem unbearbeiteten Stapel auf dem Schreibtisch widmet«.

Diese Grundhaltung ist typisch für Menschen, die sozialisiert wurden, sich nur auf das zu konzentrieren, was die nächsthöhere Hierarchieebene angewiesen hat. Jede Arbeitsunterbrechung, die nicht zu »konkreten Resultaten« auf einer mutmaßlichen Effektivitäts- und Effizienzebene führt, wird als besorgniserregend aufgefasst. Führungskräfte dieses Typus legen oftmals Wert auf pünktliches Erscheinen, übermäßigen Arbeitseinsatz – nachgewiesen durch regelmäßige Überstunden – und korrektes Einhalten der betrieblichen Organisations- und Arbeitsanweisungen. »Quantität ist Qualität« lautet die verkürzte Arbeitsphilosophie, die in vielen Unternehmen dazu führt, dass schlummernde Kreativitätspotenziale nicht genutzt werden. Solche verborgenen Spielregeln erinnern zugleich an die Anekdote des Holzfällers, der auf Hinweis eines Wanderers, er komme doch gar nicht mit seiner Arbeit voran, da seine Säge stumpf sei, antwortet: »Dies zu überprüfen habe ich keine Zeit; ich muss doch sägen, damit ich rechtzeitig fertig werde!« Mitarbeiter und Teams sollten sich deshalb »Auszeiten« nehmen, um ihre eigene Leistungsfähigkeit zu hinterfragen. Oftmals stellt sich dann heraus, dass doch noch vieles besser gemacht werden kann …

Lernen aus Fehlern würdigen

Wer eine neue Idee erprobt, wird sich zunächst darauf einstellen müssen, dass die Umsetzung fehlschlägt. Über Misserfolge, Scheitern und Frustrationen wird aber im Unternehmen nicht gerne gesprochen. Stattdessen stellt man lieber »herausragende Verkaufsleistungen«, »erfolgreiche Projekte« und »außergewöhnliche Einsparungen« heraus. Ein gutes Beispiel hierfür sind Firmen, die ihren erfolgreichen Top-Außendienstmitarbeitern besondere Anerkennungen zukommen lassen – bis hin zu außergewöhnlichen Flugreisen und Incentive-Aufenthalten in exotischen Regionen der Erde. Sicherlich ist es wichtig, besondere Leistungen und Erfolge angemessen zu honorieren. In einer »innovativen Lernkultur« müssen aber gerade auch kompensatorisch regulierende Verhaltensweisen gewürdigt werden, die aus einer großen Niederlage oder einem gravierenden Misserfolg beruhen. Dadurch wird die persönliche Einsichtsfähigkeit und Selbsterkenntnis gefördert, wie schon Henry Ford feststellte: »Misserfolg ist eine Chance, es beim nächsten Mal besser zu machen!«

Ein weniger erfreuliches Beispiel sind »Schönwetter-Reden« von Managern, die gerne über die Unternehmensvision philosophieren und ihre Mitarbeiter »motivieren« möchten, aber erhebliche Schwierigkeiten damit haben, ihnen mit Rat und Tat zur Seite zu stehen, wenn sie in eine Sackgasse geraten sind. Das Leitbild der »Führungskraft als Coach« meint doch vor allem, Mitarbeiter zu unterstützen, wenn sie nicht mehr weiterwissen. Dies bedeutet, gerade dann initiativ zu werden, wenn Meilensteine nicht erreicht, Zwischenziele verfehlt oder »Projekte in den Sand gesetzt« worden sind. Besondere Anerkennung verdienen dementsprechend Mitarbeiter und Teams, denen es gelingt, aus einer schier aussichtslosen Situation heraus doch noch das Ruder herumzureißen – selbst dann, wenn die ursprünglich angestrebten, ehrgeizigen Ziele nicht mehr erreicht werden können. Unternehmen sind gut beraten, Anerkennungs- und Wertschätzungsmechanismen gerade dafür zu installieren, dass ein Fehlschlag noch in Grenzen gehalten wird und eine schwierige Situation – zum Beispiel das Scheitern in einem Schlüsselprojekt – dazu führt, dass aus den gesammelten Erfahrungen eine Erkenntnis für zukünftiges Handeln abgeleitet wird. Ausdauer, Durchhaltevermögen und beständiges Kämpfen für gute Kundenlösungen sollten in besonderem Maße anerkannt werden – und nicht nur die »großartigen Erfolge« von Einzelnen, wie auch immer sie zustande gekommen sind.

Innovationszirkel installieren

Das Entwickeln von Innovationen ist für erfolgreiche Unternehmen ein Bestandteil des Tagesgeschäftes. Trotzdem haben Mitarbeiter in routinegeprägten Arbeitsvollzügen meist nicht die Zeit und Ruhe, um sich mit Schwachstellen, Verbesserungsmöglichkeiten und neuen Wegen zu beschäftigen. Häufig wird für kreatives Brainstorming und Entwickeln von neuen Ideen auch eine entspannte Atmosphäre benötigt, die nicht gegeben ist, wenn ständig wechselnde Anforderungen, unvorhergesehene Unterbrechungen sowie Zeitknappheit ein striktes Selbstmanagement erfordern, um überhaupt die wesentlichen Anforderungen bewältigen zu können. Ein praktikabler Ansatz besteht deshalb darin, Mitarbeiter in einem kreativitätsfördernden oder zumindest ruhigen Umfeld zusammenzuführen, damit sie sich zwanglos über ihre Arbeit und ihre Erfahrungen austauschen können.

Ein Innovationszirkel ist demgemäß ein wiederholt tagender Arbeitskreis, in dem eine im Idealfall hierarchieübergreifend und interdisziplinär zusammengesetzte Gruppe von Organisationsmitgliedern über neue Produkte, Technologien und Dienstleistungen nachdenkt. Durch Einsatz kreativitätsfördernder Techniken und eine begleitende Moderation durch einen neutralen Dritten kann es gelingen, eine Reihe von Denkanstößen zu entwickeln, die in der Organisation kommuniziert und anschließend weiterverfolgt werden können. Ein Innovationszirkel darf nicht zu einer »festen Einrichtung« werden, sondern sollte sich bereits nach wenigen Sitzungen wieder auflösen, um über erzielte Ergebnisse und Denkanstöße zu berichten. Ansonsten besteht die Gefahr der Verselbstständigung im elfenbeinernen Turm. Außerdem sollten möglichst viele Mitarbeiter in solche temporären Zirkel einbezogen werden, um eine breite Ideensondierung in der Organisation zu gewährleisten.

Was sind die Erfolgskriterien für ein erfolgreiches Ideenmanagement?

Eine Organisation muss nicht nur einen flexiblen Rahmen dafür schaffen, dass möglichst viele brauchbare Ideen entstehen und zeitnah umgesetzt werden können. Das Management sollte die Ideenentwicklung durch ein geeignetes Controllingsystem steuern und in eine vernünftige Richtung lenken. Im Hinblick auf die IT-technische Administration stehen mittlerweile vielfältige Softwaresysteme zur Verfügung, um Ideen zu katalogisieren, zu archivieren und zu organisieren. Damit sind jedoch noch keine inhaltlichen Priorisierungen verbunden, was zum Beispiel von wem bis wann umgesetzt werden sollte. Ein Controllingsystem für das Ideenmanagement muss sich deshalb darauf konzentrieren, dass Ideen nicht nur eingebracht und »verwaltet« werden, sondern schnellstmöglich in Bezug auf ihren Nutzen für die unternehmerische Wertschöpfung eingeschätzt werden. Nachfolgend werden einige Steuerungsprinzipien dargestellt, die für die erfolgreiche Implementierung eines Ideen-Controlling hilfreich sein können.

Jede Idee wird aufgegriffen

Jeder ernst gemeinte Vorschlag, der gewissen Grundanforderungen genügt, sollte zumindest in einer Pilotierungsphase zur Umsetzung gelangen. Dafür muss sich der Ideenentwickler auch für seinen Vorschlag engagieren und ihn ernsthaft weiterverfolgen. Die Kernfrage bei einer guten Idee sollte also nicht lauten, was alles gegen den Vorschlag spricht, sondern was getan werden kann, um die neue Idee tatsächlich zu realisieren. Sofern weitreichende strukturelle Veränderungen angeregt werden, zum Beispiel eine Umstrukturierung der Vertriebsorganisation oder eine Neugestaltung von Verfahrensabläufen, ist zumindest im Kreis der Entscheider und direkt Betroffenen das Für und Wider abzuwägen. Es hilft meist wenig, wenn sich nur außenstehende Gutachter zu einer Idee äußern, selbst aber nicht in der Umsetzung beteiligt sind. Gefordert ist vielmehr die Beachtung des Grundprinzips der Organisationsentwicklung, das besagt, Betroffene so weit wie möglich zu Beteiligten zu machen. Dies bedeutet zugleich, dass Ideen »vor Ort« bewertet und im Hinblick auf ihre Machbarkeit geprüft werden.

Am besten ist es, wenn der Ideenentwickler von sich aus die Initiative ergreift und gemeinsam mit den beteiligten Personen die Voraussetzungen schafft, damit seine Idee zur Umsetzung gelangt. Jeder Umweg über vermittelnde zentrale Instanzen ist zu vermeiden! Gefordert ist folglich von jedem auch ein Stück Spontaneität und Flexibilität in der hierarchie- und abteilungsübergreifenden Kommunikation. Die Geschäftsleitung sollte dabei experimentelle Wege der Dialogstiftung zulassen und diese nicht a priori »als Zeitverschwendung« sanktionieren.

Alle entwickeln Ideen

In vielen Organisationen lässt sich das Phänomen beobachten, dass nur eine kleine Gruppe der Belegschaft Ideen ausarbeitet und in eine breite Diskussion einbringt. Obwohl manche Mitarbeiter sehr aktiv sind und auch immer wieder neue Ideen vorstellen, ist doch die große Mehrheit zurückhaltend. Dies liegt auch darin begründet, dass die Ausarbeitung einer neuen Idee schon im Vorfeld mit Aufwand und der Vorwegnahme möglicher Widerstände verbunden ist. Andererseits erleben wir es in Unternehmen immer wieder, dass Mitarbeiter beim informellen Zusammensein – zum Beispiel im Betriebsrestaurant oder in der Cafeteria – freimütig äußern, was sie »alles stört« und »was eigentlich besser gemacht werden könnte«.

Nun stellt es einen gewissen Schritt der persönlichen Überwindung dar, einen im kleinen, vertraulichen Rahmen geäußerten kritischen Gedanken offen zu kommunizieren. Dennoch zeigt dieser Sachverhalt, dass nahezu täglich ein breites Ideenpotenzial verloren geht, weil Gedanken nicht weiterverfolgt oder an den richtigen Adressaten gerichtet werden. Was kann in diesem Fall konkret getan werden? Hierzu folgen einige Vorschläge, die zumindest in der Einführungsphase hilfreich sein können:

- Anonyme Ideen zulassen, das heißt das Einbringen von Vorschlägen auch dann fördern, wenn der Betreffende (noch) nicht die Verantwortung für die weitere Verfolgung übernehmen möchte.

- Meckerecken einrichten, wo zum Beispiel auf Tafeln zum Ausdruck gebracht werden kann, was gut läuft und was derzeit nicht so gut läuft. Auch in diesem Fall können anonyme Eingaben zugelassen werden. Eine Ergänzung des Verfahrens sieht schriftliche, gut sichtbare Kommentare durch Dritte vor – etwa angeleitet durch die Überschrift »… und was ich hierzu anmerken möchte«. Dadurch kann ein Dialog durch Einbeziehung von weiteren Impulsgebern in Gang gesetzt werden.

- Firmeninterne Computerforen im Intranet nutzen, wo Mitarbeiter einen spontanen Gedanken ablegen können – und sei es nur als Memo, um ihn später wieder aufzugreifen.

- »Ideenhelfer«, das heißt engagierte Kollegen, ausfindig machen – also ähnlich wie in einer »Kontaktbörse« andere dafür gewinnen, Ideen mit auszuarbeiten.

- »Ideenbudgets« einrichten, aus denen sich prinzipiell jeder bedienen kann, um eine bestimmte Idee weiterzuverfolgen. In einer Vertrauenskultur könnte man Mitarbeitern, die sich spontan in einem Kreativteam zusammenfinden, zum Beispiel 1 000 Mark für die Ausarbeitung oder Umsetzung einer neuen Idee vorab zur Verfügung stellen – ohne dass sie zunächst Rechenschaft darüber ablegen müssen, wozu sie diesen Betrag benötigen. Die Mitarbeiter in der Organisation sollten selbst über ein hilfreiches Umfeld, das die eigene Ideenentwicklung vorantreibt, nachdenken dürfen.

Fehlschläge führen zu neuen Ideen

Im klassischen Vorschlagswesen wird eine Idee geprüft und anschließend nach positiver Einschätzung von »Experten« zur Umsetzung empfohlen. Stellt sich schließlich heraus, dass die Idee nicht den gewünschten Nutzen entwickelt, verschwindet sie bald wieder in der Schublade – manchmal werden der Einreicher oder sogar die Experten für das Scheitern mitverantwortlich gemacht. Dies hat oftmals den Effekt, dass zumindest der Einreicher so schnell keine neue Idee einbringen wird.

Einige Unternehmen zahlen dem Einreicher zumindest eine Anerkennungsprämie, selbst dann, wenn sich seine Idee als nicht praxistauglich erweist. Dieses Vorgehen zieht aber auch erhebliche Nachteile nach sich: Der Einreicher freut sich vielleicht über seine Prämie, sieht sich jedoch nicht mehr in der Verantwortung für die weitere Umsetzung. Der betroffene Bereich, in dem die Idee zur Umsetzung kam, ist unter Umständen froh, dass die neue Idee doch nicht erfolgreich war. Es bleibt also erst einmal alles beim Alten!

Ideenentwickler und Anwender sollten sich grundsätzlich darum bemühen, aus den gesammelten – auch negativen – Erfahrungen heraus sofort eine neue Idee zu entwickeln. Dabei kann eine Erkenntnis nach einer gescheiterten Ideenumsetzung durchaus darin bestehen, dass ein vorhandener Ablauf, eine etablierte Struktur oder eine bestimmte Dienstleistung sich anscheinend doch bewährt haben und deshalb nicht verändert werden müssen. Ein Beispiel im Fußball wäre ein Wechsel von der »Mann- zur Raumdeckung«, der sich im Einzelfall als nicht erfolgreich erweisen mag; man kehrt dann wieder zum alten System zurück – ändert aber vielleicht die Art der Manndeckung.

In Unternehmen sollte die »Rückkehr zum Bewährten« eher die Ausnahme sein, da durch permanente Veränderungen in den Kundenerwartungen, den technologischen Möglichkeiten und den Kompetenzen der Menschen fortlaufende Systemanpassungen unausweichlich sind. Eine Rückkehr zu einem tradierten System führt dementsprechend meist in die Sackgasse. Deshalb kann im Ideenmanagement das durchaus sinnvolle Prinzip eingeführt werden, dass jede gescheiterte Idee eine neue Idee nach sich ziehen muss. Die Ideenentwicklung endet erst, wenn tatsächlich eine praktikable Lösung gefunden wurde.

Ideeneigner und Umsetzungsbeteiligte sollten gemeinsam nach kreativen Wegen suchen – ähnlich einem dialektischen Diskurs, in dem These und Antithese zu einer übergeordneten Synthese zusammengeführt werden. Ein Problem in vielen Organisationen besteht darin, dass die Menschen zu früh aufgeben und sich nach einem ersten Rückschlag bereits als Verlierer erleben. Viele Mitarbeiter werden dazu konditioniert, nach einem Scheitern lieber die »Finger von der Sache zu lassen« als systematisch an der weiteren Optimierung ihrer Idee zu arbeiten. Fontane soll einmal gesagt haben: »Courage ist gut, Ausdauer ist besser.« Insofern müssen Ideenentwickler die Mühe und die Konsequenz antizipieren, derer es letztlich bedarf, um Innovationen gegen Widerstände nach vorne zu bringen. Das Ideenmanagement ist insofern auch als Gradmesser für die Zukunfts- und Erfolgsorientierung der »lernenden Organisation« insgesamt zu werten.

Zusammenfassend kann festgehalten werden, dass Innovationen in Organisationen meist nicht das Resultat von zufällig geäußerten Ideen sind, die von Einzelnen im Verborgenen ausgearbeitet werden. Im Zeitalter der globalen Vernetzung sind Innovationen fast ausnahmslos das Ergebnis vielfältiger Teamprozesse, die ein intelligentes, koordiniertes und erfolgsorientiertes Vorgehen vieler Beteiligten erfordern. Insofern können Systeme zur Ideenentwicklung immer nur einen Anstoß liefern, dass offen kommunizierende Menschen gezielt neue Wege einschlagen. Wichtig ist vor allem die mentale Grundhaltung der Organisationsmitglieder, sich kontinuierlich auf Neues einzustellen – selbst wenn es zu manchen Unbequemlichkeiten und zum Verlust lieb gewonnener Besitzstände führt. Gerade wenn vorhandene Privilegien oder langjährig aufgebaute Status- oder Machtpositionen aufgegeben werden müssen, tun sich viele Menschen in Schlüsselpositionen erfahrungsgemäß schwer.

Aber Organisationen, die in den Märkten von morgen bestehen wollen, dürfen im Interesse der Gesamtheit der am Wertschöpfungsprozess Beteiligten nur in sehr begrenztem Maße auf die Partikularbedürfnisse von Einzelnen Rücksicht nehmen. Der deutsche Aphoristiker Hans-Hermann Kersten äußert treffend: »Eine gute Idee erkennt man daran, dass sie geklaut wird.« Im Zweifelsfall wird sie folglich in einem anderen Unternehmen umgesetzt, was meist nicht als wünschenswert anzusehen ist.

Implikationen für die Balanced Scorecard

Der Prozess der Ideenentwicklung ist ein wichtiger Perspektiv- und Strategiebereich in der BSC. Dementsprechend sind Kenngrößen und Meilensteine zu definieren, die nicht nur auf die Resultate des Innovationsprozesses abheben – zum Beispiel die Anzahl eingereichter und umgesetzter Verbesserungsvorschläge oder das erzielte Einsparvolumen beziehungsweise die Verbesserung von einzelnen Umsatz- oder Ertragsgrößen. Vielmehr sind vor allem operative Ziele zu formulieren, die konkrete Veränderungen in der Bereitschaft zur Ideenentwicklung und -kommunikation sowie in der spontanen Umsetzung fördern.

Nachfolgend sind Beispiele für Erfolgs- und Messkriterien in einer BSC aufgeführt; diese müssen allerdings noch unternehmensspezifisch konkretisiert werden.

Grad der teamorientierten Ideenentwicklung

Gerade wenn die Leistungsanforderungen hoch sind und der Ergebnisdruck wächst, besteht die Gefahr, dass neue Ideen nicht mehr ausgearbeitet und im Team diskutiert werden. Kreatives Denken wird unter diesen Umständen als »Störung im Tagesgeschäft« interpretiert. Insbesondere die Führungskräfte sollten im Auge behalten, ob und wie kleine Verbesserungen in der Praxis umgesetzt werden können. Der Maßstab hierfür ist, wie zeitnah neue Ideen aufgegriffen werden und welche Team- und Dialogforen existieren, um Ideen im Hinblick auf ihre Praktikabilität zu diskutieren.

Qualität des ideenzentrierten Gedankenaustausches zwischen Führungskräften und Experten aus anderen Bereichen

Neue Ideen entstehen nur selten im »stillen Kämmerlein«. Darüber hinaus wurden viele brauchbare Ideen schon an anderer Stelle entwickelt und brauchen nur noch umgesetzt zu werden. Insofern können Unternehmen viel davon profitieren, wenn Problemstellungen und offene Fragen im interdisziplinären Austausch mit erfahrenen, bereichsexternen Praktikern diskutiert werden – die zugleich die eigene Arbeit »von außen« wahrnehmen. In solchen Dialogrunden sollten eigene Erfahrungen geschildert und gemeinsam Lösungsvorschläge erarbeitet werden, die für alle Beteiligten einen Nutzen entfalten können.

Ausmaß des genutzten Ideenpotenzials der Kunden

Kunden sind für die einzelnen Teams alle diejenigen, die von ihren Leistungen profitieren. Dabei kann es sich auch um interne Kunden handeln, also Empfänger konkreter Serviceleistungen, die im Unternehmen selbst erbracht werden – zum Beispiel im Einkauf oder Marketing. Die Anzahl initiierter Gespräche, Dialogrunden und Infoveranstaltungen mit internen und externen Kunden ist ein erster globaler Indikator, um zu erkennen, in welchem Maße Anregungen von Kunden überhaupt einfließen können. Die einzelnen Serviceteams sollten sich gleichzeitig durch ihre Kunden im Hinblick auf ihre Leistungsfähigkeit und Akzeptanz »bewerten« lassen. Entsprechende Kennwerte können wiederholt erhoben und damit Verlaufsmessungen ermöglicht werden. Auch kritische Beurteilungen müssen dokumentiert werden – gerade als Anlass für eine gezielte Ideenentwicklung, was noch besser gemacht werden kann.

Verfolgungsgrad für neu eingebrachte Ideen, die zunächst als unrealistisch eingestuft werden

Oftmals werden neue Vorschläge zu früh als wenig nutzbringend bewertet. Ein wichtiger Innovationsindikator ist deshalb auch, in welchem Ausmaß scheinbar nicht oder nur begrenzt sinnvolle Ideen dennoch weiterverfolgt werden, zum Beispiel durch Pilotprojekte und Testphasen. Meist zeigt sich erst bei der Umsetzung, was ein neuer Gedanke oder ein Verbesserungsvorschlag taugt. Ein Gradmesser für die Ausprägung der Innovationskultur besteht darin, in welchem Ausmaß Mitarbeiter unterstützt werden, die durch die spontane Artikulation neuer Ideen vorangehen – und diese trotz Rückschlägen beharrlich weiterverfolgen. Ergänzend kann ein BSC-Kennwert dafür entwickelt werden, inwieweit zunächst zurückhaltend bewertete Ideen später doch noch in modifizierter Form zur Anwendung kamen – oder sich zwar nur als partiell fruchtbar erwiesen haben, trotzdem aber durch weitere Verfeinerungen letztlich zu systematischen Verbesserungen führten. Dazu müssen bei der Umsetzung von Ideen auch überschaubare Risiken und kleine Fehler toleriert werden, die aber eine Chance darstellen, das Nutzenpotenzial des neuen Vorschlags zu evaluieren. Sogar aus einem fehlgeschlagenen Realisierungsprojekt kann man einiges lernen. Dementsprechend kann eine kreativitätsfördernde »Fehlschlagsquote« eingeführt werden, die anzeigt, dass überhaupt eine Umsetzung versucht wurde – mit der Angabe, welche Lehren jeweils aus der »erfolglosen« Ideenverwirklichung gezogen wurden.

Langfristindikatoren für den Umsetzungserfolg von innovativen Ideen

Neue Ideen, die in der Praxis erfolgversprechend zu sein scheinen, können im Hinblick auf ihre Qualität meist erst nach längerer Umsetzung bewertet werden. Viele Innovationen erwecken zunächst Aufmerksamkeit, werden aber zugleich auch kritisch beobachtet. Eine »Anfangseuphorie« legt sich einerseits häufig relativ schnell. Andererseits müssen manche Veränderungen »mit langem Atem« verfolgt werden, damit ihr Produktivitätspotenzial voll ausgeschöpft wird. Dementsprechend sollte ein Verlaufscontrolling für die Ideenimplementierung installiert werden, in dem Kosten-Nutzen-Relationen nicht nur punktuell, sondern über einen längeren Zeitraum – zum Beispiel von zwei bis vier Jahren – erhoben werden.

»Offenheits- und Kommunikations«-indikatoren für neue Ideen

Von kreativen Mitarbeitern und Teams wird zunächst nicht erwartet, dass sie »an ihren Ideen tüfteln«, sondern dass sie ihre Gedanken vielmehr frühzeitig offen kommunizieren – gerade auch über den eigenen Bereich hinaus. Die meisten neuen Ideen können in einer Organisation nur erfolgreich umgesetzt werden, wenn begleitende Projekte zur Bewertung und Implementierung bereichsübergreifend angelegt sind. Einzelkämpfertum ist fehl am Platz. Dementsprechend kann durch einen BSC-Indikator erhoben werden, wie viele Ideen pro Zeiteinheit offen kommuniziert – zum Beispiel im Intranet – und von anderen Bereichen als Anregung für die eigene Ideenentwicklung aufgegriffen werden.

Indikatoren für unbürokratische Ideenbewertungen und -begutachtungen

Die klassischen Systeme zur Analyse von Verbesserungsvorschlägen stoßen an Grenzen, da sie meist zu aufwändige Bewertungsverfahren erfordern. Häufig sind Formulare auszufüllen und einzureichen sowie spezielle Gutachter und Experten einzuschalten. Dies hemmt jedoch die Ideenentwicklung. In einer BSC könnte angestrebt werden, so weit wie möglich solche Formalismen abzuschaffen. Stattdessen sollten Anreize und Hilfen angeboten werden, damit Ideen direkt persönlich an die möglichen Nutznießer kommuniziert und unmittelbar von den Anwendern bewertet werden. Dementsprechend kann ein Indikator eingeführt werden, um zu erfassen, wie hoch der Grad der unmittelbar an den Zielbereich kommunizierten und dort aufgegriffenen Ideen pro Zeiteinheit jeweils ausfällt.

Organisationsentwicklung durch Informations- und Kommunikationsforen

Die professionelle Erstellung und konsequente Umsetzung von überzeugenden Top-Scorecards und bereichsspezifischen BSCs erfordert den aktiven Dialog mit den Organisationsmitgliedern. Die Verantwortung für die Formulierung der übergreifenden, strategisch ausgerichteten Top-Scorecard trägt zunächst die Geschäftsleitung beziehungsweise das Topmanagement. Aber bereits in dieser Phase empfiehlt es sich, Mitarbeiter der verschiedenen Hierarchiebereiche durchgängig in den Gestaltungsprozess einzubinden. So wird die Praktikabilität und spätere Akzeptanz der konzeptionellen Zielaussagen erhöht und damit die Wahrscheinlichkeit einer erfolgreichen Umsetzung insgesamt gefördert.

Es ist auch zu prüfen, inwieweit ausgewählte Partner, Kunden und Lieferanten frühzeitig in den BSC-Prozess mit eingebunden werden können. Wenn ein Unternehmen in engen Kooperationsbeziehungen zu starken Schlüssellieferanten und Nachunternehmern steht, gewinnt eine BSC entscheidend an Qualität, sofern in den jeweiligen Perspektiv- und Strategiefeldern wertorientierte Aussagen zu den Lieferantenbeziehungen integriert werden. Dies betrifft sowohl die finanzstrategischen Überlegungen als auch die markt- und prozessorientierten Handlungsfelder. Gerade im Bereich Lernen und Entwicklung spielen auch verbundene, kooperierende Unternehmen durch eigene Innovationsbeiträge eine wichtige Rolle.

Eine Kernanforderung bei der BSC-Erstellung besteht darin, gezielt organisationsweite Dialogchancen zu nutzen, um den Weg einer partizipativen Strategieimplementierung zu beschreiten. Dabei stellt sich die Frage, wie der Einbeziehungsprozess konkret zu gestalten ist. Im Folgenden wird darauf

Abb. 4-8: Beteiligung der Mitarbeiter im BSC-Prozess – Ansatzpunkte für umfassende Partizipation

- **Kulturentwicklung**
  Unternehmensweiter Reflexionsprozess zu Leitbild, Grundsätzen für Zusammenarbeit und Führung sowie Werten, Normen und Handlungsanforderungen der Zukunft.

- **Vision/Mission**
  Einbeziehen der Mitarbeiter in die Entwicklung von Unternehmensvision und -mission sowie die Ableitung von konkreten Teamaufträgen (»Team-Missionen«).

- **Strategie**
  Nutzung des Know-hows der Mitarbeiter zur Ableitung von Zielobjekten und strategisch relevanten Abhängigkeitsbeziehungen.

- **BSC-Erfolgsgrößen**
  Erörterung der operativen Ziele, Meilensteine und Kenngrößen mit den Bereichen und Teams.

- **Jahresziele und unterjährige Zwischenziele**
  Regelmäßige Mitarbeitergespräche und strukturierter Zielvereinbarungs- und Zielvernetzungsprozess.

- **Review**
  Monitoring durch ein hierarchieübergreifendes BSC-Steuerungsteam und ausgewählte Vertreter aller Teams.

näher eingegangen, wobei unterstellt wird, dass bereits ein Basiskonzept zur Gesamtstrategie erarbeitet wurde. Unter dieser Voraussetzung können »Leerstellen« und strategisch relevante Zielfelder, die später zu Aktionsprogrammen und Meilensteindefinitionen führen, sukzessive präzisiert werden. Gerade in größeren Organisationen mit mehreren 100 bis 1 000 Mitarbeitern ist der Informations- und Kommunikationsprozess selbst ein »Engpassfaktor«: Die thematische Erläuterung, Diskussion und weitere Verfeinerung einer BSC kann einen hohen Zeitaufwand beanspruchen, weil viele Präsentationen, Meetings und Strategiesitzungen anberaumt werden müssen.

Grundsätzlich stellt es eine Herausforderung dar, möglichst alle Organisationsmitglieder durch eine breite Palette von Informationsveranstaltungen einzubinden. Abgesehen von den mit solchen Veranstaltungen verbundenen Transaktionskosten kann dadurch jedoch der Prozess einer zügigen Verabschiedung und Implementierung an sich verlangsamt werden. Insofern scheint das Prinzip der stringenten Mitarbeitereinbindung mit der Notwendigkeit einer zeitnahen Handlungsorientierung bei der BSC-Realisierung in Widerspruch zu stehen. Dies gilt insbesondere dann, wenn die traditionellen Begrenzungen von Informationsrunden und Workshops beachtet werden:

- Es kann nur eine eingeschränkte Zahl von Personen einbezogen werden, maximal 14 bis 16 Personen, damit überhaupt eine effektive Diskussion zustande kommt.

- Ein breiter Kreis von »Informationsmittlern« – zum Beispiel Führungskräfte, Fachreferenten, Multiplikatoren und Trainer – muss gefunden und qualifiziert werden, damit die Informationsweitergabe professionell erfolgt.

- Die Menge der aufkommenden Fragen, Hinweise und Anregungen führt dazu, dass diese wiederum zentral zu bündeln und auszuwerten sind.

- Die klassischen Informationsveranstaltungen mit Vorträgen, Diskussionsrunden und Ergebnisprotokollen werden von den Teilnehmern meist als wenig motivierend erlebt. Gründe hierfür sind beispielsweise:
  - Zu lange, wenig lebendige Vortragsgestaltung, da viele Experten und Führungskräfte nur selten Profis in der anschaulichen, stimulierenden Informationsvermittlung sind.
  - Dominanz von »Vielrednern« in Diskussionsphasen – und damit verbunden eine ausgeprägte Passivität vieler Teilnehmer, geringe spontane

Kommunikationsanteile sowie eine Tendenz zu langwierigen »Besprechungsritualen«.

- – »Ausufern« der Veranstaltungen durch vielfältige, meist periphere Sachbeiträge und verständnisbezogene Rückfragen der weniger gut informierten Teilnehmer (oft sogar im Nachhinein formuliert, wo eigentlich schon alles erläutert worden sein sollte!).

- Um möglichst viele Mitarbeiter einzubeziehen, sind umfangreiche Serien von Veranstaltungen nötig, die sehr viel Zeit beanspruchen und die Erledigung des Tagesgeschäftes behindern. Insofern sind auch (berechtigte) Widerstände von Praktikern und sogar Kunden zu erwarten, die sich über unzureichende Servicebereitschaft oder Verzögerungen der Leistungserstellung beklagen.

Folglich bedarf es eines professionellen Informations- und Dialogmanagements, um dennoch die Chancen der breiten Mitarbeitereinbindung zu nutzen: nämlich zusätzliche qualifizierte Inputs bei der Strategieformulierung sowie eine höhere Akzeptanz bei der späteren BSC-Realisierung. Ein sinnvoller Ansatz ist die flexible Nutzung von Konzepten aus Großgruppeninterventionen, wie sie in den letzten Jahren insbesondere im angloamerikanischen Raum entwickelt wurden. Im Einzelnen handelt es sich dabei um Veranstaltungsformen, bei denen simultan sehr große Mitarbeitergruppen, das heißt bis zu mehreren 100 Personen, in den Dialogprozess eingebunden werden. Zu nennen sind beispielsweise Open-Space-Veranstaltungen, moderierte Info-Märkte, Zukunftskonferenzen sowie unternehmensweite Strategieforen (vgl. zur Bonsen, 1995).

Die genannten Veranstaltungsformen, die im Wesentlichen darauf abzielen, eine breite, hierarchieübergreifende Mitarbeiterbeteiligung in tiefgreifenden Veränderungsprozessen zu erreichen oder langfristige Zukunftsvisionen und -konzepte zu erarbeiten, sind aber nicht auf die Implementierung einer BSC abgestellt. Insofern bedarf es eines neuen, weiterführenden Veranstaltungsparadigmas, damit die spezifischen Anforderungen in der BSC-Umsetzung berücksichtigt werden. Im Einzelnen sind folgende Kriterien bei der Gestaltung des Dialoggeschehens von besonderer Bedeutung:

- Das Topmanagement sollte den Informations- und Kommunikationsprozess selbst aktiv steuern und begleiten, damit das strategische Rahmenkonzept durchgängig beachtet wird. Dementsprechend ist die Anwesenheit von Vertretern aus dem Topmanagement in allen Veranstaltungen anzustreben. Dies trägt zugleich dazu bei, dass die Ernsthaftigkeit des Bemühens seitens der Unternehmensleitung sichtbar gemacht wird.

- Der Informations- und Reflexionsprozess ist durch ein professionelles Moderationsmanagement zu unterstützen. Konkret müssen sich die Vertreter des Managements interne oder externe Hilfe von methoden-kompetenten Prozessbegleitern und Moderatoren holen, damit ein effektiver Strukturierungsgrad der Veranstaltungen – mit hoher Ergebnisorientierung – sichergestellt wird.

- Die bereits vorgegebenen BSC-Inhalte – zum Beispiel Aussagen zu zwingenden finanzwirtschaftlichen oder kundenorientierten Strategien – müssen kompetent präsentiert und erläutert werden. Die Geschäftsleitung muss herausstellen, wo strategische Vorgaben unabdingbar sind und wo Handlungsspielräume in der Ziel- und Strategieformulierung bestehen.

- Die Mitarbeiter sollten hierarchieübergreifend die Gelegenheit erhalten, offene Fragen zu stellen und Anregungen aus ihrem eigenen Verantwortungsbereich direkt einzubringen. Insofern muss der organisationsweite Informations- und Feedbackprozess zeitnah aufeinander abgestimmt werden.

- Die Ausformulierung der BSC erfordert sehr präzise Aussagen zu strategischen und operationalen Zielen, die jeweils konsequent mit Messkriterien und Meilensteinen verbunden sind. Alle Teilnehmer im Dialogprozess sollten deshalb Vorschläge zu qualitativen Zielformulierungen mit entsprechenden Aussagen zu quantitativen Messwerten direkt verbinden. Dies stellt hohe Anforderungen an die Disziplin in der Diskussionsführung und erfordert eine einfühlsame begleitende Steuerung durch die beauftragten Moderatoren. Wenn etwa die Rede von einer »Steigerung der Lieferantenzufriedenheit« ist, bedarf es möglichst sofort einer Präzisierung, wie diese zu operationalisieren ist.

- Während des Informations- und Reflexionsprozesses sind die erzielten Einsichten und Erkenntnisse – zum Beispiel zur Ausgestaltung erforderlicher Aktionsprogramme in einzelnen Bereichen – begleitend zu dokumentieren und zur abschließenden Prüfung an das Management zu leiten.

Im günstigen Falle ergibt sich während des BSC-Kommunikationsprozesses eine »mosaiksteinartige« Integration der einzelnen Strategie- und Handlungsparameter mit einer zunehmenden Verdichtung der Kenngrößen und

Erfolgskritieren. Ein geeignetes Paradigma für die Erfüllung dieser Anforderungen ist eine hierarchieübergreifende, strukturierte BSC-Konferenz, die sich an den Prinzipien einer moderierten Großgruppenveranstaltung orientiert.

Ein möglicher Ablauf einer solchen organisationsweiten BSC-Konferenz kann folgendermaßen aussehen:

1. Im Vorfeld informiert das Management alle Führungskräfte und Mitarbeiter der jeweiligen Geschäftseinheit über die Ziele und den aktuellen Status des BSC-Prozesses. Dies beinhaltet ein ausführliches, erläuterndes Statusgespräch mit den verantwortlichen Führungskräften des jeweiligen Bereiches. Die Leiter der Business- und Service-Units werden damit in die Lage versetzt, eingehende Verständnisfragen der Mitarbeiter zu den Inhalten und zum Aufbau der Rahmen-BSC zu beantworten.

2. Anschließend werden Großgruppenveranstaltungen in den einzelnen Unternehmensbereichen durchgeführt, an denen im Idealfall alle Mitarbeiter mitwirken können. Eine Durchführungsvariante besteht in größeren Geschäftsbereichen darin, dass nicht jeder Einzelne in die Veranstaltungen eingebunden wird, sondern lediglich möglichst repräsentativ und hierarchieübergreifend ausgewählte Teamvertreter, die dann wiederum an die Teams in den Geschäftseinheiten berichten.

Die konsequente Integration eines breiten Mitarbeiterkreises in einer moderierten Großgruppenveranstaltung hat folgende wesentlichen Vorteile für den BSC-Prozess:

- Unmittelbare Information aller Mitarbeiter über den Entwicklungsstatus der jeweiligen BSC – und damit Einleitung eines »simultaneous change process«, das heißt einer sehr raschen Mitarbeiterintegration in den BSC-gestützten Wandlungsprozess.

- Direktes Feedback seitens der Mitarbeiter an das Management über die Plausibilität, Transparenz und interne Kohärenz der übergreifenden Scorecard.

- Strukturierter Dialog auf partnerschaftlicher Ebene im Rahmen eines moderierten Workshop-Designs, bei dem die Teilnehmer »nicht nur zuhören«, sondern selbst eigene Ideen und Anregungen zur BSC-Ausgestaltung einbringen.

- Zeitnahe Überprüfung von operativen Zielen, Messkriterien sowie Meilensteinen auf Praktikabilität und Umsetzbarkeit.

- Ableitung von Maßnahmenplänen zur Zielerreichung, die nach den Veranstaltungen zu strategischen Aktionsprogrammen gebündelt werden können.

- Höhere Akzeptanz für die eigene Rolle und den Stellenwert des eigenen Wertbeitrags in der BSC-Implementierungsphase – im Idealfall intuitives Verständnis für die strategische Bedeutung der BSC und nachgeordneter Businessziele für jedes Organisationsmitglied.

3. Effiziente und ergebnisorientierte Ablaufstrukturierung der einzelnen Großgruppenveranstaltungen (Dauer ein bis zwei Tage) nach folgendem Ablaufmuster:

- Eingangsinformation und Präsentation zum BSC-Status durch Vertreter des Topmanagements.

- Erläuterung des Workshopablaufs durch das Moderatorenteam.

- Gelegenheit zur strukturierten Diskussion der Top-BSC in einzelnen, moderierten Informations- und Workshoprunden (mit Vertretern aus dem Führungskreis) – zum Beispiel unter Verwendung der Metaplantechnik mit maximal zwölf bis 14 Teilnehmern, die themenorientiert und freiwillig pro Arbeitsgruppe zusammenkommen.

- Sammlung der Anmerkungen, Hinweise und offenen Fragen durch Simultanprotokollierung auf Flipcharts und Pinnwänden.

- Sichtbarmachen der Zwischenergebnisse durch Aushänge.

- Direkte Beantwortung wichtiger Fragen im Plenum durch das Management – moderiert durch einen Prozessbegleiter.

- Bilden von weiterführenden Arbeits- und Projektkreisen »vor Ort«, damit Schlüsselvereinbarungen zur nachgelagerten BSC-Implementierung in Kleingruppen konsequent weiterverfolgt werden: zum Beispiel zu den Kernthemen »Unternehmensvision«, »Service- und Qualitätskriterien«, »Kundenzufriedenheit«, »Mitarbeiterintegration«, »Informationstechnologie und Infrastruktur«, »Prozessoptimierung« und »Innovationspotenzial«.

- Abschlussrunde im Plenum mit Klärung der Verantwortlichkeiten für die weiteren Prozess- und Projektaktivitäten nach der jeweiligen Großgruppenveranstaltung.
- Prozessfeedback zum Verlauf der Gesamtveranstaltung.

4. Ergebnisdokumentation der Großgruppenveranstaltungen für das gesamte Unternehmen durch ein Kurzprotokoll mit Hinweisen zu weiteren Aktionsschritten, Follow-up-Terminen, Maßnahmenplänen und Verantwortlichkeiten.

5. Kommunikation der verbindlichen Scorecards für das Unternehmen und die wesentlichen Geschäftsbereiche durch das Management.

6. Treffen von Zielvereinbarungen in den Einheiten und Bereichen, damit Team- und Individualziele auf die Rahmen-BSC des jeweiligen Organisationskontextes abgestimmt werden.

7. Fortlaufendes Prozesscontrolling in jedem Geschäftsbereich mit Feedback an das Management über den Umsetzungsstatus und erste erreichte Erfolge.

Der vorgestellte Ablauf zum Veranstaltungsszenario mit gezielter Nachbereitung und Fortführung der Aktivitäten ist als beispielhaft zu verstehen; jede Organisation sollte einen für sich geeigneten Weg finden. Dabei ist die Signalwirkung des gewählten Vorgehens im Dialog mit den Mitarbeitern für den Prozess der BSC-Implementierung selbst zu beachten: Je breiter die Entwicklung im Unternehmen verankert wird und je stärker Organisationsvertreter aus allen Hierarchiestufen und Bereichen einbezogen werden, desto höher ist die Wahrscheinlichkeit, dass eine übergreifende Identifikation mit dem BSC-Prozess erzielt wird. Erfolgt die Information über die BSC nur auf schriftlichem Wege, über Dritte (zum Beispiel externe Berater) oder gar ohne nähere Kommentierung, dann ist kaum mit Verständnis und Engagement bei den Mitarbeitern zu rechnen. Die BSC wird dann leicht als subtiles »Kontrollinstrument« oder als »realitätsfremde Vorgabe von oben oder von außen« abgelehnt.

Insofern loht es sich, die BSC-Konzipierungsphase selbst als Interventionsstrategie in der partizipativen Organisationsentwicklung zu nutzen. Die BSC eignet sich in besonderem Maße dazu, um für alle Mitarbeiter den künftigen

Weg, das Anliegen und den Auftrag des Unternehmens (das heißt die Vision und die Mission) verständlich zu machen. Insofern wäre es eine verkürzte Sicht der BSC, diese lediglich als ein »Strategiepapier mit ausgewählten Controllinggrößen« zu verstehen. Maßgebend ist vor allem, wie die Frühphase der BSC-Implementierung von den Mitarbeitern wahrgenommen wird. Das heißt: Selbst dann, wenn das Management die BSC als Instrument des strategieorientierten Change Managements begreift, folgt daraus noch nicht, dass die Mitarbeiter den Sinn des Anliegens verstanden haben – etwa gemäß dem Sprichwort: »Die Botschaft höre ich wohl, allein mir fehlt der Glaube an die praktische Umsetzung und den Nutzen für uns alle.«

Wird den Mitarbeitern erläutert, dass die BSC nicht »in Marmor gegossen« werden soll, sondern vielmehr als veränderungsfähiges, strategisches Handlungsmodell zur Langfristorientierung für alle Organisationsmitglieder dient, kann dies auch die Umsetzungsmotivation und Beteiligungsbereitschaft deutlich erhöhen. Die BSC als Chance zur unternehmensweiten Organisationsentwicklung zu nutzen, heißt vor allem, folgende Rahmenbedingungen zu beachten:

- Die Mitarbeiter erwarten klare, verbindliche Aussagen zu zukünftigen Richtungsentscheidungen im Unternehmen. Insofern sollte das Management nicht »zaudernd« an den BSC-Prozess herantreten, sondern vielmehr deutlich artikulieren, wo wesentliche Entscheidungen für den »künftigen Weg« bereits getroffen wurden. Dabei gilt es aufzuzeigen, wo ein breiter Mitwirkungsspielraum besteht und sogar erwünscht ist: zum Beispiel bei künftigen Aktionsprogrammen, die brachliegende Innovations- und Kreativpotenziale in der Organisation aktivieren helfen sollen.

- Das Management ist gut beraten, strategische Wegweisungen nicht nur »hinter verschlossenen Türen« zu verabschieden, sondern es geradezu als Herausforderung zu verstehen, die Strategieinhalte mit den Mitarbeitern auf allen Hierarchiestufen zu erörtern. Dies setzt einerseits eine hohe »interne Kundenorientierung« in der eigenen Kommunikation voraus, zum anderen eröffnet der breite Dialog die Chance, »empowerment« und »commitment« tatsächlich organisationsweit zu erreichen. Strategiekonformes Agieren der Teams und Mitarbeiter kann nur erwartet werden, wenn die Strategie nicht nur »bekannt« ist, sondern auch verstanden wurde und als Maßstab des eigenen Handelns in der Organisation verinnerlicht wird.

- Breite Information und Kommunikation ersetzt allerdings nicht die aktive Beteiligung in der Umsetzung. Insofern dürfen Großgruppenveranstaltungen und hierarchieübergreifende Dialogforen nicht a priori als Garant für den Erfolg der anschließenden BSC-Implementierung eingestuft werden. Sie sind lediglich ein praktikabler Ausgangspunkt für die weitere Erfolgssicherung durch zielorientierte Leistungsbeiträge aller Mitarbeiter.

- Eine breite Mitarbeiterbeteiligung sollte nicht auf die Startphase der BSC-Einführung begrenzt sein. Partizipative Formen der unternehmensweiten Kommunikation sind vielmehr in allen Phasen des BSC-Prozesses von Bedeutung. Insofern werden die kulturellen Strategieziele im Bereich »Lernen und Entwicklung« im Idealfall bereits durch die Art der BSC-Implementierung selbst veranschaulicht. Durch eine vorbildliche Informations- und Kommunikationssteuerung können die Mitarbeiter die Glaubwürdigkeit des Gesamtvorhabens erkennen und den BSC-Prozess als Chance verstehen, offener zu kommunizieren und direkter auf unternehmerische Eckdaten Einfluss zu nehmen. Die Vision des »interdisziplinären Wissensmanagements« im Unternehmen kann durch die praktizierte Dialogkultur im BSC-Prozess wesentlich an Substanz und Nachhaltigkeit gewinnen.

- Widerstände gegen den neuen Weg der Unternehmensentwicklung, der durch eine BSC-Implementierung angekündigt wird, sind – konstruktiv interpretiert – ein Zeichen für die innere, affektive Beteiligung der Mitarbeiter in der Umsetzung. Viele Organisationsmitglieder haben aufgrund ihrer nicht nur positiven Erfahrungen mit Veränderungsprozessen eine gesunde Skepsis gegen neue »Programme« und »Philosophien« entwickelt. Diese innere Reserviertheit ist oftmals gut begründet und resultiert aus der gelegentlich fehlenden Nachhaltigkeit und Mitarbeiterorientierung der Change-Management-Konzepte. Man denke nur an das Beispiel des »Business Reengineering«, das vielen Organisationsbereichen aufgestülpt und oftmals als Legitimation für Kostensenkungs- und Personalreduktionsprogramme herhalten musste. Auch wissen viele Mitarbeiter von den negativen Folgen der Qualitätsmanagementansätze zu berichten, die zu »ausufernden Qualitätshandbüchern« und unproduktiven Reglementierungen durch Organisations- und Arbeitsanweisungen beziehungsweise theorielastige »Qualitätsleitfäden« geführt haben.

Insofern gilt es, Widerstände und Hemmnisse bei der BSC-Implementierung in positive Veränderungsenergien zu transformieren. Dazu müssen die Menschen in der Organisation die Gelegenheit erhalten, mögliche Bedenken und Einwände ohne Sanktionen zu artikulieren. Kritische Stimmen sollten sehr ernst genommen und im Idealfall entweder selbstkritisch interpretiert oder durch gute Sachargumente entkräftet werden. Hierzu tragen vor allem das Topmanagement und die Führungskräfte der einzelnen Bereiche eine hohe Verantwortung. Es gilt, nicht nur die »neuen Ziele und Vorgaben zu verkünden« – was sicherlich auf den ersten Blick die einfachste Lösung wäre, um eine BSC in die Organisation hineinzutragen. Vielmehr ist die aktive Reflexion, der übergreifende Diskurs und die themenzentrierte Vertiefung der Strategieinhalte selbst als ein wesentliches Anliegen im BSC-Prozess zu begreifen.

Eine BSC zu implementieren heißt vor allem auch, den Weg zu einer partnerschaftlichen Dialogkultur zu finden und auszubauen. Selbst wenn nicht alle BSC-Meilensteine erreicht werden und nicht jedes strategische Aktionsprogramm ein Erfolg ist, kann diese Form der gemeinschaftlichen Verständigung auf das im Unternehmen als lohnenswert zu Verfolgende eine positive Katalysatorwirkung entfalten. Insofern ist eine »Balanced Scorecard« auch eine Herausforderung, die konsensorientierte Unternehmenskultur in einer kommunikations- und feedbackorientierten Weise fortzuentwickeln. Die Mitarbeiter dürfen nicht den Eindruck gewinnen, ihnen würde in einer kühlen, sachorientierten Form das Korsett einer »abstrakten Mess- und Controllingkultur von oben aufgepfropft«. Wenn das Management mit gutem Beispiel vorangeht, einen offenen Dialog praktiziert und eine hohe Wahrnehmungssensibilität gerade auch für Kritik entwickelt, wird die Chance genutzt, den Gesamtprozess der BSC-Steuerung in eine wegweisende und innovationsgerichtete Kommunikationsentwicklung münden zu lassen.

Möglichkeiten der Balanced Scorecard für die leistungsorientierte Anreiz- und Vergütungssteuerung

Ein wesentliches Ziel bei der Konzipierung eines professionellen Personalmanagementsystems besteht darin, wirkungsvolle Anreize für gezielte Leistungs- und Wertbeiträge auf allen Verantwortungsebenen zu schaffen. Dabei spielen neben den monetären Vergütungskomponenten auch nicht-monetäre Anreize eine wichtige Rolle. Zu nennen sind dazu beispielsweise »weiche Faktoren« wie das Organisationsklima, soziale Kontakte, wechselseitiges Vertrauen, persönliche Wertschätzung im Umgang miteinander, Chancen zur Weiterbildung, flexible Arbeitszeiten oder weitreichende Entscheidungs- und Gestaltungsspielräume. Sowohl Führungskräfte als auch qualifizierte Mitarbeiter in Fach- und Servicefunktionen erwarten eine gerechte und transparente Vergütungs- und Anerkennungssystematik, die den persönlichen Beitrag zum Organisationserfolg angemessen würdigt.

Zunächst stellt die BSC primär ein Instrument zur systematischen Strategieentwicklung und -implementierung dar, das auf die mittel- und langfristige Umsetzung einer an Messgrößen orientierten, markt- und kundenbezogenen Zielstruktur abhebt. Darüber hinaus kann die BSC aber auch als Maßstab für den Erfolg der Zielerreichung sowohl in der Organisation insgesamt als auch in den einzelnen Bereichen und Teams herangezogen werden. Insofern sollte die Anreizgestaltung auf das Erreichen der BSC-spezifischen Meilensteine sowie die Umsetzung der strategiegeleiteten Aktionsprogramme ausgerichtet werden. Dabei ist der Beitrag der einzelnen Organisationsmitglieder besonders zu würdigen und anzuerkennen.

Folglich stellt sich die Frage, wie die BSC konkret mit der Anreiz- und Vergütungssystematik zu koppeln ist. Dazu können grundsätzlich drei Ansätze unterschieden werden:

- Die BSC dient zwar als handlungssteuernder Orientierungsrahmen, sie hat jedoch keine unmittelbaren Bezüge zum Anreiz- und Vergütungssystem.

- Die BSC und der konkrete Erreichungsgrad von einzelnen Meilensteinen sind eng mit der Kompensationsstrategie verzahnt; das heißt variable Anreiz- und Vergütungskomponenten werden direkt mit der BSC gekoppelt. Das Ausmaß der Meilensteinerreichung entscheidet zum Beispiel über die Gewährung variabler Komponenten des individuellen Gehaltes bei Schlüsselpersonen in der Organisation.

- Neben traditionellen Ansätzen zur Bemessung von variablen Anreiz- und Vergütungskomponenten – zum Beispiel persönliche Leistungsbeurteilungen, Bewertungen von Zielerreichungsgraden in Mitarbeitergesprächen, Ergebnisanalysen aus dem operativen Controlling – fließen BSC-Kennwerte ergänzend in die individuelle Gratifikations- und Vergütungsermittlung ein. Das heißt: Die Anreiz- und Vergütungssystematik enthält einen

Mix aus verschiedenen Komponenten, wobei neben individuellen Leistungsbewertungen zusätzlich Erfolgsgrößen aus der BSC-Erfüllung herangezogen werden.

Alle drei Ansätze haben Vor- und Nachteile: Wird eine BSC eingeführt, ohne sie unmittelbar auf die Entgelt- und Anreizsteuerung zu beziehen, führt dies zu einer gewissen Unverbindlichkeit der BSC – mit dem Effekt einer reduzierten Wirkung auf die individuelle Handlungssteuerung und Motivationsausrichtung. Ist die Anbindung der BSC an die individuelle Gratifikationsbemessung demgegenüber sehr eng, werden individuelle Ermessensspielräume seitens der Führungskräfte und nicht in der BSC abgebildete, persönliche Leistungsbeiträge nicht ausreichend gewürdigt. Darüber hinaus besteht die Gefahr einer mechanistischen Anbindung der individuellen Leistungsbewertung an die BSC-Erfolgskriterien und -Meilensteine. Erfolgt eine sehr direkte Vergütungsankoppelung, stellt sich die Frage nach dem faktischen, unmittelbaren Beitrag des einzelnen Mitarbeiters bei der BSC-Erfolgsbewertung und der Gerechtigkeit der Systematik, da die BSCs bereichsspezifisch sehr unterschiedlich anspruchsvoll sein können und einzelne Mitarbeiter unterschiedlichen Einfluss auf den Umsetzungserfolg haben.

Dennoch empfiehlt sich eine enge Verzahnung der BSC mit den variablen Komponenten des Anreiz- und Vergütungsmodells. Allerdings sollte diese Anbindung noch nicht in der Start- und Pilotierungsphase einer BSC-Implementierung eingeführt werden, sondern erst dann, wenn ausreichende Erfahrungen mit diesem strategischen Steuerungsinstrument in der Organisation vorliegen. Das Grundgehalt wird dabei bewusst ausgenommen, da zu seiner Bemessung tragfähige Positions- und Funktionsanalysen (zum Beispiel Hay-Systematik) sowie spezifische Gehaltsordnungssysteme – meist mit Tarifbezug – zugrunde gelegt werden müssen. Dort stehen andere Bewertungsfaktoren wie Anforderungsmerkmale in der Position, persönliche Wertbeiträge gemäß einem organisationsspezifischen Kompetenzmodell und funktionsbezogen variierende Verantwortungsgrade der Mitarbeiter im Mittelpunkt. Auch der »Marktwert« der vom Positionsinhaber erwarteten Leistungen drückt sich vorwiegend im Grundgehalt aus.

Im Mittelpunkt der Betrachtung stehen hier deshalb die variablen Komponenten in der Gratifikationsgestaltung, sofern diese für einzelne Mitarbeitergruppen frei ausgestaltet werden können. Bei einer flexiblen Anreiz- und Vergütungssteuerung sollte im Idealfall für alle Mitarbeitergruppen ein frei disponierbarer, nach Verantwortungs- und Risikograd zu differenzierender Bemessungsanteil vorgesehen werden, der das Ausmaß des individuellen Leistungsbeitrages in einer Bezugsperiode würdigt. Hierzu sind jedoch jeweils die tariflichen und betriebspolitischen Restriktionen in der Organisation zu berücksichtigen.

Im Einzelnen bieten sich folgende Differenzierungen der variablen Anreiz- und Vergütungskomponenten an – wobei ein »Mix« von monetären und nicht-monetären Steuerungsfaktoren anzustreben ist:

- *Beteiligung der Mitarbeiter am finanziellen Organisationserfolg insgesamt*, zum Beispiel durch anteilige Ausschüttungen je nach Ertrags- und Gewinnsituation bis hin zu unternehmerischen Beteiligungsmodellen, abgestimmt auf Schlüsselgrößen der organisationsspezifischen Erfolgs- und Risikostruktur (zum Beispiel Ertragslage, Return-on-net-Asset, erwirtschaftete Deckungsbeiträge).

- *Erfolgsbewertung je nach Zielerreichungsgrad in den einzelnen Perspektivfeldern einer BSC*, zum Beispiel Umsetzung der Meilensteine in den Bereichen Finanzstrategie, Markt- und Kundenziele, Geschäftsprozesse und Lernen/Enwicklung – jeweils unterschieden nach dem Erreichungsgrad für die Unternehmensscorecard (Top-Scorecard) und – sofern vorhanden – den funktionalen Bereichs-Scorecards.

- *Zusatzgratifikationen für herausragende individuelle Leistungen*, zum Beispiel besonders zu würdigende Projektbeiträge, Umsetzung persönlicher Entwicklungsziele, signifikante Individualleistungen mit hoher Relevanz für den Aufbau und die Stabilisierung von Kundenbeziehungen.

Vereinfacht kann dabei nach Organisations-, Bereichs-(Team-) und Individualzielen differenziert werden, die jeweils in persönlichen Zielvereinbarungsgesprächen zu fixieren sind. Dabei sollte die Top-BSC – beziehungsweise die BSC des jeweiligen Bereichs – zur individuellen Zielableitung zugrunde gelegt werden. Pro Mitarbeiter ist ein Set von insgesamt drei bis maximal sieben Zielen realistisch, die wiederum anteilig gewichtet werden können. Es empfiehlt sich, die Priorisierungen aus der übergreifenden BSC einfließen zu lassen, wobei die Führungskräfte jedoch über gewisse Ermessensspielräume bei der Zielgewichtung verfügen sollten. Ein »rigides Top-down-System« in der Zielableitung ohne Gestaltungsmöglichkeiten an der operativen Basis ist zu vermeiden.

Abb. 4-9: BSC, Zielvereinbarungen und flexible Koppelung mit dem Anreiz- und Vergütungssystem

Chancen der Anbindung von individuellen Zielvereinbarungen und (nicht-) monetären Anreizen an die BSC	*... besonders zu beachten!*
• Verknüpfung von Unternehmensstrategie, persönlichen Wertbeiträgen und individueller (finanzieller) Kompensation	• Klare übergreifende Zieldefinitionen • Mix von Organisations-, Team- und Individualzielen • Signifikante monetäre und nicht-monetäre Anreize für alle Mitarbeiter
• Koppelung von finanziellen Organisationszielen wie z. B. Umsatzsteigerung, Gewinnsituation, Kosten und Budgeteinhaltung mit persönlichen Gratifikationen	• Beteiligung der Mitarbeiter am Unternehmenserfolg (Chance und Risiko!) • Förderung von intrinsischen Motivationshaltungen (Stellenwert von qualifizierten Mitarbeitergesprächen mit BSC-Bezug!) • Verständliche Artikulation von Schlüsselzielen in den Bereichen Markt/Kunden, Prozesse und Lernen/Entwicklung
• Operationalisierung von qualitativen Prozess- und Projektzielen, die als Maßstab für das Teamhandeln dienen	• Die Messung komplexer qualitativer Ziele darf nicht zugunsten leicht operationalisierbarer, quantitativer Ziele vernachlässigt werden • Innovationsziele sind hoch zu priorisieren – z. B. Neuproduktentwicklungen, Technologieimplementierung, Entwicklung neuer Märkte/Kunden • Die Gesamtsicht der Ziele ist in den Vordergrund zu rücken und aktiv durch die Führungskräfte zu kommunizieren (»konsequente Überzeugungsarbeit«!)

Grundsätzlich besteht bei der Umsetzung einer BSC-gestützten Anreiz- und Vergütungsstrategie kein Unterschied zwischen der Erfolgsbewertung für Mitarbeiter mit oder ohne Führungsfunktionen. Lediglich das Ausmaß und die Qualität des individuellen Verantwortungsgrades – zum Beispiel abgebildet in einer organisationsspezifischen Verantwortungshierarchie mit positionsbezogenen Risikobewertungen – sollten zur Bemessung der variablen Komponenten und zur Begründung des Anspruchsniveaus der jeweiligen Ziele herangezogen werden. Dieser Ansatz impliziert, dass auch Mitarbeitern in den »unteren« Gehaltszonen variable Anerkennungs- und Vergütungsbestandteile zugesprochen werden. Sofern der Einführung variabler monetärer Faktoren organisationsintern Grenzen gesetzt sind – bedingt durch Vorgaben eines nicht frei modifizierbaren Gehaltsordnungs- oder Tarifsystems –, sind nicht-monetäre Anreizfaktoren vergleichsweise stärker zu gewichten. Zu denken ist dabei an individuelle Maßnahmen zur Weiterbildung, frei definierbare Arbeitszeitgestaltungen – etwa in einem »Vertrauens-Arbeitszeitmodell« mit flexiblem Überstundenausgleich –, Maßnahmen zur Teamentwicklung, Chancen zur Mitarbeit an attraktiven Schlüsselprojekten, Optionen für direkte Kundenkontakte oder erweiterte persönliche Entwicklungs- und Karrieremodelle.

Welche Anforderungen sind an die Umsetzung eines Anreizsystems in der Organisation zu stellen, bei der eine bereits vorhandene – oder eine noch zu konzipierende – BSC mit der Vergütungs- und Anreizsteuerung gekoppelt wird?

- Die Geschäftsleitung sollte bei der übergreifenden Strategieformulierung darauf achten, möglichst überprüfbare und transparente Zielvorstellungen auszuarbeiten, die als »Richtschnur« für die einzelnen Business- und Service-Units dienen können. Qualitative Zielvorstellungen (zum Beispiel »erhöhte Kundenzufriedenheit«, »gesteigertes Wir-Gefühl«, »mehr übergreifender Dialog«) sind in entsprechende quantitative Ziele zu übersetzen, denen weitgehend »objektive« Messprozeduren zugrunde gelegt werden. Dies ist qua BSC-Ansatz eine der großen Herausforderungen für die Unternehmensleitung schlechthin.
  Beispiel zur Perspektive »Lernen und Entwicklung«:
  Die Mitarbeiterzufriedenheit und das Organisationsklima werden durch ein jährliches *survey* erfasst, wobei repräsentative interne oder sogar externe Kundeneinschätzungen einfließen. Für alle Führungskräfte wird ein 360-Grad-Feedback eingeführt, das eine Bewertung der wahrgenommenen Führungsqualität erlaubt und alle zwei Jahre wiederholt wird. Schlüsselprojekte werden im Hinblick auf den jeweiligen Effizienz- und Zielerreichungsgrad durch einen zentralen Projektlenkungsausschuss eingestuft.

Dabei dient die BSC als strukturierte Darstellungsmatrix der strategischen Kernabsichten, die für jeden Bereich und die Ableitung der nachgelagerten Ziele maßgebend sind.

- Die Führungskräfte müssen die Top-Scorecard in ihre Bereichsziele übersetzen. Dazu können untergeordnete Bereichs-Scorecards – oder zumindest Mission-Statements mit entsprechenden Zielfeldern und Bereichsstrategien – präzisiert werden. Auch hier sind akzeptierte Messkriterien und überprüfbare Meilensteine zu definieren. Diese wiederum können gemäß ihrer Bedeutung für den strategischen Beitrag der einzelnen Bereiche bewertet werden und zugleich als Grundlage für die mitarbeiterorientierte Gratifikationsgestaltung dienen.

- In sämtlichen operativen Teams, aber auch in den Servicebereichen, werden Teamziele definiert, die für jedes Teammitglied handlungsleitend sind. Das heißt: Selbst dann, wenn keine Individualziele vereinbart werden – zum Beispiel aufgrund fehlender dispositiver Gestaltungs- und Autonomiefelder in der jeweiligen Funktion –, dienen Teamziele für alle Mitarbeiter als Richtschnur ihres Leistungshandelns. Teamziele sind in Teamrunden auszuarbeiten und gemeinsam mit dem gesamten Team zu vereinbaren. Dies gilt analog für funktionale Prozesseinheiten, Projektgruppen und spezifische Task-Forces.

- Unterjährig sind Check-up- und Review-Meetings durchzuführen, wobei Daten aus dem zentralen Controlling zur Bemessung der übergeordneten Zielerreichungsgrade einfließen können. Insbesondere der Umsetzungsstatus zur übergreifenden Business-Scorecard als auch die Erreichungsgrade in den Kernmeilensteinen der einzelnen Bereiche sind zu dokumentieren. Das Monitoring erfolgt durch das zentrale BSC-Steuerungsteam oder ergänzend durch das interne Controlling. Darüber hinaus können einzelne Teams eigene Messkriterien definieren – zum Beispiel Statuseinschätzungen zum Verlauf von Arbeitsgruppen und Projekten oder Bewertungen zur wahrgenommenen Kundenzufriedenheit. In individuellen Mitarbeitergesprächen empfiehlt sich außerdem die regelmäßige Erörterung persönlicher Erfolgs- und Wertbeiträge, mindestens zweimal jährlich.

- Anzustreben ist eine sichtbare Verknüpfung der gewährten Gratifikationen mit den Zielerreichungsgraden bezogen auf
  - die Organisation insgesamt, das heißt Top-Scorecard und ausgewählte, übergreifende Ergebnisgrößen,

- die relevanten funktionalen BSCs (beziehungsweise Bereichs- und Team-ziele) und
- die nachgewiesenen individuellen Leistungsbeiträge.

Dies bedeutet zugleich, dass die variablen Vergütungs- und Anerkennungs-bestandteile ausreichend hoch sein müssen, damit überhaupt ein Motiva-tions- und Steuerungseffekt auftritt. Obwohl eine pauschale Aussage zu ent-sprechenden Prozentanteilen nicht sinnvoll ist, sind variable Anteile von weniger als zehn Prozent des Grundgehaltes kaum als motivational rele-vant anzusehen. Dementsprechend empfehlen sich breite Gestaltungszo-nen für die variablen Komponenten, zum Beispiel zirka ein Drittel des Basisgehaltes und mehr. Dies gilt in noch stärkerem Maße für die oberen Verantwortungsstufen der Organisation. Darüber hinaus sollten Gewich-tungen in der BSC – zum Beispiel der Stellenwert von Markt- und Kun-denzielen gegenüber internen Prozessoptimierungszielen – anteilig in die konkreten Zielvereinbarungen einfließen, damit die BSC durchgängig über alle Verantwortungsebenen eine synchrone, synergiestiftende Verhaltens-wirkung entfaltet. So kann jedes Team und damit jeder Mitarbeiter den persönlichen Nutzen der Handlungsausrichtung bezogen auf die Erfolgs-kriterien der jeweils maßgebenden BSC deutlich erkennen.

• Die übergreifende Einbeziehung der Organisationsmitglieder in den Pro-zess der Ausgestaltung des Anreiz- und Vergütungssystems ist von wesent-licher Bedeutung für den Erfolg des Vorhabens. Die Mitarbeiter müssen in die Definition der Bereichs- und Teamziele aktiv eingebunden werden. Der verständlichen Erläuterung der übergreifenden Business-Scorecard durch das Management und die Teamleiter ist ebenfalls ein hoher Stellenwert bei-zumessen – gerade auch dann, wenn Entgeltfragen über die BSC geregelt werden.

Die Koppelung von einzelnen BSC-Perspektiven an die Anreiz- und Vergü-tungssystematik ist als konsequente Weiterentwicklung des Zielvereinba-rungsansatzes einzustufen: Während bei klassischen Zielvereinbarungen jedoch die individuelle Zielfindung und -vereinbarung zwischen Führungs-kraft und Mitarbeiter im Mittelpunkt steht – wobei vergleichsweise hohe Ermessens- und Gestaltungsspielräume bestehen –, »zwingt« die BSC zur konsequenten Anbindung sämtlicher Zieldefinitionen an die übergreifende Unternehmensstrategie. Die BSC ist damit zugleich ein Hilfs- und Unterstüt-zungssystem zur Ableitung von persönlichen Zielen, die im Einklang mit den strategischen Leitlinien stehen. Damit kann die BSC dazu beitragen, die Zielfindungssicherheit bei den verantwortlichen Führungskräften zu erhöhen.

Dennoch soll nicht darüber hinweggetäuscht werden, dass bei vergütungsrelevanten Zielvereinbarungen immer »subjektive Ermessensspielräume« verbleiben – selbst wenn eine BSC-Implementierung insgesamt mehr Transparenz und Gerechtigkeit bei der Zielableitung und -begründung verspricht. Ermessensspielräume ergeben sich insbesondere im Hinblick auf den Stellenwert von einzelnen Teilzielen, auf das Anspruchsniveau der Ziele selbst oder auf die Anzahl der formulierten Ziele, deren Erreichungsgrad als vergütungsrelevant angesehen wird.

Die BSC sollte sich nicht zum »Zwangskorsett« für die Zielvereinbarungen der Führungskräfte entwickeln – womöglich mit dem Ergebnis, dass in Mitarbeitergesprächen nur noch schematisch bereits erfolgte Vorgaben und erwünschte Zielerreichungsgrade thematisiert werden. Dies stünde im Gegensatz zu der werteorientierten Leitvorstellung einer weitgehenden unternehmerischen Selbststeuerung und Eigenverantwortung der Mitarbeiter, die mit kundenorientierten Gestaltungsspielräumen in allen Bereichen einer flexiblen Organisation einhergeht. Dennoch kann die BSC einen konsequent zu nutzenden Orientierungsrahmen darstellen, um das Aushandeln partnerschaftlicher Zielvereinbarungen zu vereinfachen, zu beschleunigen sowie deren Wirksamkeit und Praktikabilität zu erhöhen.

Welche Anforderungen sind an die interne Kommunikation und Gesprächsführung bei der Einführung eines BSC-gestützten Ansatzes mit Anreiz- und Vergütungsbezug zu stellen? Obwohl diese Frage gegenüber der Systemausgestaltung scheinbar sekundär einzustufen ist, kommt ihrer schlüssigen Beantwortung ein hoher Stellenwert zu: Selbst ein stringentes BSC-System schützt nicht davor, dass der Ansatz falsch verstanden wird, zum Beispiel als Steuerungs-, Reglementierungs- und Manipulationsinstrument »von oben«. Insofern sind verschiedene Maßnahmen empfehlenswert, die eine weitgehende Akzeptanz eines gratifikationsorientierten BSC-Ansatzes in der Organisation unterstützen:

- *Einbindung von Mitarbeitern aller Verantwortungsstufen und Bereiche in den Prozess der Entwicklung eines BSC-gestützten Anreiz- und Vergütungssystems.*
  Dies bedeutet, dass bereits in der Phase des BSC-Strategieprozesses parallel über Anreiz- und Vergütungsfragen gesprochen wird – und zwar nicht

nur im Topmanagement oder im Kreis der nachgelagerten Führungs-
ebene(n). Gerade die Mitarbeiter an der operativen Basis sollten eine
Chance zur konstruktiven Mitwirkung erhalten – etwa in Projekt- und
Arbeitsgruppen zur Entwicklung einer zukunftsweisenden Anreizgestaltung. Damit fällt es später auch für die Organisationsmitglieder leichter,
eine übergreifende BSC als vergütungsrelevantes Steuerungssystem anzunehmen.

- *Verdeutlichen des Nutzens einer durchgängigen leistungs- und anreiz-
  orientierten Bewertung der individuellen Handlungsbeiträge auf BSC-
  Grundlage.*
  Die Geschäftsleitung muss den Stellenwert der BSC-gestützten Strategiefo-
  kussierung und der damit verbundenen Bewertung von teambezogenen
  und individuellen Leistungsbeiträgen herausstellen. Die BSC dient dabei
  als Steuerungsrahmen, der zugleich die differenzierte Bemessung individueller Anreiz- und Vergütungskomponenten verständlicher macht. Insofern
  kann die BSC auch einen zusätzlichen Beitrag zu mehr Gerechtigkeit,
  Transparenz und Nachvollziehbarkeit bei der Bewertung persönlicher
  Wertbeiträge leisten.

- *Themenorientierte Workshops zur Klärung der Teamziele sowie Durchführung partnerschaftlich geführter Mitarbeiter- und Zielvereinbarungsgespräche.*
  Ein »neues Vergütungs- und Anreizsystem an sich« bewegt nichts in der
  Organisation. Entscheidend für das Erreichen ehrgeiziger Unternehmensziele ist vor allem der übergreifende Dialog, die funktionale Kommunikation in den Teams und das konsequente Verfolgen herausfordernder Leistungsziele in allen Bereichen, wobei die Führungskräfte als »Botschafter«
  der neuen unternehmerischen Orientierung dienen. Dies ist zugleich eine
  wichtige Voraussetzung für eine hohe intrinsische Motivationshaltung bei
  allen Mitarbeitern. Dabei sind die Führungskräfte gefordert, übergeordnete Strategien, BSC-Erfolgskriterien und spezifische Bereichsziele einerseits und persönliche Interessen, Wünsche und Erwartungen der Mitarbeiter andererseits in Einklang zu bringen.
  Ein BSC-gestütztes Anreiz- und Vergütungssystem kann insofern Führung – als Dialogaufgabe! – nicht ersetzen. Im Gegenteil: Je stärker der
  Strategie- und Zielausrichtungsprozess mithilfe einer BSC in der Organisation vorstrukturiert wird, desto bedeutungsvoller wird die aktive, reflexive

Auseinandersetzung mit den übergreifenden Zielen in Team- und Einzelgesprächen. Durch gut strukturierte, vertiefende Führungsgespräche kann
auch erreicht werden, dass der Einzelne besser versteht, wie sein Leistungsbeitrag im strategischen Gesamtvorhaben jeweils einzuordnen ist.
Dies hat zugleich eine zwischenmenschlich positive Wirkung und bietet
eine Chance für die Vermittlung von persönlicher Wertschätzung – etwa
dadurch, dass die Bedeutung des Engagements und der Kompetenz des
jeweiligen Mitarbeiters hervorgehoben wird. Die BSC fordert insofern ein
besonderes Maß an aktiver, partizipativer Führungsarbeit, um jeden Einzelnen »ins Boot zu holen« und die Notwendigkeit der konsequenten Ausrichtung an dem übergreifenden Erfolgsszenario deutlich zu machen.

Abschließend kann festgehalten werden, dass eine BSC kein »Wundermittel«
zur motivierenden Verhaltenssteuerung und zur konsequenten Leistungsbewertung und -anerkennung ist. Die Verfügbarkeit von aussagefähigen
Scorecards kann jedoch für alle Organisationsmitglieder die Nachvollziehbarkeit von variablen Gestaltungskomponenten in der Vergütungs- und
Anreizsteuerung erleichtern.

Insofern bleibt zu hoffen, dass innovative Unternehmen in Zukunft verstärkt die Möglichkeiten der Koppelung von BSC-Ansatz und Gratifikations-
strategie für sich prüfen und damit konkrete Erfahrungen sammeln. Insbesondere der Stellenwert von vernetzten Team- und Bereichszielen kann durch
den BSC-Bezug deutlicher herausgestellt werden. Damit eröffnet sich die
Chance, gerade die variablen Bestandteile der Vergütung – oder äquivalente
nicht-monetäre Anreize – in starkem Maße an das Erreichen gemeinschaftli-
cher Teamziele zu koppeln. Der individuelle Leistungsbeitrag tritt nicht
gegenüber den Teamleistungen zurück – im Gegenteil: Gerade die Verknüpfung von kreativen Einzelleistungen ermöglicht herausragende Teamerfolge.

Aber ein zukunftsweisendes Anreiz- und Vergütungssystem muss in besonderem Maße darauf ausgerichtet werden, die in Teams abgestimmte, koordinierte Verknüpfung von Individualleistungen zu würdigen. Damit werden
Erfolgsvariablen wie Teamgeist, Gruppenkohäsion, übergreifendes Denken,
Wissensmanagement und flexibler Erfahrungsaustausch als wesentliche Voraussetzungen dafür erkannt, dass überhaupt eine (individuelle) Leistungsan-
erkennung erfolgen kann. Die Vergütungsgestaltung beziehungsweise das
jeweilige Gratifikationsmodell ist damit Ausdruck einer finalen Bewertung
des intelligenten, vernetzten Handelns aller Beteiligten in einer kooperieren-

den Unternehmenseinheit – sei es ein festes Team, eine Projektgruppe oder eine temporäre Task-Force.

Insofern stellt die BSC eine besondere Chance dar, das Wir-Gefühl und das kollegiale Gemeinschaftsdenken in der Organisation zu fördern. Zugleich wird dem »strebsamen« Verfolgen von isolierten Individualzielen, für deren Erreichung sich der Einzelne »ohne Blick« auf seinen Teamkollegen engagiert – sei es im eigenen oder im angrenzenden Bereich –, ein wichtiges Korrektiv gegenübergestellt. Damit die BSC die praktische Umsetzung einer »lernenden Organisation« fördert, kommt es darauf an, im Anreiz- und Vergütungssystem systemisches Denken, Orientierung an der gemeinsamen Wertschöpfungskette, partnerschaftlichen Know-how-Transfer und übergreifende Kundenorientierung zu »belohnen« und zu würdigen.

Die Balanced Scorecard als »Motor« der lernenden Organisation

Die BSC bietet die Chance, die wesentlichen Strategieelemente zur vorausschauenden Steuerung einer erfolgreichen Unternehmensentwicklung zu konkretisieren und kontinuierlich im Blickfeld zu behalten. Dazu werden für einen überschaubaren Zeitraum nachvollziehbare Messkriterien, realistische Meilensteine und strategieunterstützende Aktionsprogramme definiert. Insofern kann eine BSC entscheidend dazu beitragen, dass wesentliche Schritte in der weiteren Gestaltung der Unternehmenszukunft benannt und für alle Organisationsmitglieder nachvollziehbar ausdifferenziert werden. Durch die knappe, übersichtliche Darstellung der Leitperspektiven und strategiebezogenen Handlungsfelder wird eine übergreifende Orientierung vermittelt, wodurch ganzheitliche Strategieaussagen für die Mitarbeiter an Verbindlichkeit, Glaubwürdigkeit und Transparenz gewinnen. Damit erhöht sich auch die Wahrscheinlichkeit, dass engagierte Leistungsbeiträge der einzelnen Teams und Individuen stärker auf die kunden- und marktorientierten Unternehmensziele abgestimmt werden.

Eine BSC kann auch einen wichtigen Baustein darstellen, um den Prozess des Organisationslernens insgesamt zu fördern. Dabei stellt sich zunächst die Frage, wie das Konzept des organisationalen Lernens näher zu fassen ist. Im Folgenden werden sieben Definitionsmerkmale von Prozessen der Organisationsentwicklung aufgeführt, die als Kriterien für organisationsweites Lernen dienen:

Umfassende Systemperspektive

Organisationslernen beschreibt vor allem solche Prozesse, die nicht nur einzelne Individuen betreffen, sondern vollständige Organisationsbereiche und letztlich die gesamte Organisation selbst. Lernprozesse sind zunächst für lebendige Organismen spezifisch und zielen auf den Ausbau der Fähigkeit zur nachhaltigen Umweltanpassung. Lernen findet dabei statt, wenn Erfahrungen in der

Interaktion mit der Systemumwelt systematisch ausgewertet, gespeichert und zur Steigerung der künftigen Handlungsfähigkeit flexibel genutzt werden.

Im Hinblick auf Organisationen kann daher nur von Lernen gesprochen werden, wenn die Individuen im jeweiligen Organisationskontext »selbst lernen« und ihre gesammelten Erfahrungen im Organisationsalltag auf spontane Weise verarbeiten und proaktiv nutzen. Die Rede von »abstraktem Organisationslernen« ohne Bezug auf die menschliche Intelligenz und Kreativität ist dementsprechend kaum relevant. Lernprozesse sind vielmehr grundsätzlich an die kognitiven, affektiven und motivationalen Kompetenzen, Handlungstendenzen und Einsichten bei einzelnen Individuen gebunden. Die spezifische Art, in der die Organisationsmitglieder in Teams und Geschäftseinheiten interagieren, kann jedoch zu überindividuellen Lernerfahrungen führen: etwa wenn sich eine produktive, dialogfördernde Unternehmenskultur herausbildet oder wenn Arbeits- und Projektgruppen in einer ganzheitlichen Form Kommunikations- und Informationsprozesse optimieren, um damit die interne, aber auch die externe Leistungsfähigkeit für einzelne Kundengruppen zu steigern.

Lernen findet grundsätzlich in einem Systembezug statt, das heißt die jeweiligen Organisationsmitglieder bilden in ihren Arbeitseinheiten ein mehr oder weniger offenes System, das die Austauschbeziehungen zu ihrer Umwelt regulieren und erleichtern kann. Typische Systemmerkmale wie evolutives Wachstumspotenzial, regenerative Veränderungsfähigkeit, komplexe Vernetzung, umfassende Feedbacksteuerung, Differenzierung und Integration oder auch Reflexivität – das heißt die bewusste Auseinandersetzung mit der eigenen Leistungs- und Anpassungsfähigkeit – sind analog auch auf Teams und Geschäftsbereiche anwendbar. Bei der Betrachtung des Organisationslernens interessiert dabei vor allem, wie die Adaptivität der Unternehmung insgesamt – beziehungsweise einzelner Unternehmensbereiche – in der Interaktion mit externen Lieferanten, Partnern, Kunden und Wettbewerbern ausgeweitet werden kann. Dieses Interaktionslernen kann die nachhaltige Existenzsicherung in turbulenten Märkten erleichtern.

Nachweisbare Steigerung der kundenorientierten Leistungspotenziale

Organisationslernen meint immer auch die Verfeinerung von Prozessen zur Sicherung von hoher Kundenzufriedenheit, zur Gewinnung neuer Kunden, zur Verbesserung der Kundenbindung und damit zur Unterstützung des Aufbaus von langfristigen Kundenbeziehungen. Insofern ist ein wesentlicher Maßstab für die Bewertung von organisationalen Lernprozessen die Analyse der Kundenerwartungen und -wünsche sowie deren Erfüllung durch das Produkt- und Dienstleistungsportfolio des jeweiligen Unternehmens. Organisationslernen führt im Idealfall zu einem steigenden Reifegrad in der flexiblen Erfüllung der Kundenanforderungen.

Nutzung von Synergiepotenzialen in interdisziplinären Teams

Prozesse des Wachstums, der Innovation und der kontinuierlichen Weiterentwicklung der Leistungsfähigkeit erfordern die konsequente Nutzung des Wissens- und Handlungspotenzials der Mitarbeiter in der Organisation. Dazu gehört vor allem auch das Stiften von Synergien, das durch schnellen Erfahrungstransfer, vorausschauendes Wissensmanagement und übergreifenden Dialog erreicht werden kann. Organisationen können Lernprozesse fördern, indem sie nach Möglichkeiten suchen, das Know-how ihrer Mitarbeiter zusammenzuführen, zu vernetzen und in einer strukturierten Form zu »speichern«. Dazu sind auch leistungsfähige Systeme zum IT-gestützten Wissensmanagement einzubeziehen. Gerade das Fördern von fachübergreifender Kommunikation und Interaktion mit dem Ziel der flexiblen Wissensintegration für die Verbesserung der kundenorientierten Wertschöpfungspotenziale ist ein wesentlicher Faktor im Organisationslernen.

Dialog- und Konsensentwicklung

Die Vielfalt der Meinungen, Sichtweisen, Erfahrungen und Interessen in der Organisation führt dazu, dass in effizienz- und ergebnisorientierten Prozessen der Leistungserstellung Konflikte eine Selbstverständlichkeit darstellen. Tiefergehende Konflikte signalisieren die hohe affektive Beteiligung der Betroffenen und weisen auf »blockierte Energien« hin, die in konstruktive Veränderungschancen transformiert werden müssen. Insofern setzt Organisationslernen Strategien und Strukturen zum geordneten Konfliktmanagement voraus. Dabei bedarf es unterstützender Einflussnahmen von innen und außen, die zum Bespiel durch Moderationen oder eine konsensorientierte Gesprächskultur ermöglicht werden. Konflikte dürfen nicht einfach »unter den Tisch gekehrt werden«, sondern müssen vielmehr konsequent thematisiert und in einer adäquaten, partnerschaftlichen Form ausgetragen werden. Gerade in einer produktiven Streitkultur besteht eine hohe Chance, dass aus einem konfliktbesetzten, affektiv getönten Meinungsaustausch innovative und leistungssteigernde Chancenpotenziale abgeleitet werden können.

Introspektionsfähigkeit

Organisationslernen erfordert die systematische, bewusste Auseinandersetzung mit gesammelten Erfahrungen in der Interaktion mit Kunden und Geschäftspartnern. Dazu gehört auch der »reflexive Blick nach innen«, also das gezielte Hinterfragen, warum beispielsweise spezifische Erfolge oder Misserfolge in der Vergangenheit erzielt wurden. Die einzelnen Individuen und Teams benötigen sowohl die Bereitschaft als auch die Kompetenz, ihr eigenes Verhalten bei der Wertschöpfung für die Kunden fortlaufend infrage zu stellen:

- »Was haben wir gut gemacht?«
- »Warum waren wir erfolgreich – oder sind diesmal gescheitert?«
- »Was können wir künftig für unsere Kunden noch besser machen?«

Dies sind typische Leitfragen, die helfen, den Blick nach innen zu richten und die eigenen Leistungspotenziale selbstkritisch zu bewerten. Dazu gehört auch die direkte Befragung der Kunden, das vergleichende Benchmarking mit »best-in-class«-Firmen oder die systematische Analyse der Geschäftsprozesse gemäß definierten, herausragenden Qualitäts- und Servicestandards.

Nachhaltige Zukunftsorientierung

Organisationslernen wird gefördert, wenn die Menschen im Unternehmen vorausschauend denken und dabei aus ihren gesammelten Erfahrungen Erkenntnisse und Schlussfolgerungen ableiten, die für die verbesserte Bewältigung der Kundenanforderungen in der Zukunft hilfreich sind. Dies setzt eine optimistische Grundhaltung voraus, die durch eine positive Zukunftssicht, eine realistische Selbsteinschätzung und eine hohe Handlungsorientierung gekennzeichnet ist. Gerade in Veränderungsprozessen drohen gelegentlich solche Einstellungen verloren zu gehen, etwa wenn Existenzängste die Oberhand gewinnen oder resignative Denkmuster das eigene Handeln blockieren.

Nachhaltige Zukunftsorientierung meint die Bereitschaft sowohl im Management als auch bei den Organisationsmitgliedern, selbst krisenhaft gefärbte Phasen der Unternehmsentwicklung als persönliche Herausforderung zu begreifen, die es durch proaktive, gestaltende Verhaltenssteuerung zu überwinden gilt. Lineare, reaktive Prozesse des Lernens sollten in erfolgreichen Organisationen eher die Ausnahme sein. Gerade Brüche, Einschnitte oder auch unerwartete Misserfolge sind in der strategiegeleiteten Unternehmensentwicklung unvermeidlich. Entscheidend ist vor allem, wie Blockaden und Rückschläge verarbeitet und konstruktiv genutzt werden, um die Fähigkeit zur Bewältigung künftiger, vergleichbarer Anforderungen zu steigern.

Kontinuität trotz hoher Veränderungsfähigkeit

Differenziertes Wachstum, erfahrungsgeleitete Entwicklung und gesteigerte Fähigkeit zur Anpassung an veränderte Umfeldbedingungen sind ein Merkmal erfolgreicher Lernprozesse. Auch für Organisationen gilt, dass sie trotz vielfältiger Wandlungsprozesse – zum Beispiel ausgelöst durch Reorganisationen und Restrukturierungen – nur bestehen können, wenn sie den Kunden eine beständige Verbesserung der eigenen Leistungsfähigkeit ermöglichen und sich am Markt behaupten. Dabei ist der kontinuierliche Abgleich mit dem Leistungsangebot der wesentlichen Wettbewerber von entscheidender Bedeutung. Insbesondere die eigenen Organisationsstrukturen, die Wertschöpfungsprozesse, die technologische Infrastruktur und die Kompetenzprofile der eigenen Mitarbeiter gilt es fortlaufend auf den Prüfstand zu stellen.

Durch veränderte Kundenerwartungen – etwa bedingt durch technologische Innovationen (zum Beispiel »Web-Business«) oder neue Werthaltungen in einzelnen Kundengruppen – ergeben sich immer wieder Notwendigkeiten, das eigene Leistungsspektrum zu modifizieren. Dennoch ist eine evolutionäre Kontinuität gerade auch in Veränderungsprozessen hilfreich, um das erfahrungsgeleitete Organisationslernen zu fördern. Dies bedeutet keineswegs, dass tradierte Denkstrukturen oder eingeschliffene Handlungsmuster aufrechterhalten werden sollen, wenn sie sich als dysfunktional für die weitere Unternehmensentwicklung erwiesen haben. Aber auch bei tiefgreifenden, einschneidenden Wandlungsprozessen in der Organisation selbst – etwa bei einer Fusion – muss die erreichte Leistungsfähigkeit für die Kunden bewahrt und sogar gezielt durch das Ausloten von Synergiechancen ausgebaut werden. Zu radikale Brüche gefährden die Anpassungsstabilität der Organisation und beinhalten enorme Risiken; deshalb sollten sie nur in Ausnahmefällen, zum Beispiel bei einer massiven existenziellen Krisensituation, in Betracht gezogen werden.

Eine BSC kann einen wichtigen Beitrag leisten, um das Organisationslernen zu fördern. Der Hauptnutzen liegt darin begründet, dass durch eine Scorecard – und gegebenenfalls daraus abgeleitete Sub-Scorecards für einzelne Geschäftseinheiten – eine umfassende Zukunftsorientierung für die Organisationsmitglieder vermittelt wird. Gerade unter Zugrundelegung der Systemperspektive wird sichtbar, dass Organisationslernen erleichtert wird, wenn die Richtung der angestrebten Veränderungen für alle Beteiligten deutlich erkennbar ist. Dadurch können sich die Organisationsmitglieder auf die erforderlichen Änderungen frühzeitig einstellen. Das Management wiederum erhält ein zusätzliches Instrument, um den Wandlungsprozess einfühlsam und menschenorientiert zu gestalten, ohne die häufig vom Markt herangetragenen Anforderungen an die konsequente Produktivitätssteigerung aus dem Auge zu verlieren.

Eine BSC liefert insbesondere in der Phase der sukzessiven Implementierung über mehrere Geschäftsjahre deutliche Hinweise für alle Beteiligten, wie sich der Prozess der Organisationsentwicklung bei einem erfolgversprechenden Zukunftsszenario darstellen kann. Dazu lassen sich vor allem folgende Eigenschaften der Scorecard hervorheben, die zugleich übergreifende Lernprozesse fördern helfen:

- *Konzentration des Organisationslernens auf die Optimierung der in der BSC hervorgehobenen Leitperspektiven.*
  Die BSC hebt durch die jeweils gewählten strategischen Kernfelder die wesentlichen Lernbereiche wie Finanzen, Märkte/Kunden, Prozesse, Innovation und HR-Entwicklung für alle Organisationsmitglieder sichtbar hervor. Damit wird für die Prozessbeteiligten klar erkennbar, in welchen Bereichen organisatorische Lernprozesse vor allem stattfinden müssen. Ergänzend können die Gewichtungen der Perspektivbereiche Priorisierungen und Handlungsschwerpunkte verdeutlichen, die zugleich umfassendes Organisationslernen nachhaltig unterstützen.

- *Verknüpfung von strategischen und operativen Zielen.*
  Strategische Aussagen und Zielbeschreibungen auf der Ebene der Unternehmensziele münden bei der BSC in konkrete operationale Ziele und

»Vorgaben«, die zur Überprüfung der eigenen Leistungsentwicklung sowohl im Unternehmen insgesamt als auch in einzelnen Bereichen herangezogen werden können. Dabei werden die jeweils spezifischen Ände-
rungsziele auf operationaler Ebene unter Bezug auf Messgrößen definiert,
die für eine erhöhte Transparenz, Verständlichkeit und Überprüfbarkeit
sorgen.

- *Konsequente Definition strategischer Aktionsprogramme.*
  Die Zielformulierungen werden durch unterstützende Maßnahmenpakete
  ergänzt, die für die einzelnen Bereiche und Teams zugleich eine Priorisie-
  rung der eigenen Leistungsschwerpunkte in der Wertschöpfung erlauben.
  Durch die Koppelung von Strategien, Zielvereinbarungen und gestaffelten
  Aktionsprogrammen wird ein verbindlicher Orientierungsrahmen in der
  Handlungsausrichtung für jeden Einzelnen erkennbar.

- *Überschaubarer Zeithorizont und klar definierte Meilensteine.*
  Organisationslernen ist ein »fließender Prozess«, der im Idealfall durch
  eine schrittweise, evolutionäre Steigerung der Handlungs- und Leistungsfähigkeit des betrachteten Gesamtsystems gekennzeichnet ist. Der
  »Zwang«, bei der BSC-Implementierung ein realistisches Entwicklungs-
  szenario für das Unternehmen zu formulieren und dabei überprüfbare
  Meilensteine auf der Wegstrecke zu definieren, erleichtert die Bewertung
  der Qualität der Lernprozesse selbst: Durch den ständigen Vergleich der
  erreichten Zwischenzustände mit dem avisierten Soll-Zustand im Rahmen
  des BSC-Controlling kann der Erfolgsgrad der eingesetzten Maßnahmen
  und Handlungsprogramme bewertet werden. Insofern hilft die BSC auch,
  überhaupt einen Bezugspunkt für die Beurteilung des »Lernerfolgs an
  sich« zu finden: Eine wohl durchdachte BSC liefert genau den Gütemaß-
  stab, der letztlich erkennen lässt, in welchem Ausmaß Organisationslernen
  stattgefunden hat.

- *Koppelung der BSC mit abgeleiteten Sub-Scorecards, Zielvereinbarungen
  und der Anreiz- und Vergütungssystematik.*
  Lernprozesse werden gefördert, wenn die handelnden Subjekte zielgerichtet und bewusst Veränderungschancen aufgreifen und diese zur Optimierung der eigenen Anpassungsfähigkeit nutzen. Durch die Top-down-Struk-
  turierung des BSC-Ansatzes bis hin zu individuellen Zielvereinbarungen
  und Aufgabenschwerpunkten werden wesentliche Soll-Zustände und konzeptionelle Vorgaben in allen Bereichen und Teams definiert. Der partner-

schaftliche Ansatz der Zielklärung und -vereinbarung trägt dazu bei, dass die Beteiligten die Unternehmensentwicklung durch engagiertes Handeln maßgeblich mitgestalten und beeinflussen können. Durch die Anbindung des Anreiz- und Vergütungssystems an die übergreifenden BSC-Ziele werden im Idealfall intrinsische Motivationsstrukturen gefördert. Dies gilt insbesondere dann, wenn auch anspruchsvolle nicht-monetäre Anreize, zum Beispiel Entwicklung der Unternehmenskultur, kooperatives Teamlernen, Erweiterung von Autonomiespielräumen und Entscheidungskompetenzen, geschaffen werden. Gerade das Fördern von sozialen Lernprozessen durch die Ausweitung von Chancen zur übergreifenden Kommunikation und Kooperation ist eine wesentliche Voraussetzung für die flexible Organisationsentwicklung.

Der BSC-Ansatz kann folglich als nutzbringend für das ganzheitliche Organisationslernen eingestuft werden – vorausgesetzt, er wird nicht auf ein rigides Controlling- und Steuerungsinstrument reduziert, bei dem die einzelnen Geschäftsbereiche und Mitarbeiter lediglich »Vorgaben von oben« erhalten. Dies würde zu erheblichen Widerständen führen und könnte das Unterfangen der BSC-Implementierung frühzeitig zum Scheitern verurteilen. Organisationale Lernprozesse finden dann eine gute Entwicklungsbasis, wenn Möglichkeiten zur kreativen Erkundung und Erprobung neuer Handlungsalternativen eingeräumt werden. Dies ist jedoch nicht mit »engen Vorgaben« und weitgehenden Reglementierungen durch das Management vereinbar. Letzlich bedeutet es, auch überschaubare Risikospielräume zu gewähren und die Lernbereitschaft und -willigkeit bei allen Mitarbeitern auf breiter Grundlage zu unterstützen. Die Mitarbeiter sollten erkennen, dass aktive, vorausschauende Formen des persönlichen Mitwirkens bei unternehmerischen Gestaltungsprozessen nicht sanktioniert, sondern durch die Unternehmensleitung gefördert werden.

Die BSC-Implementierung muss einfühlsam gestaltet werden, um das Organisationslernen und damit die Chance zur nachhaltigen und erfolgreichen Weiterentwicklung des Unternehmens systematisch zu nutzen. Dies bedeutet:

• *Frühzeitige Mitarbeiterintegration.*
   Bereits in der Startphase der Konzipierung einer ersten Rahmen-BSC auf Managementebene sollten Mitarbeiter verschiedener Hierarchiestufen und Teams in den Ausarbeitungsprozess eingebunden werden. Das Manage-

ment tritt nach Formulierung einer Roh-BSC sofort in die Phase der reflexiven Kommunikation mit Organisationsvertretern aus unterschiedlichen
Geschäftsbereichen ein. Dies erleichtert es, die BSC praxisgerecht auszugestalten und Meinungen und Erkenntnisse von Mitarbeitern mit engem
Kundenkontakt und operativer Erfahrung sofort einzubeziehen.

- *Hohe Gewichtung der BSC-Perspektive »Lernen und Entwicklung«.*
Bei der inhaltlichen Ausgestaltung der Unternehmens-Scorecard sollte
durch eine hohe Gewichtung der vierten Perspektive der zentrale Stellenwert des Organisationslernens hervorgehoben werden. Selbst dann, wenn
finanzielle, marktorientierte und prozessuale Unternehmensziele einen
zentralen Stellenwert genießen, muss das Management davon überzeugt
sein, dass nur durch die Aktivierung der Innovations- und Kreativpotenziale in der Organisation die langfristige Anpassungsfähigkeit gesichert ist.
Dies bedeutet zugleich, die strategiegeleitete Mitarbeiterentwicklung deutlich zu akzentuieren, damit sich die Organisationsmitglieder aktiv für
organisatorische Wandlungsprozesse engagieren und zugleich auf zukünftige Aufgaben und Anforderungen systematisch vorbereiten können.

- *Überprüfung der Messkriterien und Meilensteine unter Einbeziehung der
kundennahen Bereiche.*
Die wesentlichen Erfolgskriterien in der BSC müssen durch realistische
Aussagen zu den erreichbaren Zielen im Bereich der Kundenzufriedenheit
unterlegt werden. Vor allem die Mitarbeiter, die einen wesentlichen Beitrag
zum Aufbau und zur Pflege von Kundenbeziehungen leisten, sind in die
Kriterienfestlegung einzubeziehen. Darüber hinaus sollten auch Kunden
direkt befragt werden, welche Erwartungen sie an die weitere Entwicklung
der Organisation und deren Leistungspotenzial haben. Der wesentliche
Maßstab für erfolgreiches Organisationslernen sind vorrangig die Kundeneinschätzungen und -wahrnehmungen – weniger die internen Meinungen zu vermuteten Nutzenpotenzialen für die Kunden.

- *Regelmäßige Review-Sitzungen zur Feinjustierung der BSC.*
Einerseits sollte eine BSC eine langfristige Zukunftsorientierung auf strategischer Ebene vermitteln, zum anderen darf sie sich aber nicht zum
»schwerfälligen Zwangskorsett« entwickeln. Insofern sind regelmäßige
»Updates« der BSC – gegebenenfalls auch in unterjährigen Überprüfungsrunden – hilfreich. Dazu gilt es wiederum, die einzelnen Geschäftsbereiche
an der Entscheidungsfindung zu beteiligen, damit nicht der Eindruck ent-

steht, dass ein »übergeordnetes Gremium« Kurskorrekturen vornimmt, ohne die operativen Teams einzubinden. Dennoch ist davon auszugehen, dass eine BSC lediglich die Richtung der weiteren Organisationsentwicklung kennzeichnet, diese jedoch keineswegs unwiderrufbar festschreibt. Insofern darf bereits in der Initialisierungsphase nicht die Einschätzung vermittelt werden, als sei die BSC ein »unwiderrufliches Verdikt« zur Ausgestaltung der weiteren Unternehmenszukunft. Es gilt, ein vernünftiges, ausgewogenes Maß an Verbindlichkeit in Bezug auf die situativ erforderliche Flexibilität in der Unternehmensführung zu erreichen.

- *Unternehmensweite BSC-Verpflichtung.*
Eine Gefahr des BSC-Ansatzes besteht darin, dass die Konzipierung und Steuerung des Gesamtprozesses an innerbetriebliche Stabsstellen, zum Beispiel das Controlling, delegiert wird. Dies hätte zur Folge, dass die operativen Bereiche und Teams die BSC lediglich als nebengeordnetes Steuerungs- und Kontrollsystem interpretieren. Der BSC-Ansatz muss jedoch in das »Tagesgeschäft« selbst einfließen. Es sollten also laufende Team- und Projektsitzungen sowie übergreifende Workshops zur Zielklärung in den einzelnen Unternehmensbereichen grundsätzlich mit Bezug zur (jeweils relevanten) BSC durchgeführt werden.

- *Erfolgsbewertung und Follow-up.*
Nach Abschluss der ersten BSC-Implementierungsphase – das heißt im Allgemeinen nach zirka ein bis zwei Jahren – sollte der Prozess insgesamt bewertet werden. Dies beinhaltet unter anderem, folgende Fragen zu klären:
    - War der BSC-Prozess bisher nützlich und erfolgreich?
    - Haben wir Lernchancen effektiv genutzt und die Unternehmensentwicklung durch dieses neue Strategieinstrument tatsächlich fördern können?
    - Welche sichtbaren Veränderungen in den Bereichen Kundenorientierung, Servicegrad, Unternehmenskultur, Dialogkompetenz, Führungsqualität und Prozesseffizienz haben wir erreicht?
    - Woran machen wir »Lernprozesse« fest? Gibt es nachweisbare Entwicklungsschritte in der marktorientierten Anpassungsfähigkeit der Organisation insgesamt, aber auch bei den operativen Teams und in der Persönlichkeits- und Kompetenzentwicklung der handelnden Individuen?

– Sind angenommene oder nachgewiesene Lernprozesse auch mit einer positiven Entwicklung der monetären Kenngrößen der Unternehmensentwicklung verknüpft – zum Beispiel den finanziellen Zielgrößen in der Top-Scorecard des Unternehmens?

Abschließend soll hervorgehoben werden, dass die BSC als Instrument zur Förderung des Organisationslernens auch nicht überstrapaziert werden darf. Eine Scorecard kann letztlich nur Hinweise zur Handlungsausrichtung vermitteln, nicht aber die Einstellungen, Haltungen und Kompetenzen der Organisationsmitglieder selbst beeinflussen. Insofern bedarf es einer überzeugenden inhaltlichen Ausgestaltung der strategischen Aktionsprogramme im Bereich der Entwicklung der Humanpotenziale: Letzendlich entscheiden die Motivationshaltungen und Leistungsbeiträge der Mitarbeiter über den Erfolg eines BSC-Prozesses! Selbst die Verfügbarkeit hoch entwickelter Unterstützungssysteme auf der Ebene der Infrastruktur, der Prozessgestaltung und der nutzbaren Technologien garantiert an sich noch nicht den resultatsorientierten Verlauf des Strategieprozesses. Maßgeblich bleiben immer der Wille und die Fähigkeit der Menschen in der Organisation, strukturelle und prozessuale Wertschöpfungspotenziale engagiert zu nutzen und damit die Ressourcen der Organisation in dauerhafte, ertragreiche Kundenbeziehungen zu überführen.

Gesamtbewertung der Balanced Scorecard als Instrument zur strategischen Personal- und Organisationsentwicklung

Der Grundgedanke der Balanced Scorecard besteht darin, ausgehend von den übergeordneten Unternehmenszielen einen systematischen Ansatz zur Umsetzung und Erfolgskontrolle der strategischen Handlungsprogramme zu finden. Dabei werden in einer geordneten Form, bezogen auf wesentliche Leitperspektiven, einzelne strategische und operationale Ziele ausdifferenziert und mit Messgrößen und Meilensteinen gekoppelt. Für einen überschaubaren Zeithorizont von zirka zwei bis vier Jahren dienen die definierten Erfolgskriterien – vorwiegend in den Bereichen Finanzen, Markt/Kunden, Prozesse und Lernen/Entwicklung – als Indikatoren zur Bemessung der Güte und Qualität der strategiegeleiteten Unternehmensführung.

Durch die Fokussierung auf die zentrale Leitperspektive »Lernen und Entwicklung« sowie spezifische Subziele in Human-Resources-Management und -Development ergeben sich im Bereich der nachhaltigen Mitarbeiterorientierung des Strategieprozesses besondere Anforderungen. Vor allem die konsequente Ausrichtung an übergreifenden Visionen, Unternehmenswerten und Leitlinien für Zusammenarbeit und Führung erfordert gezielte Aktionsprogramme zur Förderung der übergreifenden Kommunikation und Kooperation, der Führungsqualität und des Teamlernens. Das Gelingen eines BSC-Prozesses hängt entscheidend davon ab, inwieweit die Einbindung der Menschen in die Organisation gelingt und in welchem Ausmaß strukturelle sowie prozessorientierte Ziele zur Wertschöpfungssteigerung jeweils mitgetragen werden. Die Erfolgschancen sind dann besonders hoch, wenn die Organisationsmitglieder den BSC-Prozess als Chance zur Steigerung ihrer Handlungsautonomie, zur Entwicklung der Teamkultur und zur Förderung eines partizipativen Unternehmensklimas erleben.

Der wesentliche Nutzen der BSC-Einführung – bedarfsweise gekoppelt mit Sub-Scorecards und durchgängigen Zielvereinbarungen in den jeweiligen Bereichen und Teams – lässt sich wie folgt charakterisieren:

Hohe Systematisierung und Quantifizierung der handlungsleitenden, strategischen Unternehmensziele

Durch den BSC-Ansatz können komplexe Zusammenhänge auf strategischer Ebene und zugrunde liegende Annahmen über Ursache-Wirkungs-Verhältnisse besser nachvollziehbar gemacht werden. Gerade die prägnante tabellarische Darstellung geordnet nach Perspektiven, Strategien, Zielen, Aktionsprogrammen sowie Messgrößen und Meilensteinen erleichtert die Nachvollziehbarkeit auch für Mitarbeiter, die nicht primär mit strategischen Aufgaben bedacht sind. Dadurch kann die Transparenz und Verständlichkeit eines glaubhaften, zukunftsgerichteten Ansatzes zur Unternehmensführung gefördert werden.

Unternehmensweite Verbindlichkeit der BSC-Inhalte für alle Bereiche, Teams und Individuen

Eine Stärke des BSC-Ansatzes besteht darin, dass ausgehend von der übergreifenden Vision nachgelagerte Strategien, Ziele und Maßnahmenprogramme vernetzt dargestellt werden. Sogar individuelle Zielvereinbarungen und Aufgabenschwerpunkte für einzelne Mitarbeiter können auf die jeweiligen Matrixelemente einer BSC bezogen werden. Damit wird die Planbarkeit und Zielgerichtetheit persönlicher Wert- und Leistungsbeiträge erhöht. Für die Mitarbeiter bedeutet dies eine zusätzliche Klarheit, warum welche Soll-Zustände und Leistungsanforderungen in einer bestimmten Phase der Unternehmensentwicklung priorisiert werden. Der Stellenwert des individuellen unternehmerischen Handelns für die Erhöhung des Markterfolgs, die Steigerung der Kundenzufriedenheit oder die Optimierung der Wertschöpfungsprozesse kann damit deutlich herausgestellt werden.

Hohe Transparenz und »Visibilität« der unternehmerischen Kernstrategien

Unternehmensstrategien werden von den Organisationsmitgliedern häufig als wenig prägnant oder unscharf formuliert wahrgenommen. Der BSC-Ansatz »zwingt« das Management, Aussagen zur mittel- bis langfristigen Unternehmensentwicklung deutlicher zu artikulieren und mit entsprechenden Handlungsprogrammen zu versehen. Dadurch wird eine Unternehmens-

Abb. 6-1: Bewertung der BSC als Instrument zur strategiegeleiteten Personal- und Organisationsentwicklung

Chancen des BSC-Ansatzes ...	Risiken des BSC-Ansatzes ...
• ermöglicht eine verständliche, präzise und knappe Darstellung der Unternehmensstrategie	• kann zu überzogenem »Controlling-Denken« und einer zentralistischen Orientierung an quantitativen Mess- und Output-Größen führen
• erlaubt die umfassende Einbeziehung aller Mitarbeiter in den Prozess der strategiegeleiteten Organisationsentwicklung	• wird nur von einer kleinen Gruppe von »Stabsmitarbeitern« akzeptiert und als Instrument der Kontrolle und des tradierten Berichtswesens missverstanden
• fördert das hierarchieübergreifende Organisationslernen und das flexible Wissensmanagement	• dient zur Abschottung der Bereiche und zum falsch verstandenen Wettbewerb um die »besten BSC-Ergebnisgrößen«
• unterstützt die flächendeckende Strategieimplementierung durch Dialog, Zielvereinbarungen und Teamentwicklung	• führt zu Einzelkämpfertum und Abgrenzung sowie zur einseitigen Orientierung an quantitativen Sach- und Detail-Zielen
• fördert langfristiges, am Kundennutzen und an Wertbeiträgen orientiertes Prozessdenken	• entwickelt sich zum »direktiven Vorgabesystem«, das autoritär-bürokratische Strukturen verfestigt und kurzfristiges Anpassungshandeln bekräftigt
• trägt dazu bei, latente Mitarbeiterpotenziale zu erkennen und durch professionelle, systematische Führung vorausschauend zu entwickeln	• führt durch »Zahlenfetischismus« zu einer Blockade des offenen persönlichen Dialoges und zu einer Vernachlässigung der gezielten Personalentwicklung
• wird im Idealfall mit Engagement, Spaß und Lernwillen von den Mitarbeitern aufgegriffen und als Perspektive zu mehr Autonomie begriffen	• wird als Einflussnahme »von oben oder von außen« erlebt, fördert Selbstdarstellungsrituale, Hahnenkämpfe und Ressortdenken – löst damit affektiven Widerstand gegen die »hierarchischen Machtspiele« aus
• etabliert sich langfristig als strategisches Orientierungsinstrument	• wird als »Mode« verstanden und »verschwindet bald wieder in der Schublade«

strategie leichter kommunizierbar und verständlicher ausgestaltet. Insbesondere die Koppelung der Unternehmensstrategie mit Aussagen zur Mitarbeiter- und Kommunikationsentwicklung (Perspektive »Lernen und Entwicklung«) erleichtert es den Mitarbeitern, die persönlichen Auswirkungen des Strategieprozesses deutlicher zu erkennen.

Pragmatische Orientierungsfunktion für alle Mitarbeiter

Jeder Einzelne kann sein »unternehmerisches Handeln« auf die Stimmigkeit mit den Leitaussagen der BSC abgleichen. Dies ermöglicht ein höheres Maß an Autonomie und Eigensteuerung in Teams, wodurch der Führungsgedanke einer weitgehenden Verantwortungsdelegation mit hoher Eigenverantwortlichkeit (»empowerment«) mit Leben erfüllt wird. Die Mitarbeiter können anhand einer BSC individuelle Leistungsziele weitgehend eigenständig ableiten und durch selbstgesteuertes Handeln verfolgen. Dabei dienen die Meilensteine als Orientierungskriterien für den Erfolg der gemeinsamen Bemühungen in den einzelnen Teams.

Konsequente Organisationsentwicklung, indem »Betroffene zu Beteiligten gemacht werden«

Die BSC ist bei entsprechend klarer Ausformulierung für alle Mitarbeiter – und sogar für Geschäftspartner und Kunden – prinzipiell »verständlich« gehalten. Auf abstrakte und nur für Spezialisten nachvollziehbare Ziel- und Handlungskriterien wird weitgehend verzichtet. Zugleich bietet die BSC eine Chance, den bereichsübergreifenden Reflexions- und Kommunikationsprozess voranzutreiben, indem der Stellenwert einer ganzheitlichen Zielverfolgung in den Geschäfts- und Servicebereichen sowie operativen Teams unterstrichen wird. Durch eine breite Einbeziehung der Mitarbeiter in den Entwicklungs- und Umsetzungsprozess wird die Dialog- und Feedbackkultur gefördert. Führungskräfte und Mitarbeiter erhalten mit der BSC eine Steuerungsgrundlage, um ihr Handeln in flexiblen Kooperationsbeziehungen autonom zu regulieren. Dadurch können auch verfestigte Handlungsstrukturen, überzogenes Hierarchiedenken und hemmende Bürokratisierungstendenzen aufgebrochen werden.

Der Erfolg des BSC-Prozesses ist aber maßgeblich davon abhängig, dass verborgene Risiken in der Strategieentwicklung und -implementierung ernst genommen werden. Vor allem folgende Gefahren sind zu beachten, damit die BSC ihre umfassende Leitfunktion in Veränderungsprozessen auch tatsächlich erfüllen kann:

- Unrealistische Zeithorizonte bei der BSC-Formulierung.
- Fehlende Plausibilität der Gewichtungen und Priorisierungen in den Perspektivfeldern.
- »Überfrachten« der Scorecard mit einer zu hohen Anzahl von Ziel-, Handlungs- und Messkriterien.
- Fehlende Verständlichkeit und/oder Akzeptanz der Mess- und Erfolgskriterien.
- Festlegung der Meilensteine »von oben«, ohne die Mitarbeiter in den Prozess der Konsensfindung zu den Erfolgskriterien einzubeziehen.
- Delegation der verantwortlichen Umsetzungssteuerung an das interne Controlling statt direkt an alle Bereiche und Teams.
- Unzureichende Koppelung der strategischen Aktionsprogramme mit erforderlichen Sub-Scorecards, Zielvereinbarungen und einem akzeptierten Anreiz- und Vergütungssystem.
- Fehlende Feinjustierung der BSC-Strategien durch regelmäßige Reviewprozesse in den einzelnen Teams und Bereichen.
- Einsatz der BSC als »Sanktions- und Kontrollinstrument« statt als chancenorientiertes Aktionsprogramm zur Förderung der zielorientierten Dialogkultur.
- Fehlende Qualität in den Programmen zur Personal- und Organisationsentwicklung, speziell in der Dimension »Lernen und Entwicklung«.

Der pragmatische Nutzen einer BSC-getriebenen Unternehmensentwicklung hängt maßgeblich davon ab, wie die Menschen den Einsatz und die Umsetzung der BSC in der eigenen Organisation wahrnehmen und erleben. Geht die Konzipierung der Scorecards mit einer unternehmensweiten Strategiereflexion einher, die intensiv durch kommunikationsfördernde Maßnahmen begleitet wird, kann die BSC auch einen Beitrag zur Entwicklung der partnerschaftlichen Unternehmenskultur leisten. Die »Kunst der BSC-Realisierung« besteht darin, die strategiegeleitete Scorecard-Entwicklung nicht nur als formalen und primär kognitiven Steuerungsprozess von oben nach unten zu verstehen. Vielmehr gilt es, auch Motive, Erwartungen und Wünsche der einzelnen Organisationsmitglieder zu respektieren, aufzugreifen und in den Gestaltungsprozess konsequent einfließen zu lassen.

Ein BSC-Prozess ist nur dann erfolgreich, wenn er in einen organischen Wachstumsprozess zur Entwicklung eines breit getragenen, unternehmerischen Zukunftsszenarios mündet. Die Vision von der lernenden Organisation kann durch eine BSC an Gehalt gewinnen, sofern der entscheidende Zusammenhang zwischen Mitarbeiterzufriedenheit, Kundenzufriedenheit und nachhaltiger Organisationsentwicklung beachtet wird. Die wesentliche Stärke der BSC liegt letztendlich darin begründet, dass sie den Menschen im Unternehmen dazu verhelfen kann, richtungsvermittelnde Leitperspektiven für ihr eigenes Handeln klarer zu erkennen. Gerade durch die konsensorientierte Definition wegweisender Meilensteine bietet der BSC-Prozess die Chance, die unternehmerische Eigenverantwortlichkeit nachhaltig zu unterstützen und vorausschauend auszubauen. Eine BSC kann insofern auch als ein *effizienz- und menschenorientiertes* Instrument zur Förderung von Zielklarheit, Autonomie, Teamlernen und flexiblen Gestaltungsspielräumen aller am Umsetzungsprozess Beteiligten interpretiert werden.

Literaturverzeichnis

Baschin, Anja: *Die Balanced Scorecard für Ihren Informationstechnologie-Bereich*. Frankfurt/New York: Campus 2001.

Capra, Fritjof: *Lebensnetz – ein neues Verständnis der lebendigen Welt*. Bern: Scherz 1996.

Carlzon, Jan: *Alles für den Kunden*. Frankfurt: Campus 1995.

Csikszentmihalyi, Mihaly: *Dem Sinn des Lebens eine Zukunft geben*. Stuttgart: Klett-Cotta 1995.

Ehrmann, Harald: *Kompakt-Training Balanced Scorecard*. Ludwigshafen: Kiehl 2000.

Friedag, Herwig & Schmidl, Walter: *Balanced Scorecard. Mehr als ein Kennzahlensystem*. Freiburg: Haufe 1999.

Friedag, Herwig & Schmidl, Walter: *My Balanced Scorecard*. Freiburg: Haufe 1999.

Hammer, Michael & Champy, James: *Business Reengineering*. Frankfurt: Campus 1994.

Hórvath, Péter & Partner (Hg.): *Balanced Scorecard umsetzen*. Stuttgart: Schäffer-Poeschel 2000.

Imai, Masaaki: *Kaizen*. Berlin: Ullstein 1996.

Kaplan, Robert S. & Norton, David P.: *Balanced Scorecard*. Stuttgart: Schäffer-Poeschel 1997.

Kotter, John P.: *Chaos, Wandel, Führung – Leading Change*. Düsseldorf: Econ 1997.

Kunz, Gunnar C.: »Kundenorientierte Steuerung des Personalbereichs mit der Balanced Scorecard«, in: *Kostenrechnungspraxis (krp) Zeitschrift für Controlling, Accounting & Systemanwendungen*, Sonderheft 2/2000, S. 61-69.

Kunz, Gunnar C.: »Organisationsentwicklung durch Einsatz der Balanced Scorecard«, in: *Wirtschaftspsychologie*, Heft 3/2000.

Kunz, Gunnar C.: »Partnerschaftliche Zielvereinbarungen unter Berücksichtigung der Balanced Scorecard«, in: *BC Bilanzbuchhalter und Controller*, 6/2000, 136 ff.

Lay, Rupert: *Kommunikation für Manager*. Düsseldorf: Econ 1989.

Lenz, Gerhard (Hrsg.): *Die Seele im Unternehmen*. Heidelberg: Springer 1991.

Maturana, Humberto: *Was ist erkennen?* München: Piper 1994.

Möllhoff, Dieter: *Praxishandbuch Personalmanagement. Grundlagen und Instrumente für erfolgreiche Personalarbeit*. Frankfurt/New York: Campus 2001.

Papmehl, André & Siewers, Rainer (Hrsg.): *Wissen im Wandel. Die lernende Organisation im 21. Jahrhundert*. Wien/Frankfurt: Ueberreuter 1999.

Peters, Tom J. & Waterman, Robert H.: *Auf der Suche nach Spitzenleistungen*. Landsberg: MI-Verlag 1982.

Peters, Tom: *Thriving on Chaos (Das kreative Chaos)*. Hamburg: Hoffmann u. Campe 1988.

Probst, Hans-Jürgen: *Balanced Scorecard leicht gemacht. Warum sollten Sie mit weichen Faktoren hart rechnen?* Wien/Frankfurt: Ueberreuter 2001.

Senge, Peter M.: *Die fünfte Disziplin – Kunst und Praxis der lernenden Organisation.* Stuttgart: Klett-Cotta 1996.

Servatius, Hans-Gerd: *Reengineering-Programme umsetzen.* Stuttgart: Schäffer-Poeschel 1994.

Shapiro, Eileen C.: *Trendsurfen in der Chefetage. Unternehmensführung jenseits der Managementmethoden.* Frankfurt: Campus 1996.

Sonntag, Karlheinz (Hrsg.): *Personalentwicklung in Organisationen.* Göttingen: Hogrefe 1992.

Weber, Jürgen & Schäfer, Utz: *Balanced Scorecard und Controlling.* Wiesbaden: Gabler 2001.

Womack, James P. & Jones, Daniel T.: *Auf dem Weg zum perfekten Unternehmen. Lean Thinking.* Frankfurt: Campus 1997.

Zur Bonsen, Matthias: »Simultaneous Change – schneller Wandel mit großen Gruppen«, in: *Zeitschrift für Organisationsentwicklung,* 4/95.

Register

Business und Management

Anja Baschin
Die Balanced Scorecard für Ihren Informationstechnologie-Bereich
Ein Leitfaden für Aufbau und Einführung
2001. 181 Seiten
ISBN 3-593-36715-7

Die Balanced Scorecard ist das populärste Instrument für effektives Controlling. In ihrem Buch zeigt Anja Baschin, wie sie für den IT-Bereich in einem Unternehmen aufgebaut und nutzbar gemacht werden kann. Mit der Sicherheitsperspektive führt die Autorin einen weitereren speziellen Zielbereich der Balanced Scorecard ein – denn die garantierte Sicherheit aller Daten ist grundlegend wichtig.

Reinhard K. Sprenger
Mythos Motivation
Wege aus einer Sackgasse
17., überarb. Auflage, 2001. 267 Seiten
ISBN 3-593-34499-8

Belobigen, Belohnen, Bestechen, Bedrohen, Bestrafen: Alles Motivieren ist Demotivieren, behauptet Reinhard K. Sprenger in *Mythos Motivation*. Und er belegt an zahlreichen Beispielen, wie sich die gängigen Tricks und Kniffe der Mitarbeiter-Motivation letztendlich als kontraproduktiv erweisen.

Gerne schicken wir Ihnen unsere aktuellen Prospekte:
Campus Verlag · Kurfürstenstr. 49 · 60486 Frankfurt /M.
Tel.: 069/97 65 16-0 · Fax - 78 · www.campus.de
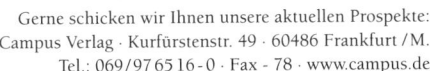 
Frankfurt / New York